Edition KWV

Die „Edition KWV" beinhaltet hochwertige Werke aus dem Bereich der Wirtschaftswissenschaften. Alle Werke in der Reihe erschienen ursprünglich im Kölner Wissenschaftsverlag, dessen Programm Springer Gabler 2018 übernommen hat.

Weitere Bände in der Reihe http://www.springer.com/series/16033

Timo Braun

Kooperatives Verhalten in interorganisationalen Projekten

Eine konzeptionelle und empirische Weiterentwicklung des OCB-Ansatzes

Timo Braun
Freie Universität Berlin
Berlin, Deutschland

Bis 2018 erschien der Titel im Kölner Wissenschaftsverlag, Köln
Dissertation Freie Universität Berlin, 2013

Edition KWV
ISBN 978-3-658-22739-5   ISBN 978-3-658-22740-1   (eBook)
https://doi.org/10.1007/978-3-658-22740-1

Die Deutsche Nationalbibliothek verzeichnet diese Publikation in der Deutschen Nationalbibliografie; detaillierte bibliografische Daten sind im Internet über http://dnb.d-nb.de abrufbar.

Springer Gabler
© Springer Fachmedien Wiesbaden GmbH, ein Teil von Springer Nature 2013, Nachdruck 2018
Ursprünglich erschienen bei Kölner Wissenschaftsverlag, Köln, 2013
Das Werk einschließlich aller seiner Teile ist urheberrechtlich geschützt. Jede Verwertung, die nicht ausdrücklich vom Urheberrechtsgesetz zugelassen ist, bedarf der vorherigen Zustimmung des Verlags. Das gilt insbesondere für Vervielfältigungen, Bearbeitungen, Übersetzungen, Mikroverfilmungen und die Einspeicherung und Verarbeitung in elektronischen Systemen.
Die Wiedergabe von Gebrauchsnamen, Handelsnamen, Warenbezeichnungen usw. in diesem Werk berechtigt auch ohne besondere Kennzeichnung nicht zu der Annahme, dass solche Namen im Sinne der Warenzeichen- und Markenschutz-Gesetzgebung als frei zu betrachten wären und daher von jedermann benutzt werden dürften.
Der Verlag, die Autoren und die Herausgeber gehen davon aus, dass die Angaben und Informationen in diesem Werk zum Zeitpunkt der Veröffentlichung vollständig und korrekt sind. Weder der Verlag noch die Autoren oder die Herausgeber übernehmen, ausdrücklich oder implizit, Gewähr für den Inhalt des Werkes, etwaige Fehler oder Äußerungen. Der Verlag bleibt im Hinblick auf geografische Zuordnungen und Gebietsbezeichnungen in veröffentlichten Karten und Institutionsadressen neutral.

Springer Gabler ist ein Imprint der eingetragenen Gesellschaft Springer Fachmedien Wiesbaden GmbH und ist ein Teil von Springer Nature
Die Anschrift der Gesellschaft ist: Abraham-Lincoln-Str. 46, 65189 Wiesbaden, Germany

Geleitwort

Die Organisation scheint für die Betriebswirtschaftslehre, speziell für die Managementforschung als einziger institutioneller Bezugspunkt zunehmend an Bedeutung zu verlieren, wird sie doch nicht nur immer häufiger durch interorganisationale Beziehungen und Netzwerke, sondern in scheinbar ebenfalls zunehmendem Maße auch durch temporäre Organisationsformen wie Projekte oder Events ergänzt. Diese Entwicklung nimmt Timo Braun zum Anlass, ein bislang fast ausnahmslos auf (permanente) Organisationen bezogenes verhaltenswissenschaftliches Konzept, das des Organizational Citizenship Behavior (OCB), auch für interorganisationale Projekte und Netzwerke fruchtbar zu machen. Gleichzeitig will er damit einen Beitrag zu einer stärker verhaltenswissenschaftlichen Untersuchung von organisationsübergreifenden Koordinationsformen ökonomischer Aktivitäten leisten.

Dieses Vorhaben ist sowohl theoretisch als auch empirisch anspruchsvoll. In theoretischer Hinsicht muss das OCB-Konstrukt für seinen Einsatz in organisationsübergreifenden Zusammenhängen modifiziert bzw. rekonzeptualisiert werden, ist dort doch regelmäßig neben der Organisation entweder das interorganisationale Projekt oder aber das interorganisationale Netzwerk zumindest ein zusätzlicher Bezugspunkt individuellen Handelns und Verhaltens. Empirisch gilt es für dieses Unterfangen erforderliche Theorie differenzierende Exploration eine methodische Alternative zu der in der OCB-Forschung mehr als dominanten, quantitativen Hypothesen testenden Vorgehensweise zu entwickeln. Beide Herausforderungen meistert der Verfasser mit Bravour. Das OCB-Konzept wird nicht nur mit seinen historischen Wurzeln und Dimensionen vorgestellt, sondern auch von verwandten, aber eben zu unterscheidenden verhaltens- sowie einstellungsbezogenen Konzepten (u.a. Commitment und Involvement) abgegrenzt. Die Rekonzeptualisierung selbst stellt auf drei für den Einsatz des OCB-Konstrukts organisationsübergreifenden Projektzusammenhängen zentrale Punkte ab: erstens auf die Interorganisationalität, zweitens auf die Temporalität und drittens auf die Relationalität des Gegenstands. Jede dieser konzeptionellen Herausforderungen wird unter Rückgriff auf relevante Theorie- bzw. Modelldiskussionen ausgearbeitet.

Die empirische Arbeit bringt einen Mixed Method-Ansatz in Anschlag: an eine explorative qualitative Studie schließt sich eine quantitative Erfassung von OCB in derartigen Zusammenhängen an. Die sodann bei fast 250 Projektbeteiligten erhobenen Daten werden in einem Hypothesen testenden Design genutzt, um die entwickelten bzw. mit Blick auf Interorganisationalität, Temporalität und Relationalität rekonzeptualisierten Konstrukte zu validieren. Zudem werden die Effekte von Citizenship Behavior auf den unmittelbaren Projekterfolg sowie auf die Qualität der das einzelne Projekt überdauernden Beziehungen untersucht. Diesem im besten Sinne klassischen Untersuchungsdesign folgt – und hier geht der Mixed Method-Ansatz über die Klassik hinaus – eine intensive, qualitative Untersuchung eines Netzwerkfalls über einen Zeitraum von immerhin vier Jahren (zwei in Retroperspektive, zwei in Echtzeit). Dazu wurden etwa 30 teilstrukturierte Interviews geführt, extensiv die Möglichkeit zur teilnehmenden Beobachtung von Prozessen genutzt sowie eine Vielzahl intern und extern verfügbarer Dokumente ausgewertet.

Die Lektüre der von Timo Braun vorgelegten Schrift ist mit Blick auf die Ergebnisse interessant für verhaltenswissenschaftliche Managementforscher/innen, die sich einen Überblick über den State of the Art der Forschung zu OCB verschaffen wollen; für Projektforscher/innen, die der sozialen Einbettung dieser temporären Systeme in permanentere Strukturen Rechnung tragen wollen; für Arbeitsforscher/innen, die neuartigen Bezugs- bzw. Identifikationspunkten projektifizierter und/oder netzwerkförmig organisierter Arbeit nachspüren wollen; und für Netzwerkforscher/innen, die – endlich! – dem Individuum in derartigen Strukturen mehr Aufmerksamkeit widmen wollen. Last but not least sei die Lektüre dieses Buches auch Personen empfohlen, die Projekte und Netzwerke mit Blick auf ihre Verhaltenswirksamkeit im Alltag managen und/oder in derartigen Strukturen arbeiten müssen – oder dürfen.

Berlin-Dahlem, im Februar 2013   Jörg Sydow

Vorwort

Die vorliegende Doktorarbeit habe ich in der Zeit von Oktober 2009 bis Januar 2013 erstellt und am Fachbereich Wirtschaftswissenschaft der Freien Universität Berlin eingereicht. Mein Dank gilt allen, die mich in dieser Zeit unterstützt und begleitet haben. Die wichtigsten „Eckpfeiler" seien im Folgenden – wenngleich sicher nicht vollständig – genannt.

Zunächst möchte ich meiner Lebenspartnerin Agnetha Weidler sowie meinen Eltern, Karin und Hubert Braun, für ihre Unterstützung und den Rückhalt, auf den ich in allen Lebenslagen zählen konnte, danken. Intensiv profitiert habe ich auch von meinem akademischen Lehrer Prof. Dr. Jörg Sydow, dem ich für die hervorragende Zusammenarbeit – gekennzeichnet durch Professionalität, Verlässlichkeit und Vertrauen – sowie seine stets konstruktive Betreuung meiner Doktorarbeit danken möchte. Auch meine Zweitbetreuerin, Prof. Dr. Barbara Sieben, hat mir insbesondere im Rahmen des von ihr geleiteten Doktorandencolloquiums stets wertvolle Impulse für meine Arbeit gegeben und stand mir als Ansprechpartnerin zur Seite. Als außerordentlich bedeutend, insbesondere bei der Durchführung der empirischen Untersuchungen, hat sich eine Forschungskooperation mit der GPM Deutsche Gesellschaft für Projektmanagement e.V. erwiesen, die mir im Rahmen von inzwischen drei Drittmittelprojekten eine aus Doktorandensicht außergewöhnlich generöse finanzielle Ausstattung für meine Forschung sowie – noch wichtiger – Zugang zu empirischen Daten ermöglicht hat. Hervorzuheben ist dabei die vertrauensvolle Zusammenarbeit mit Reinhard Wagner. In der täglichen Arbeit an der Freien Universität Berlin konnte ich auf ein kollegiales Umfeld zählen, das nicht nur fachlich höchst inspirierend für meine Forschung war, sondern aus dem freundschaftliche Beziehungen hervorgegangen sind, die weit über die Arbeit hinaus tragen. Besondere Erwähnung verdienen Dr. Olivier Berthod, PD Dr. Gordon Müller-Seitz und Dr. Robert Wagner sowie auch Thomas Schmidt und die ehemaligen Kollegen Dr. Frank Lerch und Prof. Dr. Rainer Zeichhardt.

In der Promotionsphase habe ich Zwischenergebnisse meiner Forschung auf verschiedenen nationalen und internationalen Colloquien, Workshops und Fachkonferenzen (wie z.B. der AoM, EGOS und EURAM) vorgestellt und dabei immer wieder ein sehr fundiertes Feedback und konstruktive Vorschläge für meine Arbeit erhalten, u.a. von Pertti Aaltonen, Ph.D., Prof. Jacqueline Coyle-Shapiro, Ph.D., Aristides Ferreira, Ph.D., Prof. Dr. Gertraude Krell, Prof. Rolf Lundin, Ph.D., Prof. Randy Richards, Ph.D. und Prof. Lynn Shore, Ph.D. Auch hatte ich die Gelegenheit, im Rahmen zweier Forschungsaufenthalte an der Columbia Business School (New York, USA) sowie der Tilburg University (Niederlande), meinen akademischen Horizont zu erweitern und auch hier die Zwischenergebnisse meiner Arbeit zu diskutieren. Danken möchte ich in diesem Zusammenhang Prof. Paul Ingram, Ph.D. und Prof. Bruce Kogut, Ph.D. (Columbia Business School) sowie Prof. Leon Oerlemans, Ph.D. und Ass.-Prof. Dr. Jörg Raab (Tilburg University).

Darüber hinaus möchte ich meine Wertschätzung für die Arbeit von studentischen Hilfskräften ausdrücken, die den Forschungsprozess unterstützt haben. Namentlich hervorzuheben sind Carolin Auschra, Melanie Denter, Theresa Frantz, Jennifer Kallmeyer, Mariana Messner und Stephanie Reh. Auch die Betreuung der rund 20 thematisch verwandten Abschlussarbeiten von Diplom- und Bachelorstudierenden haben mich fortwährend zur Reflektion meiner eigenen Arbeit bewegt und weiterführende Fragestellungen aufgeworfen.

Im empirischen Teil meiner Doktorarbeit greife ich insbesondere auf Daten zurück, die ich im Rahmen der Bearbeitung zweier von der GPM e.V. geförderter Drittmittelprojekte zu den Themen „Kooperatives Verhalten in zwischenbetrieblichen Projekten" sowie „Wie entstehen und verfestigen sich Projektnetzwerke? – Vergleichende Fallstudien" erhoben und ausgewertet habe. Erste empirische Befunde und Zwischenergebnisse flossen in Artikel mit ein, die ich gemeinsam mit wechselnden Ko-Autorenteams teilweise in Fachzeitschriften und Buchkapiteln vorab veröffentlicht habe. Die nachfolgende Übersicht soll Transparenz darüber gewährleisten, welche Ergebnisse aus vorangegangenen Publikationen in dieser Monographie aufgegriffen werden. Bei der Monographie handelt es sich jedoch um keine bloße Aneinanderreihung von Artikeln (im Sinne einer kumulativen Dissertation), da der theoretische Beitrag über die zuvor veröffentlichten Teilergebnisse hinausgeht und die verschiedenen

Teilstudien zu einer integrierten Gesamtstudie mit einer umfassenden theoretischen Fundierung ausgearbeitet wurden.

Artikel	Tangierte Kapitel
Braun, T./Ferreira, A. I./Sydow, J. (2012a): Citizenship behavior and effectiveness in temporary organizations, in: *International Journal of Project Management*, im Druck.	3.3
Braun, T./Müller-Seitz, G./Sydow, J. (2012b): Project citizenship behavior? – An explorative analysis at the project-network-nexus, in: *Scandinavian Journal of Management*, 28(4), S. 271-284.	2.2.3, 3.2
Braun, T./Schmidt, T. (2013): *Vorwärts durch Vernetzung? Der Prozess der Netzwerk- und Unsicherheitsentwicklung im Morgenrot von Cloud Computing.* Beitrag zum 37. Workshop der Wissenschaftlichen Kommission Organisation im VHB e.V., Jena.	2.3.1, 3.4
Braun, T./Sydow, J. (2011): Organizational Citizenship Behavior in zwischenbetrieblichen Projekten – Erste konzeptionelle und empirische Einsichten, in: Engstler, M./Wagner, R. (Hrsg.): *Neu Denken: vom Projekt- zum Netzwerkmanagement.* dpunkt Verlag: Heidelberg, S. 137-166.	3.2.4, 5.1-5.4,

Berlin, im Februar 2013   Timo Braun

Inhaltsverzeichnis

Geleitwort V
Vorwort VII
Inhaltsverzeichnis X
Abbildungsverzeichnis XII
Tabellenverzeichnis XIII
Abkürzungsverzeichnis XIV
1 Einleitung 1
   1.1 „Personal" in Unternehmenskooperationen 1
   1.2 Defizite arbeits- und organisationspsychologischer Ansätze 4
   1.3 Gang der Untersuchung: Von OCB zu PCB und NCB 8
2 Theoretische Grundlagen 11
   2.1 OCB als Ausgangspunkt 11
      2.1.1 Begriff und historische Entwicklung 13
      2.1.2 Abgrenzung von verwandten Konzepten 25
      2.1.3 Dimensionalität und Operationalisierungen des Konstrukts ... 39
      2.1.4 Bedingungen 47
      2.1.5 Konsequenzen von OCB 54
      2.1.6 Weiterentwicklung des OCB-Konzepts 60
   2.2 Temporäre Organisationsformen und Citizenship Behavior? ... 75
      2.2.1 Auf den Spuren der Projektmanagementforschung 76
      2.2.2 Implizite Theorievorstellungen 78
      2.2.3 Das 4T-Framework 82
      2.2.4 Von Projekten zu Netzwerken 89
   2.3 Rekonzeptualisierung von OCB als Project und Network
       Citizenship Behavior 94
      2.3.1 Interorganisationalität und Netzwerkentwicklung 97
      2.3.2 Temporalität und prozessuale Betrachtung 106
      2.3.3 Relationalität und Entstehung von Sozialkapital 111
3 Empirische Untersuchungen 115
   3.1 Eignung von Mixed Method-Designs zur Erforschung von PCB
       und NCB 115
   3.2 Qualitative Vorstudie zur Exploration 121
      3.2.1 Präzisierung der Forschungsfragen 121

3.2.2	Untersuchungsdesign und Methoden	124
3.2.3	Befunde zu den Merkmalen von PCB und NCB	134
3.2.4	Erste Einsichten zu den Voraussetzungen von PCB und NCB	144
3.2.5	Diskussion der Ergebnisse	150
3.2.6	Versuch einer Typologie von Projektbürgern	154
3.2.7	Zwischenfazit	158
3.3	Quantitative Querschnittsuntersuchung zur Validierung	161
3.3.1	Präzisierung der Forschungsfrage	161
3.3.2	Herleitung von Hypothesen	164
3.3.3	Untersuchungsdesign und Methoden	171
3.3.4	Ergebnisse und Test der Hypothesen	179
3.3.5	Diskussion der Ergebnisse	187
3.4	Längsschnitt-Einzelfallstudie zur prozessualen Betrachtung	195
3.4.1	Präzisierung der Forschungsfrage	196
3.4.2	Untersuchungskontext	198
3.4.3	Untersuchungsdesign und Methoden	204
3.4.4	Ergebnisse: Netzwerkentwicklung und kooperatives Verhalten	214
3.4.5	Diskussion der Ergebnisse	228
4	Implikationen für die Managementforschung	235
4.1	Opening-up versus Cleaning-up in der OCB-Forschung	235
4.2	Projektübergreifendes Verhalten trotz temporärer Organisation	239
5	Implikationen für die Managementpraxis	243
5.1	Projektübergreifende Zusammenhänge erkennen	243
5.2	Persönliches Beziehungsmanagement	244
5.3	Institutionalisierung des Beziehungsmanagements	245
5.4	Das Vorsteuerpotenzial der Selektion nutzen	247
6	Schlussbetrachtung	249
Literaturverzeichnis		257

Abbildungsverzeichnis

Abbildung 1:	Foci der Untersuchung	8
Abbildung 2:	Anzahl und Entwicklung von OCB-bezogenen Veröffentlichungen	11
Abbildung 3:	Der Zusammenhang von Einstellung und Verhalten	26
Abbildung 4:	Extraproduktive und kontraproduktive Verhaltensweisen	32
Abbildung 5:	Entwicklung des OCB-Konzepts	61
Abbildung 6:	Forschungsschwerpunkte von OCB auf Gruppenebene	66
Abbildung 7:	Projektmanagement als Tool und als temporäre Organisation	79
Abbildung 8:	Kontingenzen, die projektinterne Prozesse beeinflussen	88
Abbildung 9:	Projektnetzwerke und latente Beziehungen	92
Abbildung 10:	Das Prozessmodell von Ring und Van de Ven	102
Abbildung 11:	Das angewandte Mixed Method-Untersuchungsdesign	120
Abbildung 12:	PCB und NCB im Kontext interorganisationaler Projekte	136
Abbildung 13:	Typologie von Citizens im interorganisationalen Kontext	155

Tabellenverzeichnis

Tabelle 1:	OCB und Bürgertugenden im Vergleich	14
Tabelle 2:	OCB-Dimensionen im Vergleich	41
Tabelle 3:	Emergierte Datenstruktur von PCB	128
Tabelle 4:	Emergierte Datenstruktur von NCB	130
Tabelle 5:	Rekonzeptualisierung der OCB-Dimensionen für Projekte und Netzwerke	144
Tabelle 6:	Beispiele für die Bedingungen von PCB	148
Tabelle 7:	Beispiele für die Bedingungen von NCB	150
Tabelle 8:	Citizenship Behavior in temporären Organisationen	177
Tabelle 9:	Ergebnisse der Hauptkomponentenanalyse	181
Tabelle 10:	Deskriptive Statistiken und Interkorrelationen	183
Tabelle 11:	Ergebnisse der hierarchischen Regressionsanalyse	184
Tabelle 12:	Datenquellen der Einzelfallstudie	206
Tabelle 13:	Übersicht der analysierten Kategorien	210
Tabelle 14:	Beispiele der systematischen Auswertung	213
Tabelle 15:	Zusammenhänge zwischen PCB/NCB und Netzwerkentwicklung	231

Abkürzungsverzeichnis

α	Cronbachs Alpha
AG	Aktiengesellschaft
APA	American Psychological Association
Aufl.	Auflage
AVE	Average Variance Abstracted
β	Betakoeffizient
bzw.	beziehungsweise
CA	California
CFA	Confirmatory Factor Analysis
CFI	Comparative Fit Index
CO	Compliance
CP	Contextual Performance
CT	Connecticut
D.C.	District of Columbia
d.h.	das heißt
e.V.	eingetragener Verein
et al.	et alii
etc.	et cetera
EVA	Extracted Average Variance
F	Female; statistischer F-Wert
F&E	Forschung und Entwicklung
f.	folgende
ff.	fortfolgende
ggf.	gegebenenfalls
ggü.	gegenüber
GmbH	Gesellschaft mit beschränkter Haftung
GOCB	Group-level Organizational Citizenship Behavior
GPM	GPM Deutsche Gesellschaft für Projektmanagement
H	Hypothese
HB	Helping Behavior
Hrsg.	Herausgeber
I	Interview
ICB	Interorganizational Citizenship Behavior

IJPM	International Journal of Project Management
IL	Illinois
IN	Initiative
IOR	Interorganizational Relationships
IPMA	International Project Management Association
IUP	Indiana University of Pennsylvania
LMX	Leader-Member-Exchange
LO	Loyalty
M	Male
MA	Massachusetts
n.s.	not significant
N	Stichprobenumfang
NCB	Network Citizenship Behavior
NJ	New Jersey
Nr.	Nummer
NY	New York
o.g.	oben genannte/r
OCB	Organizational Citizenship Behavior
OCB-I	Organizational Citizenship Behavior (individual)
OCB-O	Organizational Citizenship Behavior (organizational)
OS	Organizational Spontaneity
p	Signifikanzniveau
PCB	Project Citizenship Behavior
PM	Projektmanagement
PMI	Project Management Institute
PMJ	Project Management Journal
PMO	Project Management Office
POD	Principled Organizational Dissent
PSOB	Prosocial Behavior
R^2	Bestimmtheitsmaß
RM	Relationship Maintenance
RMSEA	Root Mean Square Error of Approximation
S.	Seite
s.o.	siehe oben
SD	Standard Deviation

TCB	Team Citizenship Behavior
TLI	Tucker-Lewis-Index
u.a.	unter anderem/n
u.U.	unter Umständen
vgl.	Vergleiche
VHB	Verband der Hochschullehrer für Betriebswirtschaft
VIF	Variance Inflation Factor
WB	Whistle Blowing
Z.	Zeile
z.B.	zum Beispiel
zit.	zitiert

1 Einleitung

1.1 „Personal" in Unternehmenskooperationen

Seit Mitte der 1980er Jahre bis in die Gegenwart erfahren Unternehmenskooperationen und im Besonderen Unternehmensnetzwerke in der Managementforschung großes Interesse (Jarillo, 1988; Miles und Snow, 1986; Powell, 1990; Sydow, 1992; 2010).[1] Da interorganisationale Netzwerke eine eigene Form der Koordination ökonomischer Aktivitäten darstellen, die weder rein marktlichen noch rein hierarchischen Mechanismen unterliegen (Powell, 1990), ergeben sich zahlreiche Fragen zu den Merkmalen und zur Steuerbarkeit dieser Organisationsform. Obwohl seither vielzählige Beiträge, sowohl aus unterschiedlichen funktionalen Bereichen der Betriebswirtschaftslehre als auch aus anderen, oft angrenzenden, wissenschaftlichen Disziplinen hervorgebracht wurden, besteht weiterhin großer Bedarf an managementorientierter Netzwerkforschung (Sydow, 2010; Sydow und Windeler, 2000: 18).

Kooperationen werden auf Organisationsebene sichtbar, lassen sich sich aber letztendlich immer auch auf personale Akteure und deren Handeln zurückführen. Eine netzwerkartige Zusammenarbeit hat zur Folge, dass Personen bzw. „Personal" organisationale Grenzen überschreiten und in aller Regel auch hierarchische Strukturen – etwa in überbetrieblichen Projekten – überwinden müssen (Grimshaw et al., 2005). Dies stellt Organisationen nicht nur vor die Herausforderung, Interoganisationsbeziehungen durch eine geeignete Governance (Jones et al., 1997) oder auch durch interorganisationale Praktiken (Giddens, 1984; Windeler, 2001) zu steuern, sondern hat in besonderer Weise Auswirkungen auf Personal und Arbeit. So erfordert die Zusammenarbeit in Interorganisationsbeziehungen auch eine Umgestaltung des Human Resource Managements (Reichel

---

[1] Ich werde im weiteren Verlauf des vorliegenden Textes männliche und weibliche Formulierungen zufällig-abwechselnd und in annähernd gleicher Häufigkeit verwenden. Damit möchte ich zum Ausdruck bringen, dass selbstverständliche Gleichberechtigung der Geschlechter nicht zwingend auf Kosten sprachlicher Ästhetik gehen muss.

© Springer Fachmedien Wiesbaden GmbH, ein Teil von Springer Nature 2013
T. Braun, *Kooperatives Verhalten in interorganisationalen Projekten*,
Edition KWV, https://doi.org/10.1007/978-3-658-22740-1_1

und Mayrhofer, 2009) und der Personalführung (Scherm und Süß, 2000; Shamir, 1999; Winkler, 2004). Zudem wirft sie Fragen der Mitbestimmung auf (Sydow und Wirth, 1999), die nicht zuletzt aus der Fragmentierung von Belegschaften in Kern- und Randbelegschaften (Braun und Oechsler, 2012; Eichhorst et al., 2010) resultieren.

Obwohl Netzwerke aufgrund von Tendenzen wie der Prekarisierung von Arbeit und lückenhafter Vertretungsmöglichkeiten von Arbeitnehmerrechten aus einer Personalperspektive zu Recht kritisch betrachtet werden können, eröffnen sie auch Chancen für Organisationen und für deren Personal (Sydow und Wirth, 1999: 9 ff.). Aus Organisationssicht erscheinen Netzwerke attraktiv, um Synergieeffekte zu nutzen, Kosten zu senken und idealerweise kooperative Wettbewerbsvorteile zu erzielen (Dyer und Singh, 1998). Aus der Perspektive des Personals können Interorganisationsbeziehungen, getragen von Individuen – als eine Ressource für Kreativität und Innovation (Argyris, 1964) – produktiv und gleichzeitig in ihrem eigenen Sinne ausgestaltet werden (z.B. Duschek und Wirth, 1999: 297 ff.). Unternehmenskooperationen und auch komplexe interorganisationale Netzwerke leben vom Engagement der beteiligten Individuen und deren Bereitschaft, sich für die gemeinsamen Ziele einzusetzen. Das beinhaltet auch, dass sich Individuen (und auch Organisationen als Ganze) über die vertraglich vereinbarte Minimalanforderung hinaus – auch wenn sie nicht extrinsisch motiviert werden – kooperativ einsetzen, um den Erfolg der Zusammenarbeit sicherzustellen.

Auch wenn Interorganisationsbeziehungen häufig einen langfristigen Zeithorizont haben, findet die operative Zusammenarbeit oft in temporären Organisationsformen, wie beispielsweise Projekten, statt. Temporäre Organisationen sind durch eine begrenzte Dauer und durch Teamarbeit gekennzeichnet, die sich an einer gemeinsamen Aufgabe ausrichtet (Lundin und Söderholm, 1995). Zwar enden temporäre Organisationen mit der Abarbeitung der Aufgabe, jedoch besteht das erschaffene Wissen, etwa in F&E-Projekten, sowie die im Projekt initiierten Beziehungen fort. Aufgrund der häufig fehlenden langfristigen Kodifizierung von Wissen spielen in derlei Kontexten vor allem individuelle Wissensträger – und damit das Verhalten einzelner Personen – eine wichtige Rolle. Temporäre Organisationen sind also keineswegs isoliert (Engwall, 2003), sondern in einen sozialen und historischen Kontext (Bakker, 2010) bzw. im Falle interorganisationaler Zusammenarbeit auch in ein Projektnetzwerk eingebettet. Vor diesem Hintergrund entscheidet die tägliche Zusammenarbeit der Individuen im interorganisationalen Projekt und deren Verhalten zueinander darüber, welche Interorganisationsbeziehungen aufgebaut bzw. durch Reaktivierung latenter Beziehungen gefestigt oder aber nicht weiter verfolgt werden (Sydow und Windeler, 1999).

Das damit angesprochene Verhältnis von Individuum und Organisation ist im Bereich von permanenten Organisationsformen seit jeher von der Managementforschung thematisiert worden, auch wenn das „Organisationale" zeitweise die Aufmerksamkeit der Forschung partiell vom Individuum weglenkte um das Verhalten ganzer Organisationen in den Vordergrund zu rücken (z.B. Cyert und March, 1963) bzw. das Individuum einem systemischen Verständnis unterzuordnen (Luhmann, 1964). Längst hat die Managementforschung dem Individuum aber wieder mehr Geltung verschafft (im deutschsprachigen Raum eingeleitet durch Kirsch, 1968). In der Folge ist ein wissenschaftlicher Diskurs, der sowohl das Individuum als auch die Organisation ernst nimmt, zunehmend selbstverständlich geworden (Argyris, 1964; Kieser, 1980). Die beiden Ebenen wurden etwa mithilfe der Rollentheorie (Gerhardt, 1971) oder auch unter Berufung auf *Verfahren*, die eine wechselseitige Erzeugung von Individuum und Organisation ermöglichen (Neuberger, 2000), miteinander verbunden. In der stark strukturalistisch geprägten Netzwerkforschung hat eine derartige Rückbesinnung auf das Individuum oder gar eine integrative Betrachtung von Individuum und Organisation kaum stattgefunden (Sydow, 1999). Die Projektmanagementforschung wiederum hat eine ganz eigene Entwicklung genommen. Sie wurde traditionell durch praxisnahe Beiträge dominiert, welche das Individuum zentrieren (wenn nicht in seinen Möglichkeiten überschätzen) und schenkt einer organisationalen bzw. auch systemischen Dimension von Projekten erst neuerdings Aufmerksamkeit (z.B. Lundin und Söderholm, 1995; Turner und Müller, 2003). Doch erst wenn die Organisation von der Projektmanagementforschung konsequent als System begriffen wird, könnte auch dort eine Dezentrierung des Individuums – und in der Folge ein integriertes Verständnis von Individuum und Organisation – entwickelt werden. Die vorliegende Arbeit soll einen

Beitrag dazu leisten, den wechselseitigen Zusammenhang von Individuum und Organisation im Bereich von Projekten und übergreifenden Strukturen wie Projektnetzwerken zu beleuchten und darüber eine ähnliche Debatte anzuregen, die in der eigentlichen Organisationsforschung heute als selbstverständlich erscheint.

Ausgangspunkt der Arbeit ist das individuelle, kooperative Verhalten von Individuen, welches offensichtlich als ein zentraler Parameter in der interorganisationalen Projektarbeit gelten kann, und dem deshalb eine besondere Aufmerksamkeit zuteil werden sollte.

1.2 Defizite arbeits- und organisationspsychologischer Ansätze

Die Erforschung des psychologischen Antriebs von Individuen, ihrer Leistungsbereitschaft und ihres kooperativen Verhaltens hat in der intraorganisationalen Perspektive eine lange Tradition. Vor allem die Arbeits- und Organisationspsychologie bietet ein umfangreiches Repertoire an theoretischen Zugängen, die Erkenntnisse über die Beziehungen und das Verhalten zwischen Mitarbeitern, Vorgesetzten und Organisationen liefern. Hierzu zählen u.a. Organizational Citizenship Behavior (OCB) (Bateman und Organ, 1983; Smith et al., 1983), organisationales Commitment (Meyer und Allen, 1991), Involvement (Conrad, 1988), Identifikation (Ashforth und Mael, 1989) und der psychologische Vertrag (Rousseau, 1996). Die dazu veröffentlichten Studien beziehen sich fast ausnahmslos auf geschlossene Organisationen mit einer homogenen Belegschaft und stabilen Beschäftigungsverhältnissen.[2] Auch die hierarchische Unterstellung von Mitarbeitern unter einen Vorgesetzten in der Linienorganisation wird meistens vorausgesetzt.

Gerade die an Popularität gewinnende Projektarbeit (Midler, 1995) erfüllt jene Prämissen aber regelmäßig nicht. Die Zusammenarbeit im Projekt ist oft interorganisational, teamorientiert und kurzfristig, was den ge-

---

[2] Die Forschungsarbeiten zu Zeitarbeitern und Freelancern stellt dabei eher eine Ausnahme dar, z.B. Blatt (2008), Felfe et al. (2005), Süß (2006).

nannten Annahmen entgegensteht. Die arbeits- und organisationspsychologischen Konzepte tragen Interorganisationsbeziehungen und temporären Organisationsformen also unzureichend Rechnung. Dabei wäre ein tieferes Verständnis des psychologisch motivierten Verhaltens von Individuen in Projektnetzwerken unter Berücksichtigung von projekt- bzw. (projekt-)netzwerkspezifischen Strukturmerkmalen essenziell, um die Entstehung, Ausprägungsformen und Wirkungen von kooperativen Verhaltensweisen in derartigen Kontexten zu verstehen. Auch könnten sich daraus Implikationen für die Führung in und von Netzwerken ergeben, die möglicherweise auch in Zusammenhang mit Erfolg oder Misserfolg derartiger Kooperationen stehen. Die damit geforderte Arbeits- und Organisationspsychologie als Kerndisziplin dieser Fragestellungen hat jedoch der Verbreitung von Netzwerken bislang „in kaum nennenswertem Umfang Aufmerksamkeit geschenkt" (Sydow, 2010: 422).

Als ein besonders einflussreiches Konzept hat sich OCB – verstanden als ein freiwilliges Verhalten, das nicht unmittelbar vom organisationalen Belohnungssystem honoriert wird, aber zum Funktionieren von Organisationen beiträgt – erwiesen. Im Vergleich zu angrenzenden Konzepten fokussiert OCB nicht (nur) Einstellungen, die dem menschlichen Verhalten vorausgehen, sondern vielmehr das tatsächlich nach außen sichtbare Verhalten von Individuen (Nerdinger et al., 2008: 447 ff.). OCB dürfte sich aus der Reihe der arbeits- und organisationspsychologischen Ansätze auch deshalb besonders dafür eignen, das kooperative Handeln von Individuen in interorganisationalen Projekten und Projektnetzwerken zu untersuchen, da sich das OCB-Konzept in den vergangenen Jahren sukzessive für Fragestellungen in neuen Kontexten wie beispielsweise OCB in organisationalen Teileinheiten, in der Gruppenarbeit und in Lieferantenbeziehungen geöffnet hat. Analog zum Anspruch der vorliegenden Arbeit verfolgt auch die etablierte OCB-Forschung nicht ausschließlich ein Erkenntnisinteresse im Sinne der Grundlagenforschung, sondern möchte zugleich den handelnden Akteuren in Organisationen Gestaltungsmöglichkeiten und Handlungsempfehlungen aufzeigen (so z.B. Bolino und Turnley, 2003). Dabei stützt sich die OCB-Forschung auf Befunde, die nahelegen, dass OCB unter bestimmten Voraussetzungen zu einer höheren Leistung von Individuen und einer verbesserten Leistungsfähigkeit der Organisation, beispielsweise in Form einer Steigerung der Produktivität, führen kann (Bolino et al., 2002; Podsakoff und MacKenzie, 1997; Podsakoff et al., 2000).

Unternehmenskooperationen im Rahmen von Projekten bzw. Projektnetzwerken stellen die OCB-Forschung insofern vor völlig neue Fragestellungen, als dass hier kooperatives Individualverhalten nicht nur gegenüber Personen der eigenen Organisation betrachtet wird. Stattdessen rücken auch und insbesondere solche Verhaltensweisen ins Zentrum der Analyse, die nicht den eigenen Kolleginnen, sondern den Mitgliedern kooperierender Organisationen gelten. Dabei ist es auf Basis der vorhandenen Forschung unabsehbar, ob Citizenship Behaviors im Lichte von typischen Spannungsverhältnissen in interorganisationalen Beziehungen wie z.B. Kooperation und Wettbewerb, Autonomie und Abhängigkeit sowie Vertrauen und Kontrolle (Sydow und Duschek, 2011: 190 ff.) trotzdem – oder gerade deshalb – zum Funktionieren dieser Organisationsform beitragen. Vor diesem Hintergrund werden in der vorliegenden Arbeit Erkenntnisse aus der Sozial-, Arbeits- und Organisationspsychologie mit denen der Organisations- und Netzwerkforschung zusammengeführt, um an dieser Schnittstelle ein mögliches *Project Citizenship Behavior* (PCB) bzw. *Network Citizenship Behavior* (NCB) – also kooperative Verhaltensweisen, die innerhalb von temporären Organisationen bzw. (Projekt-)Netzwerken von den Beteiligten freiwillig und ohne direkte Belohnung erbracht werden – konzeptionell herzuleiten und empirisch zu untersuchen.

Dazu ist es zunächst erforderlich, den ursprünglich von Bateman und Organ (1983) bzw. Smith et al. (1983) geprägten OCB-Ansatz theoretisch weiterzuentwickeln und damit für die spezifischen Strukturmerkmale von temporären Organisationen und dauerhaften Projektnetzwerken zu öffnen. Diese Rekonzeptualisierung wird geleitet von der übergreifenden Forschungsfrage:

> *Wodurch sind kooperative Verhaltensweisen zwischen Projektbeteiligten, die im Rahmen von Interorganisationsbeziehungen temporär zusammenarbeiten, gekennzeichnet?*

Neben dem Erkennen und Beschreiben von kooperativen Verhaltensweisen lehrt die etablierte OCB-Forschung, dass die Analyse von Ursachen und Wirkungen von Citizenship Behavior unumgänglich ist, um ein fundiertes Verstehen dieses Verhaltens zu ermöglichen (z.B. Podsakoff et al., 2000: 526 ff.). Das Erkenntnisinteresse an den Folgen kooperativer Verhaltensweisen liegt auch darin begründet, die Entstehung von Interorganisationsbeziehungen und den möglichen Beitrag von individuellem Verhalten zu verstehen. Zudem sollen neue empirische Befunde zu den Bedingungen und Folgen ermöglichen, praktische Empfehlungen für Personen und Organisationen zu entwickeln. Dementsprechend lassen sich als weitere Forschungsfragen formulieren:

Was sind die Bedingungen und die Folgen von Citizenship Behavior in temporären Organisationen? Welche Implikationen lassen sich daraus für die Managementpraxis ableiten?

Wie aus Abbildung 1 hervorgeht, hat die vorliegende Arbeit zum Ziel, die charakteristischen Merkmale von Citizenship Behaviors in temporären Organisationen unter Berücksichtigung der verschiedenen Ebenen, auf die Citizenship Behaviors gerichtet sein können, also Individuen, Organisationseinheiten bzw. Teams, Organisationen als ganze und organisations- bzw. projektübergreifende Netzwerke, zu analysieren. Besondere Aufmerksamkeit kommt der Projektebene zu, die eine Brücke zwischen personalen und organisationalen Akteuren schlägt und die eine räumliche und zeitliche Umklammerung von Aktivitäten zulässt (1). Dabei soll deutlich werden, wie sich Citizenship Behaviors von verwandten Konzepten unterscheidet (2). Um zu verstehen, wie kooperative Verhaltensweisen entstehen und wie sie zum Funktionieren von temporären Organisationen beitragen, sind die Bedingungen (3) und Folgen (4) von PCB und NCB ebenso Gegenstand dieser Untersuchung wie auch die daraus ableitbaren Handlungsempfehlungen für das Management (5). Die gestrichelten Linien deuten an, dass die Bedingungen und Folgen von PCB und NCB keinem einseitig linearen Verlauf folgen, sondern vielmehr in einem rekursiven Zusammenhang stehen dürften.

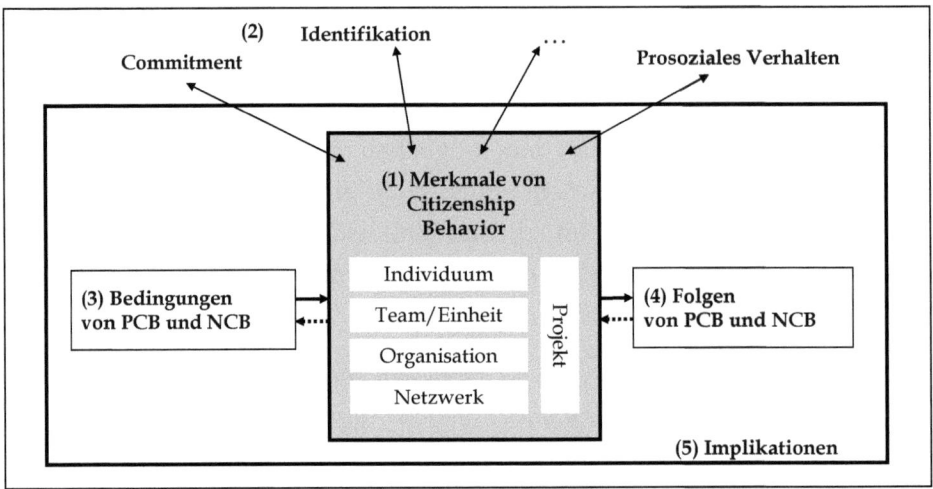

Abbildung 1: Foci der Untersuchung

1.3 Gang der Untersuchung: Von OCB zu PCB und NCB

Zur Untersuchung der Forschungsfragen werden im zweiten Teil dieser Arbeit zunächst die theoretischen Grundlagen gelegt. Ausgehend von der etablierten OCB-Forschung (Kapitel 2.1) werden die arbeits- und organisationspsychologischen Erkenntnisse zu kooperativem Verhalten innerhalb von Organisationen vorgestellt. Dabei wird OCB auch von ähnlichen Konzepten abgegrenzt und die zentralen Bestimmungsmerkmale wie die Dimensionalität sowie die spezifischen Bedingungen und Folgen von OCB herausgearbeitet. Als eine erste Annäherung des Konzepts an temporäre Organisationen werden auch Weiterentwicklungen von OCB auf der Gruppenebene und die wenigen Arbeiten zu OCB in dyadischen Interorganisationsbeziehungen thematisiert. In Kapitel 2.2 werden ausgehend von Projekten als eine Form der temporären Organisation die wichtigsten Linien der Forschung aufgezeigt, begonnen bei der praxisorientierten Projektmanagementforschung bis hin zur aktuellen, stärker organisationstheoretisch fundierten Forschung, die über Konzepte wie dem des Projektnetzwerks oder der Projektökologie die Brücke zur Netzwerkforschung schlägt. Kapitel 2.3 führt schließlich die beiden Forschungsstränge – Citizenship Behavior einerseits und temporäre Organisationen andrerseits – zusammen und skizziert, wie Interorganisationalität, Temporalität und Relationalität die unverzichtbaren konzeptuellen Prämissen von PCB und NCB bilden.

Der dritte Teil beinhaltet das methodische Vorgehen und die Ergebnisse der empirischen Untersuchung. Zunächst wird in Kapitel 3.1 das *Mixed Method*-Untersuchungsdesign vorgestellt. Dabei wird insbesondere darauf eingegangen, warum die Kombination verschiedener Methoden sinnvoll ist, um PCB und NCB zu untersuchen und wie die gewählten qualitativen und quantitativen Methoden ineinander greifen. Die daran anschließenden Kapitel 3.2, 3.3 und 3.4 beinhalten jeweils einzelne, in sich geschlossene, aber zueinander komplementäre Teilstudien. Die erste Teilstudie (3.2) dient der empirischen Annäherung bzw. Exploration von PCB und NCB. In der darauf folgenden Teilstudie (3.3) werden die explorativen Befunde mithilfe einer quantitativen Untersuchung validiert. Die letzte Teilstudie (3.4) ermöglicht durch ein Längsschnitt-Fallstudiendesign eine prozessuale Analyse von PCB und NCB. Die letztere ist im Unterschied zu den beiden ersten Teilstudien nicht an Zeitpunkte gebunden, sondern erfasst gerade die zeitliche Dynamik von kooperativen Verhaltensweisen sowie den Zusammenhang zur Entstehung von Interorganisationsbeziehungen.

Im vierten Teil werden die Ergebnisse der drei Teilstudien zusammengeführt und vor dem Hintergrund der OCB-Forschung (4.1) sowie der Forschung zu temporären Organisationen (4.2) diskutiert. Dabei wird eine kritische Perspektive verfolgt, die sich deutlich von einer konzeptuellen Einfalt distanziert, welche sich in Vergangenheit sowohl in der OCB-Forschung (im engeren Sinne) als auch teilweise in der praxisdominierten Projektmanagementforschung abgezeichnet hat.

Der fünfte Teil umfasst Implikationen für die Praxis, die aus den empirischen Befunden abgeleitet sind. Die Handlungsempfehlungen sind einerseits für Projektbeteiligte, also personale Akteure, bestimmt (5.1 und 5.2), andererseits werden auch Empfehlungen für Organisationen abgegeben (5.3 und 5.4). Dadurch sollen Individuen und Organisationen in die Lage versetzt werden, kooperative Verhaltensweisen systematischer zu fördern und möglichst zielorientiert für sich zu nutzen.

Im sechsten Teil werden die zentralen Ergebnisse der drei Teilstudien, wie auch die darauf basierenden Schlussfolgerungen, zusammengefasst und die in der Einleitung formulierten Forschungsfragen übergreifend beantwortet. Des Weiteren wird der gewählte Forschungsansatz, insbesondere das *Mixed Method*-Design, kritisch gewürdigt. Die Arbeit schließt mit der Formulierung von Forschungsdesideraten, die sich aus der vorliegenden Arbeit ergeben haben bzw. durch das Untersuchungsdesign nicht abgedeckt werden konnten.

2 Theoretische Grundlagen

2.1 OCB als Ausgangspunkt

Verankert in der Arbeits- und Organisationspsychologie hat das OCB-Konzept längst auch den Sprung in die Managementforschung geschafft (z.B. Bolino et al., 2002; Bommer et al., 2007; Podsakoff et al., 2000). OCB wurde und wird bis in die Gegenwart permanent weiterentwickelt, verfeinert und in verschiedenen Kontexten untersucht. Bei einem Blick auf die Anzahl und Entwicklung der OCB-bezogenen Publikationen wird deutlich, dass der Strom an Veröffentlichungen über die Jahre keineswegs abreißt, sondern im Gegenteil, kontinuierlich und seit der Jahrtausendwende sogar erheblich zugenommen hat. Zum Ende des Jahres 2012 wird so eine kumulierte Gesamtzahl von nahezu 900 OCB-bezogenen Publikationen erreicht.

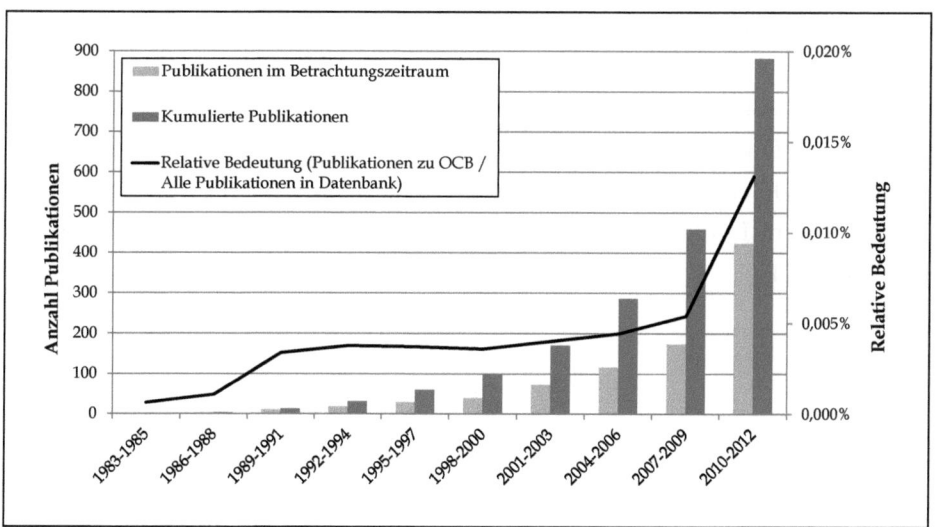

Abbildung 2: Anzahl und Entwicklung von OCB-bezogenen Veröffentlichungen

Aus Abbildung 2 geht nicht nur die absolute bzw. kumulierte Zahl an Publikationen hervor, sondern sie zeigt auch, wie sich die OCB relativ zur Gesamtzahl aller Zeitschriftenpublikationen (einer Referenzdatenbank)

verbreitet hat.³ So hat sich der Anteil von Publikationen zu OCB im Vergleich zu allen Publikationen in der Datenbank seit dem Jahr 2000 mehr als verdreifacht. Die überwiegende Zahl der Forschungsarbeiten zu OCB beziehen sich auf die Merkmale und Dimensionalität von OCB, die Bedingungen, die OCB herbeiführen oder begünstigen können, sowie die Konsequenzen, die OCB für die Organisation, für Führungskräfte und andere Organisationsmitglieder haben kann. Der rasante Anstieg an OCB-bezogenen Publikationen in den vergangenen Jahren ist aber auch durch eine konzeptuelle Öffnung von OCB, insbesondere gegenüber der Gruppenforschung zu erklären, wodurch neue Forschungslücken gefunden, gruppenbezogene Forschungsfragen formuliert und Interaktionseffekte zwischen den verschiedenen Ebenen (Individuum, Gruppe, Organisation) untersucht werden konnten (Schnake und Dumler, 2003).

In diesem Kapitel werden zunächst die konzeptuellen Grundlagen von OCB vorgestellt. Beginnend mit einer Begriffsklärung, werden die historischen Wurzeln von OCB herausgearbeitet, Abgrenzungen zu verwandten Konzepten vorgenommen und die wichtigsten empirischen Befunde im Hinblick auf die Merkmale und Dimensionalität, Bedingungen sowie Folgen von OCB vorgestellt. Daran anschließend werden OCB auf Gruppenebene sowie erste Erkenntnisse zu interorganisationalem OCB als konzeptuelle Weiterentwicklungen thematisiert. Diese neueren Erkenntnisse bereiten zugleich wichtige Grundlagen für eine Rekonzeptualisierung von OCB vor dem Hintergrund von Interorganisationalität, Temporalität und Relationalität.

---

3   In der Datenbank EbscoHost (Business Source Premier, Academic Source Premier und PsychArticles) wurden Fachartikel in „peer-reviewed journals" nach dem Stichwort „Organizational Citizenship Behavior" durchsucht und zu der Gesamtzahl sämtlicher Publikationen in der Datenbank in Beziehung gesetzt.

2.1.1 Begriff und historische Entwicklung

Die Grundlagen von Organizational Citizenship Behavior gehen zurück auf Organ (1977), wobei der Begriff durch die Beiträge von Bateman und Organ (1983) sowie Smith et al. (1983) geprägt wurde. Organ definiert OCB als:

> *"Individual behavior that is discretionary, not directly or explicitly recognized by the formal reward system and that, in the aggregate promotes the effective functioning of the organization. By discretionary, we mean that the behavior is not an enforceable requirement of the role or the job description, that is, the clearly specifiable terms of the person's employment contract with the organization; the behavior is rather a matter of personal choice, such that its omission is not generally understood as punishable"* (Organ, 1988: 4).

Es handelt sich somit um ein Verhalten, das keine unmittelbar positiven oder negativen Konsequenzen zur Folge hat, also nicht vom formalen Belohnungssystem oder aufgrund formaler Rollenvorschriften erfasst wird. Gleichzeitig wirkt OCB in seiner Gesamtheit positiv auf die Funktionsfähigkeit von Organisationen (Smith et al., 1983). Da das Arbeitsverhalten über das vertraglich geforderte Maß hinausgeht, stellt OCB eine Form des Extrarollenverhaltens dar. Allerdings sind die Begriffe OCB und Extrarollenverhalten – obwohl dies in der Literatur fälschlicherweise gelegentlich der Fall ist – nicht synonym zu verwenden. Der OCB-Begriff unterscheidet sich gegenüber Extrarollenverhalten schon dadurch, dass von OCB nur Verhaltensweisen erfasst werden, die für die Organisation funktional sind (Matiaske und Weller, 2003: 106 f.). Gleichzeitig fällt auch die Unterscheidung von OCB und *In-Role*-Verhalten, das auf Arbeitsverträgen, Stellenbeschreibungen, formalen Regeln und Weisungen basiert, nicht immer leicht. Häufig werden die vermeintlich freiwilligen Handlungen implizit dann doch von der Organisation oder von Vorgesetzten erwartet, so dass die Grenzen von OCB und Rollenverhalten teilweise verwischen können (Morrison, 1994: 1561 f.). Auch Organ et al. (2006) betonen, dass in der Praxis ein Kontinuum hinsichtlich des Umfangs und der Wahrscheinlichkeit von Belohnungen im Zusammenhang mit OCB besteht, was eine klare Abgrenzung dieser Konzepte erschwert: „It differs more in degree than in kind" (Organ et al., 2006: 310).

Einzeln betrachtet fällt eine einmalige OCB-Handlung nicht besonders ins Gewicht und hat mitunter keinen großen Einfluss auf die Leistungsmaße der Organisation. Jedoch trägt die Summe vieler Handlungen von Individuen zum Funktionieren einer Organisation bei. Vergleichbar ist dies mit politischen Wahlen, bei denen eine einzelne Stimme fast ausnahmslos nur einen winzigen Einfluss auf das Gesamtergebnis hat, die Summe der Stimmen aber die Grundlage von demokratischen Systemen bildet (Organ, 1988: 6).

Die Terminologie des „Organisationsbürgers" oder auch des „guten Soldaten" – wie es Organ (1988) im Untertitel seiner Monographie als *the good soldier syndrome* postuliert – spielt auf das Konzept der Bürgertugenden an, das von Organ in den Organisationskontext übertragen wird. Bei einem Vergleich der zentralen Begriffe von OCB und denen der Bürgertugenden werden in der Tat die Ähnlichkeiten dieser Konzepte deutlich (siehe Tabelle 1).

Dimensionen von OCB (nach Staufenbiel und Hartz, 2000)	Bürgertugenden (nach Buchstein, 1996: 303)
• Hilfsbereitschaft • Gewissenhaftigkeit • Unkompliziertheit • Eigeninitiative	*Tugenden des Liberalismus* • Freiwilliger Rechtsgehorsam • Kooperationsbereitschaft • Fairness • Toleranz *Demokratische Tugenden* • Partizipation • Verantwortlichkeit • Argumentation *Sozialstaatliche Tugenden* • Gerechtigkeitssinn • Solidarität

Tabelle 1: OCB und Bürgertugenden im Vergleich
Quelle: In Anlehnung an Matiaske und Weller, 2003: 107

Unter dem Begriff der Bürgertugenden subsumiert Buchstein (1996: 303) die Tugenden des Liberalismus, demokratische und sozialstaatliche Tugenden. Ähnlich wie vorbildliche Bürger in einem Staat, geht das OCB-

Konzept davon aus, dass auch Organisationsmitglieder freiwillig einander helfen und kooperativ zusammenarbeiten, dass sie für die Organisation eintreten und Verantwortung übernehmen, dass sie tolerant sind und pragmatisch mit Problemen umgehen, dass sie eigene Ideen einbringen und sich engagieren (Staufenbiel und Hartz, 2000).

Die organisationstheoretischen Wurzeln von OCB reichen sehr weit über dessen Konzeptualisierung und Operationalisierung in den 1980er Jahren hinaus zurück in die Vergangenheit. Die OCB-Forschung knüpft an eine Forschungstradition an, die sich damit auseinandersetzt, welchen Beitrag das Verhalten von Individuen zum Funktionieren von Organisationen liefert. Diese Tradition geht laut Organ et al. (2006: 44 ff.) insbesondere auf Barnard (1938) als einen der ersten Architekten einer Theorie des kollektiven Handelns zurück.

Barnard analysiert Organisationen als kooperative Systeme und grenzt sich dadurch von der damals weit verbreiteten Fokussierung auf formale Strukturen ab. Er argumentiert, dass Organisieren als ein *bottom-up* Prozess zu verstehen ist, der auf einer niedrigen Systemebene angestoßen wird und dann sukzessive emergiert (Barnard, 1938: 102). In diesem Prozess schreibt er der informalen Organisation eine maßgebliche Bedeutung zu, da sie das emergente System legitimiert und stabilisiert. Dabei betont er ausdrücklich, dass die Bereitschaft von Individuen, sich für das kooperative System zu engagieren unabdingbar für eine Organisation ist (Barnard, 1938: 84). Unter jener Bereitschaft versteht er mehr als das reine Befolgen vertraglicher Vereinbarungen und bezieht sich auch auf Verhaltensweisen, die von Organisationen schwer fassbar aber gleichwohl extrem wichtig sind. Nach seiner Ansicht entstehen derartige Verhaltensweisen, wenn sich die Teilnehmer mit einem größeren Kollektiv verbunden fühlen. Dies setzt voraus, dass die Akteure nicht nur an die unmittelbare Aufgabe denken, sondern sich ihrer systemischen Eingebundenheit bewusst werden. Die Bereitschaft zu besonderem Engagement kann allerdings nicht durch eine Autorität erzwungen werden, sondern erwächst aus Bräuchen, Gewohnheiten und Routinen. Barnard schließt aus seiner Argumentation, dass ein autoritär geführtes System am besten erhalten werden kann, wenn möglichst viele Handlungen aus der spontanen Bereitschaft der Teilnehmer entstehen, also nicht autoritär angewiesen werden. Das klingt insofern paradox, als dass die Bindung an autoritäre Systeme und deren Akzeptanz am größten sind, wenn das System auf formale Autorität verzichtet (Barnard, 1938: 225).

Die OCB-Forschung greift zwei zentrale Aussagen von Barnard auf: Zum einen ist die *freiwillige Bereitschaft*, sich in der einen oder anderen Weise für eine Organisation einzusetzen, ein wichtiger Bestandteil des OCB-Konzepts geworden (Organ, 1988: 4). Diese Bereitschaft kann nicht autoritär verordnet werden, sondern nur, ganz im Sinne von Barnard, *bottom-up* von den beteiligten Individuen erbracht werden. Zum anderen betont Barnard die Kohäsion der informellen Organisation als eine wichtige Voraussetzung kollektiven Handelns. Auch die OCB-Forschung zeigt, dass die Bindung von Individuen an Organisationen wie beispielsweise deren affektives Commitment, eine Determinante von OCB darstellt (z.B. Organ et al., 2006: 76 ff.; Podsakoff et al., 2000: 529 ff.).

Ein weiterer historischer Anknüpfungspunkt der OCB-Forschung ist nach Organ et al. (2006: 48 ff.) in der Arbeit von Roethlisberger und Dickson (1939) zu sehen. Deren Aufsatz „Management and the Worker" gilt als die zentrale Chronik der sogenannten Hawthorne-Studien, die ihren Namen von der beforschten Organisation (Hawthorne Western Electric) erhalten haben. Die Hawthorne-Studien haben in der Managementforschung weltweit Aufsehen erregt und gelten als ein Auslöser für die *Human Relations*-Bewegung. Die Hawthorne-Studien starteten 1927 mit der Intention – noch der Tradition des Scientific Managements (Taylor, 1914) folgend – u.a. den Zusammenhang zwischen der Beleuchtung der Werkshalle und der Produktivität der Arbeiter zu messen. Tatsächlich gaben die ersten Untersuchungsergebnisse den Forschern Recht, da die Arbeitsproduktivität bei einer stärkeren Beleuchtung ebenfalls anstieg. Völlig überraschend stieg allerdings auch die Arbeitsproduktivität einer Kontrollgruppe, die keiner stärkeren Illumination ausgesetzt war. Zum Erstaunen der Forscher blieb die hohe Produktivität auch dann noch erhalten als die Beleuchtungsintensität wieder reduziert wurde. Das Experiment machte die Forscher auf einen Effekt aufmerksam, der die Blickweise auf menschliche Arbeit nachhaltig veränderte: Die hohe Produktivität wurde offensichtlich nicht durch die Intensität der Beleuchtung hervorgerufen, sondern durch die soziale Interaktion, die mit den Experimenten einherging. Die Forscher interessierten sich für die Arbeiter im Werk und gaben ihnen das Gefühl, dass sich jemand um sie kümmert. Die Experimente gaben zudem Aufschluss über die Kommunikation und Kooperation in den Arbeitsgruppen sowie die Existenz der informellen Organisation (Roethlisberger und Dickson, 1939).

Die Studien führten dazu, dass die weitere Forschung, insbesondere die *Human Relations*-Bewegung – die sozialen Strukturen und Prozesse stärker in den Blick nahm als dies zu Zeiten des Scientific Managements der Fall war. Diese theoretische Wende brachte auch ein bis dato neues Menschenbild des *social man* hervor (Ulich, 2001: 40 ff.). Im Nachhinein zogen die Hawthorne-Studien teils scharfe Kritik nach sich. So werden den Forschern u.a. unlautere Praktiken bei der Durchführung der Experimente vorgeworfen, z.B. wurden die Testpersonen durch höhere Löhne privilegiert, andere wurden gerügt oder sogar ausgetauscht (weiterführende Kritik findet sich u.a. bei von Rosenstiel, 2007: 387 ff.). Trotzdem sind die Hawthorne-Studien bis in die Gegenwart sehr einflussreich und ein wichtiges „Lehrstück" für die Arbeitsforschung und auch für die Forschung zu den Methoden des wissenschaftlichen Arbeitens.

Für die OCB-Forschung ist – ähnlich wie bei Barnard (1938), auf dessen Beitrag im Übrigen auch Roethlisberger und Dickson (1939) Bezug nehmen – die informelle Organisation und deren Einfluss auf kooperative Verhaltensweisen von besonderem Interesse. Auch hier wird den subtileren Mechanismen der informellen Organisation eine große Bedeutung für das kollektive Handeln beigemessen:

> *„Informal organization (…) may either facilitate or impede purposive cooperation and communication. In either case, at all levels of the organization informal organizations exist as a necessary condition for collaboration"* (Roethlisberger und Dickson 1939: 562).

Das hier beschriebene „Informelle" und das „Kooperative" gelten als „the essence of what OCB is all about" (Organ et al., 2006: 50).

Als ein weiterer Vorläufer des OCB-Konzepts gilt laut Organ et al. (2006: 51 ff.) die Arbeit von Katz und Kahn (1966; 1978), in der die Beiträge aus der *Human Relations*-Bewegung und aus der klassischen verhaltenstheoretischen Sichtweise aufgegriffen und einander angenähert werden.

Katz und Kahn (1966) argumentieren, dass effektive Organisationen drei verhaltensbezogene Ziele verfolgen: (1) Organisationen werben um Mitglieder und halten diese im System. (2) Organisationen stellen sicher, dass die Mitglieder die mit ihrer Rolle verbundenen Leistungen erbringen und qualitative wie quantitative Kriterien erfüllen oder übertreffen. (3) Organisationen fördern innovative und spontane Verhaltensweisen, die über die definierten Stellenanforderungen hinausgehen: „Innovative and spontaneous behavior: performance beyond role requirements for accomplishments of organizational functions" (Katz und Kahn, 1966: 337). Unter dem dritten Ziel werden auch kooperative Aktivitäten, Handlungen, welche die Organisation schützen sollen, Eigeninitiative zur Verbesserung des Systems und die eigene Weiterentwicklung, die zur Verbesserung des Systems beiträgt, subsumiert. Auch machen Katz und Kahn darauf aufmerksam, dass diese Art des Verhaltens so selbstverständlich wirkt, dass wir im Alltag gar nicht darüber nachdenken:

> *„Within every work group in a factory, within any division in a government bureau, or within any department of a university are countless acts of cooperation without which the system would break down. We take these everyday acts for granted, and few of them are included in the formal role prescriptions for any job"* (Katz und Kahn, 1939: 339).

Um die drei oben dargestellten Ziele zu erreichen, sind nach Katz und Kahn unterschiedliche Anreize erforderlich, um die Organisationsmitglieder entsprechend zu motivieren. Für die Mitarbeitergewinnung und -bindung sind demnach insbesondere Systembelohnungen (wie Arbeitsbedingungen oder Arbeitgebermarke) ausschlaggebend. Allerdings tragen diese nicht dazu bei, Extrarollenverhalten unmittelbar zu stimulieren. Für individuelles Rollenverhalten, das die Vorgaben erfüllt oder übertrifft, sind erfolgsabhängige Entgeltkomponenten (*Merit Pay*) das richtige Instrument. Allerdings bieten auch diese keinen Anreiz für Extrarollenverhalten. Für innovative und spontane Verhaltensweisen spielen intrinsische Anreize eine Rolle, die aber schwerer zu adressieren sind und die wiederum nicht unbedingt dazu beitragen, Personen an das System zu binden. Auch wenn Systembelohnungen nicht unmittelbar zu Extrarollenverhalten führen, gehen Katz und Kahn trotzdem davon aus, dass diese Belohnungen zu kooperativen Beziehungen zwischen den Mitgliedern beitragen können, wobei dieser Zusammenhang von etwas wie *sense of citizenship* (Katz und Kahn, 1978: 357) mediiert wird. Mit diesem Ausdruck beschreiben die Autoren eine Art Gerechtigkeitssinn in Bezug auf die Erwartung, dass Organisationen ihre Mitglieder gleich behandeln, also nicht Einzelne bevorzugen oder benachteiligen. Gerade das führt allerdings zu einem großen Dilemma: Auf der einen Seite möchten Organisationen Talente anziehen und großzügig honorieren, um ihnen die maximale Leistung abverlangen zu können, auf der anderen Seite fühlen sich Mitarbeiter, die eine durchschnittliche oder niedrigere Leistung erbringen, benachteiligt und sind weniger bereit, kooperative Verhaltensweisen an den Tag zu legen. Organisationen können sich auf diesem Kontinuum mit den Endpunkten einer absoluten Gleichbehandlung einerseits und einer Individualbehandlung andererseits positionieren.

Organ et al. (2006: 53) erkennen, dass sich seit den 1990er Jahren, getrieben von der Globalisierung der Märkte eher ein Trend zur Ungleichbehandlung von Organisationsmitgliedern abzeichnet. Forscher wie Cowherd und Levine (1992) und Pfeffer und Langton (1993) konnten zeigen, dass eine starke Ungleichbehandlung bei der Bezahlung negative Folgen für die Organisation haben kann wie etwa eine geringere Kooperationsbereitschaft, eine geringere Arbeitszufriedenheit, eine schlechtere Produktqualität und eine geringere Arbeitsproduktivität. Die meisten Organisationen würden sich auf dem oben skizzierten Kontinuum nicht für die Endpunkte, sondern für eine Balance aus Gleichbehandlung und individueller Belohnung und Förderung entscheiden. Dabei gelte es, die Herausforderung zu bewältigen, die Ungleichbehandlung nicht zu überdehnen, sodass die Wahrnehmung von Ungerechtigkeit vermieden wird (Organ et al., 2006: 53). Für die OCB-Forschung liefert die Arbeit von Katz und Kahn (1966; 1978) wichtige Einsichten über die motivationale Basis von OCB. Offenbar liegen hierbei in gegensätzliche Richtungen wirkende Anreizmechanismen vor, die bei der Forschung insbesondere zu den Antezedenzien von OCB Berücksichtigung finden müssen (Organ et al., 2006: 54).

Eine andere Blickweise auf kooperative Zusammenarbeit verschafft laut Organ et al. (2006: 54) die soziale Austauschtheorie von Blau (1964).

Nach dieser sind soziale Beziehungen das Ergebnis vergangener Austauschprozesse. Der Austausch kann nach Blau entweder ökonomisch oder sozial erfolgen. Beim ökonomischen Austausch liegt eine rein marktliche Beziehung vor, die nur für die Dauer des Austauschs aufrechterhalten wird. Das ausgetauschte Produkt oder die Dienstleistung hat einen Wert, der unabhängig von der Person des Anbieters ist. Vertrauen spielt bei dieser Form des Austauschs keine Rolle, da dieser durch die allgemeine Gesetzgebung und durch Verträge zwischen den beteiligten Parteien abgesichert wird. Beim sozialen Austausch dagegen ist es weniger eindeutig, was genau ausgetauscht wird. Eine Partei beginnt damit, der anderen etwas von Wert zu übergeben. Das kann sowohl in Form eines Produkts oder einer Dienstleistung, aber auch durch die Bekundung von Respekt, Bewunderung oder kooperativen Verhaltensweisen liegen. Auch der Wert des Ausgetauschten ist nicht klar definiert, sondern hängt maßgeblich von der subjektiven Wahrnehmung der Parteien ab. Das kann auch dazu führen, dass der Wert des Ausgetauschten bei variierenden Rahmenbedingungen, Zeitpunkten oder beteiligten Personen unterschiedlich wahrgenommen wird. Beispielsweise messen Angestellte fachlichem Lob von den Vorgesetzten wahrscheinlich mehr Wert bei als von ihren Kollegen. Auch wenn eine Person dies als ein „Geschenk" empfindet, dann ist es wahrscheinlich, dass sie eine Verpflichtung verspürt, das Geschenk zu erwidern, da sonst möglicherweise ein wahrgenommenes Ungleichgewicht besteht. Diese Wahrnehmung lässt sich beispielsweise durch die Dissonanztheorie nach Festinger (1957) erklären. Die Wahrnehmung dieser Verpflichtung besteht obwohl bzw. gerade weil nicht genau festgelegt wurde, was als Gegenleistung erbracht werden muss, wann diese erfolgt etc.[4] Kommt diese auf Reziprozität begründete Austauschbeziehung zustande und wird dem Tausch von den beteiligten Parteien Wert beigemes-

---

[4] Solche Dissonanzen können auftreten, obwohl sich das „Schenken" a priori gerade durch das Nichtvorhandensein von Nutzenerwägungen auszeichnet: „ …das alles tun wir unter Inanspruchnahme eines Sinns von Gabe, der in Nutzen jedenfalls keinesfalls aufgeht, der vielmehr das Begehren einer Reinheit – Reinheit von Nutzenerwägungen – als ethischer Attraktor enthält" (Ortmann, 2004: 133). Ob also erst das Geschenk und dann die Nutzenorientierung erfolgt – oder umgekehrt – kann nicht abschließend beantwortet werden. Es handelt sich gewissermaßen um ein paradoxes Verhältnis.

sen, dann ist es wahrscheinlich, dass diese Austauschbeziehung weiterbesteht und möglicherweise durch eine Erhöhung der Frequenz oder des Austauschwerts intensiviert wird. Im Laufe der Zeit lösen sich die Parteien dann vom Bestreben, jede Leistung schnellstmöglich durch eine gleichwertige Gegenleistung auszugleichen. Stattdessen entwickelt sich ein Gefühl, dass die Austauschbeziehung für beide Parteien vorteilhaft ist und man nimmt an – ohne jede Transaktion buchhalterisch zu erfassen – dass sich der Austausch auf längere Sicht im Gleichgewicht hält.

Natürlich treten solche Austauschbeziehungen nicht nur innerhalb von Organisationen sondern auch zwischen Organisationen und ihren Mitgliedern und zwischen Organisationen selbst auf. In Arbeitsverhältnissen steht aufgrund der Formalisierung durch Arbeitsverträge, Stellenbeschreibungen, Anweisungen etc. zunächst der ökonomische bzw. transaktionale Austausch im Vordergrund. Daneben entwickeln sich in der täglichen Interaktion mit Vorgesetzten, Kollegen, Lieferanten, Kunden und anderen Anspruchsgruppen aber auch soziale Austauschprozesse. Oft sind diese dann mit ökonomischen Austauschbeziehungen vermischt bzw. gehen über diese hinaus. Eine spezielle, auf wechselseitigen Erwartungen begründete Austauschbeziehung zwischen Organisationen und deren Mitgliedern wird durch das Konzept des psychologischen Vertrags (Rousseau, 1996) erfasst, worauf in Kapitel 2.1.2 genauer eingegangen wird.

Organ et al. (2006) sehen die soziale Austauschtheorie in engem Zusammenhang mit dem OCB-Konzept. Während die ökonomischen Transaktionen sehr eng mit dem vertraglich vereinbarten Rollenverhalten verbunden sind, kann OCB durch soziale Austauschprozesse motiviert sein. Das OCB-Konzept baut zwar darauf, dass Verhalten nicht unmittelbar vom formalen Belohnungssystem einer Organisation erfasst wird, sondern auf freiwilliger Basis erfolgt, jedoch schließt diese Bedingung keineswegs Reziprozität als ein Verhaltensprinzip aus (Coyle-Shapiro, 2002). Dieses Verständnis ist also von einem reinen Altruismus abzugrenzen, der keine Gegenleistung für OCB zulassen würde. Die soziale Austauschtheorie und das zugrunde liegende Reziprozitätsprinzip können demzufolge einen wichtigen Erklärungsbeitrag leisten, warum überhaupt OCB von Organisationsmitgliedern erbracht wird. Wenn also eine Person deutlich mehr leistet als im Arbeitsvertrag und in der Stellenbeschreibung vorgesehen, initiiert sie damit einen Austausch – denn das Gegenüber verspürt nun eine Pflicht, die Mehrleistung in irgendeiner Form auszugleichen. Im Falle von OCB unter Kolleginnen kann diese Pflicht etwa beglichen werden, indem auch OCB zu einem möglicherweise anderen Zeitpunkt und in einem anderen Kontext erwidert wird. Auf diese Weise, also durch die wiederholte gegenseitige Unterstützung unter Kolleginnen kann dann eine kooperative Atmosphäre entstehen. Hinweise auf die Zusammenhänge der sozialen Austauschtheorie und dem OCB-Konzept finden sich u.a. bei Konovsky und Pugh (1994), Settoon et al. (1996) und bei Wayne et al. (1997).

Die Beziehung zwischen Vorgesetzten und Unterstellten ist vor dem Hintergrund der sozialen Austauschtheorie besonders intensiv erforscht und unter dem Titel *Leader-Member-Exchange* (LMX) bekannt geworden (für umfassende Reviews siehe Graen und Uhl-Bien, 1995; Henderson et al., 2009). Während sich Führungsforschung noch bis weit ins 20. Jahrhundert auf die Persönlichkeitsmerkmale und den Führungsstil von Vorgesetzten konzentrierte, zeigten Lowin und Craig (1968) und Greene (1975), dass Führungsverhalten auch und sogar sehr stark vom Verhalten des Geführten abhängt. Das hat zur Konsequenz, dass die Vorgesetzte, abhängig vom Geführten, verschiedene Führungsstile anwendet und eben nicht – wie lange Zeit vermutet – nur einen einzigen (Dansereau et al., 1975). Dadurch werden der Vorgesetzten Freiräume eröffnet, die unterstellten Personen individuell zu führen und das eigene OCB entsprechend zu variieren. Bei manchen Unterstellten unterhält sie eine rein transaktionale Beziehung und andere ermutigt sie durch einen Vorschuss an OCB, dass die Geführten ebenso ein besonderes Engagement erbringen (Organ et al., 2006: 55 ff.). In der Tat finden sich auch empirische Belege dafür, dass ein Zusammenhang zwischen LMX und OCB besteht (Settoon et al., 1996).

Neben den eben vorgestellten historischen Wurzeln zeigen Organ et al. (2006: 57 ff.) darüber hinaus Verbindungen zur Transaktionskostentheorie (Williamson, 1975) und zur Clan-Theorie (Ouchi, 1980) auf. Williamson (1975) analysiert Bedingungen, unter denen Marktversagen auftreten kann. Im Zentrum seiner Betrachtung stehen Transaktionskosten, die bei marktlich koordinierten Austauschprozessen anfallen und die unter bestimmten Bedingungen so hoch ausfallen können, dass Markttransaktionen scheitern. Die Transaktionskosten fallen weniger ins Gewicht, wenn es sich um Massengüter zum einmaligen Konsum handelt, für die ein Markt mit vielen Anbietern und Nachfragern besteht und bei denen Verträge über die Menge und Zeit sehr einfach zu skalieren sind. Wenn es sich aber um komplexere Ressourcen wie Personal handelt, gestaltet es sich deutlich schwieriger, etwa Leistungspotenziale und auch Potentialveränderungen von Personal zu bestimmen. Das trifft sowohl für die Personalauswahl zu, bei der es nur mit großem Aufwand und selbst dabei oft mit unbefriedigendem Ergebnis gelingt, geeignete Personen zu identifizieren, als auch in besonderer Weise für das alltägliche Personalmanagement. Bei letzterem wird es Vorgesetzten nicht gelingen, jede einzelne Leistung, die ein Arbeitnehmer erbringt, vollständig zu überblicken bzw. würde dies Vorgesetzte überfordern oder die Transaktionskosten durch Überwachung und Kontrolle ins Unermessliche steigen lassen. Eine weitere Einflussgröße für die Transaktionskosten ist die Faktorspezifizität. Je spezifischer Güter oder Leistungen für den Bedarf und Gebrauch des Abnehmers sind, desto höher die Transaktionskosten (u.a. wegen hoher Suchkosten und Kosten für die Ausarbeitung maßgeschneiderter Verträge). Es liegt auf der Hand, dass die Spezifität von Humanressourcen mitunter sehr hoch ist – man denke hier insbesondere an Stellen, die besondere Qualifikationen, umfassende Berufserfahrung oder Branchenkenntnisse erfordern (Ringlstetter und Kaiser, 2008: 41 ff.). Des Weiteren kann ein Informationsgefälle zwischen den Transaktionspartnern bestehen. Deshalb wird die Partei mit der geringeren Information versuchen, das Gefälle durch vertragliche Absicherung und durch Überwachung auszugleichen – was aber wiederum die Transaktionskosten erhöht. Auch diese Einflussgröße ist im Fall von Personal höchst brisant. Einerseits verfügt das Personal über mehr Informationen sich selbst betreffend als der Arbeitgeber, andererseits kann eine übermäßige Kontrolle negative Folgen, etwa Einstellungsänderungen oder Reduzierung von nicht messbaren Leistungen mit sich bringen. Williamson (1975) geht deshalb davon aus, dass Personal für die unmittelbar ersichtlichen Leistungen mit einem Gehalt entlohnt wird und der Arbeitgeber darüber hinaus ein „Premium" zahlt, welches weniger vorhersehbare, aber doch für die Organisation wichtige Leistungen, vergütet. Inwiefern damit auch Leistungen erfasst werden, die Arbeitnehmer ohne eine vertragliche Vereinbarung oder ad hoc Anweisung bzw. Erwartung erbringen, lässt Williamson offen.

Es wäre gewiss überzogen, Williamson der OCB-Forschung zuzuordnen – oder umgekehrt; gleichwohl erkennen Organ et al. (2006: 59) deutliche Zusammenhänge. Danach könnte OCB dazu beitragen, Transaktionskosten zu reduzieren, wenn Arbeitgeber weniger Anstrengungen erbringen, die eigenen Arbeitnehmer zu überwachen und deren Verhalten weniger präzise definieren. Gelingt es, ein sehr ausgeprägtes OCB hervorzurufen, so könnte das Management zumindest teilweise auf Kontrollmechanismen und ausufernde Vertragswerke (Arbeitsverträge, Stellenausschreibungen, Zielvereinbarungen) verzichten und so die Transaktionskosten reduzieren.

Während Williamson die Hierarchie bei Marktversagen als eine alternative Koordinationsform ökonomischer Aktivitäten versteht, geht Ouchi (1980) noch einen Schritt weiter und betrachtet die Situation, in der sowohl der Markt als auch die Hierarchie an ihre Grenzen gelangen. Dies ist insbesondere dann der Fall, wenn der Beitrag individueller Mitglieder nicht zuverlässig bestimmt werden kann und wenn die Interessen der Beteiligten divergieren. Unter solchen Umständen kann die motivationale Basis für kooperative Verhaltensweisen verloren gehen. An dieser Stelle bringt Ouchi den Clan als eine Form des kollektiven Handelns ins Spiel. Ein Clan ist danach eine Gemeinschaft von Personen, die in ähnlicher Weise miteinander verbunden ist wie eine familiäre Verwandtschaft. Der Clan wird zusammengehalten von individuellen Interessen, die so konstruiert sind, dass sie mit den Interessen des Kollektivs übereinstimmen. In der Konsequenz trägt das Verfolgen der eigenen Interessen dazu bei, dass auch die Interessen des Kollektivs bedient werden und umgekehrt. Ouchi sieht im Clan eine Organisationsform, in der die Bindungen zwischen den Mitgliedern derart stark und deren Zielsetzungen derart kompatibel sind, dass die Mitglieder sich im Sinne des Clans verhalten. Damit können Nachteile von Markt und Hierarchie überwunden werden. Während der Markt eine genaue Definition der zu erbringenden Leistung, deren Wert und Methoden zur Kontrolle oder Überwachung erfordert, ist dies beim Clan aufgrund der sozialisierten Neigung, das Beste für das Kollektiv anzustreben, nicht erforderlich. Und während bei der Hierarchie ebenfalls Formen der

Kontrolle und Überwachung erforderlich sind und Arbeitgeber – wie oben gezeigt – für nicht a priori spezifizierbare Leistungen ein „Premium" zahlen müssen, entfällt beim Clan auch dies. Die Verteilung von Belohnungen erfolgt stattdessen durch Kriterien, die einfacher und günstiger zu erfassen sind wie etwa die Zugehörigkeitsdauer oder das Alter (Ouchi, 1980).

Gegenstand von Ouchis Analyse sind Organisationen in Japan und es liegt auf der Hand, dass in westlichen Organisationen durch einen stärkeren Hang zum Individualismus das kollektive Handeln aufgrund von Clanstrukturen wahrscheinlich weniger stark ausgeprägt ist. Trotzdem hat die Clantheorie Implikationen für OCB: Wird die marktliche Koordinationsform als ein Extremum verstanden, das OCB weder erklärt noch thematisiert, und die Clantheorie, die OCB nicht braucht, weil die Mitglieder ohnehin eine enorm starke Bindung zum Kollektiv aufweisen und sich dem gemeinsamen Handeln verpflichtet fühlen, als das gegenüberliegende Extremum, dann dürften sich die meisten westlichen Organisationen auf dem dazwischen liegenden Kontinuum befinden, auf dem OCB gewiss eine Bedeutung zukommt (Organ et al., 2006: 62 f.).

2.1.2 Abgrenzung von verwandten Konzepten

Es können zwei Arten von Ansätzen unterschieden werden, die sich analytisch voneinander trennen lassen, in der Praxis aber auf eine komplexe Art und Weise ineinander greifen und regelmäßig als ein Bündel wahrgenommen werden. Dabei handelt es sich einerseits um verhaltensbezogene und andererseits um kognitiv-emotionale Ansätze (dazu Felfe, 2008: 34). Einstellungen gehen dem Verhalten von Individuen in der Regel vorweg und umgekehrt wirkt Verhalten auf Einstellungen zurück (Mowday et al., 1982). Abbildung 3 veranschaulicht diesen Zusammenhang. OCB lässt sich den verhaltensbezogenen Konzepten zuordnen, auch wenn manche Merkmale – beispielsweise Loyalität – einstellungsbezogene Momente beinhalten. Im Folgenden werden wichtige Konzepte aus beiden Kategorien vorgestellt.

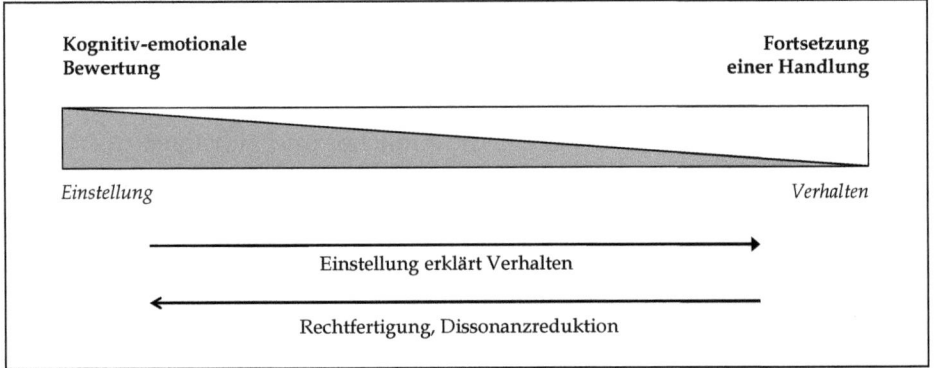

Abbildung 3: Der Zusammenhang von Einstellung und Verhalten
Quelle: In Anlehnung an Felfe (2008: 34)

Verhaltensbezogene Ansätze

Im Arbeitsleben verfügen Arbeitgeber über bestimmte Verhaltenserwartungen an die Stelleninhaberinnen. Üblicherweise sind diese Erwartungen auch als institutionelle Arrangements, in Form von Arbeitsverträgen, Stellenbeschreibungen, Betriebsvereinbarungen etc., kodifiziert. Fasst man die normativen Verhaltenserwartungen gegenüber einer Position zu einem Bündel zusammen, so kann dieses als eine *Rolle* bezeichnet werden (Nienhüser, 1993: 239). Normalerweise fügen sich Arbeitnehmer mehr oder weniger den Rollenerwartungen des Arbeitgebers. Eine wichtige Einflussgröße hierfür dürfte in der Sanktionsmacht der Bezugsperson, -gruppe bzw. -organisation liegen, die rollenkonformes Verhalten (= *Rollenverhalten*) honoriert und abweichendes Verhalten sanktioniert. Dahrendorf (1977: 35 ff.) unterscheidet in diesem Zusammenhang zwischen „Muss-, Soll- und Kann-Erwartungen", in Abhängigkeit davon, wer die Verhaltenserwartung geltend macht (z.B. Kollege, Vorgesetzter). Wichtige Erkenntnisse der Rollentheorie sind darüber hinaus, dass ein und dieselbe Person ganz unterschiedliche Rollen wahrnehmen kann (Merton, 1973: 316 ff.) und dass es eine Vielzahl unterschiedlicher Rollentypen gibt, die durch Klassifikationsschemata erfasst werden (siehe z.B. Dreitzel, 1980: 44 ff.).

Die *Organizational Behavior*-Forschung konzentriert sich allerdings weniger auf die reine Klassifikation von Rollen, sondern thematisiert viel stärker die Abweichungen von Verhalten gegenüber der Rollenerwartung.

Hierbei sind funktionale Rollenabweichungen (= *Extrarollenverhalten*) von dysfunktionalen Rollenabweichungen (= *Kontraproduktives Verhalten*) zu unterscheiden. Extrarollenverhalten erfreut sich in der Fachliteratur und auch im Management von Unternehmen einer besonderen Beliebtheit, schließlich wünschen sich wohl die meisten Arbeitgeber loyale Individuen, die Eigeninitiative und Kreativität einbringen, Hindernisse mit Ausdauer überwinden und sich über das geforderte Maß für das Unternehmen einsetzen. Es sei aber ausdrücklich darauf hingewiesen, dass Extrarollenverhalten nicht ohne jeden Vorbehalt als erstrebenswert postuliert werden sollte, da auch hier negative Konsequenzen, wie Selbstausbeutung, mangelnde Steuerbarkeit solcher Verhaltensweisen durch die Organisation und mögliche Zielkonflikte oder Zielabweichungen zwischen Individuum, Sub-Strukturen und der Organisation (auch: Projekt, Netzwerk), auftreten können. Zudem suggeriert die Unterscheidung in funktionale und dysfunktionale Verhaltensweisen, dass es sich hierbei um einander ausschließende Gegensätze handelt. Die Verhaltensforschung zeigt allerdings, dass diese Verhaltensweisen nur moderat negativ korreliert sind (Dalal, 2005). Deshalb liegt die Vermutung nahe, dass tatsächliches Arbeitsverhalten als eine Funktion von konformem, funktionalem und dysfunktionalem Verhalten zu verstehen ist (Nerdinger, 2011b: 421). So sind Situationen vorstellbar, in denen Individuen eine Aufgabe unter Inkaufnahme von Mehrarbeit erledigen, dabei aber über Sicherheitsvorschriften hinwegsehen oder die eigenen Kollegen in die Mehrarbeit hineinziehen.

Der Begriff des Extrarollenverhaltens beschreibt, wie oben bereits erläutert, eine für die Organisation nützliche Abweichung von Rollenerwartungen (Van Dyne et al., 1995: 215 ff.). Unter diesem Framework lässt sich eine ganze Reihe von Ansätzen subsumieren, die sich in ihren Prämissen und vor allem in der Operationalisierung und Dimensionalität der Messkonstrukte unterscheiden. Das bekannteste und am weitesten verbreitete Konzept ist hierbei gewiss OCB. Auch Organ et al. (2006) sehen große Gemeinsamkeiten zwischen OCB und Extrarollenverhalten, betonen aber Unterschiede in der *Compliance*-Dimension. Während Extrarollenverhalten stets ein Übertreffen von Erwartungen impliziert, kann *Compliance* im Sinne von OCB bedeuten, dass sich Organisationsmitglieder, auch wenn keine Kontrolle erfolgt und Handlungen im Verborgenen möglich sind, trotzdem an explizite und implizite Erwartungen halten. Letzteres würde dafür sprechen, dass OCB nicht, wie in der Fachliteratur mithin angenommen wird, eine Teilmenge von Extrarollenverhalten ist, sondern auch Elemente aufweist, die nicht unter Extrarollenverhalten subsumiert werden können. Bei anderen Dimensionen, beispielsweise Hilfsbereitschaft, sind die beiden Konzepte dagegen weitgehend deckungsgleich (Organ et al., 2006: 33). Um diesem Sachverhalt Rechnung zu tragen – der im Übrigen auch bei einer Reihe anderer Verhaltensformen (siehe unten) von Relevanz ist – verwendet Nerdinger (2011b: 415) den Ausdruck des „extra-produktiven Verhaltens". Dieser Begriff ist von der Rollenerwartung im engeren Sinne entkoppelt und deshalb besser als übergreifender Begriff geeignet, findet in der Fachliteratur aber gleichwohl eine geringere Verbreitung. Die weiteren Formen des extraproduktiven Verhaltens sollen im Folgenden skizziert werden:

Prosoziales Verhalten / Prosocial Behavior (PSOB)

Dieses Konzept erfasst Verhaltensweisen, die beim Ausüben der beruflichen Rolle erbracht werden und die es zum Ziel haben, das Wohlergehen eines Individuums, einer Gruppe oder der gesamten Organisation zu steigern. Dabei wird im Gegensatz zur OCB-Forschung nicht thematisiert, ob und wie PSOB zum Funktionieren von Organisationen beiträgt. Unterschieden werden die Dimensionen des personenbezogenen und des organisationsbezogenen PSOBs (Brief und Motowidlo, 1986).

Organizational Spontaneity (OS)

Hierunter ist eine Form des Extrarollenverhaltens zu verstehen, das freiwillig erbracht wird und das die Leistungsfähigkeit der Organisation steigert. Der Fokus liegt dabei – unter Bezugnahme auf Katz (1964) – auf innovativen und spontanen Verhaltensweisen, wobei die Dimensionalität sehr ähnlich zu der von OCB ist. Unterschieden werden die Dimensionen Hilfsbereitschaft, Schutz der Organisation, Einbringen von kreativen Ideen und Verbesserungsvorschlägen, die eigene Weiterentwicklung und eine positive Darstellung der Organisation nach außen (George und Brief,

1992). Ähnlich wie bei OCB ist die Abgrenzung zu Rollenverhalten teilweise unklar (Organ et al., 2006: 32).

Contextual Performance (CP)

Borman und Motowidlo (1993) treffen eine Unterscheidung zwischen *Task Performance*, also Leistung, die unmittelbar im Zusammenhang mit einer Aufgabe steht und *Contextual Performance*, die nicht direkt mit der Aufgabe zu tun hat, aber dennoch wichtig für die Organisation ist. CP umfasst Verhaltensweisen, welche die organisationale, soziale und psychologische Umwelt der Arbeit unterstützen. Borman and Motowidlo (1993) identifizieren die Dimensionen Hilfsbereitschaft, freiwillige Arbeitsübernahme, besonderer Einsatz, Befolgen von Regeln und Unterstützung der Organisationsziele. CP nimmt keinen direkten Bezug darauf, ob das betrachtete Verhalten Teil der Rolle ist und ob es belohnt wird, dürfte tendenziell aber einen Extrarollencharakter haben.

Principled Organizational Dissent (POD)

POD beschreibt Verhaltensweisen wie Widerstände oder Vorbehalte, die sich gegen eine aktuelle Unternehmenspolitik oder konkrete Praktiken wenden um den Status Quo der Organisation zu verändern. POD ist konzeptualisiert als eine aus Organisationssicht funktionale Verhaltensform, da so Legitimitäts- und Gerechtigkeitsaspekte thematisiert oder Missstände aufgedeckt werden, welche die organisationale Effektivität beeinträchtigen (Graham, 1986). POD kann auf verschiedenen Ebenen betrachtet werden: individuelle Ebene (z.B. Meinungsverschiedenheiten), Organisationsebene (z.B. Boykott von Leitlinien) und superorganisationale Ebene (z.B. Verstoß gegen allgemeine Wertvorstellungen).

Whistle-Blowing (WB)

Ähnlich wie POD geht es auch bei WB darum, Missständen in der Organisation entgegenzutreten. Während POD verschiedene Verhaltensweisen umfassen kann, bezieht sich WB vor allem auf das Bekanntmachen unethischer oder illegaler Praktiken mit dem Ziel, dass die Verantwortlichen, rechtliche Instanzen oder Autoritäten aufmerksam werden und die Praktiken beenden (Near und Miceli, 1987). Sowohl POD als auch WB gelten als sehr starke Formen des Extrarollenverhaltens, da das Verhalten zunächst zu Ablehnung und Widerspruch anstatt zu Anerkennung und Belohnung führt (Organ et al., 2006: 33). Auch wenn Whistle-Blower zunächst gesellschaftliche Anliegen (z.B. Umweltschutz oder gerechte Arbeitsbedingungen) verfolgen, kommt dies der Organisation idealerweise im Sinne einer nachhaltigen Unternehmensführung zu Gute.

Eigenverantwortliches Verhalten

Beim eigenverantwortlichen Verhalten orientieren sich Individuen an Zielen, die förderlich für die Organisation sind, die aber nicht hierarchisch angewiesen, sondern von den Mitarbeitern selbst gewählt oder als fremdgesetzt verinnerlicht werden (Koch et al., 2003). Der hier ins Zentrum der Betrachtung gerückte Aspekt der Eigenverantwortung kommt gewiss auch in mehreren OCB-Dimensionen (etwa Eigeninitiative oder Loyalität) zum Tragen, wird aber als solcher nicht genauer analysiert.

Persönliche Initiative

Eigeninitiative wird mitunter als eine Dimension von OCB verstanden (Podsakoff et al., 2000: 524), kann aber auch als eigenständiges Konzept ausgelegt werden. So etwa bei Frese und Fay (2001), die persönliche Initiative als Verhalten verstehen, das die Unternehmensziele verfolgt und langfristig ausgerichtet ist. Persönliche Initiative weist also eine Ziel- und Handlungsorientierung auf, die einen stark proaktiven Charakter hat und Widerstände und Barrieren überwinden kann.

Freiwilliges Arbeitsengagement

Beim freiwilligen Arbeitsengagement liegt die Betonung darauf, dass Verhaltensweisen erbracht werden, die über das vertragliche Maß hinausreichen und mit einem besonderen Engagement verbunden sind – etwa um organisatorische Prozesse zu verbessern (Müller und Bierhoff, 1994). Auch hier sind Parallelen zum OCB-Konzept deutlich zu erkennen, da dort die Freiwilligkeit eine zentrale Prämisse des Konzepts darstellt, welche in Abgrenzung zu OCB aber genauer, also in Form weiterer Bedingungen, präzisiert wird.

Von diesen vorwiegend positiv wahrgenommenen Verhaltensweisen, die zum Funktionieren von Organisationen beitragen, lassen sich aber auch eine Reihe von kontraproduktiven Verhaltensformen unterscheiden, die zwar im weiteren Verlauf dieser Arbeit nicht eingehend betrachtet werden, aber trotzdem im Sinne eines (annähernd) vollständigen Überblicks nicht unerwähnt bleiben sollen. Diese Verhaltensformen variieren einerseits graduell im Ausmaß der dysfunktionalen Verhaltenskomponente, andererseits werden unterschiedliche relationale bzw. strukturelle Ebenen beleuchtet, beispielsweise die Beziehungen unter den Mitarbeitern und/oder gegenüber Vorgesetzten sowie Machtgefälle in der Organisation. Die wahrscheinlich schwächste Form des kontraproduktiven Verhaltens ist das abweichende Arbeitsverhalten (*deviant behavior*). Darunter ist ein freiwilliges Verhalten zu verstehen, das gegen Regeln und Normen der Organisation verstößt und dadurch der Organisation und/oder seinen Mitgliedern schadet (Robinson und Greenberg, 1998). Eine eindeutigere Form und Steigerung hierzu ist das Fehlverhalten (*misbehavior*), das absichtlich herbeigeführte Handlungen von Organisationsmitgliedern beschreibt, mit denen zentrale Normen der Organisation verletzt werden (Vardi und Weitz, 2004). Als ein Gegenentwurf zu OCB gilt das Konzept des Anti-citizenship Behaviors (Fisher und Locke, 1992; Jelinek und Ahearne, 2005). Eine ähnliche Konnotation hat auch das unzivilisierte Verhalten (*workplace incivility*), wobei hier besonders die Interaktion mit den Kolleginnen betont wird. Das Konzept beschreibt Verhalten, das Normen des Respekts verletzt und umfasst beispielsweise unfreundliche, rüde oder respektlose Handlungen im Umgang mit Individuen (Pearson et al., 2005). Eine noch gesteigerte Form dessen, die aber vielfältige Ursprünge und Ausprägungen annehmen kann, ist die Aggression am Arbeitsplatz (*workplace aggression*). Auch hier werden Personen oder sogar die Organisation als Ganze geschädigt (Neuman und Baron, 2005).

Eine Reihe kontraproduktiver Verhaltensweisen verfolgen explizit das Ziel, andere Organisationsmitglieder gegenüber der eigenen Position schlechter zu stellen bzw. die eigene Position relativ zu verbessern. Beim vergeltenden Verhalten (*organizational retaliation behavior*) geht es etwa darum, wahrgenommene Ungerechtigkeiten auszugleichen, etwa in Form von verdeckten Racheakten, psychologischem Rückzugsverhalten oder Widerstand (Skarlicki und Folger, 1997). Beim emotionalen Missbrauch (*emotional abuse*) liegt die Betonung auf häufig wiederkehrenden verbalen und nonverbalen Handlungen, welche vom Gegenüber als unerwünscht wahrgenommen werden und die allgemein anerkannte Formen des guten Umgangs verletzen. Dabei wird die eigene Machtposition bewusst missbraucht (Keashly und Harvey, 2005). Eine heimtückische Form der Schlechterstellung von anderen ist die soziale Unterminierung (*social undermining*). Dabei werden negative Affekte wie Antipathien oder Ärger zum Ausdruck gebracht, das Gegenüber wird schlechter bewertet oder daran gehindert, bestimmte Ziele zu erreichen (Duffy et al., 2002). Offener ausgetragen wird im Gegensatz dazu das *Mobbing*, bei dem Organisationsmitglieder von Vorgesetzten und/oder Kollegen über längere Zeit regelmäßig terrorisiert werden (Zapf und Einarsen, 2005).

Abbildung 4 stellt zusammenfassend die oben beschriebenen Ausprägungsformen von extraproduktiven und kontraproduktiven Verhaltensweisen gegenüber.

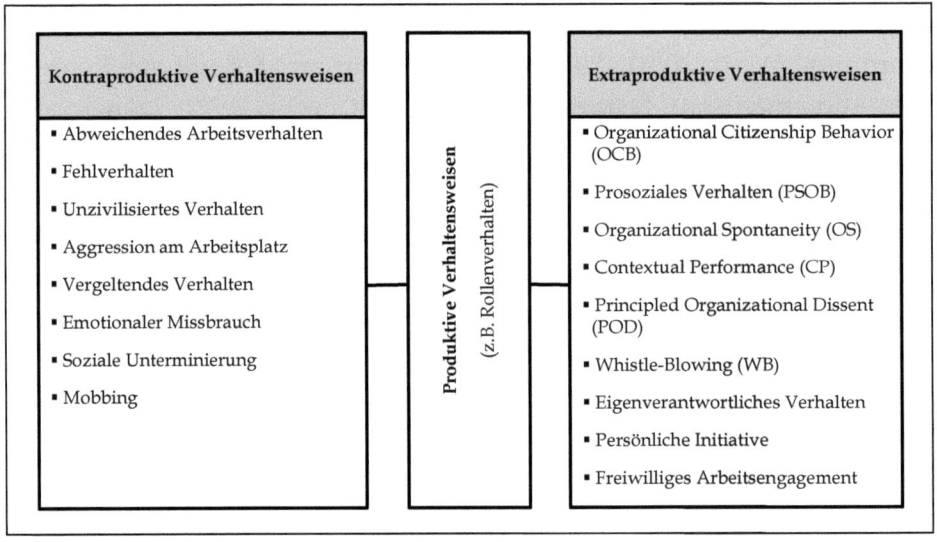

Abbildung 4: Extraproduktive und kontraproduktive Verhaltensweisen

Kognitiv-emotionale Ansätze

Während die im vorherigen Kapitel dargestellten, verhaltensbezogenen Ansätze physisch beobachtbare Handlungen beschreiben, wird der Blick in diesem Abschnitt auf Ansätze gelenkt, die tendenziell eher auf einer Einstellungs- denn Verhaltensebene einzuordnen sind, gleichwohl aber Verhaltensimplikationen (beispielsweise für OCB) haben können. Die verschiedenen Formen kognitiv-emotionaler Ansätze werden im Folgenden kurz skizziert:

Einstellung

In der Einstellungsforschung werden unterschiedliche Operationalisierungen des Konzepts gehandelt und es existieren diverse Meinungen, ob sich Einstellungen aus einer oder mehreren Komponenten zusammensetzen. Im Ein-Komponenten-Ansatz wird Einstellung als ein Affekt gegenüber einem psychologischen Objekt verstanden (Thurstone, 1931), beim Zwei-Komponenten Ansatz tritt die Kognition als zweite Komponente hinzu (Bagozzi und Burnkrant, 1985) und der Drei-Komponenten-Ansatz schließt zudem eine verhaltensbezogene Komponente ein (Rosenberg und Hovland, 1960). Der Konsens unter den Einstellungsforschern besteht darin, dass Einstellungen als psychologischer Zustand zu verstehen sind, der Verhalten vorhersagt (Thomas, 2003: 37 ff.). Einstellungen dürften OCB somit – zumindest bei intendierten Handlungen – vorangehen.

Organisationales Commitment

Nach der verbreiteten Definition beschreibt organisationales Commitment ein „psychologisches Band" (Mathieu und Zajac, 1990: 171) zwischen Individuum und Organisation. Fasst man den Begriff noch weiter, kann Commitment verstanden werden als eine handlungssteuernde Kraft, die auf bestimmte Ziele gerichtet ist (Meyer und Herscovitch, 2001: 301). Nach dem Drei-Komponenten-Modell von (Meyer und Allen, 1991) lässt sich Commitment wie folgt unterscheiden und entsprechend operationalisieren:

1. Das affektive Commitment ist eine Form der emotionalen Bindung, die durch positive Emotionen,[5] z.B. erlebter Freude, Stolz und Loyalität in Verbindung mit der Tätigkeit charakterisiert wird (Felfe, 2008: 37).
2. Das kalkulatorische Commitment stellt ein rationales Kalkül, also eine Kosten-Nutzen-Abwägung, dar. Diese Art des Commitments entsteht, wenn der wahrgenommene Nutzen in Folge einer Handlung größer ist, als das, was ein Organisationsmitglied im Gegenzug, beispielsweise als Leistung oder Entbehrung erbringt.
3. Normatives Commitment liegt begründet im ethisch-moralischen Wertesystem des Menschen. So können besondere Loyalität und Treue, Opferbereitschaft oder die Vermeidung von Kritik dazu führen, dass ein bestimmtes Verhalten beibehalten wird.

Das Drei-Komponenten-Modell ist heute sehr weit verbreitet, da das zugehörige Messinstrument verschiedene Foci des Commitments erfassen kann und auf unterschiedliche Beschäftigungsformen anwendbar ist (Felfe, 2008: 46). Manche Studien plädieren jedoch für ein zweidimensionales Modell, da die Interkorrelation zwischen affektivem und normativem Commitment hoch ist (Breugel et al., 2005; Cohen, 2007). Organisationales Commitment wird mitunter als Bedingung von OCB konzeptualisiert, wobei vor allem die affektive Komponente eine wichtige Voraussetzung für OCB darstellt (z.B. Mohamed et al., 2012; Morin et al., 2011; Williams und Anderson, 1991).

Psychologischer Vertrag

Neben dem juristischen Vertrag besteht bei Arbeitsverhältnissen ein psychologischer Vertrag. Dieser ist strikt vom juristischen zu trennen, da er der subjektiven Betrachtung unterliegt und juristisch nicht durchgesetzt werden kann (Bartscher-Finzer, 2004). Psychologische Verträge sind definiert als „belief systems of individual workers and employers regarding their mutual obligations" (Rousseau und Schalk, 2000: 1). Verpflichtungen aus dem psychologischen Vertrag entstehen bei der Einstellung und bei

---

[5] Eine weiterführende Analyse von Emotionen in Organisationen findet sich z.B. bei Müller-Seitz (2008) und Sieben (2007).

der alltäglichen Interaktion der Vertragsparteien. Neben den normierbaren Größen können auch implizit gegebene Versprechen Gegenstand des Vertrags sein, die von den Vertragsparteien durchaus unterschiedlich interpretiert werden können (Bartscher-Finzer, 2004: 1480 f.). Psychologische Verträge entstehen, wenn Individuen glauben, von der Organisation bestimmte Versprechen als Gegenleistung für ihr Commitment zu erhalten (Turnley und Feldman, 2000). Der Glaube daran, dass das gegenseitige Versprechen eingehalten wird, wirkt sich positiv auf das Commitment der Individuen aus und erhöht die Berechenbarkeit des Verhaltens auf beiden Seiten. Dadurch ist weniger Zeit notwendig, um die Handlungen des Vertragspartners zu überprüfen und zu überwachen (Rousseau und Schalk, 2000). Insbesondere das dem psychologischen Vertrag zugrunde liegende Reziprozitätsprinzip wird von der OCB-Forschung aufgegriffen und beispielsweise im Zusammenhang mit den Folgen eines einseitigen Vertragsbruchs untersucht (z.B. Chen et al., 2008; Coyle-Shapiro, 2002; Restubog et al., 2008; Suazo und Stone-Romero, 2011).

Identifikation

Unter Identifikation ist ein spezifisches psychologisches Konzept zu verstehen, wonach Individuen das „Einssein" (*oneness*) mit einer Organisation empfinden (Mael und Ashforth, 1992). Diese Empfindung ist relevant für die Selbstwahrnehmung, die sich nicht ausschließlich aus persönlichen Eigenschaften und Verhaltensweisen ableitet, sondern auch aus kognitiven oder sozialen Mitgliedschaften in Gruppen gespeist wird. Menschen unterhalten eine Vielzahl solcher Mitgliedschaften, teilweise ohne dass es zu Begegnungen der Mitglieder kommt. Diejenigen, die sich beispielsweise mit einer Gruppe identifizieren, beziehen sich auf die Besonderheit der eigenen Gruppe („wir") und grenzen diese von Nichtmitgliedern ab („die anderen"). Eine ausgeprägte Identifikation lässt sich insbesondere daran erkennen, dass die Mitglieder Gemeinsamkeiten betonen, dass die Gruppe positiv verzerrt wahrgenommen wird und dass Mitglieder stolz auf ihre Mitgliedschaft sind. Als Identifikationsgegenstand kommen grundsätzlich alle Gruppen infrage, bei denen eine Form der Mitgliedschaft möglich ist. In der Fachliteratur wird zudem eine Identifikation mit Aufgaben oder

Zielen für möglich gehalten, wobei diese offensichtlich nicht über die Mitgliedschaft, sondern über andere Mechanismen der Selbstwahrnehmung und dem Bedürfnis nach Konsistenz erfolgt (Benkhoff, 2004). Empirische Evidenz aus der OCB-Forschung legt nahe, dass das Einssein mit einer Gruppe eine begünstigende Wirkung für OCB entfaltet (z.B. Van der Vegt et al., 2003; Van Dick et al., 2006; Wegge et al., 2006).

Job-Involvement

Das Konzept des *Job-Involvement* geht zurück auf Lodhal und Kejner (1965). In dessen Zentrum steht die Frage, welche Bedeutung die Arbeit aus der Sicht des Arbeitenden in dessen Leben hat. In der ursprünglich 20 Items umfassenden Skala finden sich beispielsweise Items wie „I live, eat, and breath my work" oder „The major satisfaction of my life comes from my work". Das Konzept beinhaltet eine prozessuale Komponente im Sinne einer Leistungsverhalten-Leistungsergebnis-Selbstbewertungsfolge sowie eine identifikatorische Komponente, wonach Involvement ein Element des Selbstbilds eines Organisationsmitglieds ist (Conrad, 1988). Kanungo (1982) trifft eine Unterscheidung zwischen *Work-Involvement* und *Job-Involvement*. Ersteres ist an das ursprüngliche Konzept von Lodhal und Kejner (1965) angelehnt und beschreibt den allgemeinen Stellenwert, den Arbeit im Leben einer Person einnimmt. Letzteres beschreibt das Verhältnis zu einer bestimmten Arbeitstätigkeit und wirkt sich auf die Bereitschaft aus, sich zu engagieren. *Job-Involvement* erweist sich als das sensitivere Maß für Auswirkungen auf bestimmte Veränderungen, die den Arbeitsplatz betreffen und korreliert höher mit Arbeitszufriedenheit als *Work-Involvement* (Felfe, 2008: 161 ff.).

Konzeptionelle Überschneidungen bestehen u.a. mit Identifikation, wobei der Bezugspunkt hier keine organisatorische Einheit oder Gruppe, sondern eine Tätigkeit ist, und mit dem Commitment-Konzept. Letzteres beinhaltet Involvement sogar als definitorischen Bestandteil, wobei auch hier der Bezugspunkt (Organisation oder Arbeitsaufgabe) als wichtigstes Abgrenzungsmerkmal dient. Auch *Job-Involvement* wird vorwiegend als ein Prädiktor von OCB konzeptualisiert und empirisch getestet. Dabei zeigt sich über mehrere Studien hinweg ein signifikant positiver Zusammenhang (z.B. Chen und Chiu, 2009; Chughtai, 2008; Diefendorff et al., 2002).

Arbeitszufriedenheit

Unter den kognitiv-emotionalen Ansätzen ist Arbeitszufriedenheit das wohl am intensivsten erforschte Konzept. Besonderes Interesse gilt seit langem der Hypothese, ob Arbeitszufriedenheit motivationale Wirkungen hat, also ob eine hohe Arbeitszufriedenheit in der Folge zu einer höheren Leistung führt. Diese unter Praktikern weit verbreitete Zusammenhangsvermutung stößt in der Forschung auf Kritik, was aber keineswegs zu einem nachlassenden Interesse an dem Konzept geführt hat (Nerdinger, 2011a: 395). Der Begriff bezeichnet eine Einstellung, welche die emotionale Reaktion auf die Arbeit und die Meinungen darüber erfasst (Six und Felfe, 2004). Umstritten ist, ob bzw. welche Verhaltensweisen dadurch angestoßen werden.

Erforscht wird Arbeitszufriedenheit heute vor allem in drei verschiedenen Zusammenhängen: (1) Häufig wird Arbeitszufriedenheit als Evaluationskriterium bzw. als abhängige Variable untersucht um zu erfassen, wie sich bestimmte Entscheidungen, Führungsstile etc. auswirken. (2) Weiterhin wird Arbeitszufriedenheit als Prädiktor untersucht, z.B. um Mitarbeiterbindung, Commitment, OCB, Fluktuation etc. vorherzusagen. (3) Sehr häufig wird Arbeitszufriedenheit auch als moderierende Größe verstanden, z.B. der Zusammenhang von Partizipation und Leistung bei hoher/niedriger Arbeitszufriedenheit (Six und Felfe, 2004). Arbeitszufriedenheit findet sich in der OCB-Forschung vor allem in komplexeren Modellen wieder, die gleich mehrere der hier beschriebenen kognitiv-emotionalen Ansätze einbeziehen und so auch die zwischen den Ansätzen auftretenden Interaktionseffekte abbilden können (z.B. Foote und Li-ping, 2008; Lapierre und Hackett, 2007; Whitman et al., 2010; Williams und Anderson, 1991; Yu-Chen et al., 2010).

Arbeitsmotivation

Motivation wird in der Forschung als ein Produkt aus Personenfaktoren wie Bedürfnissen, impliziten/expliziten Motiven und individuellen Zielen einerseits und Merkmalen der Situation wie Gelegenheiten und Anreize andererseits verstanden. Als zentrale Charakteristiken motivierten Verhaltens gelten das Streben nach Wirksamkeit und die Organisation von Handeln in den Phasen von zielbezogenem Engagement bzw. zielbezogener Distanzierung. Die Motivationsforschung blickt auf eine lange Historie, die von verschiedenen Forschungslinien bis heute geprägt wird. Übergreifendes Ziel ist es dabei, die Richtung, Persistenz und Intensität von zielgerichtetem Verhalten zu verstehen und theoretisch zu erklären (Heckhausen und Heckhausen, 2010).

Die Forschungsstränge lassen sich unterscheiden in Inhalts-Ursache-Theorien und Prozesstheorien (Weinert, 2004). Inhalts-Ursache-Theorien setzen sich damit auseinander, was Menschen zur Arbeit motiviert. Hierzu zählen klassische Ansätze wie die von Maslow (1943), Alderfer (1972), McClelland (1984) und Herzberg et al. (1967). Prozesstheorien versuchen demgegenüber zu erklären, wie motiviertes Verhalten entsteht und warum bestimmte Verhaltensweisen gewählt werden. Dabei werden kognitive Prozesse betont, die gerichteten Handlungen vorausgehen. Ferner beziehen Prozesstheorien die Erwartungen von Menschen in ihr Kalkül ein. So wird angenommen, dass Menschen Erwartungen hinsichtlich konkreter Resultate oder zukünftiger Belohnungen haben und ihre Handlungen instrumentell zum Erreichen von Zielen einsetzen. Zu den Prozesstheorien zählen insbesondere die Weg-Ziel-Theorie (Georgopoulos et al., 1957), die Valenz-Instrumentalitäts-Erwartungs-Theorie (Vroom, 1964), das Motivationsmodell von Porter und Lawler (1968) und Balancetheorien wie die Dissonanztheorie (Festinger, 1957) oder die Equity-Theorie (Adams, 1963). Neben dieser einfachen Typologisierung lassen sich auch Forschungsstränge in der historischen Chronologie der Forschung zur Arbeitsmotivation abgrenzen. Heckhausen und Heckhausen (2010) unterscheiden den willenspsychologischen, den instinkttheoretischen, den persönlichkeitstheoretischen und den assoziationstheoretischen Forschungsstrang, innerhalb derer noch detaillierte Unterscheidungen in Forschungslinien (etwa die motivationspsychologische, kognitionspsychologische und die persönlichkeitspsychologische Linie innerhalb des persönlichkeitstheoretischen Forschungsstrangs) getroffen werden. In der OCB-Forschung finden sich erstaunlich wenige Forschungsarbeiten, die Zusammenhänge mit Arbeitsmotivation untersuchen (für eine Ausnahme: Wegge et al., 2006). Dies mag einerseits daran liegen, dass Arbeitsmotivation als ein sehr globales Konzept vor allem in den 1950er bis 1970er Jahren erforscht wurde und die OCB-Forschung den Blick von Beginn an (ab den 1980er Jahren) auf sehr spezifische Konstrukte gerichtet hat. Andererseits dürfte die Richtung des Zusammenhangs von OCB und Arbeitsmotivation uneindeutig sein. So könnte Arbeitsmotivation zwar OCB vorausgehen, aber auch eine Folge von OCB sein (z.B. wenn Kollegen für erhaltenes OCB dankbar sind und Anerkennung zeigen). Darüber hinaus – und dies trifft gleichermaßen auch für die anderen kognitiv-emotionalen Ansätze zu – dürften Zusammenhänge mit OCB nicht nur auf der Seite der Person vorliegen, die OCBs erbringt, sondern auch auf der Seite des Empfängers. So könnte OCB z.B. die Arbeitsmotivation, Arbeitszufriedenheit und das Commitment auf der Seite des Empfängers erhöhen. Bislang hat sich die OCB-Forschung, wohl aufgrund der Messproblematik, vor allem auf die leistende (und weniger auf die empfangende) Person konzentriert.

2.1.3 Dimensionalität und Operationalisierungen des Konstrukts

In der einflussreichen Publikation von Smith et al. (1983), die das OCB-Konzept mitbegründet hat, wurde OCB durch die beiden Faktoren *Altruism* und *General Compliance* erfasst. Diese Studie startete zunächst induktiv, indem mithilfe teilstrukturierter Interviews mit Managern aus verschiedenen Unternehmen Items exploriert wurden. Die Manager wurden dabei aufgefordert, „instances of helpful, but not absolutely required behavior" (Smith et al., 1983) zu nennen. Die auf diese Weise gewonnen Items wurden sodann quantitativ getestet und den beiden Faktoren zugeordnet. *Altruism* steht für freiwillige Verhaltensweisen, mit denen anderen Organisationsmitgliedern bei arbeitsbezogenen Problemen geholfen wird. Dies kann sich beispielsweise in der freiwilligen Unterstützung von neuen Organisationsmitgliedern oder der Entlastung von Kollegen äußern. *General Compliance* beschreibt Verhalten, von dem die Organisation insgesamt oder eine organisatorische Einheit (z.B. Gruppe) profitieren. Hierunter werden beispielsweise Pünktlichkeit, geringe Fehlzeiten und der sorgfältige Umgang mit Ressourcen gefasst. Später etablierten Williams und Anderson (1991) die Terminologie OCB-I (*individual*) und OCB-O (*organizational*), wobei der erste Faktor die *Altruism*- und der zweite Faktor die *General Compliance*-Dimension beinhaltet.

Die beiden Faktoren wurden von Organ (1988) dann um drei weitere ergänzt: *Courtesy* bezeichnet Verhalten, das einen stark präventiven Charakter hat und der Entstehung von Problemen in der Zusammenarbeit vorbeugt. *Sportsmanship* steht für die Bereitschaft, vorübergehend Mehrarbeit oder Unannehmlichkeiten zu ertragen, ohne sofort darüber Meldung zu machen oder die Situation zu eskalieren. *Civic Virtue* umfasst die aktive Teilnahme an Meetings, das Sich-Einbringen in Entscheidungsprozesse und die eigenständige Suche nach entscheidungsrelevanten Informationen.

Bis heute besteht hinsichtlich der Dimensionalität von OCB allerdings kein klarer Konsens. OCB wird in verschiedenen Studien unterschiedlich operationalisiert, wobei Varianten vom eindimensionalen Konzept (das regelmäßig auf Hilfsbereitschaft abstellt) bis hin zu 7-faktoriellen Operationalisierungen vorzufinden sind. Tabelle 2 stellt die Dimensionalität von OCB in verschiedenen Forschungsarbeiten vergleichend gegenüber und ordnet diese den von Podsakoff et al. (2000) konsolidierten Dimensionen zu. Eine deutschsprachige OCB-Skala wurde von Staufenbiel und Hartz (2000) nach dem Vorbild der Skalen von Smith et al. (1983), Organ (1988) und Podsakoff et al. (1990) entwickelt. Darin enthalten sind die Dimensionen Hilfsbereitschaft (*altruism*), Gewissenhaftigkeit (*conscientiousness*), Eigeninitiative (*civic virtue*) und Unkompliziertheit (*sportsmanship*).

Dimension / Autoren	HELPING BEHAVIOR	SPORTSMANSHIP	ORGANIZATIONAL LOYALTY	ORGANIZATIONAL COMPLIANCE	INDIVIDUAL INITIATIVE	CIVIC VIRTUE	SELF-DEVELOPMENT
Smith, Organ und Near (1983)	Altruism	-	-	Generalized compliance	-	-	-
Organ (1988; 1990a; 1990b)	Altruism, Courtesy, Peacemaking, Cheerleading	Sportsmanship	-	-	Conscientiousness	Civic virtue	-
Graham (1989), Moorman und Blakely (1995)	Interpersonal helping	-	Loyalty boosterism	-	Personal industry, individual initiative	-	-
Graham (1991)	-	-	Organizational loyalty	Organizational obedience	-	Organizational participation	-
Williams und Anderson (1991)	OCB-I	-	-	OCB-O	-	-	-
George und Brief (1992), George und Jones (1997)	Helping coworkers	-	Spreading goodwill	-	Making constructive suggestions	Protecting the organization	Developing Oneself
Borman und Motowidlo (1993; 1997)	Helping and cooperating with others	Helping and cooperating with others	Endorsing, supporting, and defending organizational objectives	Following organizational rules and procedures	Persisting with enthusiasm and extra effort; Volunteering to carry out task activities	-	-
Van Scotter und Motowidlo (1996)	Interpersonal facilitation	-	-	Job dedication	Job dedication	-	-

Tabelle 2: OCB-Dimensionen im Vergleich
Quelle: In Anlehnung an Podsakoff et al. (2000: 518 ff.)

Die Fülle an OCB-Studien wurde mehrfach in Reviews und Metaanalysen aufgearbeitet. Eine Metaanalyse von LePine et al. (2002), die 76 empirische Studien untersucht, zeigt etwa, dass die verschiedenen OCB-Dimensionen alle sehr hoch untereinander korreliert sind und dass sie zudem sehr ähnliche Antezedenzien und Folgen aufweisen. Die Autoren folgern daraus, dass die in der Regel separat aufgefassten Dimensionen letztlich äquivalente Indikatoren eines gemeinsamen, zugrunde liegenden latenten Konstrukts (= OCB) sind. Die multifaktorielle Operationalisierung stellt somit eher eine Ausdifferenzierung eines übergreifenden Faktors dar, nicht aber eine Unterscheidung zwischen einander sich wechselseitig ausschließenden Komponenten. Nach LePine et al. (2002) lässt sich der Kern von OCB in einer positiven Bereitschaft zur Kooperation bei der Arbeit fassen. Diese Kooperationsbereitschaft drückt sich in einer allgemeinen Tendenz aus, sich am Arbeitsplatz Kollegen gegenüber hilfsbereit und kooperativ zu verhalten.

Die eindimensionale Auffassung von OCB hat sich in der Forschung aber kaum durchgesetzt. So stellen Podsakoff et al. (2000) in einer umfassenden Metaanalyse die verschiedenen Operationalisierungen von OCB, dessen Antezedenzien und Konsequenzen dar, und identifizieren die zentralen Linien der OCB-Forschung. Im Hinblick auf die Dimensionalität arbeiten die Autoren sieben Dimensionen heraus, die im Folgenden erläutert werden und die Grundlage der weiteren Arbeit, insbesondere auch des empirischen Teils, sind.

Helping Behavior
Hilfsbereitschaft ist die mit Abstand am häufigsten verwendete Dimension innerhalb des OCB-Frameworks: „helping behavior has been identified as an important form of citizenship behavior by virtually everyone who has worked in this area" (Podsakoff et al., 2000: 516). Unter Hilfsbereitschaft wird auch die zuvor von Smith et al. (1983) und Organ (1988, 1990a; b) verwendete Dimension *Altruism* gefasst. Hilfsbereitschaft geht insofern über Altruismus hinaus, als dass hierdurch kein Anspruch auf ein selbstloses Handeln erhoben werden kann. Verhalten kann genauso von strategischen Überlegungen oder Eigeninteresse motiviert sein (Organ, 1988). Hilfsbereitschaft schlägt sich in der OCB-Forschung demnach in konkreten Handlungen nieder, die in interpersonellen Situationen erbracht werden (Smith et al., 1983). Dieses Verhalten erfolgt freiwillig und trägt dazu bei, Probleme zu lösen bzw. diesen vorzubeugen. Die Indikatoren für Hilfsbereitschaft beziehen sich u.a. darauf, dass Individuen bei Meinungsverschiedenheiten ausgleichend auf die Kollegen einwirken, dass sie mithelfen, wenn andere überlastet sind und aufkommenden Problemen entgegenwirken (Staufenbiel und Hartz, 2000). Der letztere Aspekt wird in manchen Studien als separate *Courtesy*-Dimension herausgearbeitet (Organ, 1988), allerdings deuten andere Studien darauf hin, dass die zugehörigen Indikatoren nicht auf einen eigenen Faktor laden und somit unter Hilfsbereitschaft subsumierbar sind (Podsakoff et al., 2000; Staufenbiel und Hartz, 2000).

Sportsmanship

Die Dimension *Sportsmanship* ist deutlich weniger verbreitet als Hilfsbereitschaft, was möglicherweise auch daran liegt, dass keine einhellige Meinung über die genaue Konzeption besteht, also welche verhaltensbezogenen Merkmale unter diesem Begriff vereint werden. Im Kern beschreibt *Sportsmanship* wohl am ehesten die Bereitschaft, unvermeidbare, unangenehme Dinge über sich ergehen zu lassen, ohne sich sofort zu beschweren (Organ, 1990b). Durch diese erhöhte Frustrationstoleranz können kleinere Unannehmlichkeiten besser ertragen und schwierige berufliche Situationen überstanden werden. In einer etwas breiteren Definition beinhaltet das auch, eine positive Einstellung zu wahren, wenn etwas einmal nicht so funktioniert, wie es sollte oder wenn eigene Ideen zurückgewiesen werden (MacKenzie et al., 1993; Podsakoff et al., 2000). Die Eigenständigkeit der Dimension konnte im Hinblick auf spezifische Antezedenzien und Konsequenzen in mehreren Studien bestätigt werden (u.a. Podsakoff et al., 1996b, Walz und Niehoff, 1996). In der deutschen OCB-Skala wird *Sportsmanship* mit Unkompliziertheit übersetzt, was auf eine sehr breite Auslegung hindeutet. Als Indikatoren verwenden Staufenbiel und Hartz (2000) ausschließlich invertierte Items, welche im Sinne eines umgekehrten *Sportsmanship* wohl das beschreiben sollen, was man landläufig als Querulantentum verstehen würde (z.B. „aus einer Mücke einen Elefanten machen", sich über Belanglosigkeiten beklagen, Vorbehalte gegenüber jeglichen Veränderungen hervorbringen).

Organizational Loyalty

Organisationale Loyalität erfasst das Wohlwollen von Individuen gegenüber der Organisation. Dies kann sich in unterschiedlicher Art und Weise verhaltenswirksam ausdrücken, etwa indem die Organisation nach außen positiv dargestellt bzw. bewundert und im Falle von Kritik geschützt wird (George und Brief, 1992; George und Jones, 1997). Organisationsziele sollen verteidigt werden (Borman und Motowidlo, 1993; 1997), etwa indem ein Beitrag zur guten Reputation des Unternehmens geleistet (Graham, 1991) und das Commitment gegenüber der Organisation auch unter adversen Bedingungen ungebrochen bleibt (Podsakoff et al., 2000). Die Eigenständigkeit der Loyalitätsdimension ist in der Literatur umstritten. So zeigen Moorman und Blakely (1995), dass es sich hierbei um eine von den anderen abgrenzbare Dimension handelt, was jedoch in einer Nachfolgestudie von Moorman et al. (1998) nicht bestätigt werden konnte. In der deutschsprachigen Skala von Staufenbiel und Hartz (2000) wird deshalb auf *Organizational Loyalty* als eigenständige Dimension ganz verzichtet. Ein weiterer Kritikpunkt der Loyalitätsdimension ist in der starken Überlagerung verhaltenswirksamer und einstellungsbezogener Aspekte zu sehen. So subsumiert beispielsweise Graham (1991) auch die Identifikation mit der Führungskraft und der Organisation unter Loyalität als OCB-Dimension und gibt damit den Verhaltensfokus von OCB zumindest teilweise auf.

Organizational Compliance

Organisationale *Compliance* hat eine lange Tradition in der OCB-Forschung. Diese Dimension wurde in verschiedenen Studien in ähnlicher Form erhoben: Smith et al. (1983) wählen den Begriff der *Generalized Compliance*, Graham (1991) betont den Aspekt der Abhängigkeit und des damit verbundenen Gehorsams, Williams und Anderson (1991) bezeichnen Compliance als OCB-O und betonen damit die von OCB adressierte Ebene (hier der Organisation), Borman und Motowidlo (1993) umschreiben *Compliance* als das Befolgen organisationaler Regeln und Abläufen und Van Scotter und Motowidlo (1996) verwenden das Konstrukt der Arbeitshingabe um ebenfalls Merkmale von *Compliance* auszudrücken. *Organizational Compliance* beschreibt eine Internalisierung und Akzeptanz der organisationalen Regeln, Strukturen und Prozessen (Podsakoff et al., 2000). Aus einer kritischen Perspektive kann hervorgebracht werden, dass das Befolgen von Regeln eigentlich eine Minimalleistung darstellt, die vertraglich eingefordert wird. Entsprechend erfolgt dieses Verhalten nicht freiwillig und wird auch nicht zusätzlich (über das Grundentgelt hinaus) honoriert – womit die zentralen Voraussetzungen von OCB nicht erfüllt wären.

OCB-Forscher halten diesem Argument entgegen, dass organisationale *Compliance* in Situationen, in denen das Befolgen von Regeln, Strukturen und Prozessen nicht von der Organisation bzw. einem Vorgesetzten oder einer Arbeitsgruppe überwacht werden kann, keineswegs wie selbstverständlich von Arbeitnehmern erbracht wird, sondern dass gerade in solchen Situationen in der Praxis häufig ein abweichendes Verhalten zu beobachten ist. Entsprechend gilt es als vorbildliches oder bürgerliches Verhalten, wenn auch jenseits von Überwachung und Kontrolle Regeln eingehalten werden (Podsakoff et al., 2000: 517).

In der deutschsprachigen OCB-Skala werden die beiden Faktoren *Generalized Compliance* und *Conscientiousness* unter der Dimension Gewissenhaftigkeit zusammengefasst (Staufenbiel und Hartz, 2000), wobei *Conscientiousness* auf Organ (1988) zurückgeht. Der Begriff beruht auf der Idee, dass Vorschriften und Anweisungen in großen Organisationen nur einen kleinen gemeinsamen Nenner, eine Minimalanforderung, darstellen und ein gewissenhaftes Arbeiten darüber hinausgehen sollte. Die Verknüpfung von *Conscientiousness* und *Compliance* ist jedoch keineswegs trivial, so sehen Podsakoff et al. (2000) *Conscientiousness* eher als eine Form der Eigeninitiative denn der Regelbefolgung. Auch die Abgrenzung zu Hilfsbereitschaft gelingt lediglich über den Kunstgriff, dass *Concientiousness* nicht personenbezogen (wie Hilfsbereitschaft), sondern aufgabenbezogen erfolgt.

Individual Initiative
Eigeninitiative gilt als eine Form des Extrarollenverhaltens, die sich darin ausdrückt, mehr zu tun, als formal erwartet wird, z.B. kreativ und innovativ tätig werden, besonderen Enthusiasmus zeigen, zusätzliche Aufgaben annehmen und andere Organisationsmitglieder motivieren. Ziel der Eigeninitiative ist es, die eigene und/oder die organisationale Leistung zu verbessern (Podsakoff et al., 2000). Operationalisierungen von Eigeninitiative finden sich nicht nur bei Organ (1988), sondern auch in den Konstrukten industrieller und individueller Initiative (Graham, 1991; Moorman und Blakely, 1995) sowie im Konstrukt des Einbringens konstruktiver Vorschläge (George und Brief, 1992; George und Jones, 1997). Einige Autoren verzichten auf diese Dimension, da sie nur sehr schwierig von Rollenverhalten abzugrenzen ist und sich wahrscheinlich eher in Umfang als in Qualität unterscheidet (Organ, 1988). Relevant hierfür dürfte auch die Branche sein. Bei einem Blick auf Berufe im Bereich Forschung und Ent-

wicklung oder in der Kreativbranche wird deutlich, dass innovative und kreative Ideen hier ein fester Bestandteil der Arbeitsanforderungen sind. In anderen Branchen und Berufsbildern ist es gleichwohl vorstellbar, dass Eigeninitiative dort als OCB auftritt (z.B. Verbesserungsvorschläge im Fließbandbetrieb).[6] Die deutschsprachige Skala versucht diese Problematik zu umgehen, indem die Dimension Eigeninitiative mit dem im Folgenden dargestellten *Civic Virtue* verschmolzen wird (Staufenbiel und Hartz, 2000).

Civic Virtue

Die Dimension *Civic Virtue* steht für Interesse und Commitment von Individuen auf der Makroebene, also gegenüber der Organisation als ganzer. Das Verhalten drückt sich durch die Teilnahme an Meetings und Debatten aus oder darin, dass die Person an der Gestaltung von Unternehmensstrategien mitwirkt, die Umwelt nach potenziellen Bedrohungen untersucht und Chancen für die Zukunft der Organisation aufzeigt. Dieses Verhalten erfolgt auch unter Inkaufnahme von großen persönlichen Anstrengungen und liegt begründet in der Wahrnehmung, Teil eines Ganzen zu sein. Dies ist vergleichbar mit der Zugehörigkeit eines Bürgers zu einem Staat, samt der damit verbundenen Verpflichtungen (Podsakoff et al., 2000). *Civic Virtue* wurde in den Studien von Organ (1988; 1990b) eingeführt und in leicht veränderter Form als organisationale Partizipation (Graham, 1989) aufgegriffen. Die Trennung von Eigeninitiative und *Civic Virtue* als eigenständige Faktoren ist je nach Art der Operationalisierung schwierig, was wohl dazu führt, dass manche Autoren nur eine der beiden Dimensionen verwenden. Beispielsweise berücksichtigen Moorman und Blakely (1995) nur Eigeninitiative, dagegen Graham (1991) nur *Civic Virtue*. Manche Studien versuchen die beiden Dimensionen zu integrieren (Van Scotter und Motowidlo, 1996; Staufenbiel und Hartz, 2000).

---

[6] Allerdings verfügen viele Unternehmen über ein professionalisiertes Vorschlagwesen, das teilweise Prämien für Verbesserungsvorschläge vorsieht, die zu Prozess- oder Produktverbesserungen führen. In diesem Fall wären die Voraussetzungen von OCB wiederum nicht erfüllt.

Self-development

Die eigenständige, persönliche Weiterentwicklung im Hinblick auf Wissen, Fähigkeiten und Fertigkeiten stellt im Sinne von George und Brief (1992) unter Bezugnahme auf die Arbeit von Katz (1964) eine weitere Dimension von OCB dar. Danach liegt es zumindest teilweise in der Hand der Individuen, sich selbst, beispielsweise durch Kurse, Trainings oder autodidaktische Maßnahmen, auf dem Stand der Zeit zu halten und damit die bestmögliche Leistung für die eigene Organisation zu ermöglichen. Natürlich verfügen viele Unternehmen heutzutage über eine eigene professionalisierte Personalentwicklung, die jedoch kaum in das OCB-Framework passen würde, da die Teilnahme an bestimmten Weiterbildungsmaßnahmen bisweilen von Organisationen eingefordert wird oder z.B. Voraussetzung für Beförderungen ist. Der Ansatz von George und Brief (1992) dürfte noch darüber hinausgehen und erfassen, wie viel sich Individuen über das von der Organisation geforderte Maß um die eigene Weiterentwicklung bemühen. Dies muss nicht zwangsläufig in kommerziellen Kursen enden, sondern könnte auch die Lektüre von Fachzeitschriften oder Ähnliches umfassen. Empirisch konnte allerdings für die Dimension *Self-development* noch keine Bestätigung gefunden werden (Podsakoff et al., 2000) und auch in der deutschsprachigen OCB-Skala findet diese Dimension keine Berücksichtigung (Staufenbiel und Hartz, 2000).

2.1.4 Bedingungen

Wie schon Barnard (1938) in seiner Forschungsarbeit zur Kooperationsbereitschaft (*willingness to cooperate*) feststellt und wie von der sich an diese Forschungstradition anschließenden OCB-Forschung bestätigt wird, unterscheiden sich Individuen im Hinblick darauf, ob und in welcher Intensität sie kooperative Verhaltensweisen erbringen. In diesem Unterkapitel geht es darum, näher zu beleuchten, unter welchen Bedingungen Menschen zu stark ausgeprägten OCBs geneigt sind, und welche Bedingungen möglicherweise zu geringeren OCBs führen. Diese Antezedenzien sind ein zentraler Bestandteil in vielen Forschungsarbeiten zu OCB. So zählen Podsakoff et al. (2000) in den Jahren von 1983 bis 2000 hierzu etwa 160 einschlägige Studien. Die getesteten Bedingungen sind sehr vielfältig und reichen von individuellen Merkmalen wie Alter, Geschlecht, Stimmung oder Zufriedenheit, über Aufgabenmerkmale wie Routinemäßigkeit und Aufgabenfeedback, Organisationsmerkmale wie Formalisierungsgrad und Handlungsspielraum bis hin zu Führungsverhalten und Aspekten des sozialen Austauschs. Die am häufigsten erforschten Antezedenzien sind Einstellungen, wie z.B. Arbeitszufriedenheit, organisationales Commitment und Fairness, sowie das Führungsverhalten von Vorgesetzten, z.B. transaktional versus transformational oder hohes versus geringes LMX (Staufenbiel, 2000). Nachfolgend werden die zentralen Antezedenzien von OCB vorgestellt.[7] Die Bedingungen von OCB wurden auf der individuellen Ebene schwerpunktmäßig bis in die späten 1990er Jahre erforscht, wohingegen in neueren Studien Antezedenzien vermehrt auf der Gruppenebene bzw. ebenenübergreifend analysiert werden (Bommer et al., 2007: 1481; Schnake und Dumler, 2003: 297).

Individuelle Merkmale

Bei den demographischen Variablen Alter und Geschlecht konnten Organ und Ryan (1995) keinen signifikanten Zusammenhang zu OCBs nachweisen. Dieser Befund ist in Bezug auf das Geschlecht insofern überraschend, als dass ein theoretisch plausibler Zusammenhang zwischen typisch weiblichen Eigenschaften wie *empathetic concern* bzw. *perspective taking* und den OCB-Dimensionen Hilfsbereitschaft und Gewissenhaftigkeit hergestellt werden kann (Kidder und McLean Parks, 1993). Um mögliche Zusammenhänge von Alter und Geschlecht auf OCB umfassend zu untersuchen, halten Podsakoff et al. (2000) weitere Studien für notwendig. Jüngere Forschungsarbeiten weisen Geschlecht als eine bedeutende Moderatorvariable in der Beziehung zwischen OCB-I/OCB-O und Beförderungen (Allen, 2006) sowie zwischen *ethical leaderhip* und OCB (Kacmar et al., 2011) nach.

---

[7] Teilweise handelt es sich um Korrelate, die per se nicht die Richtung des Zusammenhangs (im Sinne von Kausalketten) erklären können. Die studienübergreifende Evidenz sowie der zunehmende Einsatz von weiterentwickelten Methoden erhärten gleichwohl die jeweiligen Kausalitätsvermutungen.

Auch personenbezogene Merkmale, die den professionellen Hintergrund von Individuen betreffen, also deren Fähigkeiten, die berufliche Erfahrung, das Niveau der Ausbildung und das eigene Wissen stehen in keinem signifikanten Zusammenhang zu OCBs. Einzig ein sehr schwacher Zusammenhang von 0,09 gegenüber *Civic Virtue* konnte bislang nachgewiesen werden (Podsakoff et al., 1996a). Auch andere Variablen, wie professionelle Orientierung und Hang zur Unabhängigkeit stehen in keinem nennenswerten Zusammenhang zu OCBs (Podsakoff et al., 2000: 530).

Eine umfassende Basis an empirischen Befunden liegt im Bereich der einstellungsbezogenen Antezedenzien vor. Traditionell erfährt hierbei die wahrgenommene Arbeitszufriedenheit seit der *Human Relations*-Bewegung, die den Blick von rein äußerlichen „Fakten" hin auf eher weichere Aspekte, wie Wahrnehmungen, Emotionen und Einstellungen gerichtet hat, eine besondere Aufmerksamkeit (Organ et al., 2006). So zeigen empirische Befunde etwa, dass ein signifikanter Zusammenhang im Bereich von 0,19 bis 0,48 zwischen Arbeitszufriedenheit und den verschiedenen OCBs besteht (Podsakoff et al., 1996a; Organ und Ryan, 1995; Ziegler et al., 2012). Auch andere einstellungsbezogene Maße, etwa organisationales Commitment, Fairness und Vertrauen in den Vorgesetzten korrelieren signifikant mit OCB. Beim organisationalen Commitment unterscheiden sich allerdings die einzelnen Komponenten hinsichtlich ihrer Korrelation mit OCB stark. So wurde bei der affektiven Komponente ein Zusammenhang von 0,23 mit Hilfsbereitschaft nachgewiesen, während das kalkulatorische Commitment nicht mit OCB korreliert ist (Organ und Ryan, 1995). Bei Fairness und bei Vertrauen in den Vorgesetzten liegen die Korrelationen mit Hilfsbereitschaft jeweils bei 0,24, wobei Vertrauen in den Vorgesetzten sogar eine Korrelation von 0,39 gegenüber einem übergreifenden OCB-Wert aufweist. Später versuchte Organ, die einstellungsbezogenen Konzepte unter ein allgemeineres Konstrukt zu fassen, das er als *Morale* bezeichnet (Organ, 1997b). Hierunter fasst er arbeitsbezogene Einstellungen, die als emotionale Kognitionen relevant für das Arbeitsverhalten sind. Konkret sind das Arbeitszufriedenheit, Fairness, affektives Commitment und Vertrauen in den Vorgesetzten. In einem Kausalmodell kann er einen Pfadkoeffizienten von *Morale* zu OCB von 0,69 nachweisen, wobei das Modell hervorragende *goodness-of-fit*-Werte um 0,94 erreicht (Organ, 1997b).

Auch persönlichkeitsbezogene Merkmale wurden im Hinblick darauf untersucht, ob sie in einem Zusammenhang mit OCBs stehen und ggf. sogar vorhersagen können. Untersucht wurden insbesondere Faktoren des *Big Five-Framework* (McCrae und Costa, 1987) der Persönlichkeit (Chiaburu et al., 2011 für einen Überlick). Dieses Framework findet in der Psychologie eine weite Verbreitung und Akzeptanz, da es vielfältige Persönlichkeitseigenschaften durch sehr wenige Faktoren abbilden kann. Im Blickpunkt der OCB-Forschung stehen zwei der fünf Faktoren: *Agreeableness* umfasst Merkmale des Gemochtwerdens und die Leichtigkeit, gute Beziehungen zu unterhalten. Entsprechend würden Personen, die einen hohen Wert bei diesem Faktor erzielen, positiv über Kundinnen, Mitarbeiterinnen und Kolleginnen denken. Den Zusammenhang zu OCB erkennen Organ et al. (2006) darin, dass Personen mit einer ausgeprägten *Agreeableness* dazu geneigt sind, die Bedürfnisse ihrer Kollegen zu antizipieren, Hilfe anzubieten und Fehler nachzusehen. *Conscientiousness* beinhaltet Eigenschaften wie Zuverlässigkeit, Selbstdisziplin, Durchhaltevermögen und Strukturiertheit. Der Zusammenhang zu OCB dürfte hier bei den eher personenunabhängigen OCB-Dimensionen, also *Compliance* und *Civic Virtue*, liegen (Organ et al., 2006). Das Einhalten von Regeln (*Compliance*-Dimension) und z.B. die freiweillige Teilnahme an Meetings (*Civic Virtue*-Dimension) lassen sich zumindest theoretisch plausibel auf eine gewissenhafte Persönlichkeit zurückführen. Als weitere persönlichkeitsbezogenen Merkmale wurden zudem positiver und negativer Affekt auf Zusammenhänge mit OCB untersucht (Organ und Ryan, 1995). Organ und McFall (2004) betonen allerdings, dass Persönlichkeitsmerkmale nicht zwangsläufig auf die Intensität und Häufigkeit von OCBs wirken, sondern möglicherweise eher die zugrunde liegenden Motive oder die Art und Weise von OCBs beeinflussen.

Die empirischen Tests persönlichkeitsbezogener Merkmale lassen insgesamt den Schluss zu, dass ein Zusammenhang mit OCBs nur schwer bzw. auf geringem Niveau nachgewiesen werden kann. Als ein großes Problem hat sich dabei erwiesen, dass die OCB-Erhebung durch Selbstauskunft (statt Vorgesetztenbeurteilung) zu einem *Common Method Bias* führen kann (Organ und Ryan, 1995; Podsakoff et al., 2000). Ursprünglich als signifikant getestete Zusammenhänge müssen insofern mit der gebotenen Vorsicht gewürdigt werden (Organ et al., 2006: 88 ff.).

Zu unterscheiden von den persönlichkeitsbezogenen Merkmalen sind die Rollenwahrnehmungen von Organisationsmitgliedern. Hier wurden wahrgenommene Rollenambiguität und Rollenkonflikte auf Zusammenhänge zu OCB getestet. Beide Variablen korrelieren signifikant negativ mit den OCB-Dimensionen *Altruismus, Courtesy* und *Sportsmanship* (Podsakoff et al., 1996a). Es ist zu vermuten, dass der Zusammenhang von Rollenwahrnehmungen von Arbeitszufriedenheit mediiert wird, da Rollenwahrnehmungen mit Zufriedenheit korrelieren und Zufriedenheit wiederum mit OCB (Podsakoff et al., 2000: 530).

Merkmale der Aufgabe
Als potentielle, aufgabenbezogene Antezedenzien wurden u.a. die Variablen Leistungsrückmeldung, Routinemäßigkeit der Aufgabe und intrinsische Motivationswirkung von Aufgaben untersucht. Diese Variablen gelten als wichtige Determinanten von OCB, wobei die Routinemäßigkeit negativ mit OCB korreliert, die beiden anderen Variablen positiv (Podsakoff et al., 1996a). Auffällig ist hierbei, dass Korrelationen über die verschiedenen OCB-Dimensionen hinweg auf einem sehr ähnlichen Niveau liegen. Folglich unterscheiden sich die Dimensionen wie Hilfsbereitschaft und Eigeninitiative nur sehr gering in Bezug auf die Merkmale von Aufgaben. Podsakoff et al. (2000: 531) stellen fest, dass aufgabenbezogene Antezedenzien in der OCB-Forschung bisher zu sehr vernachlässigt wurden und zukünftig mehr Aufmerksamkeit erfahren sollten. Dieser Forderung kommen u.a. Jex und Thomas (2003) nach, die einen negativen Einfluss einer übermäßigen Aufgabenerweiterung (*role overload*) auf OCB nachweisen, sowie auch Cardona et al. (2004), die dem aufgabenbezogenen Feedback und der Autonomie bei der Aufgabenbearbeitung eine zentrale Bedeutung für die Stimulation von OCBs zuschreiben. Auch in den vergangenen Jahren ist ein großes Interesse der Forschung an aufgabenbezogenen Antezedenzien zu konstatieren, das aber zumeist im Zusammenhang

mit OCB auf Gruppenebene Niederschlag in entsprechenden Studien findet (vgl. Unterkapitel 2.1.6).

Organisationale Merkmale

Obwohl OCB ein Phänomen darstellt, das auf der individuellen Ebene erfasst und das zunächst durch individuelle Dispositionen beeinflusst wird, spielen darüber hinaus auch organisationale Merkmale eine Rolle, da das individuelle Verhalten in einen organisationalen Kontext eingebettet ist, der auf Individualverhalten ausstrahlt. So ist beispielsweise in einer Unternehmenskultur, die sehr stark auf Wettbewerb zwischen Organisationsmitgliedern setzt und Aufstiegsturniere zwischen diesen inszeniert, voraussichtlich mit weniger OCBs zu rechnen als in einer Kultur, die sehr stark das Miteinander in den Vordergrund stellt und Ergebnisse als Gemeinschaftsleistung versteht. Die empirische Überprüfung organisationaler Einflüsse gestaltet sich jedoch nicht leicht, da vielfältige Variablen in Frage kommen, die ganz unterschiedliche Facetten organisationalen Einflusses erfassen. Ein sehr allgemeines Maß stellt beispielsweise das der wahrgenommen Unterstützung durch die Organisation dar (*perceived organizational support*). Diese Variable korreliert auf einem Niveau von durchschnittlich 0,31 mit OCB, wobei OCB in der Regel nur eindimensional durch Hilfsbereitschaft operationalisiert wurde (Podsakoff et al., 2000). Auch jüngere Studien bestätigen den Zusammenhang zwischen der wahrgenommenen Unterstützung durch die Organisation und OCB (z.B. Eisenberger et al., 2001; Liden et al., 2003; Wayne et al., 2002).

Bei spezifischeren Maßen wie Formalisierungsgrad, Flexibilität oder Unterstützung durch Kollegen konnten dagegen keine signifikanten Zusammenhänge zu OCBs nachgewiesen werden. Ausnahme ist hier die Gruppenkohäsion, die auf einem Niveau zwischen 0,12 und 0,20 mit den verschiedenen OCB Dimensionen positiv korreliert. Ein negativer Einfluss auf OCBs geht von Belohnungen aus, die nicht durch den Vorgesetzten beeinflusst werden können. Auch eine große räumliche Distanz der Führungskraft wirkt sich negativ auf die Dimension Hilfsbereitschaft aus (Podsakoff et al., 1996a).

Führungsmerkmale und sozialer Austausch

Das Verhalten von Führungskräften bzw. deren Führungsstile sind im Rahmen der OCB-Forschung sehr intensiv erforscht worden. Der Grund dafür dürfte in der Hoffnung liegen, OCBs proaktiv durch Führung stimulieren und klare Handlungsempfehlungen ableiten zu können, wie sich Vorgesetzte im Sinne eines hohen OCBs ihrer Unterstellten verhalten sollten. Die empirischen Befunde können in vier Kategorien unterteilt werden: Transaktionale Führung, transformationale Führung, Variablen aus der Weg-Ziel-Theorie und LMX. Besonders starke Korrelationen mit OCB konnten über mehrere Studien hinweg und konsistent bei transformationaler Führung und bei LMX belegt werden. Tendenziell wurden überall dort Zusammenhänge als signifikant nachgewiesen, wo die Führungskraft ein unterstützendes Verhalten zeigt. Hinsichtlich transaktionaler Führung konnte ein positiver Zusammenhang bei kontingentem Belohnungsverhalten und ein negativer bei nichtkontingentem Bestrafungsverhalten nachgewiesen werden. Aus der Weg-Ziel-Theorie wurden helfende Verhaltensweisen der Führungskraft getestet. Diese korrelierten ebenfalls signifikant positiv mit den meisten OCB-Dimensionen (Podsakoff et al., 2000: 531 f.).

Auch LMX, oder etwas weiter gefasst, Aspekte des sozialen Austauschs zwischen Führungskräften und den ihnen unterstellten Individuen wurden mehrfach im Zusammenhang mit OCB getestet. Die Relevanz sozialer Austauschprozesse für OCB liegt einerseits in der theoretischen Herleitung, u.a. mit Bezugnahme auf die soziale Austauschtheorie (Blau, 1964) und auf psychologische Verträge (Rousseau und Parks, 1993) begründet (Organ et al., 2006). Andererseits konnten auch die empirischen Studien zum Einfluss von LMX auf OCB nachweisen, dass die Interaktion mit dem Führenden eine zentrale Bedeutung für OCB hat (Graen und Scandura, 1987; Settoon et al., 1996; Uhl-Bien und Maslyn, 2003; Wayne et al., 1997; Wayne et al., 2002). Allerdings, und hier besteht wohl eine der Schwachstellen des OCB-Ansatzes, erfasst das Reziprozitätsprinzip, das einem sozialen Austausch häufig zugrunde liegt, auch die Erwartung einer Belohnung für das von Mitarbeitern erbrachte OCB durch die Führungskraft. Dies widerspricht Organs Verständnis von OCB insofern, als dass OCBs per Definition nicht vom formalen Belohnungssystem der Organisation erfasst werden (Organ, 1988). Empirische Arbeiten zeigen jedoch, dass Vorgesetzte sehr wohl OCBs berücksichtigen, wenn sie ihre Unterstellten bewerten und dass diese Ergebnisse mitunter Grundlage von leistungsorientierten Entgeltkomponenten sind (MacKenzie et al., 1991; MacKenzie et al., 1993; MacKenzie et al., 1999; Werner, 1994). Auch auf der Seite der Geführten werden OCBs mitunter als fester Bestandteil einer Stelle wahrgenommen (Morrison, 1994).

2.1.5 Konsequenzen von OCB

Bereits in der Definition von OCB schließt Organ (1988) ein, dass dieses Verhalten zum Funktionieren von Organisationen beiträgt. Auf welche Art und Weise dies geschieht, ist jedoch keineswegs trivial. So bemerkt Organ, dass OCB wahrscheinlich weniger auf direkte Erfolgsmaße wirkt; diese werden tendenziell eher durch Rollenverhalten (*In-Role Behavior*) angesprochen. Allerdings geht Organ davon aus, dass OCB die arbeitsteilige Zusammenarbeit durch situationsadäquate und flexible Handlungen unterstützt und so einen reibungslosen Arbeitsalltag fördert. Anders ausgedrückt wirken OCBs nicht unmittelbar auf den Leistungsprozess, sondern versetzen Individuen in die Lage, ihre Kernaufgaben besser bzw. mit weniger Hindernissen wahrzunehmen (Kretschmann, 2005). Die möglichen Folgen von OCB sind jedoch nicht uneingeschränkt positiv zu werten, einzelne Forscher betonen auch mögliche dysfunktionale Konsequenzen und Risiken.

Positive Folgen

Die Befunde zu den positiven Folgen von OCB konzentrieren sich auf mehrere Bereiche: So konnte in empirischen Studien gezeigt werden, dass OCB einen Einfluss auf die Leistungsbeurteilung durch Vorgesetzte hat (MacKenzie et al., 1991; 1993; Podsakoff et al., 1993). Zudem zeigen Befunde, dass OCB individuelle Leistungsdaten (George, 1991; Skarlicki und Latham, 1995) und betriebswirtschaftliche Leistungskennzahlen steigern kann (Walz und Niehoff, 1996).

Leistungsbeurteilung durch Vorgesetzte

Es lassen sich Anhaltspunkte dafür finden, dass Leistungsbeurteilungen durch Vorgesetzte eher durch das OCB der bewerteten Person erklärt werden als durch (vermeintlich) objektive Leistungsdaten (u.a. Avila et al., 1988; Lowery und Krilowicz, 1994). Bei einer genaueren Betrachtung einzelner OCB-Dimensionen konnten signifikant positive Zusammenhänge zwischen *Helping Behavior*, *Sportsmanship*, *Conscientiousness* und *Civic Virtue* mit Leistungsbeurteilungen von Vorgesetzten nachgewiesen werden. Da die Leistungsbeurteilungen mitunter Grundlage verschiedener personalpolitischer Instrumente und Entscheidungen sind, u.a. für die Vergabe von leistungsbezogenen Entgeltkomponenten sowie für Beförderungs- und Personalentwicklungsentscheidungen, kommt hier wiederum das bereits skizzierte Paradoxon deutlich zum Vorschein: Einerseits stellt OCB auf die Freiwilligkeit von Handlungen ab und schließt daher Belohnungen der Organisation definitorisch aus, andererseits sind Organisationen (vertreten durch die jeweilige Führungskraft) sehr stark daran interessiert, dass ihre Mitglieder „freiwillige" und kooperative Handlungen erbringen und honorieren diese entsprechend.

Eine Gruppe weiterer Forschungsarbeiten nähert sich jenem Paradoxon, indem der Einfluss von *in-role performance* und *contextual performance* auf die Leistungsbeurteilungen untersucht wird. Auch dort finden sich Anhaltspunkte, dass sowohl die Leistung, die von der Stelle erfordert wird, als auch Leistungsverhalten an der Peripherie der Stelle einen Einfluss auf Vorgesetztenurteile ausüben. Beispielsweise weisen Motowidlo und Van Scotter (1994) in einer Vorgesetztenbefragung in der U.S. Air Force (N = 421) nach, dass 13% der Varianz in Leistungsbeurteilungen durch *in-role performance*, 11% durch *contextual performance* und 5% durch *in-role performance* in Kombination mit *contextual performance* erklärt werden. Eine Metaanalyse, gespeist aus acht Studien, liefert ähnliche Ergebnisse, wobei sich der Effekt beider Leistungsmaße in Kombination hier als besonders evident erweist. So klärt *in-role performance* 9,3% der Varianz auf, bei *contextual performance* sind es 12% und bei der Kombination beider Effekte 42% (Podsakoff et al., 2000).

Zur genaueren Bestimmung des Wirkungszusammenhangs zwischen OCB und Vorgesetztenbeurteilung sowie einer differenzierteren Betrachtung der Vorgesetztenurteile liefert eine weitere Gruppe von Studien empirische Evidenz: Diese Studien bieten empirische Belege für den Einfluss von OCB auf die Gesamtbewertung von Mitarbeiterleistungen (Park und Sims, 1989; Allen und Rush, 1998), auf gehaltsbezogene Empfehlungen (Park und Sims, 1989; Allen und Rush, 1998; Kiker und Motowidlo, 1999) und auf beförderungsbezogene Empfehlungen (Parks und Sims, 1989) durch die zuständigen Führungskräfte.

Basierend auf diesen drei Gruppen empirischer Studien konstatieren Podsakoff et al. (2000), dass OCB wohl einen positiven Einfluss auf mehrere wichtige Urteile von Vorgesetzten hat, dass OCB zumindest genauso wichtig für die Beurteilung ist wie *in-role performance* und dass OCB und *in-role performance*, obgleich sie analytisch getrennt werden, in der Realität tendenziell zusammen auftreten.

Eine umfassende Metaanalyse, welche neben publizierten Beiträgen in Fachzeitschriften auch Daten von Konferenzbeiträgen und Dissertationen enthält, verbindet die Ergebnisse von 168 unabhängigen Datensätzen (N = 51.235) zu den Konsequenzen von OCB auf individueller Ebene (Podsakoff et al., 2009). Die Metaanalyse liefert als Ergebnis, dass die OCBs positiv mit den Leistungsbeurteilungen und Entscheidungen über leistungsabhängige Entgeltkomponenten zusammenhängen. Ein negativer Zusammenhang konnte zwischen OCBs und Kündigungsabsichten, tatsächlicher Fluktuation und Absentismus nachgewiesen werden. Darüber hinaus zeigt die Metaanalyse, dass die Quelle von Beurteilungen den Zusammenhang von OCB und Leistung moderiert. Wenn also sowohl OCB als auch die Leistungsdaten von dergleichen Person erhoben wurden, zeigt sich ein stärkerer Zusammenhang als bei Daten, die aus zwei unterschiedlichen Quellen stammen (Podsakoff et al., 2009). Dies kann sogleich als ein Indiz für einen *Common Method Bias* gelten.

Individuelle und betriebswirtschaftliche Leistungskennzahlen
Der aktuelle Forschungsstand deutet auch darauf hin, dass OCB die Leistungsfähigkeit von Organisationen positiv beeinflusst. Dieser Zusammenhang wurde in der empirischen Forschung lange Zeit vernachlässigt und beschränkte sich im Wesentlichen auf die konzeptionelle Erklärung möglicher Auswirkungen (Podsakoff et al., 2000). Danach dürfte OCB vor allem dazu beitragen, dass der „arbeitsteilige Funktionsvollzug durch flexible, situationsangemessene Handlungen vereinfacht und reibungsloser gestaltet wird" (Kretschmann, 2005: 42). Als positive Folgen werden darüber hinaus gehandelt: eine höhere Produktivität des Personals und des Managements, die Freisetzung von Ressourcen, die Verringerung von „maintenance functions", eine verbesserte Koordination (als Führungssubstitut), eine verbesserte Arbeitgebermarke und -attraktivität, höhere Leistungsstabilität und bessere Anpassungsfähigkeit an sich veränderte Umweltbedingungen (Podsakoff et al., 2000: 543 ff.). Der empirische Nachweis wurde jedoch nur teilweise geführt:

In einer empirischen Studie untersuchen Podsakoff und MacKenzie (1994) den Einfluss von *Helping Behavior*, *Sportsmanship* und *Civic Virtue* auf einen gewichteten Leistungsindex auf der Ebene einer Vertriebsabteilung. Der Index wurde berechnet als Mittelwert von vier Indikatoren: (a) der Umsatz der der Vertriebsagenten, (b) die Veränderung der Verkaufszahlen gegenüber dem Vorjahreswert, (c) die durchschnittliche Anzahl an Verträgen, die pro Vertriebsagent verkauft wurde und (d) die Anzahl der insgesamt verkauften Policen. Die Studie zeigt, dass alle drei untersuchten Citizenship Behaviors einen signifikanten Einfluss auf die Leistung der Vertriebsabteilung hatte (Varianzaufklärung: 17%).

Podsakoff et al. (1997) analysieren den Einfluss von *Helping Behavior*, *Sportsmanship* und *Civic Virtue* auf die Quantität und Qualität von produziertem Papier in einer Papiermühle. Die Stichprobe besteht aus 40 Arbeitsgruppen. Die Vergütung der Arbeiter umfasst eine Kombination aus Stundenlohn und einer leistungsabhängigen Zulage, die sich aus der Qualität und Quantität des Papiers, worauf die Arbeitsgruppe Einfluss nehmen konnte, errechnet. Die Studie zeigt, dass *Helping Behavior* und *Sportsmanship* positiv mit den beiden Erfolgsmaßen korrelieren. Besonders bei

Helping Behavior wird ein starker Zusammenhang nachgewiesen, der 26% der Varianz des Qualitätsmaßes und 17% des Quantitätsmaßes aufklärt.

Eine Studie von Walz und Niehoff (1996) gibt Aufschluss über den Zusammenhang von OCBs und einer Auswahl von Leistungsindikatoren in Fast Food-Restaurants. Aus den Ergebnissen geht hervor, dass *Helping Behavior* einen Einfluss auf die „overall operating efficiency", den Ertrag pro Vollzeitkraft, Kundenzufriedenheit, Leistungsqualität sowie Kosteneinsparungen durch eine bessere Ressourceneffizienz hat.

Die vorgestellten Studien unterstützen also die Vermutung, dass OCB positiv auf die organisationale Leistung wirken, jedoch unterscheiden sich die OCB-Dimensionen diesbezüglich sehr stark. So weist insbesondere *Helping Behavior* einen stärkeren und z.B. *Sportsmanship* und *Civic Virtue* einen schwächeren Einfluss auf die Leistung auf (Podsakoff et al., 2000). Jüngere Studien deuten – vorbehaltlich der bereits angeführten Kausalitätsannahmen – darauf hin, dass vor allem OCB auf Team-/Gruppenebene bzw. OCB in organisationalen Teileinheiten einen starken Einfluss auf Effektivitätsmaße haben (Podsakoff et al., 2009; siehe auch Kapitel 2.1.6).

Negative Folgen

Das vorangegangene Kapitel erweckt den Eindruck, dass OCB aus Arbeitgeber- wie auch aus Arbeitnehmersicht als ein uneingeschränkt positives Phänomen zu verstehen ist. Gerade die potenziellen Auswirkungen auf verschiedene individuelle und organisationale Effektivitätsmaße verstärken diese Annahme. Dennoch ist die Aussage, dass mehr OCB immer besser ist, nicht per se aufrechtzuerhalten. So kann ein übertriebenes OCB leicht in Stress und im Extremfall Selbstausbeutung, ggf. sogar mit gesundheitlich negativen Auswirkungen enden. Auch hierzu liegen mehrere empirische Befunde vor:

So konnten Bolino und Turnley (2005) nachweisen, dass OCBs zu Lasten der eigenen Person und des persönlichen Umfelds führen können. Die Auswirkungen von OCB wurden in dieser Studie jeweils bei den Lebenspartnern der untersuchten Personen abgefragt. Die Ergebnisse der Studie zeigen, dass die OCB-Dimension *Initiative* mit Überlastung, Stress und Konflikten zwischen Arbeit und Familie korreliert.

In einem konzeptionellen Beitrag argumentiert Bergeron (2007), dass OCB der eigenen Karriere eher schadet als dass es ihr nutzt. Danach verfügen Individuen nur über begrenzte zeitliche Ressourcen und in der Zeit, in der OCB erbracht wird, können sie weniger Zeit für die Bearbeitung der eigentlichen Aufgabe aufwenden. Da Belohnungssysteme von Organisationen jedoch häufig an der aufgabenbezogenen Leistung ansetzen, könnten Personen, die der Organisation helfen, sich selbst schaden. Der Zusammenhang von OCB und Ergebnisvariablen dürfte jedoch von organisationalen, situativen und individuellen Variablen moderiert werden. So geht Bergeron (2007) davon aus, dass OCB nur dann zu Lasten der eigenen Karriere geht, wenn das formale Belohnungssystem ausschließlich an die arbeitsbezogene Leistung anknüpft. Wenn dagegen grundsätzlich verhaltensbezogene Maße herangezogen werden, dürfte OCB sogar positive individuelle Konsequenzen haben. Ferner dürfte der Zusammenhang von OCB und individuellen Konsequenzen durch situative Moderatoren, Rollenambiguität und Reziprozität beeinflusst werden. Ein höheres Maß an Rollenambiguität und an Reziprozität wirkt demnach positiv auf die Beziehung von OCB und den individuellen Folgen. Als weitere Moderatoren nennt Bergeron (2007) die Arbeitszeit, das individuelle Ausprägungsniveau von OCB, die dimensionale Verteilung der OCBs und schließlich den zeitlichen Umfang des geleisteten OCB.

Ein weiterer Kritikpunkt an einer allzu positiven Perspektive auf OCB wird von Bolino et al. (2010) angeführt. Die Studie stellt in Frage, dass OCB fast immer als freiwilliges Verhalten dargestellt wird, zu dem sich Menschen willentlich entschließen. So zeigt bereits Morrison (1994), dass OCB von Personen oft als Bestandteil der Stelle, und somit als *in-role* verstanden wird. Bolino et al. (2010) verwenden den Begriff *Citizenship Pressure*, um die Erwartungshaltung und den informell von Organisationen und Führungskräften aufgebauten Druck zu beschreiben. Die Studie zeigt empirisch, dass *Citizenship Pressure* und OCB stark korrelieren. Zudem steht *Citizenship Pressure* im Zusammenhang mit den geleisteten Arbeitsstunden, mit Überarbeitung, Konflikten zwischen Arbeit und Familie, *Work-Life-Balance*, Stress und Kündigungsabsichten.

Es bleibt zu resümieren, dass OCB negative Folgen, insbesondere für die Person, die OCB erbringt, mit sich bringen kann. Bis auf wenige Ausnahmen, von denen hier einige der wichtigsten vorgestellt wurden, gilt OCB früher wie heute in einem überwiegenden Teil der Forschungsarbeiten jedoch als erstrebenswert und wird häufig sogar als ein Erfolgsmaß operationalisiert.[8]

2.1.6 Weiterentwicklung des OCB-Konzepts

Die OCB-Forschung hat sich in den ersten Jahren nach der Einführung des Konzepts von Smith et al. (1983) auf individuelle, kooperative Verhaltensweisen konzentriert. Gegenstand der Analyse war somit das Individuum, gleichwohl wurde das Konzept von Beginn an von der Idee getragen, dass individuelle OCBs auf Organisationsebene aggregiert werden können. Obwohl das kooperative Verhalten einer Person in großen Organisationen kaum ins Gewicht fällt, so wurde aber vermutet, dass die Aggregation eines solchen Verhaltens über viele Individuen hinweg positive Veränderungen in Organisationen herbeiführen kann. In den Folgejahren sind viele Forschungsarbeiten entstanden, welche einerseits die Dimensionalität von OCB kontinuierlich verändert und weiterentwickelt haben (siehe Kapitel 2.1.3) und in denen andererseits neben dem Individuum weitere Analyseebenen aufgegriffen wurden. Auf diese verschiedenen Analyseebenen soll im Folgenden eingegangen werden:

OCB im engeren Sinne

Das individuelle OCB (wenn auch aggregiert zur Organisationsebene) findet bis in die Gegenwart in der Forschung die größte Aufmerksamkeit und wird insbesondere durch die Gruppe um Organ, Podsakoff und MacKenzie vertreten. So beansprucht diese Forschergruppe auch, die Führung bei der Weiterentwicklung des Konzepts zu übernehmen und bemüht sich darum, eine Verwässerung oder Vermischung mit angrenzenden Konzepten zu vermeiden (Organ, 1997a) bzw. postuliert, dass sich hinter verschiedenen anderen Ansätzen (z.B. *contextual performance*) letzt-

---

[8] Zu unterscheiden sind hiervon die Arbeiten, die OCB als Antezedenz von Effektivitätsmaßen analysieren. Im Gegensatz dazu ist OCB bei der hier dargestellten Betrachtung selbst das Effektivitätsmaß.

lich auch eine Art OCB verbirgt (Podsakoff et al., 2000). Diese Perspektive auf OCB lässt sich am treffendsten als „OCB im engeren Sinne" beschreiben – sowohl aufgrund der theoretisch-konzeptionellen Eingrenzung als auch aufgrund der dahinterstehenden Autoren, auf die das Konzept auch ursprünglich zurückgeht (siehe hierzu auch Kapitel 2.1.1). Abbildung 5 gibt einen Überblick über die historische Entwicklung des OCB-Konzepts und zeigt einige bedeutende Publikationen auf den jeweiligen Ebenen. Wie aus der Abbildung hervorgeht, ist bereits seit Mitte/Ende der 1990er Jahre der Trend zu konstatieren, dass sich OCB zunehmend konzeptuell öffnet und sich – zumindest mit Blick auf einige der Prämissen, wie z.B. hierarchische Strukturen bzw. Linienorganisation – von OCB im engeren Sinne entfernt. Diese Entwicklung resultiert nicht zuletzt aus einer zunehmenden Bewusstheit von sozialen Strukturen und der Einbettung von Verhalten in einen (inter)organisationalen Kontext. Trotz dieser Weiterentwicklungen sollte – wie es auch von der Mehrzahl von OCB-Studien getan wird – der konzeptionelle Kern von OCB bewahrt werden, um die von der Forschergruppe um Organ befürchtete Verwässerung zu begrenzen und einer konzeptionellen Beliebigkeit vorzubeugen.

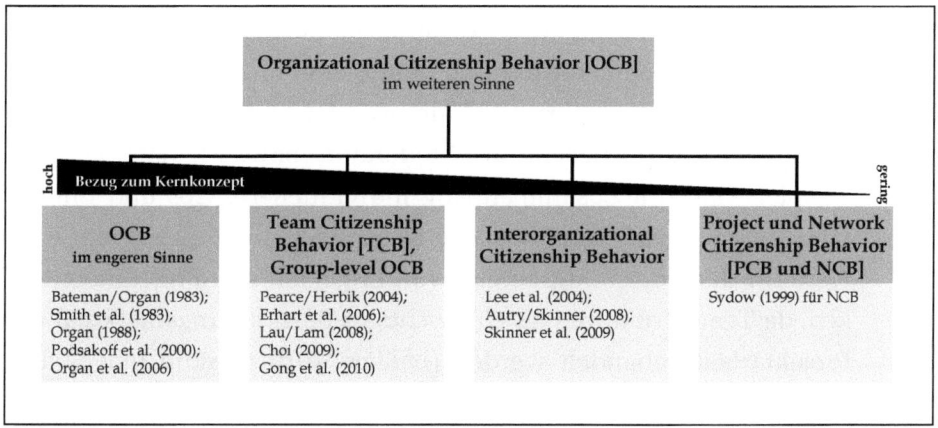

Abbildung 5: Entwicklung des OCB-Konzepts
Quelle: Braun et al. (2012b: 273)

Group-level OCB

Seit Mitte der 1990er Jahre wurde das OCB-Konzept auf weitere Analyseebenen angewandt. In den Blickpunkt gerieten dabei zunächst die Ebene von Arbeitsgruppen und Teams bzw. auch organisatorische Teileinheiten. Das zunehmende Interesse an diesen Analyseebenen hatte im Wesentlichen drei Ursachen:

1. Die OCB-Forschung nimmt die Gruppe bzw. auch die Teileinheit als wichtiges Bindeglied von Individuum und Organisation zunehmend in den Blick und erkennt damit an, dass Individuen ihr kooperatives Verhalten auch an den Arbeitsgruppen orientieren, denen sie angehören (Ehrhart, 2004; Organ und Ryan, 1995).
2. Bei einer Aggregation individueller OCBs auf der Organisationsebene ist es sehr schwierig nachzuweisen, ob und wie kooperative Verhaltensweisen auf Effektivitätsmaße wirken, insbesondere da auf dieser Aggregationsebene noch unzählige weitere organisationsinterne wie -externe Umwelteinflüsse vorzufinden sind. Die Gruppenebene ist demgegenüber näher am Individuum, sodass der Einfluss des Einzelnen besser nachgewiesen werden kann (Podsakoff und MacKenzie, 1997).
3. Von einigen Forschern wird verstärkt die Berücksichtigung multipler Analyseebenen gefordert (z.B. Bommer et al., 2007; Schnake und Dumler, 2003). Vor diesem Hintergrund bietet sich die Untersuchung der Gruppenebene als Moderator- bzw. Mediatorvariable, beispielsweise im Zusammenhang individueller OCBs und Effektivität, an. OCB auf Gruppenebene ist sogleich von besonderem Interesse für den Forschungsbereich von Projekten und Projektnetzwerken, da Teamstrukturen als ein wichtiges Bestimmungsmerkmal der Projektarbeit gehandelt werden (Bakker, 2010; Lundin und Söderholm, 1995).

Während für OCB im engeren Sinne bereits umfassende Reviewartikel und Metaanalysen vorhanden sind (z.B. LePine et al., 2002; Organ et al., 2006; Podsakoff et al., 2000), gibt es für OCB auf Gruppenebene zwar zahlreiche empirische Studien, jedoch wurde der Versuch, diese Forschungsarbeiten systematisch zu strukturieren, bislang kaum unternommen.⁹ Dies mag auch mit der Frage zusammenhängen, was genau mit OCB auf Gruppenebene gemeint ist. So kursieren in empirischen Forschungsarbeiten verschiedene Begriffe wie *Group Citizenship Behavior* (Bommer et al., 2007; Choi, 2009; Choi und Sy, 2010; Euwema et al., 2007; Van Dyne et al., 2007), *Team Citizenship Behavior* (Lau und Lam, 2008; Pearce und Herbik, 2004; Randel, 2003; Wong et al., 2009), *Unit-level OCB* (Ehrhart, 2004; Ehrhart et al., 2006) und *Collective OCB* (Gong et al., 2010).

Die Studien haben gemein, dass organisationale Teileinheiten betrachtet werden und dass die Mitglieder dieser Teileinheiten einander in aller Regel kennen und mit diesen interagieren.¹⁰ Davon abgesehen sind die betrachteten Einheiten heterogen hinsichtlich der Gruppengröße, der Aufgaben- und Funktionsbereiche, des Branchenkontexts und der Organisationsstruktur. Dabei unterstellen nahezu alle diese Studien, dass Individuen innerhalb von Organisationsgrenzen interagieren. Des Weiteren werden in der Regel Untersuchungskontexte gewählt, die – auch wenn die meisten Studien darüber nicht reflektieren – durch hierarchische Linienstrukturen gekennzeichnet sind, welche wiederum als eher permanent gelten können. Dies ergibt sich schon aus forschungspraktischen Gründen, um etwa Vorgesetztenurteile über die jeweils unterstellten Personen heranzuziehen (z.B. Naumann und Ehrhart, 2011; Walumbwa et al., 2011) und so beispielsweise Probleme in Verbindung mit dem *Common Method Bias* zu heilen (Podsakoff et al., 2003). Generell spielt die Organisationsform in den gesichteten Studien keine oder allenfalls eine sehr untergeordnete Rolle. So ist es durchaus denkbar, dass die Befragten in ihrer Arbeitsumgebung regelmäßig mit Angehörigen von anderen Organisationen zusammenarbeiten (z.B. bei den häufig betrachteten F&E-Gruppen), jedoch wird solchen Parametern regelmäßig keine Aufmerksamkeit zu Teil.

Entsprechend wenige Forschungsarbeiten widmen sich moderneren Arbeitsformen, die häufig Organisationsgrenzen überschreiten und durch flache Hierarchien bzw. Projektstrukturen gekennzeichnet sind. Eine eigene, systematische Analyse von 71 einschlägigen Artikeln zu OCB auf der

---

[9] Ausnahmen sind hier die beiden Metaanalysen von Nielsen et al. (2009) und Whitman et al. (2010).

[10] Eher selten wird der Begriff "Unit" sehr weit gefasst, so z.B. bei Whitman et al. (2010), die in ihrer Analyse Gruppen mit teilweise über 500 Mitgliedern als eine Einheit verstehen.

Gruppenebene zeigt, dass sich davon gerade einmal vier Forschungsarbeiten für neuere Arbeitsformen öffnen.[11] Von diesen vier Studien basieren jedoch drei auf Daten, bei denen die Projektarbeiten von Studierenden als Analyseobjekte dienten. So dürfte der Fokus auf Projekte auch hier durch Forschungspragmatismus geleitet sein. Das inhaltliche Erkenntnisinteresse dieser drei Arbeiten betrifft den Zusammenhang von Gerechtigkeits- bzw. Fairnesswahrnehmungen und OCB innerhalb von Projektgruppen (Akan et al., 2009; Lavelle et al., 2009; Qiu et al., 2009):

So zeigen Akan et al. (2009), dass die Gleichheitsorientierung von Individuen in Projektgruppen mit ihrem OCB gegenüber den Kollegen zusammenhängt. So erbringen Individuen mit einem höheren *Equity Sensitivity*-Wert (Empfindung von Gleichheit als Quotient des wahrgenommenen Gebens und Nehmens) eher OCB als solche mit einem niedrigen Wert.

Lavelle et al. (2009) legen dar, dass in Projektgruppen verschiedene Foci von Verhalten vorliegen. So können kooperative Verhaltensweisen der Organisation insgesamt, dem Vorgesetzten oder den Projektbeteiligten zu Gute kommen. Die Autoren weisen nach, dass OCB besonders dann in Erscheinung tritt, wenn auch Commitment und Prozessgerechtigkeit auf das gleiche Ziel gerichtet sind (anstatt sich auf verschiedene Foci zu verteilen).

Qiu et al. (2009) weisen nach, dass interaktionale Fairness seitens der Projektmanager zur Hingabe der Projektbeteiligten im Projekt und damit auch zu mehr OCB auf der Gruppenebene beitragen kann. Bemerkenswert

---

[11] Der Abruf der Artikel erfolgte am 09.12.2011 in der Datenbank EbscoHost. Durchsucht wurden die Sub-Datenbanken *Business Source Premier, Academic Source Premier* sowie *PsycARTICLES* nach Veröffentlichungen im Zeitraum von 1983 (Einführung des OCB-Begriffs) bis Ende 2011. Die Suche umfasste Begriffe in den Feldern *Titel, Abstract* und *Keywords*. Als Suchbegriffe wurden insgesamt acht Wortpaare genutzt (*Group, Team, Unit, Collective* X Citizenship Behavior, OCB). Berücksichtigt wurden nur doppelt begutachtete Veröffentlichungen (*peer-reviewed articles*). Die initiale Suche lieferte 395 Treffer, die zunächst um 155 Doubletten reduziert wurden und anschließend iterativ durch die Sichtung der Titel (um 99 Artikel), der Abstracts (um 57 Artikel) und der Volltexte (um 13 Artikel) auf 71 einschlägige Publikationen eingegrenzt werden konnten. Als Ausschlusskriterium genügte in den ersten Schritten die Zugehörigkeit der Publikationen zum OCB-Forschungsgebiet. Auf der Analyseebene von Abstracts und Volltexten diente insbesondere die Verwendung des Gruppenbegriffs als Ausschlusskriterium. So wurden Artikel aussortiert, die sich beispielsweise auf Berufsgruppen oder Versuchsgruppen beziehen.

bei dieser Untersuchung ist die Betonung der Cross-Funktionalität, die bei Teams in der Produktentwicklung von besonderer Bedeutung sei. Die Untersuchung hätte allerdings einen deutlich weiter reichenden Beitrag leisten können, da in den untersuchten Teams nicht nur verschiedene Funktionsbereiche vertreten, sondern die Mitglieder auch verschiedenen Organisationen (Studierende einer Universität und Personal von Unternehmungen) angehören. Der interorganisationale Charakter der hier untersuchten Teamarbeit wird in der Publikation jedoch nicht weiter thematisiert.

Die Studie von Yen et al. (2008) ist unter den 71 einschlägigen Veröffentlichungen insofern eine Ausnahme, als dass hier interorganisational arbeitende Projektgruppen als Untersuchungsobjekt gewählt werden. Zudem handelt es sich nicht um Studierendengruppen, sondern um Teams in der Softwareimplementierungsbranche, die sich aus Mitarbeitern des Kunden sowie externen Beratern zusammensetzen. In der Studie werden die Interorganisationalität und die Temporalität zwar als besondere Merkmale des Untersuchungsobjekts erwähnt, jedoch theoretisch nicht aufgearbeitet. Als zentrales Ergebnis geht aus der Studie hervor, dass OCBs zu einem integrativen Klima in der Projektgruppe (z.B. unterstützende, kollaborative und vertrauensvolle Interaktion) sowie zu einem effektiveren Projektmanagement (u.a. effektiver Ressourceneinsatz, Zeitmanagement und Zielklarheit) beitragen, was sich dann wiederum positiv auf den Erfolg des Informationssystems (Qualität des Systems und der Informationsverarbeitung sowie den Nutzens aus Anwendersicht) auswirkt.

Die Studien zu OCB auf Gruppenebene lassen sich ähnlich der klassischen Forschungsarbeiten zu OCB (vgl. Unterkapitel 2.1.3, 2.1.4 und 2.1.5) danach klassifizieren, ob Antezedenzien oder Konsequenzen der OCBs untersucht werden. Auch die Dimensionalität der Citizenship Behaviors unterscheidet sich – wie schon bei den Studien auf der Individualebene – teilweise erheblich zwischen verschiedenen Veröffentlichungen. Zusätzliche Komplexität entsteht dadurch, dass die Gruppe eine zweite Analyseebene darstellt, die nicht vollkommen unabhängig von der Individualebene betrachtet werden kann (Schnake und Dumler, 2003). So fokussieren einige Forscher gerade die sogenannten *cross-level effects*.

Abbildung 6, die auf Basis der 71 einschlägigen Studien entwickelt wurde, veranschaulicht die verschiedenen, auch ebenenübergreifenden Forschungsschwerpunkte.

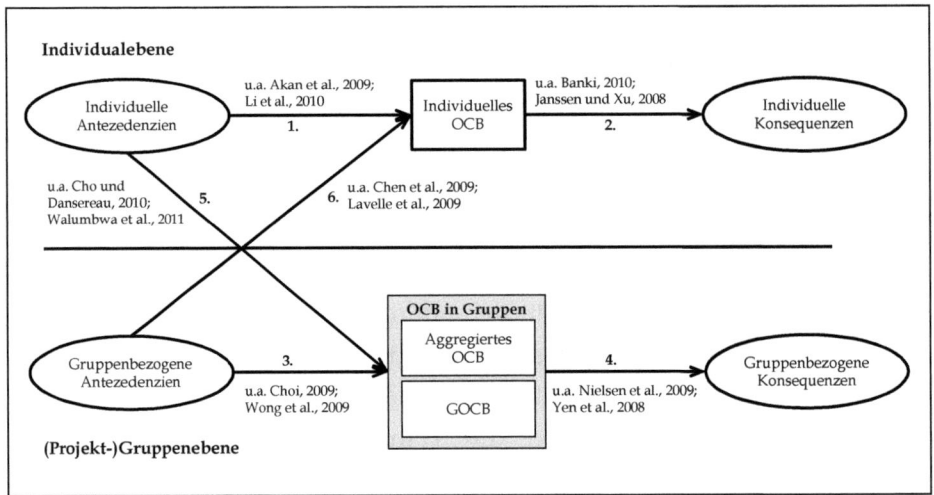

Abbildung 6: Forschungsschwerpunkte von OCB auf Gruppenebene

Die in der Abbildung abgetragenen Veröffentlichungen sind als eine beispielhafte Auswahl stellvertretend für eine Vielzahl weiterer Artikel zu verstehen:[12]

1. Eine erste Annäherung an die Gruppenebene stellen die Forschungsarbeiten dar, die den Zusammenhang zwischen individuellen Antezedenzien wie Persönlichkeitsmerkmalen oder Einstellungen und OCB innerhalb von Arbeitsgruppen untersuchen. Die Erhebungsinstrumente bleiben hierbei im Vergleich zu den klassischen OCB-Studien unverändert, nur die Auswahl der Befragten erfolgt gruppenorientiert und teilweise werden gruppenbezogene Moderator- oder Mediatorvariablen in die Analyse einbezogen (z.B. Akan et al., 2009, Li et al., 2010).

---

[12] Die Auswahl der Artikel in der Abbildung erfolgte neben der inhaltlichen und exemplarischen Passung auch nach der Aktualität der Studien sowie dem Einfluss auf die Forschung (Zitationshäufigkeit). Anzumerken ist hierbei auch, dass sich einige Studien mehreren Forschungsschwerpunkten zuordnen lassen.

2. Analog zur Erforschung der individuellen Antezedenzien, stehen die individuellen Konsequenzen ebenfalls im Mittelpunkt einiger Studien. Auch hier bedienen sich die Forscher der Erhebungsinstrumente aus der bewährten OCB-Forschung, wenden diese aber in Gruppenumgebungen an bzw. schließen gruppenbezogene Moderator- oder Mediatorvariablen in die Untersuchungsdesigns ein. So wird etwa untersucht, inwiefern das OCB, was von einem Gruppenmitglied erbracht wird, dazu führt, dass andere Gruppenmitglieder dieses OCB erwidern (Banki, 2010) oder dass die Effektivität der eigenen Arbeit als Teammitglied gesteigert wird (Janssen und Xu, 2008).
3. Im Vergleich zu den beiden zuvor genannten Forschungsschwerpunkten geht dieser deutlich über die etablierte OCB-Forschung hinaus, da hier sowohl die abhängigen als auch die unabhängigen Variablen auf Gruppenebene operationalisiert werden. Dies ist nur konsequent, wenn OCB auch als ein Gruppenphänomen verstanden werden soll. Wie genau OCB auf Gruppenebene zu messen ist, bleibt gleichwohl kontrovers (Schnake und Dumler, 2003). Grundsätzlich lassen sich die beiden Positionen unterscheiden, ob die OCBs der Gruppenmitglieder schlicht zu einem aggregierten OCB aufaddiert werden sollten oder ob es sich bei GOCB um ein ganz eigenes Konstrukt handelt. Letzteres könnte beispielsweise durch die Befragung von Gruppenleiterinnen oder durch *Peer*-Evaluationen erhoben werden. Empirische Studien lassen sich zu beiden Formen, also aggregiertem OCB und GOCB gleichermaßen finden. Verbreitete Forschungsfragen umfassen hierbei u.a., wie sich die Führung der Gruppe (z.B. unterstützend bzw. transformational) oder die aufgaben- und zielbezogenen Merkmale (z.B. gemeinsame organisationale Vision; kooperative Ziele) auf das OCB der Gruppe auswirken (u.a. Choi, 2009; Wong et al., 2010).
4. Analog zu den Antezedenzien widmen sich einige Forscher auch den Konsequenzen von OCB auf Gruppenebene. Während es auf der Individualebene nur zaghafte Versuche gibt, die Auswirkungen von OCB etwa auf die Leistungsfähigkeit von Organisationen und verschiedene Effektivitätsmaße zu beziehen (Podsakoff et al., 2000),

sind auf der Gruppenebene bereits heute eine relative Vielzahl an Forschungsarbeiten vorhanden, welche diesen Zusammenhang empirisch belegen. So finden Nielsen et al. (2009) in einer Metaanalyse einen statistischen Zusammenhang von 0,29 zwischen gruppenbezogenem OCB und Performanz. Auch die oben bereits vorgestellte Studie von Yen et al. (2008) ist ein Beispiel, wie Citizenship Behaviors mit sehr konkreten Leistungsgrößen (hier der Implementierung eines IT-Systems) in Verbindung gebracht werden.

5. Die bislang vorgestellten Forschungsschwerpunkte waren (abgesehen von etwaigen Moderator-/Mediatorvariablen) eindeutig entweder der Individual- oder der Gruppenebene zuzuordnen. Bei diesem Forschungsschwerpunkt geraten nun ebenenübergreifende Effekte in das Blickfeld von Forschern. So werden Zusammenhänge zwischen individuellen Antezedenzien (insbesondere Führungseigenschaften wie Charisma oder Authentizität) und OCB auf Gruppenebene analysiert (u.a. Cho und Dansereau, 2010; Walumbwa et al., 2011).

6. Umgekehrt ist auch der Zusammenhang zwischen gruppenbezogenen Antezedenzien und individuellem OCB Gegenstand empirischer Studien. So steht dort die Frage im Mittelpunkt, wie Charakteristika der Gruppenarbeit, etwa Kohäsion, Commitment oder auch Prozessgerechtigkeit auf das OCB einzelner Gruppenmitglieder wirken (u.a. Chen et al., 2009; Lavelle et al., 2009).

Insgesamt bleibt zu konstatieren, dass Forscher zunehmend der Forderung nach ebenenübergreifenden Untersuchungsdesigns nachkommen (Schnake und Dumler, 2003). Dazu wurde auch das methodische Repertoire hinsichtlich der Analyse- und Auswertungsmethoden sowie der Kombination mehrerer Methoden erweitert (z.B. Bommer et al., 2007). Allerdings fällt hierbei auf, dass die OCB-Forschung inzwischen – zumal auf Gruppenebene – das quantitative Paradigma zementiert hat. Unter den 71 einschlägigen Studien ließen sich ausschließlich quantitativ-empirische Zugänge finden. Die Ausnahme bildeten wenige konzeptionelle Beiträge, die allerdings auch wiederum das Ziel verfolgen, Propositionen zum quantitativen Testen zu entwickeln.

Die bereits genannten, ebenenübergreifenden Effekte wurden bislang nur auf Seite der Antezedenzien untersucht, nicht aber der Konsequenzen. Dieser Befund lässt unmittelbar Forschungslücken erkennen. Um diese zu schließen, könnte die Erforschung von (inter)organisationalen Projekten einen direkten Beitrag zur OCB-Forschung auf Gruppenebene leisten. So wäre es gerade in kleineren Projekten vorstellbar, dass die kooperativen Verhaltensweisen einzelner Mitglieder eine weitreichende Wirkung für die gesamte Gruppe entfalten können (so dass beispielsweise ein Projekt fristgerecht beendet wird). Dadurch könnte die gesamte Gruppe profitieren, sei es durch Anerkennung, Folgeaufträge oder erfolgsabhängige Boni. Die Überlegung, dass ein Einzelner große Verbesserungen herbeiführen kann, ist der klassischen OCB-Forschung eher fremd. Dort wird vielmehr die Perspektive vertreten, dass jeder einzelne Beitrag marginal ist, jedoch im Aggregat zu positiven Folgen führen kann (Smith et al., 1983).

Auch zu dem bislang wenig beachteten Zusammenhang zwischen OCB auf Gruppenebene und individuellen Konsequenzen könnte eine an Projekten orientierte Forschung weitere Erkenntnis liefern. So könnte OCB auf Gruppenebene beispielsweise ein genaueres Verständnis darüber verschaffen, wie z.B. einzelne Beteiligte auch über das Projektende hinaus von OCB profitieren, etwa durch den Aufbau vertrauensvoller Beziehungen, die zu anderer Zeit reaktiviert werden können (Sydow und Windeler, 1999).

Voraussetzung für eine stärkere Verknüpfung mit der Forschung zu Projekten wäre allerdings eine weiterführende theoretische Aufarbeitung der Besonderheiten, die sich aus der Interorganisationalität, Temporalität und Relationalität von Projekten ergeben. Diese Merkmale werden in den bisherigen Studien zu OCB auf der Gruppenebene, selbst wenn es sich bei den Untersuchungsobjekten offensichtlich um (interorganisationale) Projektgruppen handelt, weitgehend ignoriert und damit möglicherweise bedeutende Randbedingungen vernachlässigt.

Interorganizational Citizenship Behavior

In jüngster Vergangenheit unternahmen Forscher erstmals den Versuch, das OCB-Konzept auf interorganisationale Beziehungen zu übertragen. Hierbei sind insbesondere die Studie von Autry et al. (2008) und die zugehörige, aber separat veröffentlichte Skala (Skinner et al., 2009) zu nennen. Die Autoren verwenden dabei einen sehr pragmatischen Ansatz, indem sie die bewährten OCB-Skalen auf den interorganisationalen Kontext anpassen und auf die organisationale Beschaffungsfunktion zuschneiden. Die Autoren begründen ihren Ansatz mit einem Perspektivenwechsel in der Forschung zu interorganisationalen Supply Chain-Beziehungen. Der Diskurs sei lange Zeit von der Frage beherrscht wurde, wer die Führerschaft in der Supply Chain übernimmt und die anderen Partner dominiert. Damit einher gingen Fragestellungen zu Macht, Abhängigkeit, Überwachung und Konflikt. In einer neueren Perspektive hätte sich demgegenüber die Einsicht durchgesetzt, dass interorganisationale Beziehungen, insbesondere Allianzen und Kooperationen, die auf Commitment, Vertrauen, der Preisgabe von Informationen und von erwirtschafteten Erträgen aufbauen, besser geeignet sind, um Wettbewerbsvorteile aufzubauen. Hervorzuheben sei hierbei insbesondere der Ansatz des *Relational View* nach Dyer und Singh (1998), der die Entstehung von relationalen Renten erklärt.[13] Dieser relationalen Perspektive folgend, haben zeitgenössische Studien laut Autry et al. (2008) verschiedene Fragestellungen der interorganisationalen Governance wie zur Wirksamkeit verschiedener Beziehungstypen (Rinehart et al., 2004), zur Beziehungsqualität (Hewett et al., 2002), zu Beziehungsstrukturen oder -typen (Golicic und Mentzer, 2005) und zum Umfang von Beziehungen (Golicic und Mentzer, 2005) beleuchtet. Überraschenderweise sei die Frage, mithilfe welcher Taktiken relationale Renten erzielt werden können, jedoch nicht weiter verfolgt worden. Vor diesem Hintergrund und in Anlehnung an die OCB-Definition von

---

[13] Relationale Renten sind definiert als "a supernormal profit jointly generated in an exchange relationship that cannot be generated by either firm in isolation and can only be generated through the joint idiosyncratic contributions of the alliance partners" (Dyer und Singh, 1998: 662).

Organ (1988) führen Autry et al. (2008) interorganisationale Citizenship Behaviors (ICB's) folgendermaßen ein:

> „We define ICB's as interfirm behavioral tactics, generally enacted by boundary personnel, that are discretionary, not directly or explicitly included in formal agreements, and that in the aggregate promote the effective functioning of the supply chain" (Autry et al., 2008: 54).

ICB wird als mehrdimensionales Konstrukt vorgestellt, wobei die Dimensionalität aus den einschlägigen OCB-Studien (Smith et al., 1983; Organ, 1988; Graham, 1991) abgeleitet wird. Konkret handelt es sich um *Interorganizational-Altruism, -Tolerance, -Loyalty, -Conscientiosness, -Compliance, -Constructiveness* und *-Advancement*.

Autry et al. (2008) gehen davon aus, dass Citizenship Behaviors in Supply Chain-Beziehungen dazu beitragen können, dass kurzfristige Interessen zu Gunsten langfristiger Vorteile zurückgestellt werden. Aus dieser Argumentation leiten die Autoren die Hypothesen ab, dass die ICBs *Tolerance, Loyalty, Altruism* und *Compliance* die Marktperformanz und die finanzielle Performanz steigern (H1-H4). Weiterhin besteht die Vermutung, dass ICBs die Beziehungsqualität in der Supply Chain verbessert (H5) und dass diese Verbesserung wiederum zu einer höheren Marktperformanz und finanziellen Performanz führt (H6). Die Autoren entwickeln zunächst, basierend auf einem Sample von N=195, eine ICB Skala, um anschließend die Hypothesen zu testen. Hierbei weisen sie nach, dass *Altruism, Loyalty* und *Compliance* positiv mit Markt- und Finanzperformanz assoziiert sind. Die Hypothesen 2, 3 und 4 konnten also bestätigt werden. In Bezug auf *Tolerance* sind die Ergebnisse gemischt. Während diese Dimension positiv mit Marktperformanz assoziiert ist, kann kein signifikanter Zusammenhang zur finanziellen Performanz nachgewiesen werden. In Bezug auf H4 wird gezeigt, dass alle ICBs (außer wiederum *Tolerance*) in einem positiven Zusammenhang mit der Beziehungsqualität in der Supply Chain stehen. Darüber hinaus wird auch der vermutete Zusammenhang zwischen Beziehungsqualität und Markt-/Finanzperformanz nachgewiesen.

Insgesamt zeigt die Studie, dass ICBs positive Effekte auf die Zusammenarbeit in Supply Chains sowie auf den Erfolg der eigenen Organisation haben. Als einzigen Ausreißer ermitteln die Autoren die *Tolerance*-Dimension. Sie begründen diesen Befund damit, dass Toleranz im Gegensatz zu den anderen ICBs, die einen aktiven Charakter aufweisen, eher von passiver Natur ist. Das bedeutet, dass dieses Verhalten nur als Reaktion auf nicht adäquate Verhaltensweisen von Geschäftspartnern ausgeführt wird. Dies könnte jedoch im Widerspruch zu Vertrauen und Commitment stehen und damit eine gute Beziehungsqualität verhindern.

Die Studie von Autry et al. (2008) bzw. die separat veröffentlichte Skalenentwicklung von Skinner et al. (2009) sind nicht nur für ihren Versuch zu würdigen, die OCB-Forschung in Richtung interorganisationaler Beziehungen weiterzuentwickeln, sondern auch dafür, dass die Organisation stärker in den Blick genommen wird als bei den meisten anderen OCB-Studien, die sich ausschließlich auf das Individuum konzentrieren. Hier liegt jedoch auch gleichzeitig die Schwachstelle der Studie. So wird OCB samt dessen Dimensionalität zu unbeschwert auf die Organisationsebene übertragen. Ursprünglich konzipiert für das Verhalten von Individuen, das sich zwar aggregieren lässt, aber trotzdem immer auf den Einzelnen rückgeführt wird (Organ, 1988), ist es ein großer Schritt, derartige Verhaltensweisen ohne einen individuellen Bezug für Organisationen als Ganze zu verallgemeinern. Fraglich ist, ob Hilfsbereitschaft, Loyalität, Initiative etc. tatsächlich Verhaltenseigenschaften ganzer Organisationen darstellen können. Selbst bei einer positiven Beantwortung dieser Frage dürfte der Schritt zur Organisation von den Forschern etwas zu forsch angegangen worden sein. Anstatt eine überzeugende organisationstheoretische Fundierung anzustreben, geben sich die Forscher mit der Einsicht zufrieden „Staw (1991) notes that psychological theories can often strengthen and/or add theoretical substance to organizational level models by providing underlying rationale and/or process explanations" (Autry et al., 2008: 56). Die Studie hätte aber auch schon einen Beitrag leisten können, ohne diese Verallgemeinerung auf Organisationsebene zu erzwingen: Das Sample setzt sich zusammen aus *Boundary Spanners* (Brion et al., 2012; Perrone et al., 2003), im Wesentlichen Einkäufern und Managerinnen, die für interorganisationale Beziehungen zuständig sind. Dieser Personenkreis ist ohne Frage von zentraler Bedeutung wenn es um ICBs geht, gleichwohl bleibt es fraglich, ob das Verhalten dieser ausgewählten Personen wirklich stellvertretend für ganze Organisationen angenommen werden kann. Eine Fokussierung auf eben jene *Boundary Spanners* (anstatt auf ganze Organisationen) wäre hier möglicherweise zielführender gewesen.

Ein weiterer und ebenfalls ernstzunehmender Kritikpunkt setzt an der Fundierung der ICB-Dimensionen an. Die Autoren bleiben eine Begründung schuldig, warum gerade die aus der OCB-Forschung gewählten Dimensionen zum einen von Individuen auf Organisationen übertragen werden können und zum anderen, warum gerade diese Dimensionen für interorganisationale Beziehungen bedeutsam sind. Zwar liefert der Artikel einige kurzgefasste theoretische Erwägungen hierzu, jedoch können diese nicht hinreichend überzeugen. Mit anderen Worten, es fehlt an einer grundlegenderen, explorativen Vorarbeit hinsichtlich der Dimensionalität und der Merkmale der Citizenship Behaviors im Kontext von Supply Chains.

Nicht zuletzt hat die Arbeit von Autry et al. (2008) außer Acht gelassen, dass interorganisationale Zusammenarbeit häufig in Team- oder auch Projektstrukturen abläuft. Das betrifft beispielsweise sogenannte *Buying Centers*, in denen Teams gemeinsam Einkaufsentscheidungen treffen oder auch Implementierungsprojekte, bei denen eine starke Kundenintegration benötigt wird, etwa im Bereich der Unternehmensberatung, in der IT-Implementierung etc. Insofern greift eine rein dyadische Betrachtung von einzelnen Einkäufern und deren Pendent im Vertrieb zu kurz. Die Schwachstellen der mangelnden explorativen Vorarbeit sowie die fehlende Berücksichtigung der Gruppenebene werden im empirischen Teil der vorliegenden Arbeit durch das gewählte Untersuchungsdesign und die vorausgehenden theoretischen Vorüberlegungen unmittelbar adressiert.

In einer Publikation von Lee et al. (2004) wird bei der Untersuchung von Citizenship Behaviors der Fokus ebenfalls auf die interorganisationale Beziehung gelegt. Auch hier steht die Beschaffungsfunktion im Zentrum der Untersuchung. Die Autoren entwickeln und erproben ein Modell, welches das „Wohlwollen" von Importeuren gegenüber ihren ausländischen Lieferanten untersucht. Unter Wohlwollen subsumieren die Autoren Verhaltensweisen, die durch die Altruismus- bzw. Hilfsbereitschafts-Dimension von OCB erfasst werden. Dabei unterscheiden sie zwischen einem gegenseitigen Wohlwollen (*mutualistic benevolence*), das auf Reziprozität basiert, und einem altruistischen Wohlwollen (*altruistic benevolence*), das jenseits eigener Motive erfolgt. Das Modell postuliert, dass die Zufriedenheit des Importeurs und dessen Commitment zum Exporteur einen positiven Einfluss darauf haben, wie wohlwollend sich der Importeur gegenüber dem Exporteur verhält. Darüber hinaus zeigen die Autoren, dass Wohlwollen seitens des Importeurs die Effektivität der Beziehung unterstützt und dass der Zusammenhang von Wohlwollen und Effektivität durch die Beziehungsdauer moderiert wird (Lee et al., 2004). Die Ergebnisse der Studie legen insgesamt nahe, dass das Commitment des Importeurs – wenn auch wenig überraschend – einen signifikanten Einfluss auf das Wohlwollen gegenüber dem Exporteur hat, wohingegen Zufriedenheit keinen signifikanten Einfluss auf dessen Wohlwollen ausübt. Ferner konnte gezeigt werden, dass altruistisches Wohlwollen einen positiven Einfluss auf die Effektivität längerfristiger Beziehungen und hat gegenseitiges Wohlwollen unabhängig von der Beziehungsdauer eine positive Wirkung auf die Effektivität entfaltet.

Die Studie von Lee et al. (2004) ist ebenso wie die von Autry et al. (2008) für ihren Versuch zu würdigen, OCB als bislang rein intraorganisationalen Ansatz, nunmehr auf interorganisationale Beziehungen zu übertragen. Die Autoren beziehen sich bei ihrer Analyse direkt auf OCB, wobei im Zuge der Übertragung auf die interorganisationale Ebene die Hilfsbereitschaftsdimension von OCB zu „Benevolence", also ein interorganisationales Wohlwollen, umgeprägt wird. Die OCB-Forschung wird somit zwar aufgegriffen, dennoch besteht das erklärte Ziel nicht darin, die OCB-Forschung substanziell weiterzuentwickeln. Entsprechend liefert der Beitrag wenige theoretisch-konzeptionelle Einsichten zu OCB im interorganisationalen Kontext. Auch dieser Beitrag untersucht OCB als ein organisationales Phänomen, was daran zu erkennen ist, dass gegenseitiges und altruistisches Wohlwollen jeweils für die gesamte Organisation des Importeurs verallgemeinert wird. Auch hier wird die Übertragbarkeit von personellen zu organisationalem Verhaltenseigenschaften nur unzureichend thematisiert.

Den interorganisationalen Ansätzen von OCB fehlt demzufolge bislang eine konzeptionelle Ausarbeitung, die über eine reine Adaption des bestehenden OCB-Konzepts hinausgeht. Dazu ist es nötig, grundsätzlicher zu hinterfragen, durch welche Merkmale OCBs in interorganisationalen Beziehungen überhaupt gekennzeichnet sind, und wo ggf. Unterschiede zur bisherigen, intraorganisationalen Forschung bestehen. Dabei sollte auch beachtet werden, dass Individuen aufgrund der Interorganisationsbeziehungen mit einem „doppelten Bezugsrahmen" (Sydow und Windeler, 1998, zit. bei Windeler, 2001: 194) konfrontiert werden: Einerseits erhofft sich die einzelne Organisation, mit der ein Arbeitsvertrag besteht, Loyalität, Identifikation, OCB etc., andererseits agieren die Individuen mitunter auch auf Projekt- bzw. Netzwerkebenen, die neue Bezugspunkte für Loyalität, Identifikation und OCB bieten.

2.2 Temporäre Organisationsformen und Citizenship Behavior?

Temporäre Organisationsformen sind branchenübergreifend weit verbreitet. Dies betrifft sowohl traditionelle Branchen wie den Baubereich oder die Pharmaindustrie, aber auch den gesamten Kreativbereich, einschließlich der TV-Produktion, Theater und Werbung sowie den Dienstleistungssektor und dort beispielsweise die Unternehmensberatung und die Softwareentwicklung (z.B. Bakker, 2010; Starkey, 2001; Sydow et al., 2004). In der Forschung hat sich seit Lundin und Söderholm (1995) zunehmend der Ausdruck der temporären Organisation als übergreifender Begriff für alle Organisationsformen, in denen deren Terminierung bereits angelegt ist, etabliert (Müller-Seitz und Sydow, 2011). Hierzu gehören vor allem Projekte, aber auch andere Organisationsformen wie z.B. Events oder auch Gesellschaften, die nur auftragsbezogen gegründet und sodann wieder liquidiert werden. Die Forschung zu temporären Organisationen grenzt sich von der ansonsten sehr praxisorientierten Projektmanagementforschung auch durch eine stärkere Bezugnahme auf die „klassische" Organisationstheorie ab. In diesem Zusammenhang werden Fragestellungen beispielsweise dahingehend aufgeworfen, inwiefern die Untersuchung temporärer Organisationsformen als ein eigenständiger Typus von Organisation sinnvoll und notwendig erscheint (Lundin und Söderholm, 1995) und wie temporäre und permanente Organisationen zusammenhängen (Sydow et al., 2004). Temporäre Organisationen und im Besonderen Projekte überschreiten mitunter nicht nur organisationale Abteilungen und Hierarchien sondern zunehmend auch Organisationsgrenzen.

Die nachfolgenden Unterkapitel zeigen die wesentlichen Linien der Projektmanagementforschung und skizzieren erste Ansatzpunkte zur Rolle und Bedeutung von Citizenship Behaviors in dieser Organisationsform.

2.2.1 Auf den Spuren der Projektmanagementforschung

Die Projektmanagementforschung ist seit jeher sehr stark durch praxisorientierte Beiträge dominiert. Dabei geht es weniger darum, Erkenntnis über Projekte als eine Form der Organisation zu erlangen, sondern vielmehr, konkrete Handlungsanweisungen und Hilfestellungen zu entwickeln, die Projektmanagerinnen oder andere Mitarbeiter, die sich mit Projektmanagementaufgaben konfrontiert sehen, in ihrem Arbeitsalltag einsetzen können. Dazu gehören konkrete Methoden und Tools, die beispielsweise die Erstellung von Zeit- und Ablaufplänen, Ressourcen- und Meilensteinplanung oder das Risikomanagement unterstützen (Engwall, 2003). Entsprechend ist die Literatur sehr normativ geprägt und unterstellt generell ein hohes Maß an Steuerbarkeit von Projekten durch die leitenden Personen. Solche praxisorientierten Beiträge finden sich in unzähligen Ratgebern (Peipe, 2011; Schelle, 2010; Tumuscheit, 2007), in Projektmanagementhandbüchern (Bernecker und Eckrich, 2003; Kuster et al., 2011) und in praxisnahen Zeitschriften (z.B. *projektMANAGEMENT aktuell* und *Projektmagazin*). Das Individualverhalten im Projekt, einschließlich Citizenship Behavior, ist für diese Literatur insoweit von Bedeutung, als dass es einerseits zur erfolgreichen Durchführung von Projekten beiträgt und andererseits vom Projektmanagement – etwa durch das Setzen von Rahmenbedingungen – beeinflusst werden kann.

Neben dieser stark praxisorientierten Literatur gibt es zunehmend Veröffentlichungen, die von den beiden führenden Projektmanagement-Verbänden (*IPMA – International Project Management Association* sowie *PMI – Project Management Institute*) herausgegeben werden. Insbesondere bei den seitens der Verbände herausgegebenen Fachzeitschriften *International*

Jounal of Project Management und *Project Management Journal* sind starke Professionalisierungstendenzen (z.B. die Einführung von doppelt-blinden Begutachtungsprozessen und die Positionierung der Zeitschriften in der Wissenschaft) zu beobachten. Beide Zeitschriften öffnen sich zunehmend der Grundlagenforschung und nicht zuletzt hierdurch hat in der Projektmanagementforschung ein „organizational turn" stattgefunden, der dem Organisationalen von Projekten stärker als zuvor Bedeutung verleiht (z.B. Turner und Müller, 2003). Die Öffnung gegenüber der Grundlagenforschung ermöglichte es auch, dass Ansätze aus verwandten Disziplinen, hier sei etwa die Gruppenforschung genannt, zunehmend in Projektkontexte übertragen werden (Bakker, 2010).[14] Damit einher geht auch eine Umorientierung von der Untersuchung reiner Erfolgs-/Misserfolgsfaktoren hin zu einem tieferen Verständnis darüber, was Projekte überhaupt ausmacht, wie diese sich entwickeln und voneinander unterscheiden (Packendorff, 1995; Söderlund, 2004).

Während bei den hier genannten Zeitschriften eine Orientierung der Praxis in Richtung Wissenschaft zu beobachten ist, sind auch umgekehrt Tendenzen erkennbar, dass sich die Grundlagenforschung gegenüber Projekten, zumindest als Untersuchungsgegenstand, öffnet (z.B. Lundin und Söderholm, 1995; Shenhar und Dvir, 1996; Sydow et al., 2004).[15] Im Lichte dieser beiden Entwicklungen kann auch die Untersuchung von Citizenship Behaviors in temporären Organisationen gesehen werden: Sie erfordert eine theoretische Fundierung, die der Organisationalität von Projekten Rechnung trägt und sollte andererseits auch einen Beitrag für die Projektmanagementforschung leisten.

---

[14] Dafür spricht im Übrigen auch die zunehmende Präsenz der Projektmanagementforschung auf wissenschaftlichen Konferenzen im Bereich der Organisations- und Managementforschung (z.B. die Jahrestagungen der European Academy of Management und der European Group for Organization Studies). Bei beiden Konferenzen wurden inzwischen spezielle Tracks für Forschungsarbeiten zu Projekten und temporären Organisationen eingerichtet.

[15] Nicht unerwähnt bleiben sollten hierzu auch das jüngst erschiene Oxford Handbook of Project Management (Morris et al., 2011), sowie das Jahrbuch Advances in Strategic Management (28) zum Thema „Project-Based Organizing and Strategic Management" (Cattani et al., 2011), welche deutlich stärker durch die Grundlagenforschung geprägt sind als die o.g. Praxisliteratur, sich aber auch für Praxisphänomene öffnen.

2.2.2 Implizite Theorievorstellungen

Die Theorievorstellungen über Projektmanagement unterscheiden sich sehr stark, was darauf zurückgeführt werden kann, dass in der Forschung grundsätzlich verschiedene Paradigmen vorzufinden sind. Mit Paradigma (Kuhn, 1979: 160 f.) ist in diesem Fall gemeint, inwiefern es eine originäre Theorie des Projektmanagements, ein integriertes Theoriemodell des Projektmanagements oder einen Pluralismus projektbezogener Theorien gibt.

Das erste Paradigma, das insbesondere aus der sehr praxisorientierten Projektmanagementforschung[16] hervorgegangen ist, definiert Projektmanagement als eine eigene Theorie. Dabei steht der Projekterfolg als die ultimative abhängige Variable im Mittelpunkt des Interesses (Söderlund, 2004). Um jenen Erfolg zu erreichen, wird ein bestimmtes Vorgehen der Planung, Durchführung und Kontrolle nahegelegt, das in allen Projekten Anwendung finden kann. Das Paradigma ist normativ geprägt, es besteht aus konkreten Handlungsanweisungen, die sich zu einem in sich (vermeintlich) logischen und konsistenten Standard zusammenfügen (Packendorff, 1995). Hierbei wird die Diversität von Projekten verkannt und die gleichen Maßstäbe, etwa für Projekte in der Bauindustrie, in der Filmproduktion und bei militärischen Operationen angelegt, obwohl sich solche Projekte längst nicht nur erheblich in ihrer Organisationsstruktur, der Projektdauer und der Aufgabengestaltung (z.B. repetitiv versus einmalig) unterscheiden. Hinzu kommt, dass die normativen Konzepte häufig jeglicher empirischer Grundlage entbehren, weshalb sich die wissenschaftliche Managementforschung mitunter deutlich von diesen Ansätzen abgrenzt:

> *„Project management has become a scientific field in its own right, a field defined not by its theories or its origins, but by the habit of human beings to label a variety of coordinated, time-limited undertakings as 'projects'. The field is obviously held together by certain conceptions on process rationality; differences in outcome and process*

---

[16] Anzumerken ist hierbei, dass diese Art der „Forschung" in der Vergangenheit durch die beiden großen Projektmanagementverbände PMI und IPMA forciert wurde, die sich jedoch nicht dem Erkenntnisgewinn per se verpflichtet fühlen, sondern (auch) wirtschaftliche Interessen wie die Vermarktung von PM-Lizensierungen, Qualitätsmanagementsystemen und Trainingsmaterialien verfolgen.

are disregarded in favor of alleged similarities in the planning and implementing of projects" (Packendorff, 1995: 325).

Packendorff (1995) plädiert deshalb dafür, Projektmanagement nicht nur als ein Werkzeug zur praktischen Anwendung zu verstehen, sondern systematischer als eine Form der Organisation zu beforschen und diverse Theorien auf Projekte zu beziehen (dazu auch Lundin und Söderholm, 1995; Söderlund, 2004; Turner und Müller, 2003).[17] Hierdurch soll ein tieferes Verständnis darüber erlangt werden, welche Prozesse tatsächlich in Projekten ablaufen. Ähnlich wie bereits Schreyögg (1991), der den klassischen Managementprozess in (permanenten) Organisationen als ein Modell der plandeterminierten Steuerung bezeichnet und aufgrund seiner weitreichenden Annahmen kritisiert, lenkt Packendorff (1995) auch die Aufmerksamkeit der Projektmanagementforschung weg vom Verständnis einer linearen Abfolge aus Planung, Kontrolle und Evaluation, hin zu iterativ-zyklischen Prozessen, aus Erwartungen, Handlungen und Lernen (siehe Abbildung 7).

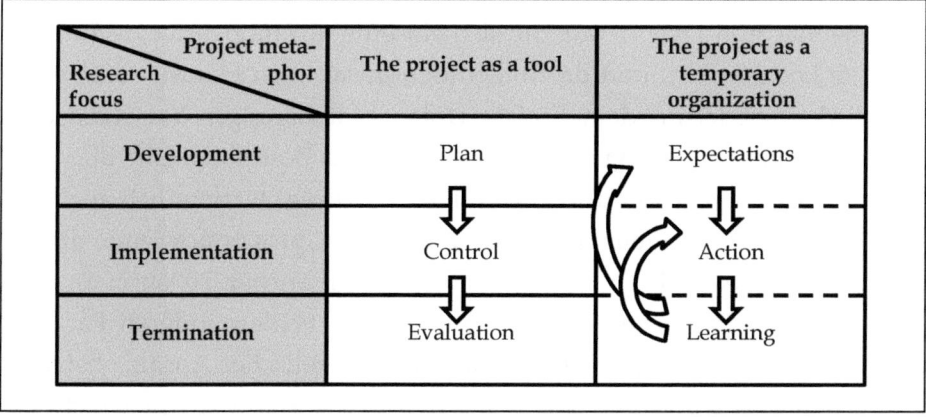

Abbildung 7: Projektmanagement als Tool und als temporäre Organisation
Quelle: Packendorff (1995: 328)

---

[17] In den beiden Projektmanagementverbänden ist derweil eine Öffnung für diese Art der wissenschaftlichen Forschung zu beobachten – dies schließt nicht nur die beiden bereits genannten Zeitschriften IJPM und PMJ, sondern auch Tagungen und Forschungswerkstätten zu Themen wie „Theorie(n) der Projektarbeit" ein (dazu Cron et al., 2012).

Das zweite Paradigma erkennt die Organisationalität von Projekten an und bedient sich darüber hinaus auch anderer theoretischer Zugänge, die aus verschiedenen wissenschaftlichen Disziplinen motiviert sind. Dieses Paradigma ist durch das Bestreben gekennzeichnet, die vielfältigen Ansätze zu integrieren, mit dem Ziel einen umfassenderen Erklärungsbeitrag zum Wesen und der Funktionsweise von Projekten zu bieten als jeder einzelne theoretische Zugang für sich genommen in der Lage wäre. Häufig sind diese Integrationsversuche dadurch gekennzeichnet, dass sie eine gemeinsame Basis, ein übergreifendes Muster oder die Komplementarität verschiedener Zugänge explizieren. Als gelungener Beitrag, der die Projektmanagementforschung bis heute nachhaltig beeinflusst, ist die „Theorie der temporären Organisation" von Lundin und Söderholm (1995) zu nennen, die das weit verbreitete 4T-Framework (siehe Unterkapitel 2.2.3) sowie ein (wenn auch weniger rezipiertes) Phasenmodell als wesentliche Bestandteile beinhaltet. Andere integrative Modelle des Projektmanagements fanden in der Forschung weitaus weniger Widerhall, was vor allem daran liegen dürfte, dass diese Ansätze dem universellen Geltungsanspruch nicht gerecht werden konnten. Als Beispiel seien hier die Arbeit von Shenhar und Dvir (1996), die sich einseitig auf innovative, technische Projekte konzentriert, und der Integrationsansatz von Hanisch und Wald (2011), der wiederum dem Projekterfolg als abhängiger Variablen eine herausragende Bedeutung verleiht, genannt. Das Bestreben, eine übergreifende Projektmanagementtheorie zu finden, verfolgt letztendlich auch das Ziel, die Projektmanagementforschung zu einer „proper academic discipline" (Turner, 2006a: 1) zu entwickeln (dazu auch Turner, 2006b; c; d).

Das dritte Paradigma grenzt sich von den beiden anderen Paradigmen insofern ab, als dass hier die Pluralität theoretischer Ansätze bewusst zugelassen und gefördert wird. Vielfalt von Theorien wird hier nicht als Problem oder als Zwischenschritt zu einer umfassenden Projektmanagement-Theorie, sondern als die adäquate Antwort auf die mannigfaltigen Ausprägungsformen von Projekten verstanden (Lundin, 2011). Gleichwohl wird in den Veröffentlichungen, die diesem Paradigma zugerechnet werden können, betont, dass der Pluralismus keinesfalls mit Beliebigkeit bzw. mit einer Fragmentierung der Projektmanagementforschung verbunden ist. Deshalb gibt es durchaus Bemühungen, die vielfältigen theoretischen

Ansätze zu strukturieren, etwa auf der Basis des 4T-Frameworks (Bakker, 2010) oder anhand von Denkschulen (Söderlund, 2011), nicht aber kommt es zu einer gezwungen Integration von unterschiedlichen theoretischen Beiträgen:

> *"Authors who claim that project management researchers should become a homogeneous group with a shared interest and view of reality with a common epistemology are not only downplaying the contributions of previous and recent research, but may, in fact, be hindering the advancement of ingenious thinking and creative tensions"* (Söderlund, 2011: 169).

Söderlund (2011) möchte mithilfe von Denkschulen stattdessen den Weg ebnen für zukünftige Forschungsbeiträge, die kreative Spannungen nutzen, komplementäre Erkenntnisse liefern und alternative Erklärungsansätze darlegen. Konkret identifiziert Söderlund (2011: 158 ff.) sieben verschiedene Schulen:

Die *Optimization School* betrifft Verbesserungen in der Projektplanung und -umsetzung mithilfe von zumeist mathematischen Optimierungsmodellen und analytischen Verfahren. Die *Factor School* beschreibt die Forschungsansätze, welche die Kriterien erfolgreicher Projekte herausarbeiten bzw. im umgekehrten Fall zur Vermeidung von Misserfolg beitragen. Die *Contingency School* beschreibt insbesondere die Rolle technologischer Unsicherheit, Komplexität und *Embeddedness* für das Design von Projektmanagement und projektbasierten Organisationen. Die *Behavior School* steht für Forschung, die insofern einen Verhaltensfokus aufweist, als dass sie Prozesse des Organisierens, der sozialen Interaktion in Projekten, als auch das Verhalten von Projekten als solchen beschreibt. Die *Governance School* fasst Ansätze zusammen, die einen ökonomischen Ansatz verfolgen und in der Mehrzahl auf die Agententheorie bzw. die Transaktionskostentheorie zurückgreifen. Die *Relationship School* hat Ähnlichkeiten mit der *Governance* und der *Behavior School*, jedoch kommen hierbei alternative Theorien, insbesondere aus dem Bereich der interorganisationalen Beziehungen sowie aus dem Marketingbereich, zur Anwendung. Die *Decision School* beschäftigt sich mit den frühen Phasen von Projekten. Dabei liegt das besondere Augenmerk auf Fragen, welche etwa die Initiierung oder wegweisende Entscheidungen wie über die Fortsetzung oder Beendigung von Projekten betreffen.

Söderlunds (2011) Schulen des Projektmanagements dürften insgesamt unter den vorgestellten Paradigmen – zumindest aus gegenwärtiger Sicht – das größte Potenzial haben, ausgehend von den Mustern, die er in der Vielfalt der theoretischen Ansätze vergangener Jahre zu erkennen vermag, Wege aufzuzeigen, welche die zukünftige Projektmanagementforschung beschreiten kann und vermutlich auch wird. Nichtsdestotrotz ist auch dieses Paradigma nicht ohne Makel. Am Beispiel der Rekonzeptualisierung von OCB in temporären Organisationen wird schnell deutlich, dass die verschiedenen Schulen keineswegs trennscharf sind. Überschneidungen lassen sich nicht vermeiden. So lässt sich die vorliegende Studie offensichtlich der *Behavior School* zuordnen, jedoch leistet sie auch einen Beitrag zur *Relationship School* sowie (insbesondere im Hinblick auf die quantitative Teilstudie) auch einen Beitrag zur *Factor School*. Und letztendlich könnte in der Ableitung von Handlungsempfehlungen auch noch ein Beitrag für die *Optimization School* gesehen werden. Die Mehrfachzuordnung soll die Schulen nicht ad absurdum führen, sondern ist eher Ausdruck der Komplexität, mit der ein solches Ordnungsschema konfrontiert ist. Letztendlich soll die Rekonzeptualisierung von OCB – ganz im Sinne von Söderlund (2011) – im Lichte pluralistischer, aber durch die Bezugnahme auf die einschlägigen Diskurse, auch sorgfältig orientierter Forschung, gesehen werden.

2.2.3 Das 4T-Framework

Die frühen Studien zu Projekten, insbesondere aus dem praxisnahen Bereich, nahmen eine Perspektive ein, die sehr stark auf das Projekt als isoliertes Phänomen blickten (*lonely project perspective*) und dabei den organisationalen wie auch den sozialen und historischen Kontext außer Acht ließen (Engwall, 2003). Neuere Forschungsarbeiten nehmen demgegenüber eine Perspektive ein, welche die Einbettung temporärer Organisationen in deren spezifisch historische, regionale, organisationale und soziale Kontexte wesentlich stärker berücksichtigt (z.B. Engwall, 2003; Grabher, 2004a;

b; Manning und Sydow, 2011; Sydow und Staber, 2002; Windeler und Sydow, 2001). Die Kontextualisierung vermeintlich isolierter Projekte eröffnet neue Wege für die Forschung, nicht zuletzt auch für eine verhaltenswissenschaftliche Perspektive, welche Individuen in Bezug setzt zu temporären Organisationsformen, deren Strukturmerkmalen, Entwicklungsprozessen und Leistungsfähigkeit (ähnlich wie bei dem längst geführten Diskurs zum Zusammenhang von Individuum und Organisation, vgl. Argyris, 1964; Kieser, 1980; Neuberger, 2000).

Im Folgenden werden die vier wichtigsten Strukturmerkmale von temporären Organisationsformen – *Time, Team, Task* und *Transition* (Lundin und Söderholm, 1995) sowie *Context* (Bakker, 2010) – eingeführt und erste Ansatzpunkte für ein projektbezogenes Citizenship Behavior aufgezeigt:

Time

Die zeitliche Dimension ist offensichtlich die bedeutendste, wie es schon aus der Terminologie und der begleitenden Literatur rund um temporäre Systeme und temporäre Organisationen hervorgeht (siehe u.a. Kenis et al., 2009). Die Temporalität ist das zentrale Kriterium um temporäre von permanenten Organisationsformen abzugrenzen. Insbesondere der von Beginn an bereits vorgesehene Terminierungsmechanismus hebt die temporäre Organisation als einen eigenständigen Typus von der permanenten ab (Lundin und Söderholm, 1995).

Während die Temporalität von Projekten im Allgemeinen und die institutionalisierte Terminierung im Besonderen die Entstehung kooperativer Verhaltensweisen wie Citizenship Behavior tendenziell hindern könnte, ist es umgekehrt denkbar, dass die Bedeutung, die Innovationsorientierung, die Sichtbarkeit und Lebendigkeit von Projekten projektbezogene Citizenship Behaviors stimulieren (siehe dazu auch Unterkapitel 2.3.2). Diese Art des Citizenship Behavior könnte nicht nur in Projekten, die innerhalb „konventioneller" Linienorganisationen aufgesetzt werden, sondern genauso auch in „project-based organizations" (Hobday, 2000) wie z.B. in Beratungsunternehmen oder Ingenieurbetrieben, und auch in Projekten, bei denen Akteure von verschiedenen Organisationen beteiligt sind, von Bedeutung sein.

Team

Temporäre Organisationen nutzen normalerweise Teams, also voneinander abhängige Mitarbeiter, die zur Bewältigung einer übergreifenden Aufgabe interdependent zusammenarbeiten (Goodman und Goodman, 1976). Projektteams werden häufig in empirischen Studien der Gruppenforschung analysiert, welche diese eher als Ansammlung von Individuen und weniger als organisationale Einheiten oder gar als konstituierendes Element temporärer Organisationen betrachtet (Bakker, 2010). Es ist wenig umstritten, dass Citizenship Behaviors in solchen Gruppenstrukturen vorzufinden sind (Bommer et al., 2007; Ehrhart et al., 2006). Darüber hinaus eignet sich OCB, das zur Gruppenebene aggregiert wird, besser um organisationale Effektivitätsmerkmale vorherzusagen, als es individuelles OCB, aggregiert zur Unternehmensebene vermögen würde (Bommer et al., 2007). Es gibt eine steigende Anzahl an OCB-Studien, welche die Relevanz von OCB auf der Gruppenebene bestätigt und einige der untersuchten Gruppen sind strukturell den Projektteams sehr ähnlich, teilweise handelt es sich sogar um Projekte, ohne dass die jeweilige Studie den organisationalen Kontext ernst nimmt (vgl. Unterkapitel 2.1.6). Unabhängig davon, legt die Gruppenforschung insgesamt nahe, dass teamspezifische Charakteristika von temporären Organisationsformen eher zu- als abträglich für die Entstehung kooperativer Verhaltensweisen sind (Choi, 2009; Wong et al., 2010).

Task

Die Aufgabe ist normalerweise der Grund, dass eine temporäre Organisation überhaupt besteht (Lundin und Söderholm, 1995) und sie dominiert sowohl die Entwicklung als auch das Wesen der temporären Organisation. Zudem wird die Aufgabe von Projektbeteiligten im Vergleich zu Mitgliedern einer permanenten Organisation mitunter als wichtiger wahrgenommen. Dies ist häufig auf die Einzigartigkeit und die Komplexität der

Aufgabe zurückzuführen (Bakker, 2010). Die Verhaltensforschung im Bereich der permanenten Organisationen zeigt, dass unterschiedliche Aufgabenstrukturen einen Einfluss darauf ausüben können, in welchem Ausmaß Individuen kooperative Verhaltensweisen wie OCB an den Tag legen. So liegt empirische Evidenz dazu vor, dass die Routinemäßigkeit von Aufgaben negativ mit OCB korreliert (Podsakoff et al., 1996a). Wenn eine Aufgabe also regelmäßig anfällt und keine neuen Herausforderungen an die Projektbeteiligten stellt, dann ist dies für kooperative Handlungen eher hinderlich. Umgekehrt könnte daraus die Vermutung abgeleitet werden, dass nicht-repetitive Aufgaben, die in der Projektarbeit regelmäßig vorzufinden sind, Citizenship Behavior stimulieren könnten.

Transition

Als viertes Merkmal von temporären Organisationsformen nennen Lundin und Söderholm (1995) den Wandel (*transition*). Sie argumentieren, dass dieser notwendig und nützlich ist, um beispielsweise organisationale Trägheit zu überwinden. Wandel beschreibt einen Übergang zwischen *before* und *after* in der Projektarbeit, dessen Ergebnisse und wie dieser von den Projektbeteiligten wahrgenommen wird (Lundin und Söderholm, 1995). Dabei unterscheiden die Autoren zwischen dem Wandel, der durch die temporäre Organisation erwirkt wird, und dem Wandel, der innerhalb der temporären Organisation stattfindet. *Transition* dürfte mit Blick auf PCB von Bedeutung sein, da gerade durch die Dimension der Eigeninitiative Veränderungen oder Verbesserungen verschiedener Art herbeigeführt werden sollen, etwa durch innovative und kreative Vorschläge von Individuen (George und Brief, 1992). Auch die *Civic Virtue*-Dimension könnte in einem Zusammenhang mit Wandlungsprozessen stehen, da hiermit die aktive Beteiligung von Individuen bei strategischen Entscheidungen und bei Governanceprozessen, die Wandlungsprozessen mitunter vorausgeht, angesprochen wird (Graham, 1989). Das *Transition*-Konzept erweist sich insgesamt jedoch als relativ unspezifisch und wurde in späteren Arbeiten kaum aufgegriffen. Bakker (2010) kommt deshalb zur Schlussfolgerung, dass 15 Jahre Projektmanagementforschung kaum zusätzliche Erkenntnisse hinsichtlich dieses Merkmals gebracht hätten. Er plädiert deshalb dafür, statt des *Transition*-Konzepts einen anderen Ansatz in der Forschung zu temporären Organisationen aufzugreifen, den er als *Context* bezeichnet (Bakker, 2010).

Context

Mit dem Kontextmerkmal ist die Forderung verbunden, temporäre Organisationen nicht als isoliertes Gebilde zu betrachten, wie es bisweilen in der stark durch die Praxis geprägten Projektmanagementforschung der Fall ist, sondern dass deren Einbettung in einen historischen, sozialen und organisationalen Kontext sowie die damit verbundenen Kontingenzen sehr bedeutsam sind, um temporäre Organisationen zu verstehen (Engwall, 2003). Den historischen Kontext betreffend, haben Projekte mitunter eine Geschichte. So schließen Projekte häufig an die Vorarbeiten an, die in früheren Projekten geleistet wurden. Damit verbunden ist auch der soziale Kontext, der die Beziehungen beinhaltet, die sich in früheren Projekten entwickelt haben und bis in die Gegenwart bzw. Zukunft reichen. Im organisationalen Kontext können Projekte als Sekundärorganisation, zum Beispiel in Form eines Stabs oder innerhalb einer Matrix- oder Linienstruktur in Organisationen eingebettet sein. Ebenso können Projekte als Form der Primärorganisation und somit eigenständige Organisationsform genutzt werden (*project-based enterprise*, DeFillippi und Arthur, 1998). Vor dem Hintergrund der Kontext-Dimension werden auch Fragen aufgeworfen und adressiert, die beispielsweise den Zusammenhang von temporären und permanenten Organisationen (Arvidsson, 2009; Ekstedt et al., 1999) oder den von temporären Organisationen und Netzwerken (Jones, 1996), Projektökologien (Grabher, 2004a; b) und organisationalen Feldern (Manning, 2010; Windeler und Sydow, 2001) betreffen.

Die Wichtigkeit, den Kontext von temporären Organisationen zu berücksichtigen, wird am eindrucksvollsten anhand des Beitrags von Engwall (2003) in Anlehnung an Richardson (1972) deutlich. Schon der Titel „No Project is an island: Linking projects to history and context" macht die Stoßrichtung dieses Beitrags unzweifelhaft deutlich. Die Theorien zum Projektmanagement seien bislang alle sehr stark dem Verständnis des isolierten Projekts verhaftet. Auch seien diese Ansätze vor allem durch die

Praxis entwickelt worden, um bestimmte Probleme der Koordination und Implementierung zu lösen. Zwei grundsätzliche Problemstellungen stünden dabei im Mittelpunkt: (1) Wie Projektaktivitäten zu planen und zu strukturieren sind um bestimmte Ziele zu erreichen und (2) wie die Einhaltung der aufgestellten Pläne sichergestellt werden kann. Als Lösungen für diese Probleme würden dann meistens administrative Methoden und formale Prozesse wie Projektpläne, Projektstrukturierung, Leistungskennzahlen, Qualitätsmanagement und Steuerungstools entwickelt, die mitunter einen stark normativen Charakter aufwiesen. Der Gebrauch und die Einhaltung dieser Methoden und Prozesse werden demzufolge als notwendige Bedingung erfolgreichen Projektmanagements dargestellt. Engwall (2003: 793 ff.) verwendet zwei Fallstudien, um die Sichtweise des einsamen Projekts einer Perspektive, welche die Einbettung von Projekten in ihren historischen, organisationalen und sozialen Kontext stärker berücksichtigt, gegenüberzustellen.

Bei beiden Fallstudien handelt es sich um große Bauprojekte im Bereich der Stromerzeugung und -infrastruktur. Die Projekte haben einen Umfang von jeweils 250 Millionen US-Dollar und fanden Mitte der 1980er bis Anfang der 1990er Jahre statt. Ein zentraler Unterschied zwischen den Projekten besteht darin, dass sehr unterschiedliche Projektmanagertypen die Leitung der Projekte innehaben.

Der eine Projektmanager verfügt über formale Autorität und setzt auf einen fundierten Managementansatz, der die neusten Methoden des Projektmanagements beinhaltet. Der andere Projektmanager hat keine formale Autorität, er verfügt über keine dezidierten Projektmanagementkenntnisse und verwendet keinen bestimmten Managementansatz. Eine Analyse des Projekterfolgs zeigt, dass der erste Projektmanager signifikante Probleme hat, sowohl mit Blick auf die Einhaltung von Zeit- und Budgetvorgaben, als auch mit der Steuerbarkeit des Projekts insgesamt. Der zweite Projektmanager dagegen konnte einen beachtlichen Projekterfolg verzeichnen. So kam es zu keinen größeren Störungen im Projektverlauf und alle Zeit- und Budgetvorgaben konnten erfüllt werden.

Engwall (2003: 797 ff.) folgert, dass ein Paradoxon vorliegt, da die normative Projektmanagementlehre eigentlich erwarten lässt, dass der erste Projektmanager eher die Voraussetzungen erfüllt, um ein Projekt erfolgreich zu führen. Engwall analysiert daraufhin die Ursachen des Erfolgs bzw. Misserfolgs beider Projekte und achtet insbesondere darauf, ob weitere kontextbezogene Faktoren einen Einfluss auf den Erfolg haben könnten. Dabei stellt er fest, dass sich die beiden Projekte sehr stark im Hinblick auf deren Prestige, auf die Akzeptanz normativer Projektmanagementpraktiken in der Belegschaft und die Einzigartigkeit der Projektinhalte unterscheiden. Schlussendlich zeigt die Analyse, dass der erste Projektmanager deutlich widrigere Kontextbedingungen vorfand als der zweite.

Engwall (2003) plädiert deshalb für eine stärkere Berücksichtigung dieser Faktoren in der Projektarbeit und auch in der Projektmanagementforschung. Abbildung 8 zeigt die unterschiedlichen Kontingenzen, die offensichtlich Einfluss auf (nicht isolierte) Projekte nehmen können.

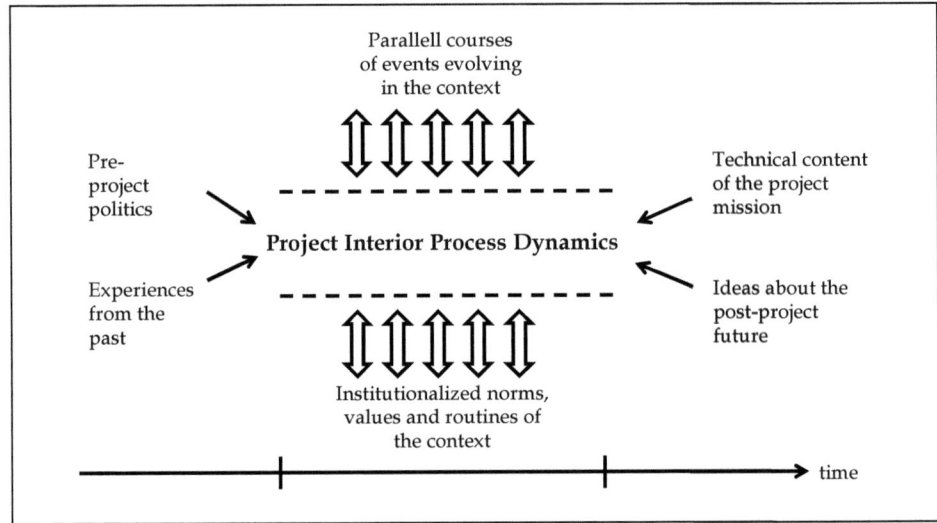

Abbildung 8: Kontingenzen, die projektinterne Prozesse beeinflussen
Quelle: Engwall (2003: 805)

Ähnlich wie bei den anderen Merkmalen von temporären Organisationen zeichnen sich auch im Hinblick auf das Kontextmerkmal mögliche Zusammenhänge zu Citizenship Behaviors ab. Da mit dem Kontextmerkmal gerade die projektübergreifenden Zusammenhänge betont werden, die durch die zeitliche wie auch soziale Einbettung von Projekten entstehen, dürfte dieses Merkmal mit solchen kooperativen Verhaltensweisen korrespondieren, die über das einzelne Projekt hinaus wirken. Dies umfasst vor allem NCB, also eine Form kooperativen Verhaltens, die auch losgelöst von einzelnen, vordergründigen Projekten auftritt und an die dahinter liegenden (Projekt-)Netzwerke anknüpft. Erste Indizien für eine solche beziehungsfördernde Komponente von Citizenship Behavior finden sich bei Bolino et al. (2002). Aber auch für die Citizenship Behaviors innerhalb konkreter Projekte (PCB) dürften die kooperativen Verhaltensweisen vergangener Projekte als ein „shadow of the past" (Axelrod, 1984) insofern hineinwirken, als dass beispielsweise positive oder negative Erinnerungen an die vorangegangene Zusammenarbeit die zukünftige Arbeit miteinander erleichtern oder erschweren.

2.2.4 Von Projekten zu Netzwerken

Der Kontext von Projekten bzw. deren Einbettung in übergreifende Zusammenhänge steht im Zentrum zweier theoretischer Ansätze, die im Folgenden vorgestellt werden: Projektökologien und Projektnetzwerke. Beide Ansätze sind insbesondere relevant für NCB, da sie sich mit projektübergreifenden Akteurskonstellationen auseinandersetzen. Eben solche Beziehungen könnten entscheidend sein, um NCB zu motivieren.

Projektökologien
Grabher (2002; 2004a; b) beschreibt die Einbettung von Projekten in einen regionalen Kontext als „Projektökologie". Dieser Ansatz nimmt die Interdependenzen zwischen Projekten und permanenten Organisationen in den Blick. Am Beispiel der Londoner Werbeindustrie analysiert Grabher organisationale und soziale Beziehungen zwischen Projekten sowie zwischen den beteiligten Organisationen, persönlichen Netzwerken, der lokalen Community und übergeordneten Verflechtungen von Unternehmen. Projektökologien sind laut Grabher durch vier Schichten, namentlich dem Kernteam, der Firma, der epistemischen Community und den persönlichen Netzwerken gekennzeichnet. Der Ansatz umreißt die Konturen eines organisationalen und regionalen Raums, in dem Projekte aufeinander abfolgen, eingebettet werden und temporäre Kooperationen auslösen (Grabher, 2002).

Unter Bezugnahme auf das Projektökologie-Konzept analysiert Grabher später auch die Lernprozesse, die in solchen Umgebungen ablaufen. Dabei identifiziert er verschiedene Lernlogiken, die zur Erschaffung und Abschöpfung von Wissen herangezogen werden (Grabher, 2004a). Dem eher disruptiven Lernsystem der Londoner Werbebranche stellt er die kumulative Lernlogik der Münchner Softwareökologie gegenüber (Grabher, 2004b).

Ein wesentliches Merkmal des Ansatzes ist die regionale Agglomeration von Akteuren – personell wie auch organisational. Dementsprechend ist der Ansatz tendenziell der Wirtschaftsgeographie zuzuschreiben, jedoch stellt Grabher auch theoretische Bezüge zur Netzwerkforschung her – etwa um Beziehungen innerhalb des regionalen Agglomerats zu beschreiben und zu erklären. Da die regionale Agglomeration in der vorliegenden Arbeit nicht als zentrale Rahmenbedingung für Citizenship Behavior analysiert wird, kommt als theoretischer Bezugspunkt eher das Konzept des Projektnetzwerks in Betracht, das Aspekte der Agglomeration weitgehend offen lässt.[18]

Projektnetzwerke
Bei einem Blick auf den Begriff des Projektnetzwerks wird deutlich, dass hier zwei organisationale Ansätze angesprochen werden, nämlich das Projekt und das Netzwerk. Das Projektnetzwerk ist allerdings nicht (nur) auf die an einem bestimmten Projekt beteiligten Parteien und deren evidente Beziehungen untereinander zu reduzieren. Allgemein lassen sich Projektnetzwerke definieren als

> *„eine Organisationsform ökonomischer Aktivitäten zwischen rechtlich selbständigen, wirtschaftlich mehr oder weniger abhängigen Unternehmungen zur Abwicklung zeitlich befristeter Aufgaben"* (Sydow und Windeler, 1999: 217).

---

[18] Gleichwohl liegt es nahe, dass Citizenship Behaviors in Projektökologien oder auch in Netzwerken, die innerhalb von regionalen Clustern vorzufinden sind (siehe z.B. Lerch, 2009) schon aufgrund der Häufigkeit persönlicher Kontakte besonders stark ausgeprägt sein könnten. Dies ist mit dem hier verwendeten Untersuchungsdesign allerdings nicht nachweisbar.

Das zentrale Merkmal ist dabei der „unternehmensübergreifend[e] Charakter einer befristeten Zusammenarbeit" (Sydow und Windeler 1999: 216). Nach Sydow (2010: 382) lassen sich Projektnetzwerke anhand von zwei Dimensionen typisieren und von anderen Formen der Netzwerkorganisation abgrenzen: Projektnetzwerke entstehen im Zusammenhang mit kurzfristig ausgelegten Projekten und sind somit nicht durch zeitliche Stabilität, sondern durch Dynamik gekennzeichnet (Sydow, 2010: 381). Zudem weisen Projektnetzwerke gelegentlich eine hierarchieähnliche Steuerungsform auf. So werden manche durch eine fokale Unternehmung geführt. Ebenso können sie jedoch heterarchisch bzw. polyzentrisch strukturiert sein (Sydow, 2010: 385), beruhend auf einem höherem Maß an Selbstorganisation der Mitglieder (Sydow et al., 2003: 80).

Da Projekte per Definition auf eine bestimmte Zeit begrenzt sind, wird auch die Zusammenarbeit der am Projekt beteiligten Akteure unterbrochen. Die entstandenen evidenten Beziehungen werden an diesem Punkt deaktiviert und in einen Latenzzustand versetzt (Sydow, 2010: 384). Dieser Zustand kann über Monate, wenn nicht Jahre, erhalten werden.

Kommt es dann zu einem neuen Projekt, sind Akteure in der Lage, aus einem Pool von ehemaligen Projektpartnern zu schöpfen und zielgerichtet einzelne Beziehungen zu reaktivieren. Generell wird diese Reaktivierung schwerer fallen, je länger die Latenzzeit angedauert hat und je weniger die Beziehung während dieser Zeit gepflegt wurde. Im neuen Projekt wird dadurch an bereits existierende Beziehungen angeknüpft und auf entstandenes Wissen aus vergangenen Projekten zurückgegriffen. Aus diesem Grund sind Projektnetzwerke „mehr als nur temporäre Systeme" (Sydow und Windeler, 1999: 220) und ihre Struktur ist vielmehr das Ergebnis des „rekursive[n] Zusammenspiel[s] projektbezogener und projektübergreifender Aktivitäten und Beziehungen" (Sydow und Windeler, 1999: 226).

Abbildung 9 veranschaulicht, wie evidente Beziehungen in der Projektarbeit genutzt werden. Nach dem Projektabschluss verfallen diese in einen Latenzzustand, sie werden bis auf weiteres deaktiviert, nicht aber komplett beendet.

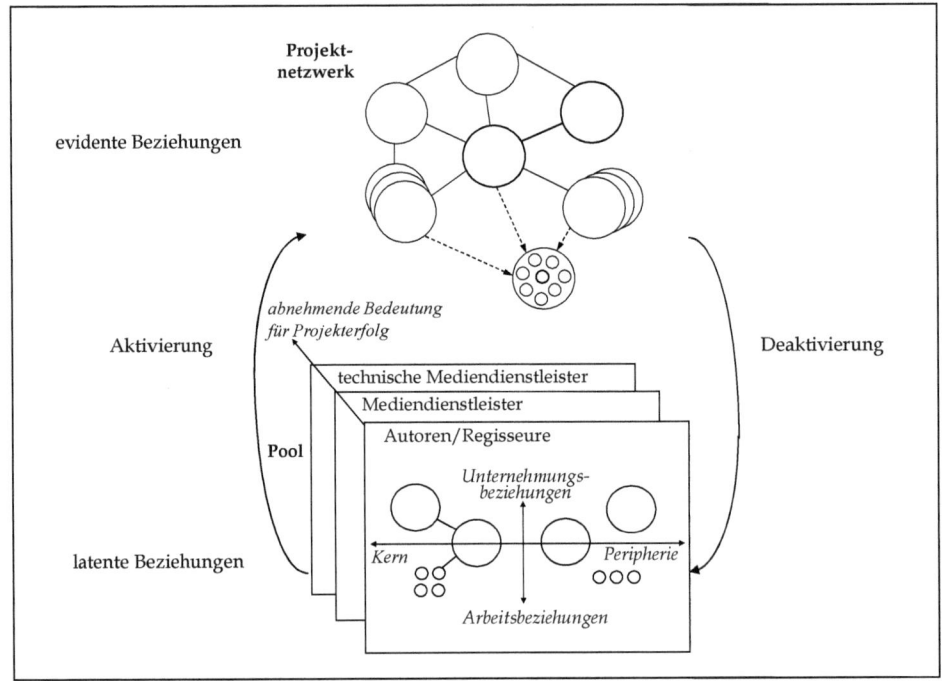

Abbildung 9: Projektnetzwerke und latente Beziehungen
Quelle: Sydow und Windeler (1999: 222)

Normalerweise halten Akteure eine ganze Reihe von deaktivierten Beziehungen, die in der Vergangenheit entstanden sind. In der Praxis könnte diese Phase beispielsweise durch gelegentliche Anrufe oder kleinere Treffen überbrückt werden. Die in Latenz gehaltenen Beziehungen bilden eine Art Pool, aus dem geschöpft werden kann, wenn sich neue Projekte anbahnen. Kommt es dann zu einem neuen Projekt, so lassen sich die Beziehungen relativ einfach aktivieren – sie werden dann erneut zu evidenten Beziehungen (Sydow und Windeler, 1999).

Projektnetzwerke sind in vielen Branchen vorzufinden, darunter etwa die Film und TV-Produktion (z.B. Ferriani et al., 2009), Softwareentwicklung und Werbung (z.B. Grabher, 2004a; b) und der Bau und Ingenieursbereich (z.B. Bresnen et al., 2004). Die dazu vorliegenden Studien haben gemein, dass der Aspekte des Temporären und die Einbettung in Raum und Zeit eines bestimmten Projekts hervorgehoben werden (z.B. Bakker, 2010; Jones und Lichtenstein, 2008; Kenis et al., 2009; Manning und Sydow,

2011), gleichzeitig aber deutlich wird, dass es sich um mehr als nur zeitlich begrenzte Systeme handelt. Letzteres erschwert mitunter, überhaupt die Temporalität des betrachteten Systems festzumachen. Damit verbunden ist auch die Schwierigkeit, Facetten menschlichen Verhaltens wie Citizenship Behavior, das über mehrere Projekte hinweg (re)produziert und in permanente Strukturen (wieder)eingebettet wird, nachzuvollziehen (z.B. Grabher, 2004a; b; Sydow et al., 2004). So stellen Manning und Sydow (2011) fest, dass Projektnetzwerke in der TV Produktion (re)produziert werden und dabei „latente Organisationen" (Starkey et al., 2001) konstituieren. Diese wiederum ermöglichen einen sanfteren Rekrutierungsprozess, da Teilnehmer von TV Projekten nicht jedes Mal neu gesichtet und eingearbeitet werden müssen, sondern ein bestimmter Pool an Organisationen und Mitarbeitern vergangener Projekte bereitsteht, aus dem geschöpft werden kann.

Die Prozesse der De- und Reaktivierung werden dabei vor allem organisational betrachtet, d.h. als handelnde Akteure stehen insbesondere Organisationen im Mittelpunkt der Analyse, wobei die Ausführung dieser Handlung letztlich immer auch auf eine personelle Ebene heruntergebrochen werden kann. Teilweise agieren die Beteiligten von Projektnetzwerken als Kleinstunternehmen, bei denen der Unternehmer ausschließlich seine eigene Arbeitskraft vermarktet (Ein-Personen-Unternehmen). In diesem Fall entfällt die Trennlinie von Organisation und Person, zumindest im Hinblick auf Projektnetzwerke, gänzlich. Bislang wenig Beachtung bei der Analyse von Projektnetzwerken fanden dagegen kleinste („Mikro-") Verhaltensweisen zwischen Individuen und deren Beitrag zur Projektnetzwerkbildung. Die vorhandenen Ansätze erfassen tendenziell eher Makroprozesse zwischen Organisationen oder Mesoprozesse, die zwar Praktiken beschreiben, an denen Individuen beteiligt sind, deren Verhalten allerdings nicht individuell, sondern wiederum nur in einer aggregierten Form betrachtet wird. Die Untersuchung von Citizenship Behaviors ermöglicht es in diesem Zusammenhang, den Analysefokus im Sinne einer Mikroperspektive stärker auf Individualverhalten zu richten und dabei zu analysieren, wie derart kooperative Verhaltensweisen zum Prozess der Entstehung und Verfestigung von Projektnetzwerken beitragen. Umgekehrt wird auch die Möglichkeit mitgeführt, dass die Struktur und Entwicklung von Projektnetzwerken ihrerseits zu veränderten Citizenship Behaviors beitragen kann (vgl. Kapitel 3.4).

2.3 Rekonzeptualisierung von OCB als Project und Network Citizenship Behavior

Die überwiegende Zahl früherer Studien zu OCB betrachtete das Individualverhalten innerhalb von permanenten Organisationen. Dabei wird fast immer die implizite Annahme getroffen, dass Linienorganisationen mit klaren hierarchischen Ebenen vorliegen und dass Machtverhältnisse eindeutig geregelt sind. Ferner gehen die OCB-Forscher davon aus, dass Individuen aus der eigenen Organisation im Alltagsgeschäft zusammenarbeiten. Das Überschreiten von Organisationsgrenzen wird – bis auf die wenigen Ausnahmen zum ICB (Autry et al., 2008; Lee et al., 2004; Skinner et al., 2009) – mitunter nicht berücksichtigt. Dabei wird Arbeit zunehmend in organisationsübergreifenden Partnerschaften erbracht. Häufig erfolgen solche Kollaborationen im Rahmen von Projekten (siehe Kapitel 2.2). Projekte unterscheiden sich jedoch von der zwischenbetrieblichen Linienarbeit, wie sie in den Forschungsarbeiten zum ICB am Beispiel von Supply Chain-Beziehungen betrachtet wird. Dort erfolgte die Zusammenarbeit durch einzelne Personen, die *Boundary Spanner*-Positionen (Brion et al., 2012; Perrone et al., 2003) innehaben.

Wenn die interorganisationale Zusammenarbeit jedoch nicht nur aus rein marktlichen Transaktionen besteht, sondern eine stärkere Integration der Parteien voraussetzt und dadurch eine höhere Komplexität aufweist, setzen Unternehmen zunehmend auf Projektarbeit (Midler, 1995). Bei dieser zeitlich begrenzten Organisationsform arbeiten Individuen in Teamstrukturen um eine gemeinsame Aufgabe zu bewältigen (Lundin und Söderholm, 1995). Die Ergebnisse der Projektarbeit, das darin generierte Wissen und letztlich auch die Projektbeteiligten werden am Projektende in die permanente Organisation oder in nachfolgende Projekte eingekoppelt, was die beteiligten Individuen und Organisationen vor große koordinatorische und soziale Herausforderungen stellt (Arvidsson, 2009; Ekstedt et al., 1999; Lundin und Söderholm, 1995).

Citizenship Behaviors könnten vor diesem Hintergrund dazu beitragen, die Prozesse des *Recouplings* und *Bridgings* (Lundin und Söderholm, 1995) an der Schnittstelle zwischen temporärer und permanenter Organisation zu unterstützen und in der operativen Arbeit der temporären Organisation zu einer reibungsfreieren Zusammenarbeit beitragen. Aufgrund der Teamstruktur könnte die in den vergangenen Jahren weit verbreitete OCB-Forschung auf Gruppenebene auch für Projektarbeit von Bedeutung sein. Allerdings, und das würde dagegen sprechen, die Befunde unreflektiert auf Projekte zu übertragen, unterscheiden sich Gruppen in Linienorganisationen und in Projekten in zwei zentralen Merkmalen: Zum einen sind die Gruppen in Linienorganisationen normalerweise nicht zeitlich begrenzt, sondern sie arbeiten fortwährend zusammen ohne einer Terminierung der Gruppe a priori entgegenzusehen. Zum anderen sind Projektgruppen häufig interorganisational besetzt. Dies wiederum hat wichtige Implikationen für die OCB-Forschung und wirft etwa die Frage auf, ob die Hürde nicht viel höher ist, externe Kolleginnen freiwillig kooperativ zu unterstützen, als wenn es sich um Kolleginnen aus der eigenen Organisation handelt.

Ein weiterer, nicht zu vernachlässigender Aspekt bei der Untersuchung von OCB in Projekten stellt die Tatsache dar, dass Projekte eine eigene Organisationsform sind, die in interorganisationalen Kollaborationen zusätzlich zu den beteiligten Linienorganisationen entsteht. Als solche besitzen Projekte grundsätzlich das Potenzial, zu einem Bezugspunkt von Loyalität, Identifikation und eben auch von Citizenship Behaviors zu werden. Im Extremfall könnten Projektinteressen und Unternehmensinteressen divergieren und es könnten so aus Mitarbeitersicht diverse Spannungsverhältnisse entstehen.

Die vorhandene OCB-Forschung, einerseits auf Gruppenebene, andererseits in dyadischen, interorganisationalen Supply Chain-Beziehungen, kann demzufolge keine hinreichende Erkenntnis über Citizenship Behavior in zwischenbetrieblichen Projekten liefern. Dazu wäre es erforderlich, die Strukturmerkmale von Projekten als temporäre Organisationsform stärker zu berücksichtigen und die Implikationen für die Verhaltensebene zu beleuchten (siehe Kapitel 2.2). Dies ist bei den vorhandenen Forschungsarbeiten zu OCB auf Gruppenebene bisher jedoch nicht der Fall gewesen.

Jenseits der Projektebene (und auch über Organisationsgrenzen hinweg) wäre es darüber hinaus auch vorstellbar, dass Citizenship Behavior gegenüber Personen eines Netzwerks erbracht werden. In diesem Zusammenhang hat Sydow (1999: 367) erstmals den Begriff des "Network Citizen Behavior" (NCB) geprägt. Allerdings wurde das Konzept dort nicht theoretisch ausgearbeitet, sondern lediglich die Möglichkeit angedeutet, dass Organisationsmitglieder ihr Verhalten nicht an einzelnen Organisationen, sondern an einem übergeordneten Netzwerk ausrichten. Ein weitergedachtes NCB könnte beispielsweise Erkenntnisse dazu liefern, wie projektübergreifende Beziehungen und Projektnetzwerke entstehen. Das geleistete NCB würde in diesem Zusammenhang nicht (nur) den unmittelbaren Kollegen aus der eigenen Organisation oder im gerade bearbeiteten Projekt zu Gute kommen, sondern auch solchen Personen, zu denen aus der Vergangenheit Beziehungen bestehen, die beispielsweise im Rahmen früherer Projekte entstanden sind. Durch kooperatives Verhalten wäre es denkbar, diese latenten Beziehungen zu reaktivieren. Ganz konkret könnte das in der Anbahnungsphase neuer Projekte der Fall sein, wo sich Mitglieder bemühen, bestimmte Kollegen in das Projektteam zu bringen. Dieses Verhalten würde sich auf den ersten Blick von dem unterscheiden, was die OCB-Forschung als typisch kooperative Verhaltensweisen verstehen würde. Dennoch wäre es vorstellbar, dass ein solches Verhalten die laut Organ (1988) zentralen OCB-Merkmale der Freiwilligkeit, der nicht unmittelbaren Belohnung durch die Organisation und das der verbesserten organisationalen Funktionsfähigkeit erfüllt.

Auf der Basis der Überlegungen in den vorangegangenen Kapiteln, sowohl zu OCB und dessen Weiterentwicklungen als auch zu temporären Organisationsformen im Allgemeinen und Projekten im Besonderen, sollen in den nachfolgenden Unterkapiteln nun grundlegende Prämissen einer Konzeption von PCB und NCB gezeichnet werden.

2.3.1 Interorganisationalität und Netzwerkentwicklung

In Folge der Spezialisierung auf Kernkompetenzen und der damit verbundenen organisationsübergreifenden Fragmentierung von Arbeit sind Organisationen zunehmend auf Kooperationen angewiesen, wobei sich die kooperativen Wertschöpfung inzwischen eher zur Regel als zur Ausnahme entwickelt (dazu Sydow und Möllering, 2009). Die strikt intraorganisationale Perspektive nahezu aller OCB-Studien greift insofern zu kurz, als dass interorganisationale Zusammenarbeit dort nahezu keine Berücksichtigung findet und stattdessen eindeutige Organisationsgrenzen und Hierarchien sowie stabile Beschäftigungsstrukturen unterstellt werden.

Die organisationsübergreifende Zusammenarbeit erfolgt häufig in Projekten, wobei die Sequenz oder auch die simultane Abfolge mehrerer Projekte die Basis für längerfristige Interorganisationsbeziehungen bildet. Solche Beziehungen können eine dyadische oder netzwerkförmige Gestalt annehmen (Windeler und Sydow, 1999), wobei letztere im Folgenden ins Zentrum der Betrachtung rückt. Die hierbei eingenommene Netzwerkentwicklungsperspektive bildet eine Brücke zwischen der OCB-Forschung und der Forschung zu temporären Organisationen und ist ein zentrales Merkmal der Konzeptualisierung von PCB und NCB. Diese Perspektive umfasst insbesondere die prozessuale Entwicklung von Interorganisationsbeziehungen und die dazu vorliegenden theoretischen Ansätze, wie das Modell von Ring und Van de Ven (1994), welches auch im empirischen Teil dieser Arbeit aufgegriffen wird (vgl. Kapitel 3.4). Im Folgenden werden die Grundlagen einer solchen Netzwerkentwicklungsperspektive sowie die wichtigsten theoretischen Prozessmodelle vorgestellt. Dabei werden sogleich mögliche Zusammenhänge von PCB bzw. NCB und der Netzwerkentwicklung theoretisch hergeleitet.

Interorganisationale Netzwerke sind eine Form der Koordination ökonomischer Aktivitäten, die als ebenwertige Alternative neben der rein marktlichen Koordination einerseits und der rein hierarchischen Koordination andererseits steht (Powell, 1990) und sowohl eigene Strukturmerkmale wie etwa Reziprozität und Vertrauen, häufig aber auch hierarchische und marktliche Elemente (dann als Hybridform) enthält (Sydow, 1992). Für die Wahlentscheidung der vermeintlich „richtigen" Organisationsform bieten verschiedene theoretische Ansätze Unterstützung. Als besonders einflussreich haben sich hierbei vor allem die Transaktionskostentheorie und der *Relational View*-Ansatz erwiesen. Im Sinne der Transaktionskostentheorie wird unter den Annahmen unveränderter Produktionskosten und effizienzorientiertem Wettbewerb diejenige Organisationsform gewählt, bei denen die Kosten des Produktionsfaktors Organisation am geringsten sind (Picot, 1982; Williamson, 1975). Der *Relational View*-Ansatz geht insofern noch einen Schritt weiter, als dass hier die Interorganisationsbeziehung bzw. das Netzwerk als eine mögliche Quelle strategischer Wettbewerbsvorteile emporgehoben werden. In Abgrenzung zum *Ressource-Based View* tragen hier beziehungsspezifische Anlagegüter, Routinen des Wissensaustauschs, komplementäre Fähigkeiten und effektive Governancestrukturen zur Entstehung (relationaler) Wettbewerbsvorteile bei (Duschek, 2004; Dyer und Singh, 1998).

Insbesondere beim *Relational View* ist die partnerschaftliche Kooperation konzeptionell mit angelegt und drückt sich in Subprozessen wie dem Wissenstransfer oder der Fähigkeit aus, Komplementarität zu identifizieren und zu evaluieren (Dyer und Singh, 1998). Sowohl PCB als auch NCB sind anschlussfähig für dieses Grundverständnis der partnerschaftlichen Kooperation und könnten möglicherweise auf individueller Ebene einige der Mikrofundierungen dessen liefern, was der *Relational View* auf der Ebene von Organisationen erklärt. So dürfte PCB vor allem in der operativen Zusammenarbeit auftreten und etwa durch die organisationsübergreifende Hilfsbereitschaft und Eigeninitiative dazu beitragen, interorganisationalen Wissenstransfer zu bewerkstelligen. Auch NCB könnte einen Einfluss auf die Interorganisationsbeziehungen entfalten, der aber weniger in der operativen Zusammenarbeit sondern auf der eher längerfristigen Beziehungsebene anzusiedeln ist (und über zeitlich begrenzte Projekte hinausreichen kann). Die Pflege von interpersonellen Beziehungen und die Loyalität zu einem Kreis von Personen in der kooperierenden Organisation könnten beispielsweise dabei helfen, den Wissensabfluss bzw. das Trittbrettfahren auf Organisationsebene zu reduzieren oder zu vermeiden.

Neben der relationalen oder partnerschaftlichen Komponente zeichnen sich Netzwerke dadurch aus, dass sie sehr wandlungsfähig sind und in gewissen Maßen organisatorische Flexibilisierung zulassen. Dies trifft insbesondere auf die *dynamic networks* und *spherial firms* (Miles und Snow, 1986; 1995) wie auch auf Projektnetzwerke (Sydow und Windeler, 1999) zu. Letzteren wird aufgrund der zunehmenden „Projektifizierung" (Midler, 1995) von Unternehmen eine besondere Bedeutung zu Teil. Die verzeichnete Dynamik dieser Netzwerkform verbunden mit der Frage der Entstehung und prozessualen Entwicklung von Netzwerken ist Gegenstand einer Reihe an Modellen, mit denen jeweils auch unterschiedliche Forschungsparadigmen verbunden sind. Anhand ihrer unterschiedlichen Linearitätsannahmen (z.B. lineare, plandeterministische Prozessabfolgen versus rekursive Strukturationsprozesse) lassen sich grob die folgenden Ansätze unterscheiden (Sydow, 2003; vgl. auch Braun und Schmidt, 2013):

Lebenszyklus- und Phasenmodelle
Die Orientierung an dem aus der Biologie bekannten Konzept des Lebenszyklus hat sich auch in der Betriebswirtschaftslehre und den angrenzenden Disziplinen insbesondere in praxisnahen Veröffentlichungen weit verbreitet. Entsprechende Ansätze finden sich beispielsweise in der Marketingforschung (Dwyer et al., 1987), der Gruppenforschung (Tuckman, 1965; Tuckman und Jensen, 1977), der Projektmanagementforschung (Lundin und Söderholm, 1995) und nicht zuletzt auch in der Netzwerkforschung (Sydow, 2003). Das Interesse der Praxis an solchen Modellen dürfte vor allem dadurch motiviert sein, dass der lineare, teilweise plandeterministische Verlauf der Phasen Orientierung für das eigene Handeln bietet (Sydow, 2003). Mitunter beinhalten die Modelle vier bis fünf Phasen, wobei die erste Phase in der Regel die Initiierung oder Gründung umfasst, die zweite/dritte Phase Wachstum und Normierung, in der vierten Phase maximale Performanz oder auch Reife zu beobachten ist, die dann in der fünfte Phase des Niedergangs, der Auflösung oder Rekonfiguration übergeht.

Zur Untersuchung des Zusammenhangs von PCB bzw. NCB und der Netzwerkentwicklung erscheinen Lebenszyklusmodelle insbesondere aufgrund der linearen Abfolge der Phasen und des fehlenden Gestaltungsspielraums der handelnden Akteure zu trivial. Dies umfasst beispielsweise auch, dass Citizenship Behaviors, die durch Reziprozität motiviert sind

(Coyle-Shapiro, 2002), nicht angemessen von diesen Modellen erfasst werden können. Auch die Phase der Auflösung oder Terminierung steht im Widerspruch zu NCB, das projektübergreifende Beziehungen in den Blick nimmt.

Evolutions- und Strukturationsansätze
Im Vergleich zu den linearen Entwicklungsmodellen erscheinen Evolutions- und Strukturationsansätze theoretisch weitaus fundierter und lassen neben linearen Verläufen auch Interdependenzen, Rekursivitäten, Selbstreferentialitäten und Pfadabhängigkeiten zu (Sydow, 2003). Bei den an Bedeutung gewinnenden Ansätzen der Koevolution wird die interdependente Entwicklung von Netzwerken und Netzwerkumwelt ins Zentrum der Betrachtung gerückt. Allerdings ist der Evolutionstheorie auch anheim, Entwicklungsprozesse nur rückblickend beschreiben zu können. Damit ist sie beispielsweise zur Prognose oder zur Orientierung für handelnde Akteure wenig tauglich. Somit sind diese Ansätze kaum mit dem Anspruch vereinbar, nicht nur einen theoretischen, sondern auch einen praktischen Beitrag, etwa in Form von Handlungsempfehlungen, zu leisten.

Strukturationstheoretische Ansätze beschreiben das rekursive Zusammenspiel von Strukturen und Handlungen, wobei die konkreten Praktiken betont werden, mithilfe derer sich Akteure auf Strukturen von Organisationen, Netzwerken und Feldern beziehen und diese gleichsam reproduzieren oder auch verändern (Giddens, 1984; Windeler, 2001). Das rekursive Element dieser Ansätze dürfte insgesamt einen realistischeren Entwicklungsverlauf von Netzwerken erklären als lineare Modelle dies vermögen.

Generell nehmen Strukturationsansätze insbesondere organisationale Akteure in den Blick. Zwar lassen sich Praktiken letztlich immer auf Handlungen von Individuen zurückführen und es gibt darüber hinaus wie im Falle von Freelancern oder Ein-Personen-Unternehmen auch Beispiele dafür, dass organisationale Akteure durch einzelne Personen repräsentiert werden, dennoch wird das individuelle Verhalten als solches, und damit auch PCB und NCB von strukturationstheoretischen Untersuchungen nicht wirklich zentriert.

Nicht-lineare Entwicklungsmodelle

Gewissermaßen zwischen den Lebenszyklus-/Prozessmodellen und den Evolutions-/Strukturationsansätzen lassen sich nicht-lineare Entwicklungsmodelle verorten. Diese überwinden die starren Linearitätsannahmen der Lebenszyklus-/Prozessmodelle und lassen rekursive Prozesse und Kontingenz zu. Gleichwohl aber sind diese Ansätze nicht frei von jedweder Annahme über Sequenzialisierungen von Prozessen. Des Weiteren konzentrieren sie sich speziell auf interorganisationale Beziehungen, während die beiden anderen Typen universeller eingesetzt werden.

Als weit verbreitet erweist sich das nicht-lineare Prozessmodell von Doz (1996), das in der besonderer Weise die Ausgangsbedingungen mit denen eine Kooperation startet sowie den Prozess des Lernens für die Entwicklung der Kooperation herausstreicht (Sydow, 2003). Weniger auf das Lernen konzentriert ist das Prozessmodell von Ring und Van de Ven (1994), dessen Stärke nicht nur in der expliziten Auseinandersetzung mit Interorganisationalität, sondern auch in der integrativen Betrachtung formeller und informeller Prozesse liegt, die jeweils in einem rekursiven Zusammenhang zueinander stehen und von einer wertenden Dimension (Effizienz und Reziprozität) geleitet werden. Auch stellt das Modell den Zusammenhang der Phasen von Verhandlung (*negotiation*), Selbstverpflichtung (*commitment*) und Ausführungshandlungen (*execution*) her (vgl. Abbildung 10). Hierbei kommt dem Individualverhalten – gerade im Vergleich zu anderen Entwicklungsmodellen – eine herausgehobene Bedeutung zu, die insbesondere im Rollenkonzept, aber auch in der Austragung von Verhandlungsprozessen und dem Schließen von psychologischen Verträgen zwischen Individuen als Repräsentanten von Organisationen, ihren Niederschlag findet.

Insgesamt verfügt das Abstraktionsniveau des Modells von Ring und Van de Ven (1994) über die angemessene Reichweite, um die Forschungsfragen zu untersuchen, da das subtile Zusammenspiel formeller und informeller Prozesse – zumal auf der Individualebene – im Zusammenhang mit PCB und NCB eine zentrale Rolle spielen könnte. Da Citizenship Behaviors freiwillig und eher beiläufig (nicht als Teil von z.B. Stellenbeschreibungen oder Prozessplänen) erbracht werden, weisen diese einen sehr informellen Charakter auf, wobei auch nicht auszuschließen ist, dass sie ebenso formale Prozesse der Netzwerkentwicklung begünstigen. Aufgrund der konzeptuellen Passung des Ansatzes von Ring und Van de Ven (1994) mit PCB und NCB im Hinblick auf die explizite Auseinandersetzung mit Interorganisationalität, Formalität und Informalität sowie Individuum und Organisation rückt dieses nicht-lineare Prozessmodell im Folgenden in den Fokus der Betrachtung.

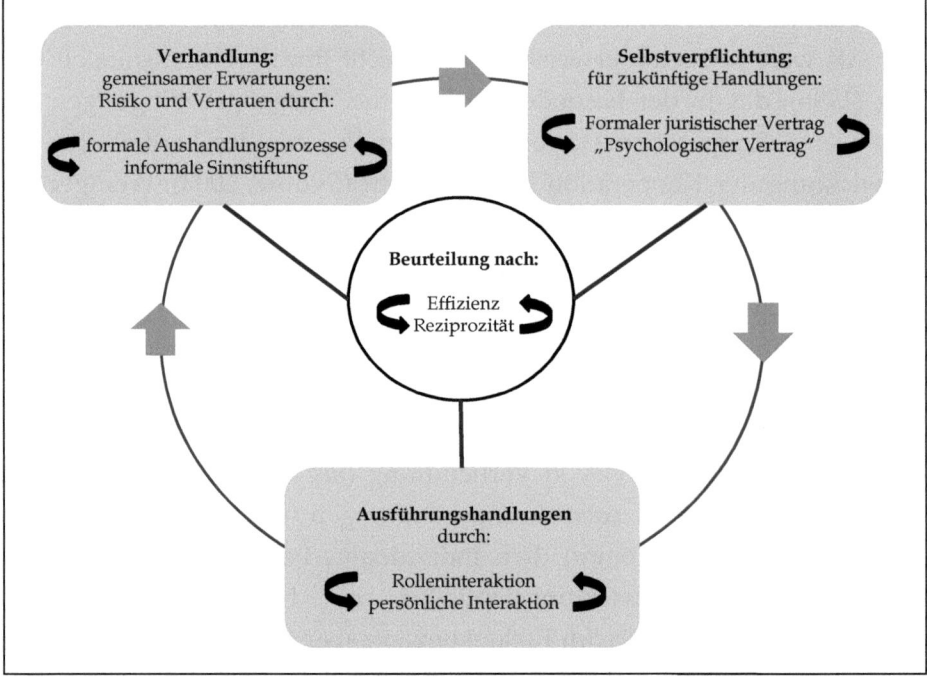

Abbildung 10: Das Prozessmodell von Ring und Van de Ven
Quelle: Ring und Van de Ven (1994: 97), übersetzt von Hoffmann (2003: 213)

Das Modell von Ring und Van de Ven (1994) beschreibt die Entwicklung kooperativer, interorganisationaler Beziehungen (*Interorganizational Relationships*, kurz: IORs) als sozial konstruierte Mechanismen, die dem kollektiven Handeln dienen. Diese Mechanismen werden durch die Handlungen sowie durch symbolische Interpretationen der Kooperationspartner kontinuierlich geformt und umstrukturiert. Deren Entstehung und

Weiterentwicklung erfolgt durch eine sich zyklisch wiederholende Abfolge der drei o.g. Phasen:

In der **Verhandlungsphase** bilden die Parteien in formellen Vertragsverhandlungen gemeinsame, übereinstimmende Erwartungen hinsichtlich ihrer Motivationen, der möglichen Investitionen und der wahrgenommenen Unsicherheiten, die mit dem geplanten Geschäft verbunden sind. Dabei finden auch bereits Selektionsentscheidungen, erste gegenseitige Annäherungen und Aushandlungen von Geschäftsbeziehungen statt. Dadurch werden die Parteien in die Lage versetzt, etwaige Unsicherheiten, die Rollenverteilung und die Vertrauenswürdigkeit aller involvierten Akteure, die eigenen Rechte und Pflichten sowie das Ausmaß der zu erwartenden Effizienz und Gerechtigkeit einzuschätzen (Ring und Van de Ven, 1994: 97). Die Bereitschaft für formelle Verhandlungen lässt sich auf das *Sensemaking* (Weick, 1995), also einen sozialpsychologischen Prozess, durch den die Organisationsmitglieder den Wert in Transaktionen mit anderen Organisationen erkennen, zurückführen. Dadurch wird ermöglicht, dass zwei oder mehr Parteien mit anfänglich unterschiedlichen Zielen und Erwartungen übereinstimmende Meinungen herausbilden. In dieser Phase könnten vor allem NCB eine bedeutende Rolle spielen, da dort an Beziehungen angeknüpft wird bzw. neue Beziehungen geschaffen werden. Gerade die Loyalität zu Geschäftspartnern und die Pflege von Beziehungen (auch außerhalb konkreter Geschäftsbeziehungen) kann den Akteuren nun zu Gute kommen, um Vertrauenswürdigkeit aufzubauen, Rollen zuzuweisen und Unsicherheit zu reduzieren.

In der **Selbstverpflichtungsphase** gehen die Verhandlungspartner Bindungen ein, sofern Einigung über die Ausgestaltung der zukünftigen Geschäftsbeziehung besteht. Die Parteien bilden einen gemeinsamen Willen heraus und schaffen damit die Bedingungen der Kooperationsbeziehung. Die wechselseitigen Verpflichtungen werden durch informelle, psychologische Verträge und formelle, juristische Verträge zwischen den Partnern abgesichert. Psychologische Verträge sind das Ergebnis des *sensemaking*-Prozesses und beinhalten nicht-kodifizierte Verhaltenserwartungen hinsichtlich der Rechte und Pflichten von Partnern. Neben den informellen, häufig per Handschlag getroffenen Vereinbarungen, tragen formale Verträge dazu bei, ein Scheitern der Kooperationsbeziehung, z.B. durch

Missverständnisse oder durch zu starke Einflussnahme eines Partners, zu verhindern (Ring und Van de Ven, 1994: 98). In der Selbstverpflichtungsphase dürfte vor allem PCB in einem Zusammenhang zur Netzwerkentwicklung stehen. Besonders Konstruktdimensionen wie Loyalität, also das Eintreten für die Interorganisationsbeziehungen und das Verteidigen gegenüber Angriffen von außen oder auch *Compliance*, also die Einhaltung von Verträgen und Regelungen, auch wenn sich opportunistisches Verhalten anbieten würde, dürften für die Netzwerkentwicklung stabilisierende Funktionen einnehmen.

In der **Ausführungsphase** werden die zuvor getroffenen Verpflichtungen schließlich durch operative Tätigkeiten verwirklicht. Um Unsicherheiten zu reduzieren und der Interaktion ein stärkeres Maß an Vorhersehbarkeit zu verschaffen, interagieren die Geschäftspartner dabei zunächst verstärkt im Rahmen ihrer formal vorgesehenen Rollen. Mit zunehmender Rolleninteraktion steigt der Grad der persönlichen Vertrautheit zwischen den Akteuren. Infolgedessen nimmt die informelle, persönliche Interaktion zu (Ring und Van de Ven, 1994: 98). In der Ausführungsphase kommen höchst wahrscheinlich ganz verschiedene Citizenship Behaviors zum Tragen. Einerseits dürften in der operativen Zusammenarbeit besonders die Citizenship Behaviors, von denen Individuen profitieren, wie etwa Hilfsbereitschaft (PCB) und/oder die Pflege von Beziehungen (NCB) eine reibungsfreie Bearbeitung von Aufgaben begünstigen, andererseits spielen gewiss auch Citizenship Behaviors eine Rolle, von denen die Interorganisationsbeziehung als solche profitiert, insbesondere *Initiative* und *Compliance* (PCB).

Im Zeitverlauf können veränderte Erwartungen, Missverständnisse oder aufkommende Konflikte ein Überdenken der Vertragsvereinbarungen durch die Geschäftspartner bewirken. Dies wiederum führt zu Neuverhandlungen und damit zu einem erneuten Prozesskreislauf. Die Aufrechterhaltung der IORs ist nur dann gewährleistet, wenn in allen drei Phasen das Gleichgewicht zwischen Formalität und Informalität erhalten bleibt. Mit einem steigenden Grad der persönlichen Vertrautheit und einer zunehmenden Anzahl gemeinsamer Transaktionen zwischen den Parteien entwickeln sich kooperative Beziehungen. Die Transaktionen können zunächst, ausgehend von kleinen Geschäften, welche aufgrund des kalkulierbaren Risikos nur ein begrenztes Maß an gegenseitigem Vertrauen voraussetzen, einen inkrementellen Charakter haben und durch wiederholte Transaktionen, welche die Effizienz- und Gerechtigkeitsansprüche aller Parteien erfüllen, im Zeitverlauf bei wachsendem gegenseitigen Vertrauen sukzessive ausgeweitet werden.

Das Modell von Ring und Van de Ven (1994), das auf rein theoretisch-konzeptionellen Erwägungen fußt, wurde bislang kaum in empirischen Untersuchungen getestet. Dies ist bemerkenswert, fand der Artikel mit derzeit rund 1.000 Zitaten im *ISI Web of Knowledge* beachtliche Rezeption. In einer eigenen, intensiven Recherche konnten jedoch nur drei Studien identifiziert werden, die das Modell als Bezugsrahmen für empirische Untersuchungen nutzen. Auffallend ist dabei auch, dass alle drei Studien qualitative Methoden einsetzen. Zudem wird das Modell nicht nur repliziert, sondern die drei Studien verfolgen jeweils den Anspruch, das Modell mit anderen theoretischen Ansätzen zu integrieren. So kombinieren Ariño und De la Torre (1998) die beiden Modelle von Doz (1996) und Ring und Van de Ven (1994) zu einem noch deutlich komplexeren Modell, das sie zwar qualitativ unter Bezugnahme auf Events, welche die Entwicklung einer dyadischen Kooperationsbeziehung prägen, entwickeln, dessen Validierung sie jedoch schuldig bleiben. Herranz (2009) untersucht anhand von drei Netzwerken im öffentlichen Sektor, welchen Einfluss verschiedene Strategien der Netzwerkkoordination (*bureaucratic, entrepreneurial, community*) auf formale und informelle Prozesse der Netzwerkentwicklung haben und kommt dabei – wenig überraschend – zum Ergebnis, dass sich eine bürokratische Koordination eher formaler Prozesse bedient, die *Community*-Koordination eher informellen Prozessen und die *Entrepreneurial*-Koordination einer Mischform aus beidem. Martin (2004) versucht eine Reihe von Ansätzen, die einen Erkenntnisbeitrag für die Entwicklung von Interorganisationsbeziehungen liefern (Gleichgewichtsmodelle, Garbage Can, zyklische Modelle, soziale Konstruktionsmodelle, Komplexitätsmodelle und Systemmodelle) zu einem übergreifenden Modell zu integrieren, das er anhand der Privatisierungsbestrebungen in Bosnien verdeutlicht. Auch wenn es sich dabei um ein hehres Anliegen handelt, das als solches bereits gewürdigt werden sollte, so führt die Sequenzierung der verschiedenen Ansätze letztlich doch wieder zu einer Art der Linearität, die gerade von Modellen wie dem von Ring und Van de Ven zu überwinden versucht wird.

Meine Perspektive auf das Modell von Ring und Van de Ven (1994) dürfte der von Ariño und De la Torre (1998) insgesamt am nächsten kommen, da auch die vorliegende Arbeit in der dritten Teilstudie (vgl. Kapitel 3.4) Prozesse als Gegenstand der Untersuchung wählt, die mithilfe von Events greifbar gemacht und analysiert werden. Hierdurch soll der Fokus auf die Interdependenz von Projektnetzwerkentwicklung und Citizenship Behaviors im Zeitverlauf gelegt werden.

2.3.2 Temporalität und prozessuale Betrachtung

Die Zeit, oder allgemeiner die Temporalität und deren Wahrnehmung durch Individuen, ist sowohl für permanente als auch für temporäre Organisationen ein wichtiger Parameter, der die Art des Arbeitens, die Verwendung der Zeit durch die Teilnehmer, Kommunikation, Normen, Führung, Entscheidungsfindung, Organisationsstrukturen etc. beeinflusst (z.B. Bryman, 1987; Gersick, 1988; 1989; Kelly und Loving, 2004; Marks et al. 2001; McGrath, 1991; Orlikowsky und Yates, 2002; Saunders und Ahuja, 2006).

Obwohl die zeitliche Dimension seit Längerem als wichtiges Analyseobjekt in das Bewusstsein von Organisationsforschern hervorgedrungen ist, wissen wir immer noch relativ wenig darüber, wie Zeit auf eine Vielzahl organisatorischer Prozesse wirkt (siehe z.B. Ancona et al., 2001; Mitchell und James, 2001). Zeit spielt sowohl für temporäre als auch für permanente Organisationen schon dadurch eine zentrale Rolle, dass es sich um eine begrenzte Ressource bzw. ein knappes Gut handelt. Bei temporären Organisationen wird der Temporalität dadurch eine hervorgehobene Bedeutung zu Teil, dass deren verbleibende Zeit qua Definition begrenzt ist und sie unaufhaltsam auf ihre eigene Terminierung zusteuert (Lundin und Söderholm, 1995; Müller-Seitz und Sydow, 2011).

Um die Unterschiede zwischen der Zeitwahrnehmung in temporären gegenüber permanenten Organisationen zu verstehen, schlagen Lundin und Söderholm (1995) vor, das Zeitkonstrukt in Vergangenheit, Gegenwart und Zukunft zu unterteilen. Der Ablauf der Zeit kann dann als ein Voranschreiten der Gegenwart durch Addition zur Vergangenheit und Subtraktion von der Zukunft verstanden werden. Aus der Sicht von permanenten Organisationen, die ihre Zukunft als unendlich wahrnehmen, wird logischerweise auch die Zukunft ewig andauern, da selbst die Subtraktion einer beliebig großen endlichen Größe von Unendlichkeit immer noch Unendlichkeit hinterlassen würde. Demgegenüber ist die Zeit für temporäre Organisationen von Beginn an eine finite Größe, die mitunter durch vertragliche Rahmenbedingungen geschaffen wird (Lundin und Söderholm, 1995).

Darüber, wie genau das Verstreichen der Zeit in Organisationen von Individuen erlebt wird, gibt es zwei unterschiedliche Vorstellungen, die in einem konkurrierenden Verhältnis zueinander stehen:

1. Die *lineare Zeitwahrnehmung* unterstellt, im Sinne eines geradlinigen Ursache-Wirkungs-Zusammenhangs, dass jede Entwicklung ihre Wurzeln im Vorangegangenen hat. Burrell (1992) geht davon aus, dass die Organisationstheorie zu großen Teilen dieser Vorstellung unterlegen ist. So wird in Organisationen beispielsweise auf vorhandenes Wissen zurückgegriffen, um darauf aufbauend bestimmte Weiterentwicklungen (seien sie organisational oder produktbezogen) anzustoßen.
2. Bei der *zyklischen Zeitwahrnehmung* wiederholen sich demgegenüber Phänomene in schleifenartigen Prozessen, ähnlich dem Verlauf der Sonne mit zyklischen Auf- und Untergängen (Burrell, 1992).

Beide Zeitwahrnehmungen werden von Individuen als extern gegeben empfunden, analog zur Logik einer „external clock" (Gherardi und Strati, 1988: 153 ff.; Hassard, 1991: 116; Lundin und Söderholm, 1995: 440). Die Organisationsforschung geht davon aus, dass sich soziale Prozesse an bestimmte Zeitempfindungen anpassen (Burrell, 1992). Ibert (2004) ordnet die zyklische Wahrnehmung in diesem Zusammenhang eher den permanenten Organisationen zu und sieht die lineare Wahrnehmung eher bei temporären Organisationen.

Obwohl Lundin und Söderholm (1995) auch dem zyklischen Zeitverständnis ein gewisses Erklärungspotenzial im Hinblick auf die Prozesse, welche in temporären Organisationen ablaufen, zuschreiben, halten sie dieses Verständnis in der Praxis für kaum vermittelbar und plädieren in letzter Konsequenz dafür, in temporären Organisationen eine Linearität zu unterstellen, die am besten mit Phasenmodellen beschrieben werden könne:

> „When it is known from the beginning that an organization is to be in existence for a limited period of time only, it is natural to think of this period in terms of consecutive phases, starting with the initiation and ending with evaluation" (Lundin und Söderholm, 1995: 440).

Die Linearitätsannahmen, die mitunter auch von der Gruppenforschung getroffen werden (z.B. Tuckman, 1965; Tuckman und Jensen, 1977), finden jedoch auch Widerspruch. So entwickelt Gersick (1988) die Grundzüge eines Entwicklungsmodells für Projektgruppen, das sich an punktuellen Gleichgewichten orientiert. Danach alterniert das Verhalten der Gruppenmitglieder zwischen Trägheit und Revolution und ist davon abhängig, wie sehr die Zeit fortgeschritten ist. Nach der Hälfte der Lebenszeit einer temporären Organisation fänden dann plötzlich eingeleitete Wandlungsprozesse statt, die für die die Entwicklung der Gruppe in der verbleibenden Laufzeit der temporären Organisation maßgeblich seien (Gersick, 1989). Burrell (1992: 177) plädiert dafür, das lineare und das zyklische Zeitverständnis zu integrieren, welches dann durch eine eher spiralförmige Metapher beschrieben werden könne. Dadurch wäre einerseits der zyklische Verlauf gegeben, andererseits würde es nie zu Wiederholungen kommen, da jeder Punkt auf der Spirale einzigartig sei. Obwohl auch diese Metapher nicht ganz frei von Linearitätsannahmen ist, erlaubt sie aber alternative und konkurrierende Handlungsstränge, chronologische Interdependenzen und zumindest ansatzweise selbstreferenzielle Prozesse. Dadurch würde, so Burrell (1992: 177), eine „free area of activity" geschaffen, also ein Raum, der entkoppelt von der permanenten Organisation vielfältige Handlungen, Kreativität und Lösungskonzepte befördert. Um das spiralförmige Zeitverständnis auf temporäre Organisationen anzuwenden, schlagen Lundin und Söderholm (1995) vor, die Spirale gewissermaßen auszurollen und als lineare Sequenz von Phasen zu analysieren:

> *„Temporary organizations could be seen as a way of making part of the spiral into a linear foreseeable sequence. In other words, temporary organizations provide a means for achieving 'a free area of activities'"* (Lundin und Söderholm, 1995: 440).

In Abgrenzung zu Lundin und Söderholm (1995) halte ich diesen Schritt für die Gewinnung von grundlegenden Erkenntnissen über menschliche Verhaltensweisen keineswegs für erforderlich, sondern er dürfte den Versuch, ein realistisches Bild von den tatsächlichen Prozessen zu gewinnen, die in temporären Organisationen ablaufen, eher behindern.[19]

Vor dem Hintergrund einer Konzeptualisierung von PCB und NCB erscheint mir ein eher spiralförmiges, sozial konstruiertes Zeitverständnis erforderlich, gerade um actio und reactio von kooperativen Verhaltensweisen samt ihrer Interdependenz und Reziprozität einzufangen. Dieses Zeitverständnis erscheint darüber hinaus kompatibel mit dem im vorherigen Unterkapitel eingeführten Prozessmodell von Ring und Van de Ven (1994), denn auch dort werden keine rein linearen Prozesse unterstellt, sondern die eben erwähnten Interdependenzen, die iterativ, kaum aber strikt linear, zur Entwicklung interorganisationaler Beziehungen beitragen. Ebenso bedeutend wie die Spiral-Metapher kann der von ihr aufgespannte Aktivitätsraum (s.o.) gelten. Gerade in jenem Raum dürfte die Kreativität (Mainemelis, 2001) und das fesselnde Moment von temporären Organisationen (Bakker et al., 2012; Jones, 1996) liegen. Mit der fesselnden Wirkung wird eine Ambivalenz umschrieben, die zwischen dem emotionalen Bindungspotenzial von Projekten, das Individuen zu außerordentlichen Leistungen bewegt, und einer ausufernden Loyalität, die sowohl mit Selbst- als auch Fremdausbeutung im Sinne einer bedingungslosen Unterordnung persönlicher Belange unter die Erreichung von Projektzielen einhergehen kann, besteht.

---

[19] Eine solche Sequenzierung kann allenfalls im angewandten Projektmanagement nützlich sein, etwa in der Konzeptions- und Planungsphase von Projekten. Diese Anwendung stellt jedoch eher darauf ab, Projekte möglichst geordnet zu implementieren, nicht aber ex post das beobachtete Verhalten, die Praktiken und Prozesse zu beschreiben und zu verstehen.

Trotz – oder gerade wegen – der zeitlichen Befristung können temporäre Organisationen nicht nur eine besondere Bindungswirkung gegenüber Individuen entfalten, sondern diese auch zu außergewöhnlichen Teamleistungen befähigen. Die besondere Teamleistung wird vor allem dadurch erreicht, dass die Projektgruppe aufgrund der nahenden Frist in einen anderen, stärker heuristischen Modus der Informationsverarbeitung übergeht (Bakker et al., 2012; Kelly und Loving, 2004). Als Teil einer solchen heuristischen Verarbeitung wäre es vorstellbar, dass Citizenship Behaviors schon deshalb in besonderem Maße erbracht werden, weil diese den Beteiligten nützlich oder erforderlich erscheinen, um die übergreifenden Projektziele in der gegebenen Zeit zu erreichen (Bakker et al., 2012). Dabei könnte die systematische Verarbeitung (Bezugnahme auf Stellenbeschreibungen, Prozesspläne und damit Rollenverhalten) einer ergebnisorientierten Verarbeitung (und dem dabei notwendigen Extrarollenverhalten) weichen.

Dem fesselnden Moment von temporären Organisationen stehen hierbei jedoch die Befunde zu OCB in permanenten Organisationen gegenüber. Diese legen nahe, dass kooperative Arbeitseinstellungen besonders stark ausgeprägt sind, wenn Individuen schon einige Zeit in einer bestimmten Position arbeiten und eine längere Betriebszugehörigkeit vorweisen können (Mathieu und Zajac, 1990). Damit einher geht die Tatsache, dass im Rahmen psychologischer Verträge häufig diffuse Reziprozitätserwartungen an Citizenship Behaviors geknüpft werden (Coyle-Shapiro, 2002). Vor allem bei kürzeren Projekten dürfte die Zeit fehlen, Gegenleistungen überhaupt glaubhaft in Aussicht zu stellen ohne diese explizit zu formulieren. Zu einem Unterbinden von Citizenship Behaviors könnte ebenso beitragen, wenn die aktuelle Zusammenarbeit als einmalig verstanden wird und eine erneute Kooperation in zukünftigen temporären Organisationen unwahrscheinlich ist.

Welcher der beiden skizzierten Effekte letztlich überwiegt und welche Randbedingungen dabei entscheidend sind, lässt sich alleine aufgrund theoretischer Abwägungen kaum aufklären und ist deshalb explizit Gegenstand der empirischen Untersuchung (siehe Kapitel 3.3).

Neben den Wirkungen der Fristigkeit sollten jedoch auch die projektübergreifenden Beziehungen zwischen Projektbeteiligten und deren Organisationen (z.B. in Form von Projektnetzwerken) mit in den Blick genommen werden. Temporäre Organisationen sollen – wie bereits hergeleitet – in der vorliegenden Arbeit nicht (nur) als „lonely projects", sondern gerade auch in deren spezifischen Kontexten und unter Berücksichtigung der damit einhergehenden Kontingenzen (Engwall, 2003), verstanden werden. Somit stellt die Konzeptualisierung von PCB und NCB einen Spagat her zwischen der fesselnden Wirkung limitierter Zeit und der stabilisierenden Wirkung projektüberdauernder Beziehungen.

2.3.3 Relationalität und Entstehung von Sozialkapital

Die beiden vorangegangenen Unterkapitel (2.3.1 und 2.3.2) haben bereits verschiedene Merkmale einer PCB- bzw. NCB-Konzeptualisierung umrissen. Dabei wurden diese Verhaltensweisen zunächst in einem interorganisationalen Kontext verortet. Häufig findet die interorganisationale Zusammenarbeit in temporären Organisationen wie etwa Projekten statt, die u.a. durch flache Hierarchien und einen stetigen Wandel gekennzeichnet sind, der sich wiederum als ein fortlaufender Entwicklungsprozess der temporären Organisation darstellt. Ferner wurde diese Form der Zusammenarbeit vor dem Hintergrund begrenzter Zeit und der Wahrnehmung von Temporalität betrachtet.

Nebst der Interorganisationalität und Temporalität soll nun die Relationalität – gewissermaßen als Synthese der beiden vorangegangenen Unterkapitel – thematisiert werden. Dabei wird beleuchtet, welche Beziehungsdimension von Interorganisationsbeziehungen mit PCB bzw. NCB assoziiert wird und wie sich diese Relationalität qualitativ (auch vor dem Hintergrund von Temporalität) spezifizieren lässt. Beziehungen werden dabei allgemein als Träger von sozialem Kapital verstanden, das den beteiligten Individuen oder Organisationen zu Gute kommt. Somit sind die Beziehungen "resources embedded in a social structure that are accessed and/or mobilized in purposive actions" (Lin, 2001: 29). Das soziale Kapital solcher Beziehungen stellt ähnlich wie andere Ressourcen einen bedeutenden Wert für Organisationen dar. Während physisches Kapitel in Werkzeugen und Maschinen, Humankapital in Aus- und Weiterbildung sowie

Berufserfahrung zu erkennen ist, drückt sich soziales Kapital in engen Beziehungen aus (Coleman, 1988; Lin, 2001). Die Beziehungen, die soziales Kapital binden, lassen sich gemäß Nahapiet and Ghoshal (1998) analytisch in drei Dimensionen zerlegen:[20]

Die strukturelle Dimension betrifft das Muster von Beziehungen und stellt darauf ab, ob und in welcher Intensität Akteure überhaupt verbunden sind (z.B. einander kennen). Die relationale Dimension beschreibt die Art der Verbindungen zwischen den Akteuren. Während die strukturelle Dimension also angibt, ob überhaupt Verbindungen bestehen, umfasst die relationale Dimension die Qualität und Charakteristika von Beziehungen (z.B. Sympathie, Vertrauen). Die kognitive Dimension beschreibt, inwieweit Individuen ein gemeinsames Verständnis oder eine einheitliche Perspektive mit anderen Akteuren des Netzwerks entwickeln. Forschungsarbeiten zum Sozialkapital stellen häufig auf nur eine oder zwei dieser Dimensionen ab (wenngleich es auch Bestrebungen zu integrativen Ansätzen gibt, siehe z.B. Bolino et al., 2002; Seibert et al., 2001). Traditionell wurde die strukturelle Dimension häufig in den Blick genommen und überprüft, welchen Einfluss bestimmte strukturelle Formationen (z.B. strukturelle Löcher) auf die Art der Beziehungen und das Sozialkapital von Organisationen oder Netzwerken haben (z.B. Burt, 1992; Coleman, 1988; Granovetter, 1973).

Ähnlich dieser Fokussierung der strukturellen Dimension wird in der vorliegen Untersuchung vorrangig die relationale Dimension herangezogen und mit PCB und NCB in Verbindung gebracht. Damit sollen die anderen beiden Dimensionen nicht als weniger bedeutend für PCB und NCB klassifiziert werden (schon weil die Dimensionen in ihrer realen Erscheinung untrennbar miteinander verwoben sein dürften),[21] vielmehr wird hier schlicht der Fragestellung nach den qualitativen Wirkungen von PCB

---

[20] Die Unterscheidung von Nahapiet and Ghoshal (1998) ist in der Forschung sehr etabliert und wurde vielfach aufgegriffen (siehe z.B. Bolino et al., 2002; Inkpen und Tsang, 2005). Nicht unerwähnt sollte jedoch bleiben, dass es eine Reihe alternativer Modelle des Sozialkapitals gibt, hierzu zählen beispielsweise die Arbeiten von Bourdieu (1986), Burt (1997), Coleman (1988) sowie Leana und Van Buren (1999).

[21] Bolino et al. (2002) argumentieren z.B., dass OCB einen positiven Einfluss auf alle drei Dimensionen entfalten kann und darüber zur organisationalen Leistung beiträgt.

und NCB Vorrang gewährt. Dabei wird angenommen (und im dritten Teil dieser Arbeit darüber hinaus auch empirisch nachgewiesen), dass PCB und NCB grundsätzlich relevant für die Qualität von Beziehungen sowohl auf personeller als auch auf organisationaler Ebene sind. Dies steht im Einklang mit den allgemeinen Annahmen und auch empirischen Befunden der OCB-Forschung (z.B. Bolino et al., 2002; Coyle-Shapiro, 2002; Organ et al., 2006). Qualität ist dabei nicht neutral im Sinne von Gestalt oder Ausprägung gemeint, sondern beinhaltet eine positive Konnotation in der Weise, dass PCB und NCB potenziell zum gegenseitigen Mögen, zum Vertrauen und zur Identifikation miteinander beitragen (siehe dazu auch Bolino et al., 2002).

Allgemeiner gefasst und auf Interorganisationsbeziehungen übertragen, dürften PCB und NCB eher zu kooperativen denn zu kompetitiven Beziehungen beitragen. Ferner dürfte die hierbei entstehende Interaktion zwischen den Akteuren dazu führen, dass eher relationale in Abgrenzung zu rein transaktionalen Beziehungen entstehen. Gemeint ist damit, dass derlei Beziehungen nicht über rein marktliche Mechanismen im Sinne eines Aufeinandertreffens von Angebot und Nachfrage „at arms length" gesteuert werden. Vielmehr wird hier für ein Verständnis plädiert, in dem der zentrale Koordinationsmechanismus jenseits von Markt, aber auch jenseits von Hierarchie liegt und stattdessen an relationale Beziehungsmerkmale anknüpft (Sydow und Möllering, 2009). Unter gewissen Randbedingungen, wie der Komplementarität von Ressourcen, wäre es gar vorstellbar, dass die Interorganisationsbeziehung als solche – unter dem Zutun von PCB und NCB – zu relationalen Wettbewerbsvorteilen von Organisationen beiträgt (Duschek, 2004; Dyer und Singh, 1998).

3 Empirische Untersuchungen

3.1 Eignung von Mixed Method-Designs zur Erforschung von PCB und NCB

Die in der vorliegenden Arbeit entwickelte theoretische Konzeption von PCB und NCB gründet – wie in den vorangegangenen Kapiteln hergeleitet – auf drei interdisziplinären Perspektiven: (1) die sozialpsychologische Perspektive, welche die personalen Akteure in den Mittelpunkt der Analyse rückt und das Verhalten von Individuen aus personenbezogenen, aufgabenbezogenen und situativen Faktoren, die auf Personen einwirken, erklärt. Diese Betrachtungsweise entspricht derjenigen, die üblicherweise von OCB-Forschern eingenommen wird, (2) die Perspektive der Forschung zu temporären Organisationsformen, die sich mit dem Spannungsfeld von Temporärem und Permanentem auseinandersetzt und insbesondere Projekte, sowie deren Einbettung in projektübergreifende Strukturen wie Projektnetzwerke und Projektökologien, als Untersuchungsobjekt heranzieht, (3) die vor allem soziologisch motivierte Netzwerkperspektive, die spezifische Strukturmerkmale der Organisationsform des Netzwerks aufgreift. Dabei bietet die Netzwerkforschung auch Einsichten zur Entstehung und Entwicklung von Netzwerken und den dabei ablaufenden Prozessen.

Die drei epistemologisch und methodologisch durchaus heterogenen Perspektiven sollen bei der empirischen Untersuchung in der Weise kombiniert werden, dass die Stärken aller drei Ansätze zum Tragen kommen und einander möglichst komplementär ergänzen. Die Sozialpsychologie bzw. die OCB-Forschung arbeitet vorwiegend mit quantitativen Methoden und standardisierten Skalen, die theoretische Konstrukte in verschiedenen Dimensionen darstellen, welche wiederum durch mehrere Items operationalisiert werden (Bortz und Döring, 2006). Dagegen beruht das hier verwendete organisationssoziologische, prozesshafte Netzwerkverständnis darauf, dass die Interaktion von Akteuren aufgrund der Besonderheit des Untersuchungsobjekts am besten durch qualitative Methoden und insbesondere Längsschnitt-Fallstudien untersucht werden kann (Eisenhardt,

1989; Yin, 2009). Die Projektmanagementforschung erweist sich insgesamt als stark interdisziplinär und kann insgesamt als nicht nur multiparadigmatisch, sondern insbesondere auch als multimethodisch gelten (Lundin, 2011: 357 f.).

Die vermeintlich konkurrierenden methodischen Ansätze lassen sich mithilfe eines *Mixed Method*-Untersuchungsdesigns miteinander in Verbindung bringen, sodass der Analyse über eine methodische Triangulation mehr Breite und Tiefe verliehen wird (Flick, 1991). *Mixed Method* steht für Forschungsmethoden, die das Sammeln, Analysieren und Interpretieren von Daten mithilfe von quantitativen und qualitativen Methoden in einer einzigen Studie (oder einer Serie von Studien) beinhalten und die das gleiche zu Grunde liegende Phänomen untersuchen (Leech und Onwuegbuzie, 2008). Die zentrale Prämisse besteht darin, dass die Kombination quantitativer und qualitativer Ansätze zu einem besseren Verständnis beiträgt als es ein Ansatz alleine in der Lage gewesen wäre (Creswell und Plano Clark, 2007).

Angesichts der historischen Auseinandersetzung zwischen strikten Verfechtern des qualitativen und des quantitativen Paradigmas ist eine Zusammenführung der beiden Ansätze keineswegs selbstverständlich. Beide Seiten verstehen ihre jeweilige Methodologie als geeignet für die Forschung und vertreten implizit, teilweise auch explizit, die sogenannte *incompatibility thesis* (Howe, 1988), also die Unvereinbarkeit qualitativer und quantitativer Forschungsdesigns. Dies liegt insbesondere in den vermeintlich gegensätzlichen Positionen des Positivismus (u.a. Ayer, 1959; Popper, 1959; Schrag, 1992) einerseits und des Konstruktivismus bzw. Interpretativismus (u.a. Lincoln und Guba, 2000; Schwandt, 2000) andererseits begründet.[22] Die Vertreter der *Mixed Method*-Forschung beschreiben einen dritten Weg jenseits der traditionellen Konfliktlinien und positionieren ihren Ansatz als eine eigenständige Methode, der manche Forscher gar das Potenzial eines neuen Paradigmas zuschreiben (Johnson und Onwuegbuzie, 2004). Da die *Mixed Method*- gegenüber qualitativer bzw.

---

[22] Im deutschsprachigen Raum ist diese Kontroverse im Zusammenhang mit dem „Positivismusstreit in der deutschen Soziologie" bekannt geworden. Als Protagonisten traten dabei Theodor W. Adorno und Karl R. Popper in den Vordergrund um ihre Positionen zum Prozess der wissenschaftlichen Theoriebildung darzulegen (Adorno, 1978).

quantitativer Forschung nicht inkommensurabel ist (Kuhn, 1979) und neben dem methodischen kaum einen epistemologischen und ontologischen Beitrag liefert, dürfte es höchst umstritten bleiben, ob damit tatsächlich ein Paradigmenwechsel angestoßen werden kann. Weitgehend entkoppelt von der epistemologischen Debatte fühlt sich die *Mixed Method*-Forschung vor allem dem Pragmatismus verpflichtet (Johnson und Onwuegbuzie, 2004: 16f.). Vor dem Hintergrund der Schwächen monomethodischer Studien verfolgt die *Mixed Method*-Forschung das Ziel, eine „workable solution" zu finden, die sich die Stärken sowohl qualitativer als auch quantitativer Methoden zunutze macht (Johnson und Onwuegbuzie, 2004: 16).

Da anzunehmen ist, dass die unterschiedlichen Methoden die Wirklichkeit des Untersuchungsgegenstands jeweils unterschiedlich konstruieren, eignet sich die Kombination der Methoden nicht nur als Validierungsstrategie, sondern insbesondere als eine mehrperspektivische Betrachtung und wechselseitige Ergänzung (Flick, 1991). Nach Greene et al. (1989) können *Mixed Methods* fünf verschiedene Ziele verfolgen: (1) Triangulation (von Methoden, um konvergierende Ergebnisse zu finden), (2) Komplementarität (Erforschen unterschiedlicher Aspekte eines Phänomens), (3) Initiierung (Gemeinsamkeiten, Unterschiede und neue Perspektiven finden), (4) Expansion (ein Forschungsprojekt in Breite und Umfang erweitern), (5) Ergänzung (um z.B. die Genauigkeit zu erhöhen). Eine etwas allgemeinere Typisierung verwenden Neal et al. (2006). Sie unterscheiden *Mixed Methods* danach, ob die Ergebnisse konvergieren (qualitative Befunde = quantitative Befunde), ob sie sich ergänzen (qualitative + quantitative Befunde), oder ob die Methoden ineinander integriert sind (qualitative Befunde basieren auf quantitativen Befunden oder umgekehrt). Je nach verfolgtem Ziel kann das Untersuchungsdesign von *Mixed Methods* variieren. Von besonderem Interesse ist dabei, in welchem Verhältnis die eingesetzten qualitativen und quantitativen Methoden zueinander stehen, ob die Methoden gleichwertig verwendet werden oder ob eine Methode die andere dominiert, in welcher Reihenfolge die Methoden angewandt, oder ob sie simultan eingesetzt werden (Creswell et al., 2003).

Bei der Erforschung von PCB und NCB wird ein *Mixed Method*-Untersuchungsdesign gewählt, bei dem der qualitative Ansatz durch eine Vorstudie bestehend aus teilstrukturierten Leitfadeninterviews und der quantitative Ansatz durch eine Querschnittsstudie abgedeckt werden. Daraufhin folgt eine qualitativ orientierte Intensivfallstudie. Das Untersuchungsdesign ist sequenziell angelegt, sodass die Methoden ineinander greifen und ihre jeweiligen Stärken zum Tragen kommen. Dadurch sollen mehrere Perspektiven auf PCB und NCB einbezogen werden, um insgesamt ein breiteres und tieferes Verständnis zu entwickeln als es einer Methode alleine möglich gewesen wäre.

Beginnend mit explorativ-qualitativen Leitfadeninterviews (erste Teilstudie) soll durch ein eher induktives Vorgehen bei der Datenerhebung und Auswertung eine Annäherung an die Merkmale und Dimensionalität von PCB und NCB als kooperative Verhaltensweisen in interorganisationalen Projekten und Projektnetzwerken erfolgen. Die Leitfadeninterviews orientieren sich grob an den bestehenden Erkenntnissen zu OCB, lassen aber auch Raum für bisher unbeachtete und/oder kontextspezifische Befunde. Zur Auswertung wird eine Inhaltsanalyse verwendet. Die Teilstudie hat neben der bereits skizzierten Annäherung auch zum Ziel, Items für die nachfolgende quantitative Erhebung zu extrahieren. Insofern kann die Verquickung der ersten beiden Teilstudien im Sinne von Greene (1989) als eine methodische Ergänzung und in Anlehnung an Neal et al. (2006) als ein integriertes Untersuchungsdesign bezeichnet werden.

Die quantitative Querschnittsuntersuchung (zweite Teilstudie) überprüft die Existenz von PCB und NCB entlang der zuvor explorierten Items und trägt durch Komplexitätsreduktion zur Abgrenzung von Dimensionen bei. Mithilfe eines standardisierten Fragebogens wurden Projektleiter und Projektmitarbeiter (branchen- und hierarchieübergreifend) in einer zeitlichen Momentaufnahme zu deren PCB und NCB im laufenden oder dem zuletzt abgeschlossenen Projekt befragt. Ziel der Querschnittsuntersuchung ist es, die Intensität von Citizenship Behaviors im Kontext interorganisationaler Projekte und Projektnetzwerke erstmalig überhaupt zu erfassen und relevante Konstrukte aus den gemessenen Items zu extrahieren. Bei der Auswertung wird dazu auf eine explorative Faktorenanalyse zurückgegriffen, mithilfe derer die PCB/NCB-Dimensionen aus dem Item-Pool extrahiert werden. Die Faktorenanalyse ist ein Verfahren der multivariaten Statistik und dient der Komplexitätsreduktion. Komplexität wird insofern reduziert, als dass viele unterschiedliche Items auf wenige zugrunde liegende, latente Variablen (hier die PCB/NCB-Dimensionen) reduziert werden können (Baur, 2003). In dieser Teilstudie werden darüber hinaus durch Regressionsanalysen Zusammenhänge zwischen PCB bzw. NCB und verschiedenen projektbezogenen und projektübergreifenden Erfolgsmaßen untersucht.

Im Anschluss an die quantitative Querschnittsuntersuchung wird eine qualitativ orientierte Intensivfallstudie vorgestellt (dritte Teilstudie). Es handelt sich hierbei um ein holistisches Fallstudiendesign (Yin, 2009: 46), mithilfe dessen die zuvor vorwiegend statische Analyse um eine dynamische Längsschnittbetrachtung ergänzt wird. Dadurch kann einerseits gezeigt werden, wie sich Citizenship Behavior als Form des kooperativen Verhaltens im Zeitverlauf entwickelt und andererseits, wie dieses Verhalten zur Entwicklung und Verfestigung von Projektnetzwerken beiträgt. Da PCB und NCB konzeptionell nicht derart angelegt sind, dass sie nur unter extremen oder einmaligen Bedingungen auftreten, sondern eher ein allgemeines und verbreitetes Phänomen beschreiben, soll mithilfe der Fallstudie auch der Versuch unternommen werden, die in den vorangegangenen Teilstudien identifizierten Charakteristika von PCB und NCB zu replizieren (Yin, 2009: 40 ff.). Dazu werden Daten herangezogen, die insbesondere in persönlichen und telefonischen leitfadengestützten Interviews gewonnen wurden und im Sinne einer Datentriangulation (Yin, 2009: 116) um die Erkenntnisse aus einer teilnehmenden Beobachtung sowie mit schriftlichen Daten (z.B. Protokolle, Presseberichte) ergänzt werden. Die Auswertung des Falls basiert auf einer Inhaltsanalyse und orientiert sich an dem von Eisenhardt (1989) skizzierten Prozess zur Theoriebildung aus Fallstudien. Im Hinblick auf die *Mixed Method*-Systematik reiht sich die dritte Teilstudie einerseits sequenziell an die vorangegangenen Teilstudien ein. Dies wird insbesondere dadurch gewährleistet, dass die in der ersten Teilstudie explorierten und in der zweiten validierten PCB/NCB-Dimensionen in der dritten Teilstudie – nebst anderen, vorwiegend prozessualen Kategorien – als Kodierschema herangezogen werden. Andererseits setzt die dritte Teilstudie mit der Fokussierung der Prozessualität von Citizenship Behaviors und Interorganisationsbeziehungen einen anderen bzw. komplementären Untersuchungsschwerpunkt.

Übergreifend betrachtet ist die Kombination der Methoden so zu verstehen, dass der quantitative Ansatz vor allem die Breite der Analyse gewährleistet, während der qualitative Ansatz, bestehend aus der Auswertung von exploratorischen Interviews zunächst eine ergebnisoffene Annäherung an den Untersuchungsgegenstand ermöglicht und im Rahmen der Fallstudie, die eine dynamische Betrachtung einbezieht, die Tiefe der Untersuchung sicherstellt. Dabei wird der innere Zusammenhang des *Mixed Method*-Untersuchungsdesigns sowohl durch die Sequenzialität der integrierten Teilstudien als auch durch die komplementäre Fokussierung von verschiedenen Untersuchungsschwerpunkten (Merkmale, Antezedenzien, Konsequenzen und Prozessualität von PCB und NCB) gewährleistet. Abbildung 11 veranschaulicht das auf dem *Mixed Method*-Ansatz basierende Untersuchungsdesign.

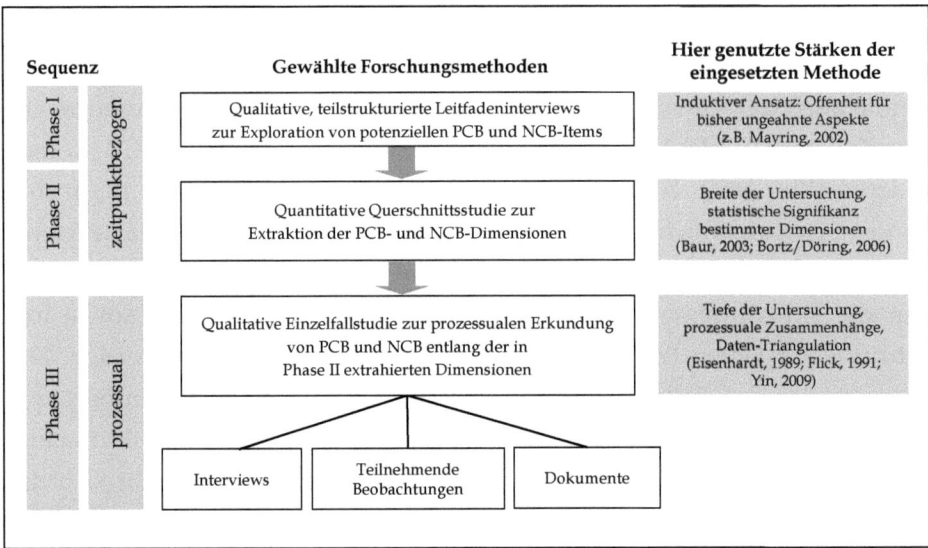

Abbildung 11: Das angewandte Mixed Method-Untersuchungsdesign

3.2 Qualitative Vorstudie zur Exploration

Um interorganisationale Projekte als u.U. mehr denn nur temporäre Systeme aus einer verhaltenswissenschaftlichen Perspektive zu untersuchen, wird in dieser Teilstudie die Frage gestellt, welche Art von kooperativen Verhaltensweisen von Projektbeteiligten erbracht werden.[23] Im Fokus der Betrachtung stehen dabei Verhaltensweisen, die über vertraglich vereinbarte Anforderungen hinausgehen. Es wird versucht, die Merkmale dieses kooperativen Verhaltens empirisch herauszuarbeiten. Basierend auf explorativen Befunden, wird das OCB-Konzept dabei als PCB und NCB rekonzeptualisiert sowie auf interorganisationale Projekte und die dahinter liegenden (Projekt-)Netzwerke angewandt. In diesem Zusammenhang erfolgt auch eine Diskussion darüber, in welchem Zusammenhang Citizenship Behaviors, die innerhalb von Projekten auftreten, zu solchen, die zwischen oder über mehrere Projekte hinweg, beispielsweise innerhalb von Projektnetzwerken erbracht werden, stehen und umgekehrt.

3.2.1 Präzisierung der Forschungsfragen

Die Forschung zu Projekten zeigt, dass sich temporäre Systeme deutlich von permanenten Organisationen unterscheiden (Ekstedt et al., 1999; Sahlin-Andersson und Söderholm, 2002; Sydow et al., 2004). Die zentralen Merkmale temporärer Organisationsformen werden in dem überaus bekannten Framework von Lundin und Söderholm (1995) benannt. Neben der zeitlichen Begrenzung bzw. allgemeiner, der Temporalität von Projekten, werden dort das Team als eine Komposition von Individuen, die interdependent zusammenarbeiten, eine Aufgabe, die überhaupt die Notwendigkeit eines Projektes begründet, und die Transition im Sinne einer Umwandlung im bzw. durch das Projekt angeführt (siehe Kapitel 2.2.3).

Zusätzlich zu diesen unverwechselbaren Merkmalen ist zu konstatieren, dass temporäre Systeme normalerweise eingebettet sind in zeitlich längerfristig angelegte Strukturen, wie beispielsweise Organisationen (u.a.

---

[23] Eine Vorabpublikation von Ergebnissen dieser Teilstudie findet sich bei Braun et al. (2012b).

Hobday, 2000), Portfolios (u.a. Dammer und Gemuenden, 2007), Netzwerke (u.a. Jones, 1996), Ökologien (u.a. Grabher, 2004a; b), und/oder organisationale Felder (u.a. Windeler und Sydow, 2001).

Obwohl sich inzwischen viele Forscher mit der Einbettung von Projekten auseinandersetzen (siehe z.B. Bakker, 2010; Engwall, 2003; Jones und Lichtenstein, 2008; Kenis et al., 2009; Sydow et al., 2004) und insbesondere auch das Spannungsverhältnis von Temporärem und Permanentem Aufmerksamkeit durch die Forschung erfährt (Arvidsson, 2009), ist die Rückführung dieser organisationalen Phänomene und Spannungsverhältnisse auf individuelle Verhaltensweisen weiterhin die Ausnahme. Dies trifft insbesondere auf Projekte zu, in denen Mitglieder verschiedener Organisationen zusammenarbeiten. Betrachtet man die langjährige Forschungstradition in Bezug auf Extrarollenverhalten im intraorganisationalen Umfeld, also Verhalten, das über Verhaltenserwartungen wie in Stellenbeschreibungen und Arbeitsverträge formuliert, hinausgeht, ist es überraschend, dass derartige Konzepte bisher kaum Anwendung in interorganisationalen Beziehungen fanden. Dabei deutet die Forschung daraufhin, dass gerade OCB zum Funktionieren von Organisationen beiträgt und auf verschiedene Effektivitätsmaße wirkt. Dies könnte möglicherweise auch für temporäre Organisationen Potenziale bergen. Vor dem Hintergrund des OCB-Konzepts wird in dieser Teilstudie beleuchtet, ob Citizenship Behaviors in interorganisationalen Projekten grundsätzlich vorhanden sein können und wenn ja, welche Charakteristika PCB und NCB dann aufweisen würden. Entsprechend lässt sich die folgende Forschungsleitfrage konkretisieren:

Sofern kooperative Verhaltensweisen wie Citizenship Behavior in interorganisationalen Projekten überhaupt anzutreffen sind, welche Merkmale weisen diese Verhaltensweisen dann vor dem Hintergrund der spezifischen Bedingungen interorganisationaler Projekte, einschließlich der dahinter liegenden Projektnetzwerke, auf?

Um die Forschungsfrage zu beantworten, legt diese Teilstudie ein adaptiertes Verständnis darüber zugrunde, wie individuelle Verhaltensweisen in interorganisationalen Projekten, die wiederum zumeist in Netzwerke eingebettet sind, projektübergreifende Zusammenhänge herstellen (vgl.

Kapitel 2.3). Bezugnehmend auf das OCB-Konzept und qualitativen Leitfadeninterviews wird PCB in diesem Abschnitt als ein Phänomen, das innerhalb von Projekten auftritt, eingeführt. Etwas zurückhaltender, aber doch mit empirischer Evidenz unterlegt, wird darüber hinaus NCB als ein Verhalten nachgewiesen, das projektübergreifend bzw. auch zwischen einzelnen Projekten, beispielsweise in Projektnetzwerkstrukturen, zu beobachten ist.

Dabei wird versucht, eine zentrale Einschränkung früherer OCB-Studien zu überwinden. Diese besteht darin, dass die OCB-Forschung bisher fast ausschließlich die Beziehung von Individuen gegenüber Linienorganisationen im Blick hatte und andere Analyseebenen wie Projekte oder Netzwerke nicht berücksichtigt wurden (vgl. Kapitel 2.1.6). Gerade diese Formen erfahren jedoch eine zunehmende Verbreitung angesichts von Outsourcing- und Offshoring-Aktivitäten, die viele Unternehmen verfolgen (Dressler, 2007: 9 ff.). Damit zusammenhängend hat sich Arbeit seit der Einführung des OCB-Konzepts im Jahr 1983 sehr stark verändert. Stabile Beschäftigungsverhältnisse mit konventionellen Arbeitsverträgen haben gegenüber neueren, oft atypischen Beschäftigungsformen an Bedeutung verloren (Reichel und Mayrhofer, 2009). Stattdessen wird Arbeit zunehmend verteilt auf viele oft kleinere, aber flexiblere Organisationen, bis hin zum Ein-Personen-Unternehmen (Grimshaw et al, 2005). Während diese neuen Organisationsformen einschließlich projektbasiertem Organisieren ein zunehmendes Interesse durch die Forschung erfahren (Bakker, 2010; Morris et al. 2011), hat die OCB-Forschung dieser Entwicklung nicht ausreichend Rechnung getragen. Dies erscheint angesichts der gerade skizzierten Entwicklungen unglücklich, da eine OCB-Forschung, die sich auf konventionelle Organisationen fokussiert, Relevanz einbüßen wird.

Im nächsten Abschnitt wird das Untersuchungsdesign und die verwendeten Erhebungs- und Analysemethoden vorgestellt. Anschließend werden Untersuchungsergebnisse berichtet. Die Ergebnisse werden daraufhin in Beziehung zur vorhandenen OCB-Forschung gesetzt und diskutiert.

3.2.2 Untersuchungsdesign und Methoden

Im Rahmen der explorativen Teilstudie wurden zunächst mehrere Branchen identifiziert, in denen in Netzwerke eingebettete interorganisationale Projekte weit verbreitet sind. In Anlehnung an die Literatur handelt es sich dabei typischerweise um die Branchen Filmindustrie, Theater, Spieleindustrie, Baugewerbe, Softwareentwicklung, Anzeigengeschäft, Biotechnologie, Beratung, Notfallschutz, Mode, Fernsehtechnik, Öl- und Gasförderung, Forschung und komplexe Produktsysteme (DeFillippi und Arthur, 1998; DeFillippi, 2002; Eccles, 1981; Goodman und Goodman, 1972; Grabher, 2004a; b; Hobday, 2000; Manning, 2010; Powell et al., 1996; Sydow und Staber, 2002; Uzzi, 1996; Weick, 1993).

Um Zugang zu in diesen Branchen beschäftigten Projektmanagern und -mitarbeitern zu erlangen, wurde eine Kooperation mit der GPM Deutsche Gesellschaft für Projektmanagement (GPM) eingegangen, welche die *International Project Management Association* (IPMA) in Deutschland vertritt. Die IPMA hat weltweit mehr als 40.000 Mitglieder und ist in circa 40 Ländern mit nationalen Vertretungen präsent. Die IPMA ist eine *nonprofit* Organisation und als solche in der Schweiz registriert. Die Organisation wurde zur internationalen Förderung des Projektmanagements ursprünglich in Wien von einer Gruppe mehrerer Manager im Jahr 1965 gegründet. Die IPMA verfolgt das Ziel, Projektmanagement als eigenständigen Beruf zu etablieren und dazu Standards und Richtlinien für professionelle Projektmanager zu entwickeln. Ein weiterer wichtiger Wirkungsbereich der IPMA sind Zertifizierungsprogramme für unterschiedliche Qualifikationsstufen im Bereich des Projektmanagements. In Deutschland umfasst die 1979 gegründete GPM rund 5.900 Mitglieder. Dabei handelt es sich um Fachpersonal unterschiedlicher Branchen und aller Hierarchieebenen aus dem Feld des Projektmanagements. Die Mitgliederbasis setzt sich sowohl aus Projektmanagern wie auch aus Projektmitarbeitern zusammen, wobei die Mehrzahl (auch) mit Managementaufgaben betraut sein dürfte.

Angesichts der explorativen Herangehensweise ist die GPM ein adäquater Partner für die Identifizierung möglicher Interviewpartner. Die Akquise erfolgte über die Regional- und Fachgruppen der GPM. Jede dieser Gruppen hat einen Vorsitzenden, der gewöhnlich ein langjähriges Mitglied der GPM ist und einen guten Überblick über die Gruppenmitglieder und deren Arbeitssituation hat. Diese Vorsitzenden halfen dabei, Teilnehmer zu identifizieren, welche folgende drei Kriterien erfüllen: (1) Projektmanager oder -mitarbeiter, die typischerweise in interorganisationalen Projekten arbeiten. Durch Anwendung dieses Filters wurden alle Personen ausgeschlossen, die vor allem in intraorganisationalen Projekten tätig sind. (2) Personen, die in Branchen mit hohem Projektanteil arbeiten (siehe Auflistung oben). Diese Personen haben tendenziell Erfahrung in Organisationsgrenzen überschreitender Projektarbeit, die mitunter in komplexe Netzwerke interorganisationaler Beziehungen eingebettet ist. (3) Personen, die umfassende Arbeitserfahrung bezüglich solcher Projekte haben (mehr als fünf Jahre).

Zwei Datenquellen wurden im Rahmen einer Methodentriangulation genutzt: Zum einen wurden 25 semi-strukturierte Interviews geführt und transkribiert. Zum anderen nahmen ein (teilweise mehrere Forscher der Freien Universität Berlin) im Projektverlauf an verschiedenen, von der GPM organisierten, branchenübergreifenden Konferenzen teil, um ein besseres Verständnis für den Forschungskontext zu erlangen und Zugang zu weiteren Interviewpartnern zu gewinnen.

Die Interviews wurden bei örtlichen Besuchen persönlich oder häufig auch telefonisch geführt, aufgenommen und für eine anschließende Analyse wortwörtlich transkribiert. Einige der ersten Interviews wurden von zwei Mitgliedern des Forschungsteams geführt. Dies erlaubte es uns, von einer vollwertigeren Informationssammlung und Rückfragen nach dem Interview (Huber und Power, 1985) zu profitieren sowie die Interviewfragen für später befragte Teilnehmer zu verfeinern.

Jedes Interview (durchschnittliche Dauer 30-45 Minuten) orientierte sich an einem Interviewleitfaden, erweitert um anknüpfende und abklärende Fragen. Die Interviews bestanden aus vier zentralen Themen und wurden – geleitet von der einschlägigen OCB-Forschung aber zugleich offen für projektspezifische Einsichten – wie folgt strukturiert: (1) Der typische Ablauf von Projekten, (2) das Geschehen vor und nach Projekten, (3) das Auftreten von kooperativem Verhalten in Projekten, und (4) Ähnlichkeiten und Unterschiede von Projekten zu intraorganisationaler Arbeit.

Spezifische Aspekte (z.B. OCB-Dimensionen) wurden nicht erwähnt, bis sie die befragte Person selbst ansprach. Auch dabei wurden die Fachtermini vermieden. Im Verlauf des Forschungsprojekts wurden die Fragen sukzessive spezifischer und die Interviews wiesen naturgemäß zunehmend einen eher bestätigenden als explorativen Charakter auf, obwohl weiterhin nicht-direktive Fragen verwendet wurden. Dies deutete darauf hin, dass ein Saturationspunkt erreicht wurde.

Bei der Teilnahme an Konferenzen wurden vorläufige Ergebnisse der Studie mit Praktikern im Vergleich zu deren individuellen Erfahrungen diskutiert. Durch Anwendung dieser Methode als Form der Teilnehmervalidierung konnte die externe Validität der Erkenntnisse erhöht werden (Seale, 1999).

Nach der Datensammlung und -codierung habe ich eine qualitative Inhaltsanalyse des empirischen Materials durchgeführt, um die subjektiven Perspektiven der Befragten im Hinblick auf Citizenship Behavior in interorganisationalen Projekten (z.B. PCB oder NCB) nachzuvollziehen. Anschließend erfolgte eine sukzessive Abstrahierung der Daten bis hin zur Extraktion von typischen Mustern individueller, kooperativer Verhaltensweisen innerhalb und zwischen interorganisationalen Projekten. Die vorläufigen Ergebnisse, insbesondere mehrdeutige Zitate und Grenzfälle habe ich daraufhin mit Kollegen im Forscherteam diskutiert. Der nachfolgende Abschnitt skizziert, wie jeder einzelne Schritt der Kodierung und der Datenanalyse konkret von statten ging:

Zunächst wurden alle Daten in einer projektbezogenen Datenbank gesammelt, um die Reliabilität zu erhöhen (Yin, 2009: 45, 119). Diese Datenbank umfasst „Rohdaten" bestehend aus 316 Seiten transkribierten Interviews und ungefähr 30 Seiten Feldnotizen und Konferenzdaten (z.B. Präsentationsfolien). Nach dem Zusammentragen der gesamten schriftlichen Daten wurde die Software Altas.ti genutzt, um die Rohdaten zunächst zu systematisieren und einen Überblick zu erhalten. Atlas.ti ist ein Softwareprogramm zur Sammlung und Kodierung von vorwiegend qualitativen Daten. Für die zusammenfassende Analyse mit Atlas.ti wurden alle Rohdaten, die nicht im Word- oder PDF-Format vorlagen, durch Scannen in PDF-Dateien umgewandelt. Durch das zyklische Lesen in Verbindung mit Protokollen, die das Forscherteam begleitend anfertigte, entstand ein zunehmend ausdifferenziertes Verständnis davon, inwiefern sich Projektbeteiligte in interorganisationalen Projekten kooperativ verhalten.

Der nächste Schritt beinhaltete die Kodierung der qualitativen Daten. Zu Anfang habe ich dabei kein detailliertes Kodierungsschema genutzt, sondern mit einer induktiven Codeentwicklung begonnen. Die Suchheuristik war dabei auf Antezedenzien und Charakteristika von Citizenship Behavior innerhalb und zwischen Projekten gerichtet. Der Analyseprozess war durch die vorhandenen Erkenntnisse zum OCB-Konzept sensibilisiert, jedoch wurden die spezifischen OCB-Dimensionen oder Begriffe aus der Theorie nicht als Kodierungsschema verwendet, um aufgeschlossen gegenüber zusätzlichen oder projektspezifischen Befunden zu bleiben. Die Kombination aus deduktiven Vorüberlegungen und induktiver Methode für die Codeentwicklung wird von Mayring (2002: 116) vorgeschlagen und auch in thematisch verwandten Studien genutzt (z.B. Ames et al., 2004; Blatt, 2008). Dieser Arbeitsschritt wurde unabhängig von zwei Forschern durchgeführt, anschließend wurden die kodierten Textstellen beider Personen verglichen. Bei widersprüchlichen oder gegensätzlichen Fällen, bei denen mehrere Kategorien als eine Abstraktion der Textstelle plausibel erschienen, wurde die Kategorie gewählt, die aus Sicht beider Forscher am besten geeignet ist, um die Kernbotschaft zu erfassen (Konsenslösung). Dieser Vorgang ergab insgesamt 235 kodierte Textstellen, welche die Grundlage für die nächsten Schritte der Datenanalyse bildeten.

Im dritten Schritt erfolgte eine Verdichtung der empirischen Daten. Tabelle 3 und 4 beschreiben die emergierte Datenstruktur von PCB und NCB. Dabei wurde mit der Kodierung auf der Ebene der Texteinheit begonnen, wo nach kohärenten Aussagen, die durch Sätze oder Satzsequenzen bestehen, gesucht wurde. Die in den Tabellen dargestellten Zitate und deren Analyse dienen der Illustration des Vorgehens. Die Textstellen wurden auf Basis von zwei Kriterien ausgewählt: (1) Es wurde eine große Bandbreite unterschiedlicher Branchen berücksichtigt, um die Generalisierbarkeit der Befunde zu stützen. (2) Es wurden solche Zitate gewählt, die repräsentativ für die übergreifenden PCB/NCB-Dimensionen sind und in ähnlicher Form in mehreren Interviews auftauchten.

Beispielzitate aus den Interviews

Da geht der eine hin und fragt, kannst du mir mal helfen? Und dann macht der andere das ganz einfach, ohne dass es da eine vertragliche Grundlage gäbe. Da ist der Projekterfolg in Gänze wichtiger als irgendwelche vertraglichen Abgrenzungen (I-15, Z. 141 ff.).

Es gibt eigentlich keine Verträge, die keine Lücken haben. Die Lücken tauchen dann eben auf, während man diese Projekte abwickelt und dann stellt sich plötzlich heraus: „Mh, das ist bei mir nicht im Scope." Und der andere sagt: „Mh, bei mir eigentlich auch nicht. Aber wir müssen es liefern, weil wir insgesamt dafür zuständig sind" (I-6, Z. 126 ff.).

Manchmal leisten die ein bisschen mehr, also dass zum Beispiel der Dienstleister auch proaktiv auf jemanden zukommt und sagt: "Kann ich dir noch irgendetwas Gutes tun, brauchst du noch irgendwo eine Leistung von mir, oder so?" und dann sagt: "Ach, das kriegen wir schon irgendwie hin" (I-19, Z. 167 ff.).

Ein sehr großer Toolhersteller hat uns dann Einsicht gegeben [...] in sämtliche Interna des Tools und uns teilweise die Testzugänge gegeben, oder die Dokumentation gegeben, die interne Dokumentation. Das haben wir eigentlich so nicht erwartet (I-20, Z. 207 ff.).

Bei diesem Post-Manager, hat jemand aus unserem Team aktiv in einem andern Team ausgeholfen, weil jemand krank geworden ist. Da ist jemand von uns dort eingesprungen und aktiv im dem Team Aufgaben übernommen, die von der anderen Firma normalerweise übernommen worden wären (I-7, Z. 128 ff.).

Unter Kooperation verstehe ich da an der Stelle, dass jeder [...] Mitarbeiter umsichtig handelt. Wenn also Trainerkollegen in Singapur sind und dort das Trainingsmaterial nicht rechtzeitig angekommen ist, dann brauche ich sehr kooperatives Verhalten der Kunden vor Ort aber auch der Mitarbeiter im Büro, das zu steuern und das auszugleichen (I-11, Z. 145 ff.).

Ich erlebe es laufend, dass Mitarbeiter den Projekterfolg über die Interessen der eigenen Firma stellen. Ja, man identifiziert sich mit dem Projekt, weil der Projekterfolg tatsächlich deutlich intensiver erlebbar ist als die Interessen der eigenen Firma (I-15, Z. 234 ff.).

Kooperatives Verhalten drückt sich darin aus, zusammenzuarbeiten um den Projekterfolg zu haben und nicht nur seinen einzelnen kleinen Teil für den man zuständig ist, im Fokus zu haben, sondern das Gesamtergebnis (I-15, Z. 227 ff.).

Freiwillige Arbeitsübernahme durch andere ist sicherlich ein sehr, sehr starkes Motiv kooperativen Verhaltens, das immer wieder auftritt (I-21, Z. 253 f.).

Vor allem kommt das durch hohen persönlichen Einsatz der beteiligten Personen zum Ausdruck, die sich ganz persönlich dafür einsetzen, die gesetzten Ziele zu erreichen. Ich sag mal einfach schlicht durch Mehrarbeit oder auch durch Nacharbeit bestimmter Dinge (I-9, Z. 357 ff.).

Wir waren auf einer Baustelle mit 6000 Leuten international an dem Londoner-Flughafen unterwegs. Da wurde eigentlich nicht unterschieden zwischen externen Beratern und anderen, sondern da war das oberste Gebot und Konzept: Zusammengesetzte Teams, da wurde wirklich nach Etagen sortiert (I-1, Z. 24 ff.).

Man hat am Anfang natürlich kommerzielle Abgrenzungen, wer macht was. Aber anschließend muss man sagen, jetzt vergessen wir den Vertrag erst einmal, jetzt müssen wir sehen, dass wir zu einem Team werden. Und dann muss diese Teambildung sozusagen ohne Grenzen erfolgen – also ohne Unternehmensgrenzen, über Unternehmens- oder Bereichsgrenzen hinweg (I-13, Z. 284 ff.).

Also wenn das Projekt erfolgreich war, fällt das zuerst mal zurück auf die Dienstleister, die dort eine gute Leistung gebracht haben – und das festigt natürlich die Beziehung (I-19, Z. 513 ff.).

Ich möchte dass ich mich auf die verlassen kann. Wenn mir jemand sagt, ich mache das, dann will ich auch, dass er das macht. Und wenn ich da jedes Mal nachhaken und feststellen muss, dass es nicht gemahct hat, dann gibt es Ärger (I-5, Z. 281 ff.).

Also wenn jetzt irgendjemand anfängt, aus diesem Projekt heraus dem anderen, der den Lead hat, den Kunden abzugraben, dann fliegt er natürlich sofort raus. Das sind aber Anstands-Spielregeln, die eigentlich fast alle Firmen von sich aus einhalten (I-24, Z. 158 ff.).

Kooperatives Verhalten zeigt sich daran, dass der Projektpartner in hervorragender Weise seine vertraglichen Pflichten erfüllt und sogar vorzeitig (I-6, Z. 239 ff.).

Die Sublieferanten bringen auch jede Menge Erfahrung mit. Sie sagen: „Habt ihr schonmal überlegt, bei der Verdrahtung könnte man das so und so machen, seid ihr einverstanden?" Das ist durchaus immer wieder der Fall (I-2, Z. 221 ff.).

Die Projektmitarbeiter kennen unsere Umgebung so gut, dass sie von sich aus auch auf Dinge aufmerksam werden und mich auch darauf stoßen, wenn irgendetwas getan werden kann, was das ganze System verbessert (I-12, Z. 217 ff.).

Ich versuche schon eine Atmosphäre zu schaffen, in der wir oft miteinander reden und schon im Vorfeld versuchen Dinge hochzubringen nach dem Motto: „Ja. In der Ecke könnte eventuell etwas schief laufen. Was können wir denn da tun?" (I-12, Z. 146 ff.).

Man wünscht sich natürlich immer ein früher Signal, wenn es irgendwo Schwierigkeiten oder Störungen gibt, solange man noch handlungsfähig ist (I-13, Z. 248 ff.).

Tabelle 3: Emergierte Datenstruktur von PCB
Quelle: In Anlehnung an Braun et al. (2012b: 276 f.)

Erste Abstraktionsstufe: Paraphrasen (Forscher induziert, sehr nahe an Originaldaten)	Zweite Abstraktionsstufe: Kategorien (Forscher induziert)	Dritte Abstraktionsstufe: PCB-Dimensionen (Forscher induziert)
Obwohl die Mitarbeiter nicht verpflichtet sind, einander zu helfen, machen sie es trotzdem, um den gemeinsamen Projekterfolg zu sichern.	Überbrückung vertraglicher Lücken und Bewältigung unvorhersehbarer Situationen	Project-specific helping behavior
Da nicht jede Eventualität vertraglich geregelt werden kann, kommt es in der operativen Zusammenarbeit auf die gegenseitige Unterstützung an.		
Die Dienstleister signalisieren einander, dass sie helfen würden, falls dies erforderlich ist.	Gegenseitige Unterstützung	
Ein Projektpartner hat freiwillig, ohne Nachfrage, Einblicke in seine Interna gewährt, sodass das Projekt gemeinsam besser bearbeitet werden konnte.		
Wegen eines Krankheitsfalls wäre es zu einem zeitlichen Verzug gekommen, wenn nicht ein Mitarbeiter einer anderen Firma eingesprungen wäre.	Pragmatische Problemlösungen	
Bei Problemen müssen alle Beteiligten umsichtig handeln und z.B. Verzögerungen ausgleichen.		
Die Projektpartner unterstützen sich gegenseitig und ziehen an einem Strang.	Projekt als Bezugspunkt von Verhalten	Project loyalty
Der gemeinsame Projekterfolg wird in den Vordergrund gestellt und nicht individuelle Teilaufgaben.		
Hilfsbereitschaft in Form freiwilliger Arbeitsübernahme ist ein häufiges Phänomen in Projekten.	Verantwortungsbewusstsein gegenüber dem Projekt	
Um die Projektziele zu erreichen, erbringen die Mitarbeiter einen hohen persönlichen Einsatz, über das geforderte Maß hinaus.		
Die Zugehörigkeit von internen und externen Mitarbeitern zu Organisationen tritt in den Hintergrund. Stattdessen werden die Mitarbeiter Teil eines unternehmensübergreifenden Projektteams.	Unternehmensgrenzen verwischen	
Bei zwischenbetrieblichen Projekten ist es wichtig, dass die beteiligten Mitarbeiter zu einem Team, und die Unternehmensgrenzen dabei vernachlässigt, werden.		
Der Projekterfolg wird den verantwortlichen Dienstleistern angerechnet und dadurch wird auch die Beziehung gefestigt.	Erfüllung von Erwartungen	Project compliance
In Projekten sollten sich Mitarbeiter an Vereinbarungen halten, denn dadurch entsteht Verlässlichkeit		
In Projekten müssen bestimmte Spielregeln eingehalten werden. Das Abwerben eines Kunden wäre beispielsweise ein Grund des Ausschlusses aus dem Projekt.	Befolgen von Regeln der Zusammenarbeit	
Es kommt bei kooperativem Verhalten auf die vertragliche Pflichterfüllung an.		
In der operativen Zusammenarbeit bringen die Projektpartner ihre Erfahrung ein und können so initiativ Vorschläge unterbreiten.	Einbringen eigener Erfahrungen und Ideen	Project-specific proactive behavior
Mitarbeiter machen die Projektleitung aus eigener Initative auf Verbesserungsmöglichkeiten aufmerksam.		
Es ist wichtig, dass die Teammitglieder miteinander reden, um mögliche Probleme frühzeitig zu erkennen und rechtzeitig zu reagieren.	Vorausschauendes Verhalten	
Wenn Probleme frühzeitig angedeutet werden, kann es noch gelingen, gute Lösungen zu finden.		

Beispielzitate aus den Interviews

Bei anderen baut sich schon eine gewisse Beziehung auf, zum Beispiel, dass man sich auch im Vorfeld von Projekten abstimmt. Dass man sagt: „Pass mal auf, wir sind am Augenblick wieder dran. Wie siehts denn aus? Das Projekt könnte in einem viertel/halben Jahr kommen – haltet da inzwischen Personal für uns vor" (I-2, Z. 49 ff.).

Also wir haben zum Beispiel eine Firma, mit der kooperieren wir, obwohl die jetzt in den vergangenen Jahren zig-Mal aufgekauft wurde, oder sich wieder aufgelöst hat. Aber der Kern von Leuten, mit denen wir zusammenarbeiten, ist immer weiter gewandert. Mit denen haben wir gute Erfahrungen. Insofern wechselt dann unsere Zusammenarbeit von einer Firma auf die andere. Aber es geht dabei immer um die gleichen Leute (I-25, Z. 55 ff.).

Wir bleiben immer in Kontakt. Ich habe zwei, drei Leute, mit denen ich schon erfolgreich zusammengearbeit habe. Wenn mal eine Flaute ist und ein paar Wochen nichts läuft, dann bleibe ich auch schon mit denen in Kontakt. Anrufen oder E-Mail. Meistens sind es Anrufe, um zu checken wie die Lage beiderseitig ist, ob wieder etwas Neues kommt oder ob der- oder diejenige sich eventuell schon für etwas anderes interessiert. Man muss schon versuchen die Leute bei der Stange zu halten (I-12, Z. 41 ff.).

Also wir haben einen expliziten Partnermanager, und die Dame kümmert sich um die Partnerbeziehungen, da ist ja gerade mit Produktherstellern, ist das häufiger, da gibt es ja dann auch durchaus gemeinsame Aktivitäten, also sei es jetzt dass wir auf Kundenevents Vorträge halten, oder auch Adresslisten gemeinsam besprechen, oder auch bis hin zu, dass wir Opportunities, die sich bieten am Markt, dass wir die gemeinsam auch durchgehen (I-17, Z. 55 ff.).

Ich bin sehr viel auf Konferenzen, Tagungen, Messen, Seminaren, Veranstaltungen in dem ganzen Umkreis meines Fachbereiches und natürlich auch meiner Berufsorientierung unterwegs. Um ständig auch sehen, was sich entwickelt und wo sich neue Konstellationen ergeben, um sich zu beteiligen oder auch um sehr viel zu vermitteln, um Netzwerke auch miteinander bekannt zu machen, die sich vielleicht auch kennen sollten (I-11, Z. 75 ff.).

Wir gehen davon aus, dass die Partner entsprechend mit ihrer Leistungsfähigkeit up to date sind und sich selber weiterhin marktfähig erhalten. Es sind besondere Anforderungen für große Projekte erforderlich und wir sehen schon, dass dort eigeninitiativ sowohl bei Planungs- und Ingenieursdienstleistern als auch bei Baufirmen, dass man dort eigeninitiativ auf dem Weg ist und auch kommuniziert, gewisse Kompetenzen erworben zu haben und dann gewisse Prozesse implementiert zu haben um sich ständig im Fokus zu halten als leistungsfähiger Partner
(I-3, Z. 293 ff.).

Tabelle 4: Emergierte Datenstruktur von NCB
Quelle: In Anlehnung an Braun et al. (2012b: 278)

Erste Abstraktionsstufe: Sub-Kategorien (Forscher induziert, sehr nahe an Originaldaten)	Zweite Abstraktionsstufe: Kategorien (Forscher induziert)	Dritte Abstraktionsstufe: NCB-Dimensionen (Forscher induziert)
In der Anbahnungsphase bemüht man sich, bekannte Personen mit ins Projekt zu holen.	Berücksichtigung von Partnern in der Projektanbahnung	Network-related loyalty
Es besteht eine projektübergreifende Beziehung zu bestimmten Personen, auch wenn deren Arbeitgeber wechselt.	Beziehungen als Bezugspunkt von Verhalten	
Wir versuchen Personen, mit denen wir gut zusammengearbeitet haben, nicht aus den Augen zu verlieren. Auch wenn kein konkretes Projekt in Bearbeitung ist, wird per Telefon und E-Mail Kontakt gehalten.	Regelmäßige Kommunikation (persönlich, E-mail, Telefon)	Proactive relationship management
In unserem Hause gibt es eine eigene Stelle für die Beziehungspflege. Das beinhaltet z.B. die Teilnahme an Kundenevents, Adresslisten verwalten und den Markt beobachten.	Unterstützung durch ein zentralisiertes Partnermanagement	
Es ist Teil der Aufgabe, an verschiedensten Veranstaltungen teilzunehmen, um dort Beziehungen zu pflegen und Möglichkeiten der Zusammenarbeit zu eruieren.	Kontaktpflege im Rahmen von "Events"	
Die Sublieferanten versuchen durch die Vorlage von Zertifikaten zu signalisieren, dass sie die nötigen Fähigkeiten für ein Projekt besitzen.		Self-development

Wie oben gezeigt, führte die anfängliche Kodierung zu erstrangingen, in-vivo von Informanten genannten Kategorien. Zunächst wurden einige der Texteinheiten multiplen Kategorien zugeordnet, um eine reichhaltige Interpretation der Daten zu ermöglichen. Die Vorgehensweise wird am Beispiel eines Bauprojekts am Londoner Flughafen Heathrow ersichtlich. Einer der Befragten antwortete „Wir haben auf einer Baustelle mit 6.000 internationalen Leuten am Londoner Flughafen gearbeitet. Dort wurde kein Unterschied gemacht, ob jemand externer Berater oder Mitarbeiter war. Die Devise war: gemischte Teams." Daran anschließend nimmt der befragte Projektmanager weiter dazu Stellung, wie eng die Teams zusammengearbeitet haben, ohne organisationale Grenzen zu bedenken. Bei der initialen Kodierung wurde dieser Textstelle die Kategorie „Mitarbeiter verschiedener Organisationen werden Mitglied eines interorganisationalen Projekts" zugeordnet. Weitere Textstellen mit ähnlichen Aussagen wurden unter diese Kategorie erster Ordnung subsumiert.

Im nächsten Schritt erfolgte die Konstruktion einander sich wechselseitig ausschließender Kategorien zweiter Ordnung, die hierarchisch gruppiert wurden. Dadurch verdichteten sich die 235 erstrangigen Kategorien zu 14 übergeordneten Dimensionen, die abstraktere und von den Forschern induzierte Interpretationen enthalten. Das Beispiel des Heathrow-Flughafens wurde so in eine Kategorie zweiter Ordnung überführt, welche die Bezeichnung „Organisationsgrenzen verschwimmen zunehmend" trägt. Unter diesem Begriff subsumieren sich im Zuge der Abstraktion mehrere Kategorien erster Ordnung.

Daran anschließend wurden die Kategorien zweiter Ordnung unter insgesamt sieben Kategorien dritter Ordnung gefasst. Zu diesem Zeitpunkt war ein Abstraktionsniveau erreicht, das den aus früheren OCB-Studien bekannten Dimensionen sehr nahe kommt, beispielsweise Initiative als eine OCB-Dimension im Vergleich zu projektspezifischem proaktiven Verhalten als eine PCB-Dimension. Erneut bezugnehmend auf das Beispiel des Heathrow-Flughafens, wurde die vorgestellte Kategorie zweiter Ordnung nun in einem letzten Abstraktionsschritt subsumiert unter „projektbezogene Loyalität".

Die Struktur der emergierten Dimensionen legte nahe, dass vier der Kategorien dritter Ordnung zentrale PCB-Dimensionen repräsentieren, da sie innerhalb von Projekten auftreten (projektbezogene Hilfsbereitschaft, Projektloyalität, Projektcompliance und projektbezogenes proaktives Verhalten). Drei der emergierten Dimensionen repräsentieren NCB-Dimensionen, da die darin subsumierten Verhaltensweisen vor allem zwischen mehreren Projekten auftreten (netzwerkbezogene Loyalität, proaktives Beziehungsmanagement, Weiterentwicklung).

Der Abstraktionsprozess beinhaltete eingehendes und wiederholtes Lesen der Daten. Wenn eine Texteinheit oder Kategorie identifiziert wurde, die nicht zu einem der Themen der nächsten Abstraktionsebene passte, wurde eine neue Kategorie eingeführt. Sobald weitere Kategorien hinzugefügt wurden, erfolgte eine erneute Überprüfung des gesamten Datenmaterials auf Übereinstimmungen mit dieser Kategorie. Wie oben erwähnt, wurden manche der Daten mehrfach kodiert – Textphrasen oder Sätze wurden also mehr als einer Kategorie zugeordnet. Im Verlauf der Datenanalyse ordneten die Forscher diese Texteinheiten der Kategorie zu, die deren Inhalte am besten erfasste.

Parallel zum Analyseprozess wurden weitere Interviews geführt, die noch gezielter die zuvor unterbeleuchteten Aspekte adressierten. Durch die Verwendung dieser fokussierten Interviews wurden Ambiguitäten in unserem Verständnis von PCB und NCB beseitigt, z.B. wie diese beiden Konzepte zueinander stehen. Zweifelsohne befindet sich bei manchen Abstraktionsstufen ein großer kognitiver Schritt zwischen der sichtbaren empirischen Evidenz und den iterativ abstrahierten Kategorien, bis hin zu den finalen Dimensionen von PCB und NCB. Allerdings ist dieser kognitive Schritt dem Abstraktionsgedanken inhärent und es wird in dieser Art explorativer Forschung immer einer kreativen Abstraktion bedürfen (Langley, 1999). Folglich wurden diese Schritte hin zu einem übergreifenden Framework vollzogen.

Um trotzdem Verzerrungen oder forscherinduzierten Verfälschungen, die bei der Interpretation entstehen können, vorzubeugen, wurde sehr gewissenhaft darauf geachtet, die beiden folgenden Prinzipien einzuhalten: (1) Die Daten wurden stets unter Berücksichtigung des Kontexts der jeweiligen Interviews analysiert. Damit gemeint sind u.a. der professionelle Hintergrund des Befragten, zentralen Projektmerkmale (Größe, Dauer, Zusammensetzung des Projektteams etc.) und branchenbezogene

Merkmalen (z.B. Kreativbranche versus Maschinenbau). (2) Der gesamte Kodierungsprozess wurde von zwei Forschern (einer davon involviert in das Forschungsprojekt, der andere ohne jeden Bezug zur Thematik und zum Forschungsprojekt) durchgeführt, um eine möglichst unverzerrte Kodierung zu gewährleisten. Die beiden Forscher kodierten unabhängig voneinander erneut das gesamte Datenmaterial unter Verwendung der emergierten PCB- und NCB-Dimensionen. Anschließend wurde Cohens (1960) Kappa-Kriterium herangezogen, um ein statistisches Maß der Intercoder-Reliabilität zu errechnen. Dieses Maß gibt Aufschluss über den Grad der Übereinstimmung der beiden unabhängig voneinander erfolgten Kodierungen und kontrolliert dabei die durch reinen Zufall möglichen Übereinstimmungen. Die Berechnung ergab eine Reliabilität von 0,56 für PCB und 0,61 für NCB. Gemäß Landis und Koch (1977) sind diese Ergebnisse als „moderate Übereinstimmung" für PCB und „substantielle Übereinstimmung" für NCB zu werten. Die nicht übereinstimmenden Fälle wurden anschließend von den Forschern diskutiert und konnten so aufgelöst werden. Trotz der Anstrengungen, die Untersuchung so objektiv wie möglich durchzuführen, bleibt die Einschränkung, eine komplexe Realität auf das zu reduzieren, was für unsere Interviewpartner und die beteiligten Forscher intersubjektiv konsistent erscheint.

Die Befunde im Hinblick auf die Dimensionalität von PCB und NCB als übergreifendes Framework wurden dann mit Ergebnissen früherer Forschung zu OCB verglichen, um Ähnlichkeiten (z.B. die Art und Weise, wie helfendes Verhalten erfolgt) und Unterschiede (z.B. die Existenz von *Sportsmanship*) zu beleuchten. Dies stärkte die interne Validität der Befunde und half, Daten und Theorie zu verbinden.

3.2.3 Befunde zu den Merkmalen von PCB und NCB

In der Tradition früherer Forschungsarbeiten, die Projekte als mehr denn nur temporäre Systeme beschreiben, legen auch die vorliegenden Ergebnisse eine Einbettung von Projekten in (eher) permanente Kontexte von Organisationen und/oder in interorganisationale Netzwerke nahe.

Die Analyse zeigt, dass Citizenship Behaviors ein relevantes Phänomen in der Projektarbeit sind. Insbesondere PCB kann dabei als ein Verhalten nachgewiesen werden, das freiwillig erfolgt und in der projektbasierten Zusammenarbeit auch dann auftritt, wenn mehrere Organisationen involviert sind. Dabei wurde von den Befragten häufig erwähnt, dass es durchaus verbreitet ist, wenn Projektbeteiligte ihren Kolleginnen (auch in anderen Organisationen als der eigenen) Unterstützung anbieten, die über das formell vereinbarte Maß hinausreicht. Ausschlaggebend für dieses Verhalten sei in erster Linie das gemeinsame Ziel, ein erfolgreiches Projekt zu ermöglichen. In diesem Zusammenhang berichtete der Leiter einer Finanzabteilung in der Automobilindustrie:

> *„Im täglichen Projektgeschäft ist es ziemlich normal, dass jeder Partner dem anderen hilft, wenn Probleme auftreten und dass man von der Hilfe des anderen abhängig ist."*

Allerdings, so zeigen die Ergebnisse, ist Citizenship Behavior nicht nur innerhalb von gerade ablaufenden Projekten in Form von PCB beobachtbar, sondern es kann durchaus auch zwischen Projekten bzw. projektübergreifend neben der unmittelbaren Projektarbeit als NCB auftreten (siehe Abbildung 12). Dies ist angesichts der Eingebundenheit von Projekten in stabilere, interorganisationale Projektnetzwerke nicht verwunderlich. Zwar verändern sich die Akteurskonstellationen im Verlauf mehrerer aufeinander folgender Projekte, dennoch gibt es in der Regel eine stabile – wenn auch informelle – Mitgliedschaft einiger weniger Personen (und auch Organisationen). Die Analyse zeigt, dass diese eher stetigen Beziehungen in der Lage sind, kooperative Verhaltensweisen zu motivieren. PCB und NCB treten neben dem auf Organisationen gerichteten OCB auf. Die multiplen Foci von Citizenship Behavior existieren teilweise parallel nebeneinander, jedoch wurde auch von Fällen berichtet, dass z.B. die Loyalität gegenüber bestimmten Projekten die Bindung an den Arbeitgeber partiell lösen kann, sodass teilweise die interorganisational definierten Projektziele über die spezifischen Ziele des eigenen Arbeitgebers gestellt wurden.

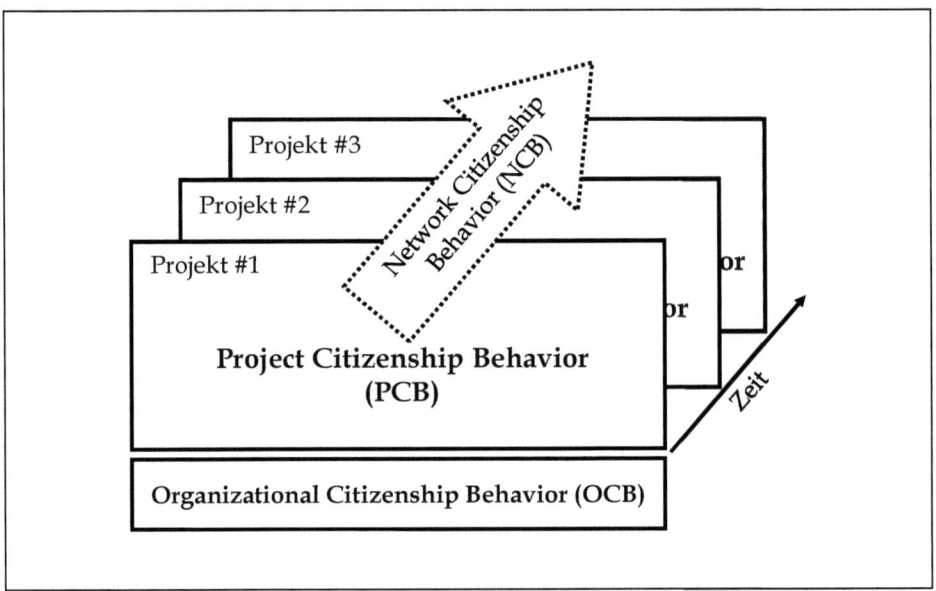

Abbildung 12: PCB und NCB im Kontext interorganisationaler Projekte
Quelle: In Anlehnung an Braun et al. (2012b: 279)

Die Bedeutung projektübergreifender Beziehungen konnte beispielsweise dadurch nachgewiesen werden, dass Befragte regelmäßig angaben, bei der Besetzung von Projektteams auf Kontakte zurückzugreifen, die in der Vergangenheit (meist in anderen Projekten) entstanden sind. Ein Projektmanager, der für ein großes Ingenieurbüro arbeitet, brachte dies durch folgende Aussage auf den Punkt:

„Manche [Projektmitarbeiter] bestellt man zu Projekten und danach ist die Sache wieder vergessen. Bei anderen baut sich schon eine gewisse Beziehung auf, zum Beispiel dass man sich auch im Vorfeld von Projekten abstimmt. Dass man sagt: ‚Pass mal auf, wir sind im Augenblick wieder [an neuen Projekten] dran. Wie sieht's denn aus? Das Projekt könnte in einem viertel oder halben Jahr kommen – haltet da inzwischen Personal für uns vor!'"

Im Folgenden wird gezeigt, wie die mithin anerkannten OCB-Dimensionen auf der Basis der empirischen Befunde dieser Forschungsarbeit in Richtung interorganisationaler Projekte und Projektnetzwerke als PCB und NCB rekonzeptualisiert werden können. Die Darstellung nimmt Bezug auf die OCB-Dimensionen, die in einer umfassenden Metaanalyse von Podsakoff et al. (2000) als State-of-the-Art der OCB-Forschung herausgearbeitet wurden und zeigt, wie sich Citizenship Behaviors im betrachteten Kontext von den Ergebnissen bisheriger OCB-Forschung unterscheiden:

Helping Behavior
Hilfsbereitschaft ist im Kontext von Projekten in Richtung einzelner Personen oder auch an das gesamte Projektteam gerichtet, dessen Mitglieder Arbeitsverträge mit unterschiedlichen Organisationen haben können. Folglich kann dieses Verhalten Organisationsgrenzen überwinden. Diese Erkenntnis ist keineswegs trivial, da die Zurechenbarkeit von erfüllten Aufgaben oder geleisteter Arbeitszeit zu bestimmten Organisationen so (zumindest teilweise) torpediert werden kann. Nichtsdestotrotz ist projektbezogene Hilfsbereitschaft (*Project-specific Helping Behavior*) essenziell in interorganisationalen Projekten, wie es auch einer der Befragten unterstreicht:

> *„Das ist ja das Projektleben, dass jeder mal Probleme hat und dass man wirklich aufeinander angewiesen ist, dass jeder jedem hilft. Wenn man schon länger zusammenarbeitet, dann weiß man, man kann sich auf den anderen verlassen und wenn man selber einmal Probleme hat, dann hilft der andere da auch"* (Interview 2, Abteilungsleiter, verarbeitendes Gewerbe, Z. 263-267).

Hilfsbereitschaft scheint eher ein Phänomen zu sein, das in der operativen Projektarbeit auftritt und kann daher eindeutig als PCB-Dimension identifiziert werden. Eine Begründung mag darin liegen, dass Hilfsbereitschaft, mehr als andere Verhaltensweisen, klare Systemgrenzen erfordert, die den Identifikationsprozess ermöglichen. Solche Grenzen können durch ein spezifisches Projekt als ein temporäres System bereitgestellt werden, weniger jedoch durch ein Projektnetzwerk, dessen Grenzen mitunter – nicht zuletzt aufgrund der Wechsel von Partnern – stark verwischen können.

Sportsmanship

Diese Dimension, die im Deutschen als Fairness bzw. genauer als eine „sportliche" Reaktion auf Fehler von anderen beschrieben werden kann, ist im Kontext interorganisationaler Projekte auf die Eigenarten dieser spezifischen Organisationsform auszurichten. Die Befragten betonten in diesem Zusammenhang, dass in interorganisationalen Projekten generell ein geringeres Maß an Toleranz, etwa für größere Verzögerungen oder auch für Fehler von Kollegen vorzufinden ist. So führten Verzögerungen und Mehrkosten, die häufig daraus resultieren, in der Projektarbeit sehr häufig zu finanziellen Nachforderungen (*Claims*). Diese seien in manchen Branchen, wie der Bauindustrie, so selbstverständlich, dass sich eigene Abteilungen nur mit dem *Claim*-Management beschäftigten. Insofern liegt *Sportsmanship* mitunter nicht in der Hand der Projektmitarbeiter. Auch wenn sie mit Nachsicht auf Verzögerungen und Fehler von Kollegen reagieren wollten, so bleibt ihnen diese Handlungsoption mitunter versperrt. *Sportsmanship* wird in diesem Falle von den Politiken der beteiligten Organisationen und von Verträgen zwischen den beteiligten Partnern verdrängt:

> *„Die meisten Projekte sind zeitkritisch. Und deswegen ein Auge zuzudrücken würde bedeuten, dass man die eigenen Ziele nicht mehr richtig erreichen kann" (Interview 13, Projektmanager, Luft-/ Raumfahrtbranche, Z. 369-370).*

Nichtsdestotrotz ist eine persönliche Wahlmöglichkeit mit einer leicht anderen Akzentuierung gegeben: Projektmanager und Projektmitarbeiter haben einen gewissen Ermessensspielraum, wie sehr sie sich an Problemlösungsaktivitäten beteiligen und sich auf diese Weise bemühen, kreative Lösungen zu finden, oder ob sie unmittelbar mit der Formulierung von finanziellen Nachforderungen beginnen. Ganz offensichtlich würde die erste Verhaltensweise eher zu dem passen, was einen guten „Projektbürger" ausmacht, als es die zweite Handlungsoption vermögen würde:

> *„Wenn die Auswirkungen nicht so gravierend sind, dann sagt man: ‚Wir nehmen das auf, notieren und dokumentieren das beide. Ihr habt vierzehn Tage Verzug. Wir konnten vierzehn Tage später an-*

fangen. Wir bemühen uns. Vielleicht können wir wieder ein bisschen aufholen und am Ende vom Projekt setzen wir uns zusammen und rechnen auf. Bei uns ist auch nicht alles so gut gelaufen. Ihr hattet Probleme durch uns und wir jetzt durch euch. Das wird alles zeitnah dokumentiert und am Ende wird abgerechnet.' Das ist so eine Variante, die oft geht und die auch gut läuft" (Interview 2, Abteilungsleiter, verarbeitendes Gewerbe, Z. 167-175).

Die hier beschriebene Problemlösungsorientierung kommt bei einer genauen Betrachtung der OCB-Literatur und wie diese die entsprechenden Dimensionen operationalisiert insgesamt der des *Helping Behavior* näher als der *Sportsmanship*-Dimension. Entsprechend erfolgt hier auch die Zuordnung zur projektspezifischen Hilfsbereitschaft innerhalb des PCB-Konstrukts.

Organizational Loyalty

Die Loyalitätsdimension weist auch in interorganisationalen Projekten eine große Relevanz auf. Der größte Unterschied zur Organisationsebene dürfte in der Zugehörigkeitsfrage liegen, also welcher organisationalen Einheit Personen angehören – im vertraglichen Sinne, aber auch im Hinblick auf deren Identifikationspunkt. Die Zugehörigkeitsfrage kann dabei zu einem Spannungsverhältnis zwischen den permanenten Organisationen einerseits und der Projektebene andererseits führen. Projektmitglieder stehen mitunter in einem arbeitsvertraglichen Verhältnis zu einer der am Projekt beteiligten Organisationen. Deshalb bestehen die Verpflichtungen der Projektmitglieder zunächst auch gegenüber deren Linienvorgesetzten. Das Projekt bildet vor diesem Hintergrund eine zusätzliche Bezugsebene und kann als solche die Loyalität der Mitarbeiterinnen auf sich richten. Entsprechend ist projektbezogene Loyalität als eine Dimension des PCB-Konstrukts zu fassen:

„Man hat am Anfang natürlich kommerzielle Einigungen, die man treffen muss. Da hat man auch Abgrenzungen, wer macht eigentlich was. Aber anschließend muss man sagen, jetzt vergessen wir den Vertrag erst einmal, jetzt müssen wir sehen, dass wir zu einem

> *Team werden. Wir müssen die Leistung jetzt erbringen. Und dann muss diese Teambildung sozusagen ohne Grenzen erfolgen. Also ohne Unternehmensgrenzen, sondern über Unternehmens- und Bereichsgrenzen hinweg" (Interview 13, Projektmanager, Luft-/ Raumfahrtbranche, Z. 286-292).*

Für stabilere Beziehungen zwischen Individuen, die sich über mehrere Projekte hinaus strecken, wurde zudem eine weitere Art der Loyalität gefunden, die an beständige Beziehungen anknüpft und eben nicht (nur) an ein unmittelbar umzusetzendes Projekt. Diese Dimension wird hier als netzwerkbezogene Loyalität (*Network-related Loyalty*) bezeichnet. In diesem Zusammenhang berichtete einer der Befragten folgendermaßen von seinen langjährigen Projekterfahrungen:

> *„Wenn einer der Projektpartner Gefahr läuft, insolvent zu gehen und dieses Problem offen kommuniziert, dann entsteht eine Dynamik, dann werden Netzwerkpartner helfen – manchmal schließen sich drei oder vier Partner zusammen, um einen anderen zu retten. Ich habe das ein paar Mal mitbekommen und das ist immer wieder einfach nur toll" (Interview 24, Geschäftsführer, IT-Beratung, Z. 314-332, 349-356).*

Organizational Compliance

In diese Dimension sind formelle und informelle Regeln sowie Prozesse eingeschlossen, die vom Management, welches Projekte initiiert, aufgesetzt bzw. vom Projektmanager festgelegt oder in einem mehr oder weniger demokratischen Prozess durch das Projektteam aufgestellt werden. Gegenstand von *Compliance* können beispielsweise Regeln sein, welche die Kommunikation zwischen den Beteiligten, deren Umgang mit Informationen, die Einhaltung von Fristen und Arbeitszeiten betreffen. Heutzutage sind viele Projekte „virtuell", sodass die Projektbeteiligten ausschließlich über Internet und Telefon zusammenarbeiten. Vor diesem Hintergrund ist es fast Normalität, dass niemand die Einhaltung von bestimmten Regeln direkt überwachen kann. Entsprechend ist es umso wichtiger, dass die Projektbeteiligten auch unbeobachtet *Compliance*-Themen im Projekt (*Pro-*

ject Compliance) sehr ernst nehmen und dass auf die Einhaltung von Vereinbarung Verlass ist:

> *„Wir haben natürlich dann oft auch wieder auf Leute zurückgegriffen oder auch auf Institutionen zurückgegriffen, die wir schon kannten; die sich da auch als kooperativ erwiesen haben und eben auch eine gute Arbeit abgeliefert haben [...]. Da muss man ja wissen, wen man dann ansprechen kann"* (Interview 18, Projektmanager, IT-/Hardware-Implementierung, Z. 99-105).

Compliance im Projekt ist ein Phänomen, das zwar gewiss als PCB-Dimension von Bedeutung ist, allerdings in projektübergreifenden Beziehungen, also im Sinne von NCB, an dieser Stelle nicht nachgewiesen werden kann. Das mag daran liegen, dass Projektnetzwerke, zumindest die hier betrachteten, deutlich weniger formalisiert sind als die eigentlichen Projekte. Zudem sind Projektnetzwerke durch einen ständigen Wechsel von Organisationen und Individuen gekennzeichnet. Möglicherweise achten die Beteiligten von Projektnetzwerken auf die Einhaltung informeller Regeln, die zweifelsohne dort vorzufinden sind, jedoch sind solche Regeln weniger greifbar als formalisierte Regeln.

Individual Initiative
Eigeninitiative in interorganisationalen Projekten erscheint sehr vergleichbar zu der, die in permanenten Organisationen vorzufinden ist. Entsprechend lässt sich diese Dimension auch dem PCB-Konstrukt zuordnen. Beispielsweise nutzen Projektbeteiligte proaktiv das Wissen aus vergangenen Projekten, um Verbesserungsvorschläge im aktuellen Projekt zu unterbreiten. Dies trifft auch dann zu, wenn Individuen nicht direkt darum gebeten werden. Einer der Befragten stellte fest:

> *„Es gab Partner, die sich in der Branche gut auskannten. Die haben auch Anregungen, die sie aus anderen Projekten mit anderen Kunden hatten, einfließen lassen. Sie waren auch proaktiv tätig. Sie haben auf mögliche Dinge hingewiesen, wo sie wussten, dass in Zukunft Änderungen kommen könnten, sodass diese auch frühzeitig berücksichtigt werden können. Sie waren sehr aktiv und immer zu*

> *Kompromissen bereit, wenn es darum ging, noch einmal ein Meeting zu machen zu einem Thema, weil es einfach manchmal schwierig war. Das habe ich immer als großes Entgegenkommen gesehen. Sie haben keine Hürden aufgebaut, sondern eher geholfen Hürden abzubauen. Auch ganz aktiv, was sehr positiv war"* (Interview 9, Projektmanager, Pharmaindustrie, Z. 146-156).

In Bezug auf NCB stellt sich Eigeninitiative als ein wichtiges Verhalten heraus, das bei der Initiierung, Pflege und der Beendigung von überdauernden Beziehungen auftritt (*Proactive Relationship Management*). In der Praxis ist dies z.B. darin zu beobachten, wenn Projektbeteiligte über mehrere Projekte hinweg bzw. begleitend zum Alltagsgeschäft an Fachkonferenzen teilnehmen, Kontakte durch Telefonate oder beim gemeinsamen Mittagessen pflegen oder wenn ein zentralisiertes Partnermanagement installiert wird.

> *„Ich kümmere mich selektiv um Beziehungen mit ganz bestimmten Partnern – also wirklich nur mit ausgewählten. Der entscheidende Punkt ist folgender: [Der Partner kann] ein extrem wertvoller Dienstleister [sein], mit dem man weiterhin kooperieren möchte, oder man kommt mit den Leuten am anderen Ende der Leitung einfach gut klar. Man trifft sich auch mal ab und zu irgendwie zum Mittagessen oder so, sodass da der Kontakt nicht abreißt, weil man sich hier [in Berlin] nicht alle Nase lang über den Weg läuft"* (Interview 19, Projektmanager, Event-Management, Z. 79-87).

Civic Virtue

Eine aktive Teilhabe der Projektmitarbeiter an der Governance von Projekten, die über das Tagesgeschäft hinausgeht, konnte in einigen der Interviews bestätigt werden. Die Interviews deuten darauf hin, dass sich diese OCB-Dimension nicht wesentlich in Projektorganisationen und permanenten Organisationsformen unterscheidet. Die Projektbeteiligten waren sehr oft daran interessiert, was auf einer Makroebene, also dort wo beispielsweise strategische Entscheidungen über den weiteren Projektverlauf getroffen werden, geschieht und engagieren sich aktiv in Governanceprozessen. Dies beinhaltet u.a. die aktive Teilnahme an Meetings und das sich Einbringen in strategische Prozesse. Einige der Befragten betonten sogar, dass in Projekten ein besonderes Interesse für Governancefragen bestünde, schließlich seien Projekte kleinere Organisationseinheiten als die meisten permanenten Organisationen und dadurch seien Projekte lebendiger und besser erlebbar als das Tagesgeschäft in Linienorganisationen. Nichtsdestotrotz erwies es sich als schwierig, eine Trennlinie zu ziehen zwischen proaktiven Verhaltensweisen und *Civic Virtue*. Es schien eher, dass beide Verhaltensweisen Ausprägungen eines ähnlichen Handlungsmusters sind. Als dessen Oberbegriff scheint das projekt-spezifische proaktive Verhalten am besten geeignet.

Self-development
Die Weiterentwicklung der eigenen Fähigkeiten hat im Kontext von Projektarbeit eine herausragende Bedeutung, da die Qualifikation eine wichtige Bedingung dafür ist, dass Projektmitarbeiter und auch Projektmanagerinnen in neuen Projekten berücksichtigt werden. Häufig werden seitens des Managements projektmanagementspezifische Zertifizierungen und Zeugnisse von Fachlehrgängen erwartet. Folglich wird die eigene Weiterentwicklung insbesondere zwischen Projekten bzw. parallel zur operativen Projektarbeit wahrgenommen. Mit diesen Anstrengungen verfolgen die Projektbeteiligten das Ziel, ihre eigene Attraktivität auf dem Arbeitsmarkt im Hinblick auf Wissen, Fähigkeiten und Fertigkeiten zu erhalten oder zu stärken. Ein Befragter äußert sich zu den Erwartungen bei der Besetzung von Stellen in neuen Projekten wie folgt:

"Wir schicken unsere Partner natürlich nicht zur Fortbildung. Wir gehen davon aus, dass die entsprechend mit ihrer Leistungsfähigkeit ‚up to date' sind und sich selber weiterhin marktfähig erhalten [...]. Es sind besondere Anforderungen für große Projekte erforderlich und wir sehen schon, dass dort eigeninitiativ sowohl bei Planungs- und Ingenieursdienstleistern als auch bei Baufirmen, dass man dort eigeninitiativ auf dem Weg ist und auch kommuniziert, gewisse Kompetenzen erworben zu haben, gewisse Prozesse implementiert zu haben und sich ständig im Fokus zu halten als leistungsfähiger

Partner" (Interview 3, Abteilungsleiter, Bahnverkehr und Infrastruktur, Z. 293-300).

Die Interviewdaten deuten darauf hin, dass Weiterentwicklung als PCB-Phänomen, auch aufgrund der mitunter überschaubaren Projektdauer, die ggf. sogar die Dauer von Weiterbildungsaktivitäten unterschreiten würde, nicht von zentraler Bedeutung ist. Wohl ist das Phänomen aber von Bedeutung für NCB, also projektübergreifend bzw. neben der operativen Abwicklung von Projekten.

Tabelle 5 fasst die wichtigsten Befunde der explorativen Analyse, namentlich die Dimensionen von Citizenship Behavior in Projekten und projektübergreifenden bzw. netzwerkartigen Beziehungen (PCB und NCB) zusammen. Darüber hinaus vergleicht die Tabelle die emergierten Dimensionen mit denen des OCB-Konstrukts.

	OCB	PCB	NCB
1	Helping Behavior	Project-specific Helping Behavior	-
2	Sportsmanship		
3	Organizational Loyalty	Project Loyalty	Network-related Loyalty
4	Organizational Compliance	Project Compliance	-
5	Individual Initiative	Project-specific Proactive Behavior	Proactive Relationship Management
6	Civic Virtue		
7	Self-development	-	Self-development

Tabelle 5: Rekonzeptualisierung der OCB-Dimensionen für Projekte und Netzwerke
Quelle: Braun et al. (2012b: 280)

3.2.4 Erste Einsichten zu den Voraussetzungen von PCB und NCB

In der ersten Teilstudie konnte neben der Dimensionalität und den zentralen Charakteristika von PCB und NCB auch eine Reihe von Bedingungen identifiziert werden, die als Antezedenzien förderlich für das Entstehen von PCB und NCB sind.[24] Diese Befunde sind jedoch eher im Lichte einer

---

[24] Eine Vorabpublikation von Ergebnissen dieser Teilstudie findet sich bei Braun und Sydow (2011).

ersten Annäherung, denn als eine systematische Erfassung von Antezedenzien (wie etwa in der konventionellen OCB-Forschung, vgl. Kapitel 2.1.4) zu sehen. Die im Folgenden beschriebenen Antezedenzien von PCB haben sich über zahlreiche Interviews hinweg als evident erwiesen:

Branchenexklusivität: Bedrohungen für PCB von Beginn an vermeiden

In interorganisationalen Projekten ist eine Situation vorstellbar und nicht selten Praxis, in der direkte Wettbewerber in der operativen Projektarbeit kooperieren müssen. Das kann zu Problemen für das Projekt führen, wenn die Beteiligten große Anreize haben, sich gegenüber dem Wettbewerber zu profilieren, Wissen für eigene Zwecke anstatt für das Projekt zu vereinnahmen, trittbrettzufahren oder sich im Allgemeinen opportunistisch zu verhalten. Deshalb kann es mit Blick auf PCB vorteilhaft sein, sofern genügend potentielle Projektpartner zur Verfügung stehen, durch die Beschränkung auf lediglich eine Organisation für jede zu besetzende (Teil-)Branche auf Branchenexklusivität – also eine Vermeidung direkter Konkurrenzsituationen – zu achten (dazu auch Dyer und Nobeoka, 2000). Einige Interviewpartner gaben zu erkennen, dass sich die operative Zusammenarbeit mit unmittelbaren Konkurrenten im Vergleich zu Unternehmen auf anderen (bzw. angrenzenden) Wertschöpfungsstufen aufgrund von Misstrauen und verschiedenen, oft persönlichen Vorbehalten, schwieriger gestaltet.

Professionelle Orientierung der Projektbeteiligten: Weichenstellung für PCB

Die Projektbeteiligten in interorganisationalen Projekten haben häufig unterschiedliche Hintergründe was ihre Ausbildung, ihre Funktion im Unternehmen oder ihre Branche betrifft. Dadurch sind die Projektteams in der Regel sehr heterogen in ihrer Zusammensetzung. In Abhängigkeit vom professionellen Hintergrund, aber auch von den individuellen Erfahrungen, unterscheiden sich auch die Auffassungen darüber, was ein gutes, vorbildliches Arbeitsverhalten ausmacht, welche Verhaltensweisen Teil der Aufgabe sind und was über das geforderte Mindestmaß hinausgeht.

So ist es Bestandteil mancher Berufsbilder und bereits tief in der Ausbildung verankert, dass die Professionalität ein bestimmtes Verhalten gebietet (Kerr und Mathews, 1995), z.B. einander zu helfen. So gilt es beispielsweise in Handwerksberufen als selbstverständlich „anzupacken", wenn ein Kollege auf die Hilfsbereitschaft der anderen angewiesen ist. Die Konfiguration des Projektteams hinsichtlich der professionellen Hintergründe stellt somit eine wichtige Bedingung für PCB dar. Tendenziell eignen sich heterogen besetzte Teams um günstige Voraussetzungen zu bieten, da die Mitglieder solcher Teams über vielfältige, bestenfalls komplementäre Fähigkeiten verfügen. Vor diesem Hintergrund kann kooperatives Verhalten besonders viel für diejenigen bewirken, die so auf Fähigkeiten zurückgreifen können, über die sie selbst nicht verfügen.

Das Erleben des Projekt Kick-Offs: Initiierung von PCB
Viele Projekte starten offiziell mit einer Kick-Off-Veranstaltung, die zwischen wenigen Stunden und mehreren Tagen dauern kann. Darin werden die Erwartungen, Ziele und Meilensteine des Projekts vorgegeben oder – in der partizipativen Variante – gemeinsam entwickelt. Zudem werden dabei die Aufgaben für die Projektmitarbeiter verteilt. Das Kick-Off ist von einer besonderen Bedeutung, wenn sich Mitglieder von verschiedenen Organisationen erstmalig begegnen und fortan zusammenarbeiten sollen. Hier gilt es, neben den fachlichen und technischen Fragestellungen auch, und vor allem, relationale Parameter der Zusammenarbeit in den Vordergrund zu stellen, um überhaupt erst eine persönliche, durchaus aber auch organisational durchtränkte Basis für die Zusammenarbeit herzustellen. Dies umfasst in erster Linie das persönliche Kennenlernen der Mitglieder. In global verteilten, virtuellen Teams ist das keinesfalls eine Selbstverständlichkeit und wird aufgrund der enormen Reisekosten häufig als nicht möglich bzw. nicht verhältnismäßig erachtet. Aus den Interviews geht hervor, dass die persönliche Begegnung jedoch essenziell ist, um eine kooperative Atmosphäre im Projektteam zu schaffen (dazu auch Scherm und Süß, 2000).

Den besten Effekt auf die Teambildung haben Kick-Offs, wenn es gelingt, den Projektbeteiligten ein gemeinsames Erleben des Projektauftakts zu ermöglichen, etwa durch die partizipative Erstellung von Projektplänen, -meilensteinen etc. oder aber auch durch gemeinsame Aktivitäten, die das soziale Miteinander in den Vordergrund stellen. Mit einem derart gestalteten Kick-Off wird eine günstige Voraussetzung für die Initiierung von PCB geschaffen.

Ausgeglichenheit kooperativen Verhaltens zwischen den Partnern: Entwicklung von PCB

Auch in interorganisationalen Projekten, so der Befund dieser Teilstudie, sind die Beteiligten in vielen Fällen bereit, etwas mehr zu leisten als verlangt wird, die Kollegen bei der Aufgabenerfüllung zu unterstützen oder initiativ voranzugehen. Individuen, die PCB erbringen, sind – wie ich beobachten konnte – sehr reflektiert, was ihren Mehraufwand betrifft. Projektbeteiligte nehmen sehr genau wahr, wie ihr eigener Mehraufwand von den anderen Projektbeteiligten rezipiert und ggf. erwidert wird.

Dabei wird PCB zunächst als „guter Wille" oder im Rahmen eines Vertrauensvorschusses gewährt – wobei beides von einem echten Altruismus unterschieden werden sollte. Zwar wird für das erbrachte PCB keine unmittelbare Gegenleistung erwartet, jedoch legen die betroffenen Personen, wie auch ihre jeweiligen Arbeitgeber, sehr großen Wert darauf, dass kooperative Verhaltensweisen auf längere Sicht von den Partnern erwidert werden. Nur so ist gewährleistet, dass langfristig eine Balance hergestellt wird, letztendlich alle profitieren und nicht einzelne Personen oder Organisationen die Last der Kooperationswilligkeit tragen. Auf diese Weise kann sich PCB entwickeln und über einen längeren Zeitraum aufrechterhalten werden.

Tabelle 6 fasst die zentralen Bedingungen von PCB zusammen und veranschaulicht diese mithilfe jeweils eines exemplarischen Originalzitats.

Bedingung für PCB	Beispiel (Originalzitat)
Branchenexklusivität: Bedrohungen für PCB von Beginn an vermeiden	„Es wird versucht, dass vor Ort zumindest keine Branchenkonkurrenz herrscht, sondern eigentlich nur Branchenexklusivität. Und da muss man dann eigentlich schon sagen, das ist eher so eine große Dienstleisterfamilie" (Interview 19, Z. 229 ff.).
Professionelle Orientierung der Projektbeteiligten: Weichenstellung für PCB	„Es gibt, habe ich auch schon viel gesehen, Menschen, die einfach auf die Arbeit, die sie an dem Platz tun, Stolz sind und die da das Bestmögliche machen wollen und die einfach aus diesem Anspruch heraus, dass sie dafür verantwortlich sind, für den Platz an dem sie sind, stehen" (Interview 14, Z. 206 ff.).
Das Erleben des Projekt Kick-Offs: Initiierung von PCB	„Wir arbeiten in virtuellen Teams. Ich versuche schon – zumindest wenn man ein Projekt neu startet – dass man einen Kick-Off hat, bei dem man wirklich face-to-face zusammensitzt, um sich auch gegenseitig kennenzulernen" (Interview 12, Z. 279 ff.).
Ausgeglichenheit kooperativen Verhaltens zwischen den Partnern: Entwicklung von PCB	„Wenn das im Rahmen ist, wie man einander hilft. Aber wenn das ein Dauerzustand ist, dass man sagt ‚ich habe auch etwas anderes zu tun, ich vernachlässige meine Aufgaben', dann kommen die natürlich auch zu mir und sagen, dass wir mal über einen Festpreis reden müssen" (Interview 5, Z. 211 ff.).

Tabelle 6: Beispiele für die Bedingungen von PCB

Auch in Bezug auf NCB lieferte die Analyse erste Einsichten zu zentralen Antezedenzien, die im Folgenden vorgestellt werden:

Kompatibilität der Personen: Die Grundvoraussetzung von NCB

Eine kooperative Zusammenarbeit über mehrere Projekte hinweg ist natürlich nur dann möglich, wenn die beteiligten Personen eine Ebene gefunden haben, auf der ein wechselseitiges Verständnis und ein gewisses Maß an Sympathie oder zumindest Respekt gegenüber den fachlichen Fähigkeiten des anderen vorhanden sind. Ist diese Kompatibilität nicht gegeben, so werden sich die Beteiligten dafür einsetzen, im nächsten Projekt nicht erneut mit der unliebsamen Person zusammenzuarbeiten. Ob dies möglich ist, hängt sehr stark von der Branche (z.B. TV-Produktion versus Maschinenbau) und vor allem von der Autonomie und Abhängigkeit der Projektbeteiligten ab. Die Ergebnisse deuten insgesamt darauf hin, dass Projektbeteiligte, die einander mögen, respektieren und ggf. noch komplementäre Fähigkeiten haben, eher zu kooperativen Verhaltensweisen geneigt sind, als andere, die keine derartige Basis gefunden haben.

Positive Vorerfahrungen aus vergangenen Projekten: Entwicklung von NCB

Wenn die Zusammenarbeit mit bestimmten Projektbeteiligten in der Vergangenheit als sehr angenehm, positiv und bestenfalls auch erfolgreich wahrgenommen wird, liegt es – den allermeisten Interviews nach zu urteilen – häufig daran, dass in den Projekten ein hohes Maß an PCB vorhanden war. Die Projektbeteiligten haben sich gegenseitig unterstützt und als Team ein Ziel erreicht. Entsprechend gerne erinnern sich die Individuen zurück und werden auf der Grundlage dieser positiven Erfahrungen, wenn es im nächsten Projekt um die personelle Besetzung geht, bestimmte Personen aus dem Projektnetzwerk bevorzugen. Die Phase des Kennenlernens und Vertrauensaufbaus kann dann verkürzt oder sogar übersprungen werden, da sie ja bereits in vergangenen Projekten durchlebt wurde. In diesem Sinne ist PCB eine zentrale Quelle für das über das einzelne Projekt hinausreichende NCB.

Netzwerkorientierung der Projektbeteiligten: Die aktive Gestaltung von Beziehungen mit NCB als Ziel

Sofern die Kompatibilität und die positiven Vorerfahrungen vorhanden sind, wäre die logische Konsequenz, dass die Projektbeteiligten in Folgeprojekten eine erneute Zusammenarbeit anstreben. Dies ist jedoch nur der Fall, wenn die Beteiligten auch daran interessiert sind und sich bemühen, die latenten Beziehungen zu Kollegen in eben dieser Latenz zu pflegen. Dies erfordert ein gewisses, über die konkrete Zusammenarbeit hinausgehendes Engagement und die Bereitschaft, Zeit zu investieren um ausgewählte Kontakte zu halten und diese bei passenden Projekten zu reaktivieren. Wenn sich die Zeiten zwischen den Projekten, in denen zusammengearbeitet wird, sehr lange ausdehnen, wird es entsprechend schwieriger und wohl auch unwahrscheinlicher, dass eine erneute Zusammenarbeit zustande kommt.

Tabelle 7 stellt exemplarisch Originalzitate dar, die für die drei eben ausgeführten Bedingungen von NCB sprechen.

Bedingung für NCB	Beispiel (Originalzitat)
Kompatibilität der Personen	„Ich persönlich – aus meiner Erfahrung – finde, dass das auch zu einem ganz großen Teil von den Menschen abhängt, die dort miteinander agieren. Fachkompetenz kann auf jeden Fall ein Schlüssel sein, ganz anders wahrgenommen und akzeptiert zu werden. Aber auch die Bereitschaft, sich für Dinge zu interessieren" (Interview 9, Z. 305 ff.).
Positive Vorerfahrungen in vergangenen Projekten	„Wenn man mit Partnern in einem Projekt, was vielleicht nicht ganz einfach war, gut und erfolgreich zusammengearbeitet hat, sich nicht gegenseitig nicht nur massiv das Leben schwergemacht hat und gegenseitig jahrelang mit Claims überzogen, sondern offen, konstruktiv und sinnvoll miteinander zusammengearbeitet hat, dann ist das für beide Partner gedeihlich und beide sind sich einig: ‚Das hat gut geklappt. Wir haben eine gute Basis für die Zusammenarbeit. Lass uns das doch im Auge behalten, wenn sich die Möglichkeit ergibt, dass wir das wieder machen'" (Interview 6, Z. 95 ff.).
Netzwerkorientierung der Projektbeteiligten	„Ich glaube, je besser das Netzwerk ist, desto besser ist das auch für die Zusammenarbeit in einzelnen Projekten! Also wir werden ja nur dann gefragt, wenn man uns kennt, wenn man uns schätzt, wenn man sagt: ‚Helft uns bitte bei folgendem Projekt.' Und das sind natürlich mehr oder weniger immer dieselben Personen, die da irgendwo mitspielen" (Interview 16, Z. 105 ff.).

Tabelle 7: Beispiele für die Bedingungen von NCB
Quelle: In Anlehnung an Braun und Sydow (2011: 145)

3.2.5 Diskussion der Ergebnisse

Wie aus dem Ergebnisteil hervorgeht, legen die empirischen Befunde bestimmte Konstruktdimensionen nahe, die mithilfe einer analytischen Herangehensweise aus dem Datenmaterial extrahiert wurden. Diese Dimensionen beschreiben kooperative Verhaltensweisen in Projekten und darüber hinaus auch in Projektnetzwerken, wobei die Ergebnisse das innerhalb von permanenten Organisationen vorfindbare OCB (Podsakoff et al., 2000; Organ et al., 2006) für den betrachteten Kontext rekonzeptualisieren. Dabei wurde PCB als ein Phänomen eingeführt, das innerhalb von Projekten auftritt, und NCB als kooperative Verhaltensweisen, die entlang von (mehreren) Projekten vorzufinden sind.

PCB und NCB könnten dafür kritisiert werden, dass sie sich zu weit vom konzeptionellen Kern des OCB-Konzepts in der Tradition von Smith et al. (1983) und Podsakoff et al. (2000) entfernen. Nichtsdestotrotz spricht einiges dafür, dass PCB und NCB den Geist von OCB sehr treffend widerspiegeln (zumindest, wenn man ein weitergefasstes OCB zulässt, vgl. Abbildung 5). Hierfür sprechen auch zwei weitere Argumente: Zum einen sind die in der Analyse emergierten Bezeichnungen der Konstruktdimensionen denen des Originalkonzeptes sehr ähnlich, wie es auch aus Tabelle 5 hervorgeht. Zumindest ist eine große linguistische Ähnlichkeit zwischen Begriffen, die sich in der OCB-Forschung einerseits und der hier eingeführten Konzeptualisierung von PCB/NCB andererseits findet, zu konstatieren. Zum anderen erfüllen PCB und NCB zentrale Kriterien von Citizenship Behavior, die im Theorieteil vorgestellt wurden und die auf Organ et al. (2006) zurückgehen. So wurde bei der Durchführung der Befragung gewissenhaft darauf geachtet, dass diese Kriterien von den identifizierten Verhaltensdimensionen eingehalten werden: Es wurden nur Verhaltensweisen in den Fokus genommen, die nicht Teil vertraglich vereinbarter Leistungen oder anderer formaler Verpflichtungen sind. Auch wurde beachtet, dass die explorierten Verhaltensweisen weder vom formalen Belohnungssystem auf der Projektebene noch auf der Organisationsebene honoriert werden. Natürlich führen erfolgreich abgeschlossene Projekte in vielen Fällen zu Boni oder einer anderen Art der (indirekten) Belohnung für die am Projekt Beteiligten. Allerdings wurde penibel hinterfragt, dass wirklich kein automatischer Mechanismus besteht, der die betrachteten Verhaltensweisen unmittelbar vergütet. Organ (1988) erkennt in diesem Zusammenhang an, dass die Unterscheidung zwischen Rollenverhalten und Citizenship Behavior gelegentlich keineswegs leicht fällt. Für manche Handlungen mag der Unterschied eher im Ausmaß als in der Art des Verhaltens liegen. Vor dem Hintergrund der Befunde zu PCB und NCB kann diese Einsicht bestätigt werden.

Die empirischen Befunde legen nahe, dass PCB sehr stark mit den charakteristischen Merkmalen temporärer Organisationsformen zusammenhängt, wie sie von Lundin and Söderholm (1995) beschrieben werden, während NCB sehr eng mit dem Kontextmerkmal im Sinne von Bakker (2010) verbunden ist:

Time und mehr noch der Terminierungsmechanismus, der Projekten inhärent ist (Lundin und Söderholm, 1995; Müller-Seitz und Sydow, 2011) zwingt die Projektbeteiligten dazu, eng zusammenzuarbeiten um das Projekt bis zur vorgesehenen Frist abzuschließen. Die kooperative Zusammenarbeit beinhaltet projektspezifische Hilfsbereitschaft (z.B. wenn unerwartet Probleme auftreten oder Teilprozesse sich verzögern) und projektspezifische proaktive Verhaltensweisen (z.B. das Unterbreiten von Vorschlägen, wie Prozesse beschleunigt werden können oder das Einbringen von kreativen Ideen, die dazu beitragen, bessere Projektergebnisse abzuliefern). Die zeitlichen Restriktionen fordern den Projektbeteiligten darüber hinaus ab, dass sie sich eng an Vereinbarungen und Regeln im Sinne von Projekt-*Compliance* halten, um Zeitpläne und Prozesse so erfüllen, wie sie beim Projekt-Kick-Off festgelegt wurden. Und zuletzt trägt die zeitliche Befristung bzw. die absehbare Terminierung von Projekten auch noch dazu bei, dass ein ausgeprägtes Zusammengehörigkeitsgefühl und damit eine Projektloyalität entstehen können. Schließlich sieht sich das gesamte Projektteam ein und derselben Herausforderung des gemeinsamen Projekterfolgs ausgesetzt.

Das *Team*-Merkmal betreffend, zeigen die Ergebnisse, dass in vielen Projekten eine enge Zusammenarbeit der Individuen schon deshalb vorzufinden ist, weil die Arbeitsaufgaben in der Projektarbeit hochgradig interdependent sind. Zudem sind Projektteams oft durch eine gemeinsame, übergeordnete Vision gekennzeichnet. Dies fördert kooperative Verhaltensweisen, die auf andere Personen gerichtet sind (OCB-I), insbesondere also Hilfsbereitschaft. Darüber hinaus kann die Teamstruktur dazu beitragen, dass eine starke *Compliance* zu Regeln und Vereinbarungen erfolgt, denn Teammitglieder beobachten einander in einem gewissen Maße und machen die Kollegen auf Regelbrüche und Fehler aufmerksam. Umgekehrt können Teamstrukturen auch die Gefahr von *risky group shifts*, also einer erhöhten Risikobereitschaft aufgrund der Gruppenkonfiguration und -kohäsion bergen (dazu Myers et al., 1970; Wallach et al., 1964). Dieses Phänomen konnte glücklicherweise in den Interviews aber nicht nachgewiesen werden. Nicht zuletzt kann die Teamformation auch zu einer starken Projektloyalität beitragen. Dies dürfte vor allem dann eintreten, wenn das Team eine starke Kohäsion ausbildet.

Auch in Bezug auf das *Task*-Merkmal von Projekten stehen die Untersuchungsergebnisse im Einklang mit Erkenntnissen aus der Projektmanagementforschung, die den einzigartigen Charakter von temporären Organisationen betont (Bakker, 2010). Auch wenn in einer permanenten Organisation die gleiche Art von Leistung erstellt würde wie in einem Projekt (z.B. Implementierung von Softwaremodulen), so führen die umgebenden Bedingungen und die Organisationskulturen, etwa in der Linienorganisation versus im interorganisationalen Projekt unter Einbezug des Kunden, zu erheblichen Unterschieden bei der Aufgabenbewältigung. So bestätigten die Befragten, dass Projekte oft mit sehr lebendigen Erfahrungen verbunden sind und die Beteiligten zu einem hohen Niveau an Commitment angeregt werden. Die gemeinsame Anstrengung der Aufgabenbewältigung erfordert dabei auch helfende und proaktive Verhaltensweisen.

Die Untersuchungsergebnisse stützen darüber hinaus Lundins und Söderholms (1995) Beobachtung, dass temporäre Organisationen nicht nur selbst einen *Transition*-Prozess durchlaufen, sondern auch dazu beitragen können, dass Trägheitsprobleme von permanenten Organisationen durch sogenannte *Change*-Projekte überwunden werden. Für dieses Projektmerkmal erwiesen sich proaktive Verhaltensweisen als außerordentlich wichtig.

Und nicht zuletzt steht auch das *Context*-Merkmal von temporären Organisationen (Bakker, 2010) in einem engen Zusammenhang mit kooperativen Verhaltensweisen – hier jedoch eher mit NCB. NCB verbindet temporäre Organisationen mit dem eher permanenten und weiter gefassten sozialen Kontext – insbesondere dem der Projektnetzwerke (Manning, 2010; Windeler und Sydow, 1999). Die Pflege von Beziehungen und die Loyalität zu Projektbeteiligten helfen dabei, diese Beziehungen über eine längere Zeit in einem Latenzzustand zu erhalten, um sie dann wieder zu reaktivieren, wenn neue Projekte gestartet werden. In diesem Sinne trägt NCB zur Diskussion über den wechselseitigen Zusammenhang permanenter und temporärer Organisationen bei (Arvidsson, 2009; Manning und Sydow, 2011; Müller-Seitz und Sydow, 2011). Darüber hinaus kann NCB einen Effekt auf organisationales Lernen entfalten, indem aufrechterhaltene Beziehungen und das darin eingeschlossene Wissen in zukünftigen Projekten erneut genutzt werden. NCB erhöht dabei die Wahrscheinlichkeit, dass ein ähnlich besetztes Projektteam in der Zukunft erneut zum Einsatz kommt. Wenn dann ein neues Projekt beginnt, kann leichter auf die vorhandenen Beziehungen und das Wissen, welches die Projektbeteiligte in und zwischen früheren Projekten gemeinsam erworben haben, zurückgegriffen werden. Letztlich dürfte das auch die kooperative Zusammenarbeit im Projektteam erleichtern.

Der Einfluss von Citizenship Behaviors auf eine effektive Funktionsweise von in diesem Fall temporären Organisationen ist keineswegs trivial und es würde den Umfang dieser ersten Teilstudie sprengen, mögliche Einflüsse auf projekt- oder netzwerkbezogene Performancemaße zu erfassen. Basierend auf der konzeptionellen Plausibilität positiver Effekte durch PCB und NCB, bleibt die Effektivitätsannahme zunächst ohne empirischen Nachweis (was in der OCB-Forschung keineswegs unüblich ist, siehe z.B. Borman und Motowidlo, 1993; Podsakoff und MacKenzie, 1997; Podsakoff et al., 2000), jedoch wird sich die zweite Teilstudie diesem Zusammenhang noch eingehender widmen (siehe Kapitel 3.3). Als einen ersten Indikator für (inter)organisationale Effektivität zeigte sich über mehrere Interviews hinweg, dass PCB dabei hilft, Aufgaben und Probleme, die nicht vertraglich geregelt sind, besser zu bewältigen. In Bezug auf NCB gab es deutliche Hinweise darauf, dass dieses Verhalten gerade zu Beginn neuer Projekte hilfreich ist und die gepflegten Beziehungen dazu beitragen, dass ein Projektteam nicht bei null beginnt sondern auf vorangegangene Projekte aufsetzen kann. So könnte Zeit und Geld eingespart werden.

3.2.6 Versuch einer Typologie von Projektbürgern

In der Praxis kann entweder einer der beiden Citizenship Behavior-Typen oder aber beide gleichzeitig in den Handlungen einer Person im gleichen Betrachtungszeitraum auftreten. Abbildung 13 zeigt mögliche Kombinationen von hohem und niedrigem PCB und NCB und verortet diese in einer Typologie von Citizens im interorganisationalen Kontext. Natürlich ersetzt dies keineswegs organisationale Zugehörigkeiten der jeweiligen Individuen, sondern die Projekt- und Netzwerkschichten stellen zusätzliche Bezugspunkte für individuelle Verhaltensweisen dar.

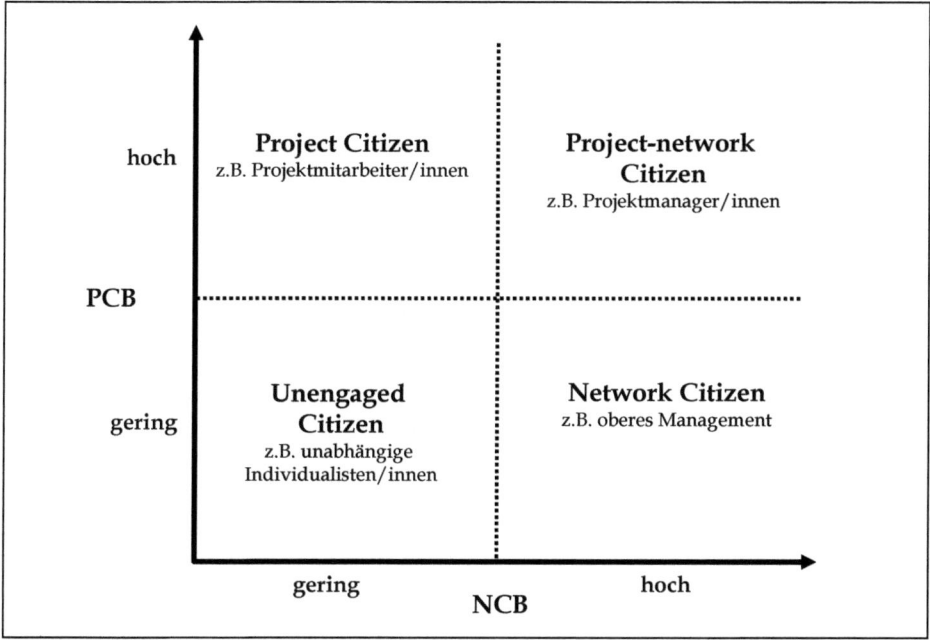

Abbildung 13: Typologie von Citizens im interorganisationalen Kontext
Quelle: Braun et al. (2012b: 282)

Unengaged Citizen

Bei einem niedrigen PCB und einem niedrigen NCB ist Citizenship Behavior weder innerhalb noch projektübergreifend vorzufinden. Dies mag für Projektbeteiligte zutreffen, die ein extrem egoistisch motiviertes Verhalten zeigen und ihre Kollegen nicht mögen oder sich nicht um sie sorgen. Eine solche Antipathie kann Personen auch davon abhalten, in einem ähnlichen Projekt mit ähnlichen Beteiligten unter vergleichbaren Bedingungen erneut zusammenzuarbeiten. Im Bereich von permanenten Organisationen ist ein ähnliches, wenn nicht noch negativer konnotiertes Phänomen unter dem Begriff des *Anti-Citizenship Behavior* (Fisher und Locke, 1992; Jelinek und Ahearne, 2005) bekannt.

Project Citizen

Im Falle eines hohen PCBs und eines niedrigen NCBs erbringt eine Person Citizenship Behavior innerhalb eines Projekts, nimmt jedoch tendenziell die klassische, instrumentelle Projektmanagementperspektive ein, welche die Temporalität und Isolation von Projekten forciert (Engwall, 2003). Somit bleiben projektübergreifende Beziehungen weitgehend unbeachtet und es entsteht folglich auch kein NCB. Der Grund dafür könnte etwa darin liegen, dass Projektbeteiligte nicht an projektübergreifenden Beziehungen interessiert sind, weil sie davon ausgehen, dass sich das Projektteam ohnehin nach dem Projektabschluss trennen und in Zukunft nicht erneut zusammen finden wird. Dieser Typus hat insofern Gemeinsamkeiten mit dem Organizational Citizen, als dass auch dieser mitunter unabhängig von übergreifenden Beziehungen und Netzwerken (Podsakoff et al., 2000) oder sogar multiplen Ebenen im allgemeinen konzeptualisiert wird (Bommer et al., 2007).

Network Citizen

Bei einem niedrigen PCB und einem hohen NCB verhält sich ein Projektmitglied zwar nicht kooperativ und vorbildlich in einem bestimmten Projekt. Nichtsdestotrotz unterhält und steuert die Person Beziehungen, die in früheren Projekten entstanden sind. Dieser Typus ist in gewisser Weise das Gegenteil eines Project Citizens und erscheint zwar konzeptuell nachvollziehbar, dürfte in der Praxis aber eher selten vorzufinden sein: Denn aus welchem Grund sollten Personen Beziehungen zu früheren Projektbeteiligten pflegen, sich aber in der eigentlichen Projektarbeit nicht unterstützend verhalten? Es mag Situationen geben, in denen Individuen Beziehungen für ein bestimmtes Vorhaben in der Zukunft entwickeln, aber aktuell noch kein Projekt bearbeitet wird bzw. Versuche einer Projektinitiierung bislang scheiterten. Ein anderes Beispiel könnten hochrangige Managerinnen darstellen, die kontinuierlich neue Aufträge oder Mandate akquirieren, sich im alltäglichen Projektgeschäft jedoch zurückhalten und die operative Arbeit an Unterstellte delegieren.

Project-network Citizen

Im wahrscheinlich wünschenswertesten Fall sind sowohl PCB als auch NCB stark ausgeprägt. Dies trifft dann zu, wenn sich Projektbeteiligte innerhalb von Projekten kooperativ verhalten, ihre Kollegen (auch die mit einer anderen organisationalen Zugehörigkeit) unterstützen, eigene Ideen einbringen, sich an Regeln halten etc., und zugleich aber auch Kontakte pflegen und Beziehungen aufbauen, die über das aktuelle Projekt hinaus tragen.

Die Situation, in der PCB und NCB stark ausgeprägt sind, verspricht Vorteile für zukünftige Projekte, in denen das Projektteam dann nicht mit einer unproduktiven Annäherungs- und Kennenlernphase startet, sondern auf die existierenden Strukturen, Routinen etc. zurückgreift. Mögliche Nachteile, die daraus erwachsen können, sind jedoch eine geringere Flexibilität oder sogar Pfadabhängigkeiten (Manning und Sydow, 2011). Das Zusammenspiel von PCB und NCB jedenfalls ist evident, denn beide Konzepte sind offensichtlich Teil eines rekursiven Zusammenhangs: (1) Wenn sich Projektbeteiligte kooperativ verhalten und im Projekt gut miteinander auskommen, werden sie eher geneigt sein, in Kontakt zu bleiben, sich gelegentlich zu treffen und die Beziehung weiter zu pflegen. (2) Sobald sich dann ein neues Projekt anbahnt, werden jene Personen versuchen, einander in das Projektteam zu holen, sei es als Kooperationspartner, Subunternehmer oder anderweitig. Bei der operativen Zusammenarbeit haben die Beteiligten dann bereits eine relationale Basis und es gelingt ihnen einfacher, untereinander zu kollaborieren als mit anderen Kollegen, die neu hinzugekommen. Durch die erneute Zusammenarbeit wird die Beziehung reaktiviert und weiter gefestigt. Diese Erkenntnis steht in Einklang mit der einschlägigen Forschung im Bereich von Projektnetzwerken, etwa in der TV-Content Produktion (z.B. Starkey et al., 2000; Sydow und Windeler, 1999; Windeler und Sydow, 2001) und in der Bildungsforschung (Manning, 2010).

Wie oben gezeigt, schließen PCB und NCB einander keineswegs aus, andererseits sind sie aber auch keine notwendige oder hinreichende Voraussetzung füreinander. Nichtsdestotrotz dürfte die Kombination aus einem hohen PCB und einem hohen NCB am fruchtbarsten für die operative

Projektarbeit und die erbrachten Ergebnisse sein. Es sei am Rande darauf hingewiesen (auch wenn eine quantitative Generalisierung aufgrund der geringen Anzahl an Interviews nicht vorgenommen werden kann), dass etwa die Hälfte aller untersuchten Fälle diesem „Optimaltypen" zuzuordnen sind. Allerdings lässt das gewählte Untersuchungsdesign die Frage offen, wie die verschiedenen Citizenship Behaviors über die Zeit wechselseitig wirken und ob es beispielsweise zu anderen (auch negativen) Verdrängungseffekten beispielsweise mit OCB kommen kann. Es ist davon auszugehen, dass die Koexistenz der verschiedenen Organisationsprinzipien, wie sie in projektorientierten Organisationen vorzufinden sind, erhebliche Spannungen auslösen können, etwa in welcher Art und Weise wie sich Individuen mit der Linienorganisation einerseits und der Projektorganisation andererseits identifizieren (Arvidsson, 2009). Die Datenlage in dieser Studie deutet zumindest daraufhin, dass permanente und temporäre Organisationen um die Aufmerksamkeit von Individuen, einschließlich deren Bereitschaft, mit kooperativen Verhaltensweisen freiwillig voranzugehen, konkurrieren.

3.2.7 Zwischenfazit

Bislang wurde untersucht, in welcher Art und Weise die Mitglieder von interorganisationalen Projekten kooperative Verhaltensweisen, insbesondere in Form von PCB und NCB, an den Tag legen und wie solche Verhaltensweisen zur Entwicklung von projektübergreifenden Beziehungen beitragen. Bezugnehmend auf die vorangegangene OCB-Forschung im Allgemeinen und theoretischen Überlegungen zur Rekonzeptualisierung von OCB über rein intraorganisationale Kontexte hinaus im Besonderen, bieten die hier vorgestellten Ergebnisse eine erste Exploration von Citizenship Behavior in interorganisationalen Projekten und den ggf. dahinter liegenden Projektnetzwerken. Im Verlauf der Teilstudie wurde so auf PCB und NCB hingearbeitet, welche das auf der Organisationsebene verharrende OCB-Konzept ergänzen. Dadurch konnte sowohl die Ebene des Projekts (mithilfe von PCB) als auch die Netzwerkebene bestehend aus projektübergreifenden Beziehungen (mithilfe von NCB) adressiert werden. Die

Ergebnisse wurden dann unter Bezugnahme auf die Forschung zu temporären Organisationsformen und insbesondere dem Framework von Lundin und Söderholm (1995) diskutiert. Auf diese Weise zeigten sich unmittelbare Zusammenhänge zwischen PCB und den *Time, Team, Task* und *Transition*-Konzepten. Verallgemeinernd kann festgehalten werden, dass die charakteristischen Merkmale von Projekten offenbar einen fruchtbaren Boden für Citizenship Behavior bieten.

Darüber hinaus konnte ein Zusammenhang zwischen NCB und dem von Bakker (2010) beschriebenen Kontextmerkmal von Projekten, also insbesondere zeitlich überdauernde Netzwerkstrukturen, in die zeitlich begrenzte Projekte eingebettet sind, hergestellt werden (Engwall, 2003). Durchaus kompatibel zu früheren Forschungsarbeiten (z.B. Ferriani et al., 2009; Starkey et al., 2000; Windeler und Sydow, 2001), konnte auch gezeigt werden, dass PCB und NCB in einem rekursiven Zusammenhang stehen und zwar insbesondere wenn Projektteilnehmer als Projekt-Network Citizens agieren.

Die explorative Teiluntersuchung war auf Projekte gerichtet, an denen mehrere Organisationen und deren Mitglieder beteiligt sind. Dies ermöglichte es, Citizenship Behaviors zu untersuchen, die über Organisationsgrenzen hinweg auftreten. Vorangegangene Studien, mit Ausnahme der wenigen, die Citizenship Behavior in Lieferantenbeziehungen nachweisen konnten (Autry et al., 2008; Skinner et al., 2009; Lee et al., 2004), beleuchten ausschließlich Handlungen, die intraorganisational erfolgen. In Übereinstimmung mit den wenigen Ausnahmen wurden auch in der vorliegenden Teilstudie interorganisationale Citizenship Behaviors untersucht, die aber nicht auf dyadische Beziehungen beschränkt sind, sondern darüber hinaus Netzwerke mit berücksichtigen. Dadurch konnte gezeigt werden, dass diese Art des kooperativen Verhaltens weit über Lieferantenbeziehungen hinaus reicht und über verschiedene Branchen hinweg in interorganisationalen Projekten und auch projektübergreifend beobachtbar ist.

Die Befunde bieten eine Grundlage für zukünftige Forschung zu den Charakteristika von Citizenship Behaviors im interorganisationalen Kontext und Ansatzpunkte für sowohl theoretische als auch empirische und methodische Folgearbeiten. Der theoretische Beitrag umfasst die explorativ geleitete Entwicklung von Konstruktdimensionen für PCB und NCB. Diese sollten durch weitere Forschungsarbeiten überprüft und durch Items und Skalen auch für die quantitative Forschung zugänglich gemacht werden. Dieser Forderung wird in der nächsten Teilstudie nachgekommen (siehe Kapitel 3.3). Auch beschränkte sich dieser Untersuchungsteil auf die Dimensionen und Charakteristika von PCB und NCB sowie erste Einsichten zu den Antezedenzien, wohingegen mögliche Konsequenzen kooperativer Verhaltensweisen bislang ganz außer Acht blieben. Diese werden in Kapitel 3.3 genauer analysiert. Aus methodischer Sicht ermöglichte das qualitative Untersuchungsdesign, obwohl es keine Längsschnittbetrachtung im eigentlichen Sinne beinhaltete, dennoch die Offenlegung grundlegender Prozesse (wie z.B. der Zusammenhang von vermeintlich isolierten Projekten über die Zeit). Letzteres wäre durch eine konventionelle, quantitative Methode, wie sie in der OCB-Forschung üblich ist, in dieser Form nicht nachweisbar gewesen. Studien, die eine originär prozessuale Perspektive auf Citizenship Behavior einnehmen, könnten hier weitere interessante Erkenntnisse liefern und zwar nicht nur in intra- sondern eben auch in interorganisationalen Kontexten. Solche Forschungsansätze könnten detailliert aufzeigen, wie sich Citizenship Behaviors im Zeitverlauf innerhalb von Projekten und projektübergreifend entwickeln und dabei sowohl die Bedeutung bestimmter (oder aufeinander folgender) Ereignisse als auch mögliche Feedbackprozesse berücksichtigen (vgl. Kapitel 3.4).

Nicht zuletzt sollten Folgestudien zu PCB und NCB, sowohl mit qualitativer als auch mit quantitativer Methodologie, eine stärkere Unterscheidung zwischen Projektmitarbeiterinnen und Projektmanagerinnen einführen und zudem der Pluralität von Kontextfaktoren Rechnung tragen, die für Citizenship Behaviors in Projekten und projektübergreifend relevant sind. Diese Teilstudie soll als ein initialer Schritt in dem Bestreben einer theoretisch fundierten Auseinandersetzung mit diesem wissenschaftlich und praktisch relevanten Phänomen verstanden werden.

3.3 Quantitative Querschnittsuntersuchung zur Validierung

Der Fokus der zweiten Teilstudie liegt nun darauf, wie OCB die Effektivität von temporären Organisationen beeinflusst.[25] Effektivität wird dabei nicht nur als Maßstab während des Bestehens temporärer Organisationen angewandt, sondern auch über deren Auflösung hinaus. Dazu wird eine quantitative, branchenübergreifende Studie durchgeführt, an der insgesamt 247 Projektmanager und Projektmitarbeiter aus Deutschland und Portugal teilgenommen haben. Bei der Auswertung kommen eine explorative Faktorenanalyse sowie hierarchische Regressionsanalysen zum Einsatz. Dadurch kann gezeigt werden, dass OCB nicht nur die Erfüllung klassischer Effektivitätskriterien im Sinne des „eisernen Dreiecks" (Zeit, Budget, Qualität) des Projektmanagements unterstützt, sondern auch die Beziehungsqualität zwischen individuellen Akteuren über das Projektende hinaus beeinflusst. Die Implikationen dieser Befunde werden daraufhin diskutiert.

3.3.1 Präzisierung der Forschungsfrage

Basierend auf den Erkenntnissen, dass OCB intraorganisationale Effektivität befördert, wird in dieser Teilstudie analysiert, ob Citizenship Behavior nicht auch ein wichtiger Prädiktor für die Effektivität von temporären Organisationen ist. Als spezifische Merkmale temporärer Organisationen wird hier – wie bereits im Theorieteil – auf die einzigartigen Charakteristika der Temporalität und der institutionalisierten Auflösung von Projekten (Müller-Seitz and Sydow, 2011), die spezifischen Teamstrukturen, die aufgesetzt werden, um eine mitunter komplexe, nicht repetitive Aufgabe zu erfüllen und schließlich die Einbettung von Projekten in soziale und historische Zusammenhänge (Bakker, 2010) abgestellt. Diese Merkmale sind nicht nur charakteristisch für Projekte als die wohl bekannteste Form der temporären Organisation (Turner und Müller, 2003), sondern auch für

---

[25] Eine Vorabpublikation von Ergebnissen dieser Teilstudie findet sich bei Braun et al. (2012a).

zeitbegrenzte Kollaborationen, Eventorganisationen, Projektorganisationen etc. (Söderlund, 2011).

Die Besonderheiten von temporären Organisationen und insbesondere die begrenzte Zeit führen zu gegenläufigen Kräften, die möglicherweise einen Einfluss darauf haben, wie Individuen kooperieren, einander unterstützen und eine gemeinsame Identität aufbauen: Auf der einen Seite kann eine kurze Dauer, gekoppelt mit einer institutionalisierten Auflösung von temporären Organisationen das Auftreten kooperativer Handlungen begrenzen. Dies liegt zuallererst daran, dass nicht genug Zeit für die Entfaltung eines solchen Verhaltens verfügbar ist und der Zeithorizont der Organisation dafür nicht ausreicht. Erkenntnisse aus der Arbeits- und Organisationspsychologie weisen darauf hin, dass affektive und kooperative Einstellungen in einem Zusammenhang mit der Arbeitserfahrung und der Zugehörigkeitsdauer in einer Organisation stehen, also tendenziell eine längere Zeitspanne positiv auf ein solches Verhalten wirkt (Mathieu und Zajac, 1990). Falls temporäre Organisationen darüber hinaus nur als ein einmaliges Ereignis verstanden werden, könnten kooperative Anstrengungen als nicht-reziprok erscheinen. Kooperatives Verhalten würde dann gefühlt nur in eine Richtung erfolgen und wäre nicht Gegenstand eines psychologischen Vertrags (Coyle-Shapiro, 2002). Offensichtlich sind lange und stabile Beziehungen aber gerade nicht die Regel bei temporären Organisationen. Häufig sind Projekte eher kurzfristig (natürlich abgesehen von den dahinterliegenden (Projekt-)Netzwerkstrukturen), sodass ein Erwidern unterstützender Verhaltensweisen oft nicht möglich ist.

Auf der anderen Seite können Projekte eine große Lebendigkeit entfalten mit einem großen Identifikationspotenzial, Flexibilität und Unternehmergeist (z.B. Lindkvist, 2004). Insbesondere kreative Projekte können durch das Involviertsein in attraktive Arbeiten eine Erfahrung von Zeitlosigkeit kreieren (Mainemelis, 2001). Dabei kommt eine stärker heuristische anstatt einer systematischen Informationsverarbeitung zum Tragen, die auch „nicht-bürokratische", kooperative Anstrengungen umfassen könnte. Während dies für Projekte in der Kreativwirtschaft zutreffen dürfte, ist ein derart fesselndes Erleben der Projektarbeit in routinemäßigen Projekten, beispielsweise in der Fertigung, dem IT-, oder Baubereich schwer vorstellbar.

Die explorativen Befunde der ersten Teilstudie zur Existenz von Citizenship Behaviors in temporären Organisationen und die Erkenntnisse zum Einfluss von OCB auf Effektivitätsmaße innerhalb von permanenten Organisationen, legen die Vermutung nahe, dass Citizenship Behaviors auch in temporären Organisationen – möglicherweise in Abhängigkeit von deren zeitlicher Dauer – einen positiven Einfluss entfalten könnten. Vor diesem Hintergrund geht die vorliegende Teilstudie folgender Frage nach:

Sofern Citizenship Behaviors die Effektivität von temporären Organisationen fördern, wie wirken diese Verhaltensweisen (a) auf die unmittelbaren Projektergebnisse und (b) über die Beendigung von Projekten hinaus?

Bei der Untersuchung der Forschungsfrage werden zwei Perspektiven auf Effektivität berücksichtigt. Zum einen wird – der klassischen Projektmanagementlehre folgend – das „eiserne Dreieck" aus Zeit, Budget und Qualitätskriterien herangezogen. Diese Maße sind in der Projektmanagementpraxis weit verbreitet und dominieren auch die Forschung zu Projekten als temporäre Organisationsform (Oerlemans und Meeus, 2009). Zum anderen wird eine stärker übergreifende Perspektive eingenommen, welche die zeitliche und soziale *Embeddedness* von Projekten (Engwall, 2003; Manning und Sydow, 2011) in mehr als rein temporäre Kontexte beleuchtet. Konkret wird dabei untersucht, ob Citizenship Behavior einen Einfluss über die Beendigung von Projekten hinaus ausüben. Basierend auf theoretischen Überlegungen und einer quantitativen Untersuchung wird argumentiert, dass Citizenship Behavior tatsächlich solche Einflüsse entfaltet, indem die Qualität andauernder Beziehungen zwischen den an Projekten beteiligten Akteuren verbessert wird. Daraus ergibt sich, dass projektbasierte Arbeit konstruktiv auf existierende Beziehungen aufbauen kann, die in früheren (bereits abgeschlossenen) Projekten von den damaligen Projektbeteiligten kreiert wurden.

Das weitere Vorgehen gliedert sich in mehrere Schritte: Zunächst werden die theoretischen Grundlagen vertieft und Hypothesen zum Zusammenhang von Citizenship Behavior und Effektivitätsmaßen abgeleitet. Anschließend erfolgt die Vorstellung der quantitativen Untersuchungsmethoden. Dies beinhaltet Informationen zum Sample, dem Prozess der Datengewinnung, den eingesetzten Maßen und den Analysemethoden. Daraufhin werden die Untersuchungsergebnisse präsentiert. Diese werden dann vor dem Hintergrund des theoretischen Diskurses zu OCB und zu temporären Organisationsformen diskutiert. Abschließend werden theoretische und praktische Implikationen sowie auch Limitationen und mögliche Ansätze für Folgestudien aufgezeigt.

3.3.2 Herleitung von Hypothesen

In der Managementforschung besteht eine sehr lange Kontroverse über das Konstrukt der Effektivität. Forscher und auch Praktiker sind seit jeher daran interessiert, die Effektivität von Organisationen zu maximieren, gleichwohl ist es alles andere als eindeutig, was genau unter Effektivität zu verstehen ist und wie sie gemessen werden kann (Oerlemans and Meeus, 2009). Das Konstrukt wird auf verschiedene Weise operationalisiert und erweist sich als sehr intangibel. Campell (1977) erkennt, dass eine große konzeptionelle Überlappung der verschiedenen, in der Forschung kursierenden Effektivitätsmaße besteht. Steers (1975) hinterfragt den Wert dieses Konstrukts insgesamt und Bluedorn (1980) schlägt sogar vor, ganz darauf zu verzichten.

In einem empirischen Beitrag entwickeln Quinn and Rohrbaugh (1983) ein Framework, in dem verschiedene Aspekte und Maße von Effektivität integriert sind. Effektivität wird darin in drei Wertdimensionen (*value dimensions*) aufgeteilt. Die erste Wertdimension beinhaltet einen organisationalen Fokus auf Effektivität und schließt ein Kontinuum vom Mikrofokus, der das Wohl von Individuen innerhalb von Organisationen betrifft bis hin zum Makrofokus, der das Wohl der Organisation an sich erfasst, mit ein. Die zweite Dimension deckt die organisationale Struktur ab und erfasst organisationale Stabilität auf der einen Seite des Kontinuums bis hin zu organisationaler Flexibilität auf der anderen Seite. Die dritte Dimension bezieht sich auf Mittel und Ziele und erstreckt sich von einem Fokus auf Prozesse (wie beispielsweise Planung oder Zielvereinbarungen) bis hin zu einem Fokus auf Ergebnisse (wie Produktivität oder Effizienz). Innerhalb jeder dieser Dimensionen identifizieren die Autoren Dilemmata, die es unmöglich erscheinen lassen, in der Praxis alle „Effektivitätswerte" gleichzeitig zu verfolgen (Quinn und Rohrbaugh, 1983).

Eine systematische Literaturübersicht von Podsakoff et al. (2000) zeigt, dass der Einfluss von OCB auf verschiedene Effektivitätsmaße in der Vergangenheit bereits mehrfach (meist jedoch rein konzeptionell) analysiert wurde. Die Ergebnisse dieser Forschungsarbeiten deuten darauf hin, dass ein substanzieller Zusammenhang zwischen OCB und organisationaler Leistung wie z.B. höhere Personalproduktivität, Freisetzung von Ressourcen, geringerer Wartungsaufwand, verbesserte Koordination, höhere Arbeitgeberattraktivität und eine verbesserte Fähigkeit der Organisation, sich an veränderte Umweltbedingungen anzupassen, vorhanden ist (Podsakoff et al., 2000: 543 ff.).

Gemäß Oerlemans und Meeus (2009) greift die Mehrheit der Studien zu Effektivität in temporären Organisationen auf das Konstrukt des „eisernen Dreiecks" von Kosten-, Zeit- und Qualitätszielen zurück. Auch Huang et al. (2004) beobachten, dass diese Effektivitätskriterien am weitesten verbreitet sind, um Projekterfolg zu messen. Nichtsdestotrotz ist es weithin anerkannt, dass das Konstrukt des Projekterfolgs alles andere als trivial ist und neben den genannten viele weitere Dimensionen aufweist.

Zeit-, kosten- und qualitätsorientierte Erfolgsmaße wurden auch bei einer Reihe von OCB-Studien eingesetzt. Auch wenn diese Studien einen rein intraorganisationalen und permanenten Kontext adressieren, sprechen manche der Kontextfaktoren dafür, dass die Ergebnisse dieser Studien auch Relevanz für temporäre Organisationen, die über organisationale Grenzen reichen, aufweisen:

In einer Studie von Podsakoff und MacKenzie (1994) wird der Einfluss von *Helping Behavior*, *Sportsmanship* und *Civic Virtue* auf einen zusammengesetzten Index aus Leistungsindikatoren auf der Ebene einer Vertriebseinheit untersucht. Ähnlich wie in temporären Organisationen haben auch Vertriebseinheiten klare und messbare Ziele (z.B. die Anzahl an Verträgen, die pro Einheit und pro Vertriebsmitarbeiter abgeschlossen werden soll). Darüber hinaus wurde diese Studie auf der Ebene einer organisationalen Teileinheit, also nicht der Organisation insgesamt, durchgeführt. Auf dieser Ebene dürften viele der betrachteten Personen direkt interagieren, ganz ähnlich wie auch in Projektteams. Natürlich sind Vertriebseinheiten im Gegensatz zu temporären Organisationen nicht durch eine institutionalisierte Auflösung gekennzeichnet, gleichwohl gibt es auch hier festgelegte Planungszeiträume für die Ziele gesetzt und Ergebnisse gemessen werden (z.B. quartalsweise oder jährlich). Die Studie misst Effektivität durch einen Index, der als Mittelwert von vier Indikatoren ermittelt wird: (a) dem Umsatz, der durch die Vertriebsmitarbeiter generiert wird, (b) dem Betrag, um den Vertriebsmitarbeiter den durchschnittlichen Vorjahresumsatz überschreiten, (c) die durchschnittliche Anzahl an Verträgen, die pro Vertriebsmitarbeiter verkauft wurden und (d) die Gesamtanzahl verkaufter Policen. Die Ergebnisse zeigen, dass Citizenship Behavior einen signifikanten Einfluss auf die Leistung der untersuchten Organisationseinheit ausüben (bei einer Varianzaufklärung von 17%).

Eine weitere Untersuchung von Podsakoff und MacKenzie (1997) hat den Effekt von *Helping Behavior*, *Sportsmanship* und *Civic Virtue* auf die Quantität und Qualität von produziertem Papier zum Gegenstand. Das Sample besteht aus 40 Arbeitsgruppen in einer Papierfabrik. Die Vergütung jedes Teammitglieds wurde dort als eine Kombination aus Stundenlohn und erfolgsabhängiger Zulage in Abhängigkeit von der Qualität und Quantität des Papiers gebildet, worauf die Arbeitsgruppen als Ganze Einfluss nehmen konnten. Während die Zeit-Dimension in dieser Studie weniger vordergründig erscheint, kommt die Teamstruktur der in temporären Organisationen sehr nahe, insbesondere mit Blick auf die starken Interdependenzen innerhalb der betrachteten Teams und auch der Erfolgszulage, die auf der Teamebene ermittelt wird. Die Studie zeigt, dass *Helping Behavior* und *Sportsmanship* positiv mit der produzierten Menge an Papier korrespondiert und *Helping Behavior* einen positiven Einfluss auf die Qualität der Produktion ausübt (bei einer Varianzaufklärung von 26% für das Qualitätsmaß und 17% Varianzaufklärung für das Quantitätsmaß). Beide Studien legen also nahe, dass OCBs in projektähnlicher Teamarbeit einen Einfluss auf die übergreifende Arbeitsqualität von Gruppen ausüben. Daraus ergibt sich die Hypothese:

> H1a: *Die wahrgenommene Qualität von Arbeit innerhalb von temporären Organisationen steigt mit dem Niveau der erbrachten Citizenship Behaviors.*

Eine andere Studie von Walz und Niehoff (1996) widmet sich dem Einfluss von OCBs auf verschiedene Leistungsmaße in Fast Food-Restaurants. Solche Restaurants seien dafür bekannt, dass ein hoher Grad an Standardisierung hinsichtlich der angebotenen Produkte, Dienstleistungen, aber auch der Arbeitsprozesse und dem effizienten Ressourceneinsatz vorherrsche. Dieser Ressourcenseinsatz sei – ähnlich wie das Budget in Projekten – durch klare Vorgaben zur Verwendung geregelt, um z.B. Verschwendung zu vermeiden und die vorhandenen Mittel effizient zu nutzen. Die Studie von Walz und Niehoff (1996) zeigt, dass *Helping Behavior* korrespondiert mit der „overall operating efficiency", mit dem Ertrag pro Vollzeitarbeitskraft, mit der Kundenzufriedenheit, mit der Leistungsqualität und nicht zuletzt mit geringeren Kosten durch weniger Verschwendung. Das Effizienzargument passt in gewisser Weise zum Budgetargument in temporären Organisationen, da auch dort die Einhaltung von Budgets Aufschluss darüber gibt, welcher Ressourceneinsatz notwendig war, um bestimmte Ergebnisse zu erreichen. Daraus leitet sich die Hypothese ab:

H1b: In einer temporären Organisation werden die Aufgaben eher innerhalb der Budgetvorgaben erfüllt, wenn ein höheres Niveau an Citizenship Behavior vorhanden ist.

Neben der empirischen Evidenz, dass OCB das Funktionieren von Organisationen auf verschiedene Weise unterstützt (Organ et al., 2006; Podsakoff et al., 2009; Podsakoff und MacKenzie, 1997), brachte die Literaturrecherche keine Forschungsarbeiten zu Tage, die explizit den Zusammenhang von OCB und der Einhaltung von Fristen oder Zeitplänen untersucht. Nichtsdestotrotz liegt es nahe, dass die Einhaltung von Zeitvorgaben mit dem übergreifenden Funktionieren von Organisationen zusammenhängt. Wenn Zeitpläne ausgedehnt und Aufgaben verschoben werden, wird dies auch negative Folgen für andere Effizienzmaße haben. Darüber hinaus kann begrenzte Zeit das Projektteam auf die Fertigstellung von Aufgaben fokussieren. Anstatt einer ausführlichen Planung und der Einhaltung von Prozessen führt die Zeitknappheit dazu, dass alles nötige getan wird, um die Aufgabe abzuschließen (Bakker et al., 2012). Dies mag auch Citizenship Behaviors wie Hilfsbereitschaft und Initiative umfassen. Deshalb liegt die Hypothese nahe:

H1c: In einer temporären Organisation werden die Aufgaben eher innerhalb der Zeitvorgaben erfüllt, wenn ein höheres Niveau an Citizenship Behavior vorhanden ist.

Neben diesen Effektivitätsmaßen, die jeweils eine Partialbetrachtung vornehmen, wird in der vorliegenden Teilstudie auch der Zusammenhang von Citizenship Behavior und dem übergreifenden Projekterfolg als ein globaler Indikator, der sowohl die organisationale Wahrnehmung des Projekterfolgs als auch die Wahrnehmung durch die Kunden umfasst. Walz und Niehoff (1996) zeigen empirisch, dass OCB die Kundenzufriedenheit nebst weiteren Effektivitätsmaßen erhöhen kann. Dies erscheint gleichermaßen plausibel aus einer Perspektive der Forschung zu temporären Organisationen. Wenn Kundinnen wahrnehmen, dass Individuen alles Notwendige für das Projekt tun (z.B. freiwillige Anstrengungen, unbürokratische Problemlösungen, Problemlösungsorientierung), dann werden sie dem Projekt positive Attributionen zuschreiben. Diese Überlegungen zusammengenommen ergeben:

H1d: In einer temporären Organisation steigt der übergreifende Projekterfolg mit dem Niveau der vorhandenen Citizenship Behaviors.

Da die zeitliche Restriktion das zentrale Merkmal temporärer Organisationen darstellt (Lundin and Söderholm, 1995), sollte dem Einfluss der Projektdauer auf die Beziehung von Citizenship Behavior und Effektivität eine besondere Aufmerksamkeit zu Teil werden. Wie oben beschrieben, legt die OCB-Literatur nahe, dass eine längere Dauer (in permanenten Organisationen gemessen als Arbeitserfahrung auf einer bestimmten Position bzw. Zugehörigkeitsdauer zum Betrieb) verschiedene Citizenship Behaviors stimulieren kann (Coyle-Shapiro, 2002; Podsakoff et al., 2000), während die Literatur zu temporären Organisationen auf die Lebendigkeit von Projekten und das Engagement des Teams zur Bewältigung einer gemeinsamen Herausforderung hindeutet (Bakker et al., 2012). Letzteres bezieht sich insbesondere auf Arbeit, die mit einer hohen Kreativität verbunden ist, während Projekte mit vorwiegend repetitiven Aufgaben oder solche, die scheinbar nie enden werden und einer permanenten Organisation nahekommen unter den genannten Gesichtspunkten bisher wenig beforscht wurden (Müller-Seitz und Sydow, 2011). Vor dem Hintergrund dieser Einsichten, in Kombination mit den Erkenntnissen aus der OCB-Forschung und dem Wissen, dass die vorliegende Stichprobe eher konventionelle (weniger kreative) Projekte abbildet, wird angenommen, dass der potenzielle Effekt von Citizenship Behavior eher in längeren als in kürzeren Projekten vorzufinden ist:

H2: Der Zusammenhang zwischen Citizenship Behavior und Effektivität wird positiv moderiert von der Projektdauer.

In den vergangenen Jahren haben Forscher, die sich mit temporären Organisationen auseinandersetzen, zunehmend den Versuch unternommen, die vorhandenen Effektivitätsmaße weiterzuentwickeln zu komplexeren, multi-dimensionalen Maßen, die auch strategische Aspekte der Effektivität von Projekten berücksichtigen (Shenhar et al., 2001). Zusätzlich zum „eisernen Dreieck" (z.B. Atkinson, 1999), das kurzfristige Erfolgskriterien repräsentiert, werden in der Fachliteratur auch längerfristige Maße für die Effektivität (wie Vorteile auf Organisationsebene, Reputation und Image) vorgeschlagen (Bryde, 2008). Zudem beobachten Oerlemans und Meeus (2009) in der Literatur einen Trend, den sie als subjektive, „psychosoziale Dimension" von Projekterfolg bezeichnen (z.B. Zufriedenheitsniveaus). Darüber hinaus werden die projektbezogenen Effektivitätsdimensionen oft durch organisationsbezogene Dimensionen ergänzt, beispielsweise der Beitrag von Projekten zu Leistung bzw. Erfolg von Organisationen. Schlussendlich beobachten Oerlemans und Meeus (2009) noch einen weiteren Trend dahingehend, dass interne Dimensionen der Projekteffektivität zunehmend ergänzt werden um externe Dimensionen, wie die Zufriedenheit von externen Anspruchsgruppen im Hinblick auf die Durchführung und die Ergebnisse bestimmter Projekte.

Ganz offensichtlich hat in den zurückliegenden Jahren ein merklicher Fortschritt hinsichtlich der Konzeptualisierung und der Entwicklung von Maßen für Effektivität in temporären Organisationen stattgefunden. Die Modelle sind komplexer geworden und haben zusätzliche Dimensionen aufgenommen, die über das weitverbreitete „eiserne Dreieck" hinausgehen. Eine besondere Anerkennung verdient die Tatsache, dass die meisten dieser zusätzlichen Dimensionen über das Verständnis von Projekten als „einsame Inseln" (Engwall, 2003) hinausreichen und zunehmend auch den Kontext von temporären Organisationen anerkennen, in den diese eingebettet sind (wie etwa Kundenbeziehungen, Belange der permanenten Organisation oder Beziehungen zu externen Anspruchsgruppen). Ausgehend von der Perspektive der Organisationstheorie und dem von ihr eingeleiteten „organizational turn" in der Projektmanagementforschung ist dies wenig verwunderlich. Denn dort ist bekannt, dass die Eingebundenheit von Projekten gewiss ein außerordentlich wichtiger Faktor für deren Erfolg darstellt (Engwall, 2003). Auch wird dort die Bedeutung von persönlichen und institutionellen Beziehungen aus vergangenen Projekten, die nach der Terminierung von Projekten latent erhalten bleiben und später reaktiviert werden können, hervorgehoben (Sydow und Windeler, 1999; Windeler und Sydow, 2001). Die Literatur legt nahe, dass OCB dazu beiträgt, solche Beziehungen, die über den Abschluss von Projekten hinausreichen, aufzubauen. Ganz konkret wird vermutet, dass OCB einen positiven Einfluss auf soziales Kapital ausübt. Bolino et al. (2002) entwickeln in einem konzeptionellen Beitrag diesen Zusammenhang betreffend mehrere Hypothesen. Danach beeinflusst OCB das Sozialkapital von Organisationen über eine strukturelle Dimension durch die Erschaffung und Ausgestaltung von Netzwerkverbindungen, über eine relationale Dimension durch eine Steigerung des gegenseitigen Sich-Mögens, des wechselseitigen Vertrauens und der Identifikation, sowie über eine kognitive Dimension durch eine gemeinsame Sprache und gemeinsame Anekdoten. Eine ähnliche Argumentation findet sich auch in der ersten Teilstudie. Danach beziehen sich Citizenship Behaviors (auch) auf die hinter den unmittelbaren Projekten liegenden Projektnetzwerke und unterstützen die Entwicklung von Beziehungen, die über den Abschluss von konkreten Projekten hinausreichen. Solche Beziehungen könnten ferner dazu beitragen, Wissen in temporären Organisationen zu binden (Bresnen et al., 2004) bzw. die organisationale Absorption von Wissen (Wagner, 2013) zu unterstützen. Folglich kann OCB dazu beitragen, Projekte mit einem übergreifenden sozialen

Kontext zu verbinden und dadurch zukünftige Kollaborationen geschmeidiger ablaufen zu lassen. Daraus ergibt sich:

H3: Die Qualität der Beziehungen zwischen Projektbeteiligten in zukünftigen temporären Organisationen steigt mit dem Niveau des Citizenship Behavior in vergangenen temporären Organisationen.

Im nächsten Abschnitt wird die Methodologie eingeführt, mit der die hier entwickelten Hypothesen überprüft werden. Im darauffolgenden Abschnitt werden die Ergebnisse der Datenanalyse vorgestellt.

3.3.3 Untersuchungsdesign und Methoden

Um den Zusammenhang zwischen Citizenship Behaviors und den verschiedenen Effektivitätsmaßen zu untersuchen, wurde eine quantitative Studie durchgeführt.

Datenerhebung

Die im Folgenden verwendete Terminologie erweckt den Eindruck, zwischen den Begriffen der temporären Organisation und Projekten als vermeintliche Synonyme zu springen. Dieser Eindruck entsteht, da die „Projekt"-Terminologie in der Projektmanagementpraxis (immer noch) wesentlich weiter verbreitet ist. Zum besseren Verständnis durch die Teilnehmer wurden die getesteten Items entsprechend dieser Terminologie formuliert. Nichtsdestotrotz wäre aus akademischer Sicht die Bezeichnung der temporären Organisation hier treffender. Im Gegensatz zur „Projekt"-Terminologie wird hiermit ein größerer Geltungsbereich eingegrenzt, der auch eher der tatsächlichen Stichprobe dieser Teiluntersuchung Rechnung trägt. Darin eingeschlossen sind neben den klassischen intra- und interorganisationalen Projekten nämlich auch projektbasierte Organisationen, *Project Management Offices* (PMOs), Eventorganisationen etc.

Diese Teilstudie wurde – wie bereits die erste – durch IPMA und deren Ländervertretungen in Deutschland sowie in diesem Fall auch Portugal unterstützt. Zunächst wurde ein Fragebogen erstellt, der durch eine Online-Anwendung ausgefüllt werden konnte. Eine Online-Befragung eignet sich im vorliegenden Fall am besten, da die potenziellen Adressaten geographisch weit verstreut sind und nur ein begrenztes Budget für die Umsetzung der Befragung zur Verfügung stand. Das quantitative Verfahren setzt eine hinreichende Rücklaufquote (N>100) voraus, um den Datensatz statistisch auszuwerten. Diese Minimalanforderung konnte problemlos erfüllt werden: Um eine möglichst hohe Rücklaufquote zu erzielen, wurde auf Verteiler der IPMA Deutschland und Portugal zurückgegriffen. Die Befragung wurde sowohl über die E-Mail Newsletter der beiden Ländervertretungen als auch über deren Websites angekündigt. Darüber hinaus wurden verschiedene soziale Netzwerke wie Xing und Facebook, in denen die IPMA mit eigenen Gruppen vertreten ist, genutzt, um Teilnehmer zu gewinnen. Da die Einladung zur Teilnahme nicht personalisiert wurde bzw. nicht nachvollziehbar ist, wie viele Personen tatsächlich mit der Einladung erreicht wurden, konnte keine Rücklaufquote errechnet werden. Allerdings hat ein führender Repräsentant der IPMA die deskriptiven Statistiken in Augenschein genommen und bestätigt:

„Die Stichprobe stellt eine sehr gute Annäherung an die Mitgliederstruktur dar, allerdings mit einem leicht überrepräsentierten Anteil des IT-Sektors zu Lasten traditioneller Industriebereiche, insbesondere der Fertigung, sowie von Beratungsdienstleistungen".

Die Stichprobe besteht aus 247 Teilnehmern aus Deutschland (48%) und Portugal (52%), die regelmäßig in Projektarbeit involviert sind. Darunter fallen sowohl Projektmanager (73%) als auch andere Projektbeteiligte, z.B. Projektmitarbeiter (27%). Das durchschnittliche Alter der Befragten betrug 40 Jahre. 67% der Befragten waren männlich, 31% weiblich. Etwa zwei Drittel hatten mehr als sechs Jahre Erfahrung in der Projektarbeit. Fast die Hälfte der Befragten ist in leitender Person tätig, hat Personal- (65%) und direkte Budgetverantwortung (57%). Dennoch sind 83% der Befragten auch in das operative Tagesgeschäft eingebunden. Die große Mehrheit (92%) arbeitet vorwiegend in Projektstrukturen. Projekte im IT-Bereich sind tendenziell überrepräsentiert (47% der Stichprobe), während Projekte in der Produktion (4% der Stichprobe) in der Tat unterrepräsentiert sein dürften. 73% der Projekte waren interorganisational und nur 27% komplett organisationsintern. In Bezug auf die Projektgröße und auch das

Projektbudget sowie die Anzahl der Personen, die am zuletzt abgeschlossenen Projekt (auf die sich die Fragen beziehen) teilgenommen haben, bildet die Stichprobe eine große Bandbreite unterschiedlicher Projekte ab. Auch die Projektdauer variierte sehr stark (zwischen mehreren Monaten und mehreren Jahren), wobei der Durchschnitt bei 1,5 Jahren liegt.

Messinstrument

Eine 7-stufige Likert-Skala (7 = "Ich stimme voll und ganz zu", 1 = "Ich stimme überhaupt nicht zu") wurde genutzt, um den Grad der Zustimmung mit den Items zu Citizenship Behaviors und den Effektivitätsindikatoren zu messen. Eine höhere Zahl weist also eine stärkere Zustimmung aus. Alle Fragen bezogen sich auf das zuletzt vollständig abgeschlossene Projekt, an dem der Befragte mitgewirkt hat. Der gesamte Fragebogen basierte auf Selbsteinschätzungen der Befragten; die daraus resultierenden Limitationen werden im Diskussionsteil thematisiert.

Abhängige Variablen

Die abhängigen Variablen wurden ausgehend von der klassischen Projektmanagementlehre entwickelt. Das „eiserne Dreieck" wurde dabei als Wahrnehmungen der Qualität, der Einhaltung von Zeitplänen und von festgelegten Projektbudgets[26] gemessen (Pheng und Chuan, 2006). Zusätzlich wurden zwei Indikatoren erhoben, die den übergreifenden Projekterfolg anzeigen. Davon nimmt einer die interne (organisationale) Perspektive ein (Mahaney und Lederer, 2010) und der andere eine externe Perspektive, welche durch die wahrgenommene Kundenzufriedenheit abgefragt wurde (Pheng und Chuan, 2006). Diese beiden Indikatoren, also der organisational wahrgenommene Projekterfolg und die Kundenzufriedenheit mit dem Projekt wurden zu einem Konstrukt verschmolzen, das im Folgenden als *Overall Project Success* bezeichnet wird.

Neben diesen klassischen Erfolgsmaßen, die, wie im vorangegangenen Abschnitt ausgeführt, die Perspektive des isolierten Projekts forcieren

---

[26] Die Budgetvariable („keeping to budget") wurde nur in der deutschen Stichprobe erhoben (n=119).

(Engwall, 2003), wurden zusätzliche Variablen ergänzt, welche der Einbettung von Projekten in die zuvor beschriebenen Strukturen Rechnung tragen sollen. Dies ist von besonderer Bedeutung, da der Nachweis erfolgen soll, dass Citizenship Behavior auch über den Projektabschluss hinaus einen Effekt auf die Qualität der Beziehungen zwischen Projektbeteiligten ausübt. Um die Stärke dieser Beziehungen zu messen, steht in der Forschung ein ganzes Repertoire an Messinstrumenten aus verschiedenen Subdisziplinen zur Verfügung (Duck, 2007). Im Bereich *Organizational Behavior* setzt sich, neben einigen anderen Ansätzen, der Forschungsstrang zum LMX mit der Beziehung zwischen Vorgesetzten und Geführten auseinander (Graen und Uhl-Bien, 1995). Für diese Teilstudie erscheint LMX jedoch ungeeignet, da der Ansatz die Existenz einer Hierarchie unterstellt und sich auf intraorganisationale Beziehungen richtet. Auch in der Marketingforschung gibt es eine lange Kontroverse über die Beziehungsqualität zwischen Organisationen und ihren Kunden (Bovea und Johnson, 2001). In Übereinstimmung mit der hiesigen Analyse werden auch dort (aufgrund des Kundenkontakts) Organisationsgrenzen überschritten. Im Zentrum der Betrachtung steht bei diesen Studien jedoch die Kundenzufriedenheit (Bovea und Johnson, 2001). Nichtsdestotrotz stellt ein Beitrag von Henning-Thurau und Klee (1997) eine Dimensionalität vor, die für die vorliegende Teilstudie geeignet erscheint. Darin wird ein Konstrukt vorgeschlagen, das aus drei Komponenten besteht: (1) Die wahrgenommene Qualität einer Beziehung, (2) das wahrgenommene Vertrauen in die Beziehung, und (3) das Commitment zur Beziehung. Darauf basierend wird eine abhängige Variable als multi-dimensionales Konstrukt aus eben jenen drei Komponenten gebildet, wobei die Variable im Folgenden als *Relationship Quality* bezeichnet wird.

Unabhängige Variablen
Als unabhängige Variablen wurden insgesamt fünf Citizenship Behavior-Dimensionen gemessen, wovon die ersten vier PCB widerspiegeln und die fünfte NCB: (1) *Helping Behavior*, (2) *Project Loyalty*, (3) *Project Compliance*,

(4) *Project-based Proactive Behavior*, und (5) *Relationship Maintenance*[27]. Jede der Dimensionen wurde als multi-item Konstrukt (mit jeweils 3-5 Indikatoren) operationalisiert. Dabei kamen, soweit es für den Kontext temporärer Organisationen plausibel erschien, einschlägige OCB-Skalen zum Einsatz. Die Konstrukte wurden mithilfe der Erkenntnisse aus der vorangegangenen, qualitativen Teilstudie angepasst. Dies ermöglichte es, dass den spezifischen Merkmalen von temporären Organisationsformen Rechnung getragen werden konnte.

Im Hinblick auf die *Helping Behavior*-Dimension wurden die Items an der bewährten Altruismus-Skala von Podsakoff et al. (1990) sowie der deutschsprachigen Variante von Staufenbiel und Hartz (2000) orientiert. So wurden die Items beispielsweise auf das Projektteam (anstatt der Linienorganisation) bezogen. Manche Skalen zu Hilfsbereitschaft und Altruismus beschreiben kooperative Verhaltensweisen gegenüber neuen Mitgliedern, die in die Organisation eintreten (Moorman und Blakely, 1995; Podsakoff und MacKenzie, 1994; Smith et al., 1983). Dieser Aspekt wurde in der hier verwendeten Skala nicht aufgegriffen, da er gerade bei kurzfristigeren Projekten, bei denen mitunter keine oder wenige Veränderungen in der Zusammensetzung des Teams vorgenommen werden, nicht relevant sein dürfte.

In Bezug auf die *Loyalty*-Dimension kam eine Skala von Van Dyne et al. (1994) zum Einsatz, die ebenfalls in Richtung von Projekten angepasst wurde. So wird insbesondere der Bezugspunkt für loyales Verhalten von der Organisation zum Projekt verlagert.

Die Entwicklung der *Compliance*-Skala basiert gänzlich auf der ersten Teilstudie. Die verwendeten Items sind sehr spezifisch für Projekte, so etwa das Einhalten von Zeitplänen, Meilensteinen, Projektinstruktionen und Regeln, die beim Projekt-Kick-Off vereinbart wurden. Die *Compliance*-Dimension der frühen OCB-Forschung unterstellt „normale Arbeitsformen", was u.a. einen strikt intraorganisationalen Rahmen, klare Hierarchien und die physische Anwesenheit von allen Organisationsmitgliedern

---

[27] Zwar wurden im explorativen Teil für NCB drei Dimensionen identifiziert, aber aus forschungspraktischen Gründen, insbesondere der Länge des Fragebogens, wurde NCB hier (nur) als eindimensionales Konstrukt operationalisiert, das aber trotzdem den Kern von NCB, also die projektübergreifende Kontaktpflege, erfasst.

einschließt (Smith et al., 1983; Williams und Anderson, 1991). Die entsprechenden Skalen stellen vor diesem Hintergrund oft auf Kriterien wie Pünktlichkeit, Einhaltung von Pausenzeiten oder private Telefonate ab. Die Erkenntnisse aus der ersten Teilstudie zeigen, dass diese Kriterien kaum mehr der heutigen Arbeitswirklichkeit entsprechen. Gerade in der Projektarbeit arbeiten Teammitglieder häufig an unterschiedlichen Standorten mit einem großen Anteil virtueller Kooperation und unregelmäßigen Arbeitszeiten. Dabei treten extreme Spitzen bei der Arbeitsbelastung auf (insbesondere zum Projektende hin). Zudem sind Kontrollmöglichkeiten durch Vorgesetzte im klassischen Sinne (wie z.B. Anwesenheit oder Arbeitszeiten) praktisch kaum vorhanden.

Die Dimension des proaktiven Verhaltens (*Initiative*) basiert auf der deutschsprachigen Skala von Staufenbiel und Hartz (2000) und wurde für Projekte angepasst. In der Literatur sind zwei theoretische Positionen zu finden, wie *Initiative* operationalisiert werden sollte. Die eine Position versteht *Initiative* als aktives Engagement in der Organisation, z.B. durch das Unterbreiten von Verbesserungsvorschlägen (George und Brief, 1992; Van Dyne et al., 1994), während die andere Position die Motivation und das Ermutigen von Kollegen in den Vordergrund stellt (Moorman und Blakely, 1995). Die hier durchgeführte Erhebung folgt der ersten Position und versteht *Initiative* als Verhalten, welches auf das Projekt als solches gerichtet ist und nicht auf die daran beteiligten Individuen.

Die *Relationship Maintenance*-Dimension wurde inspiriert durch das *Civic Virtue*-Konstrukt nach Organ (1988), das für die aktive Teilhabe von Mitarbeitern an strategischen und politischen Prozessen auf einer Makroebene steht und sich beispielsweise durch die freiwillige Teilnahme an Meetings, Debatten etc. ausdrückt, in denen es um die Zukunft der eigenen Organisation geht. In der vorangegangenen Teilstudie konnte, in Übereinstimmung mit Sydow und Windeler (1999), gezeigt werden, dass Makroprozesse in der Landschaft von temporären Organisationsformen häufig das institutionalisierte Ende von Projekten überdauern. Genauer gesagt, bleiben Individuen über den Abschluss von Projekten (zumindest latent) in Kontakt und pflegen die vorhandenen Beziehungen. Im Fragebogen kommt deshalb eine Skala bestehend aus drei Items zum Einsatz, welche die Beziehungspflege (*Relationship Maintenance*) erfasst.

OCB-Dimension	Construct definition	Example	Adopted, context sensitive dimension	Construct definition	Example
Helping behavior	Behavior directed towards helping a person in face-to-face problem situations[1]	Assisting someone with a heavy workload in completing his or her tasks	Project-specific helping behavior	Behavior directed towards helping co-workers in a temporary organization when solving problems	Helping a co-worker to fix a problem even though it is not part of any contract
Organizational loyalty	Identification with and allegiance to the firm as a whole[2]	Defending one's own organization if it is criticized from the outside	Project loyalty	Allegiance to the temporary organization as a whole, sometimes but not necessarily sacrificing the interests of one's own or the employer organization for the common good	Defending the temporary organization when it is criticized from the outside
Organizational Compliance	A more impersonal form of conscientiousness that is indirectly helpful to others; doing what a "good employee ought to do"[3]	Demonstrating respect for policies	Project compliance	Orientation toward the rules, policies and processes of the temporary organization	Adhering to the quality standards of the temporary organization and to the rules that were set up at kick-off
Individual initiative	Conscientiously performing tasks by voluntarily going above minimum required level[4]	Volunteering to take on additional responsibilities	Project-specific proactive behavior (initiative)	Performing tasks of the temporary organization with creative and innovative efforts that go beyond contractual arrangements	Making suggestions for improvements in processes, services, etc.
Civic Virtue	Responsible, constructive involvement in organizational governance processes[5]	Attending meetings; participating in policy debates; engaging in strategic planning	Relationship maintenance	Keeping personal contacts to co-workers of the temporary organization even beyond its termination and regularly updating those contacts in meetings, calls etc.	Talking to former colleagues e.g. at conferences, by phone, personally etc.; catching up on a regular basis in order to keep contacts alive

Conceptual development process adopted from Autry et al. (2008) and specified for temporary organizations.

[1] Based on Podsakoff et al. (1990) and the German OCB-scale by Staufenbiel and Hartz (2000), adjusted.
[2] Based on Van Dyne et al. (1994), adjusted.
[3] Based on Braun et al. (2012b).
[4] Based on Staufenbiel and Hartz (2000), adjusted.
[5] Based on Organ (1988), but reframed towards the NCB-dimension of Braun et al. (2012b).

Tabelle 8: Citizenship Behavior in temporären Organisationen
Quelle: In Anlehnung an Braun et al. (2012a: Im Druck)

Tabelle 8 gibt eine Zusammenfassung der verwendeten Dimensionen und deren Herkunft vor dem Hintergrund der etablierten OCB-Forschung.

Kontrollvariablen

Mehrere Kontrollvariablen wurden genutzt, um den potenziellen Einfluss anderer Faktoren auf die abhängigen Variablen auszuklammern. Diese Gruppe an Variablen umfasst sowohl demographische Merkmale (Geschlecht, Alter, Land und Berufserfahrung), projektspezifische Merkmale in Bezug auf die Projektart (intra- versus interorganisational), die Projektgröße (Anzahl an beteiligten Personen) und die Projektdauer (in Jahren). Die projektspezifischen Kontrollvariablen wurden eingeführt um zu zeigen, dass die gefundenen Phänomene für eine Reihe unterschiedlicher Formen von temporären Organisationen Gültigkeit haben.

Datenanalyse

Um die Konstruktvalidität sicherzustellen, wurden eine exploratorische Faktorenanalyse (Hauptkomponentenanalyse) sowie Reliabilitätstests aller Items (Cronbachs α) der Citizenship Behavior- und Beziehungsqualität-Konstrukte durchgeführt. Korrelationsanalysen wurden genutzt, um Zusammenhänge zwischen den getesteten Items nachzuweisen. Daran anschließend wurden hierarchische Regressionsanalysen durchgeführt, um die Hypothesen zu testen. Im ersten Schritt wurden dabei die demographischen Kontrollvariablen in das Modell aufgenommen. Im zweiten Schritt wurden die projekt-spezifischen Kontrollvariablen hinzugefügt, woraufhin im dritten Schritt erst diejenigen Citizenship-Dimensionen aufgenommen wurden, die sich auf die temporäre Organisation als solche richten (OCB-O), also *Loyalty*, *Compliance* und *Initiative*, und anschließend in Schritt 4 solche Citizenship-Dimensionen, die sich an Individuen richten (OCB-I), also *Helping Behavior* und *Relationship Maintenance*. Eine Nützlichkeitsanalyse (*usefulness analysis*; Darlington, 1968) wurde durchgeführt, um den zurechenbaren Erklärungsbeitrag der Citizenship-Dimensionen in Bezug auf die Varianz in der abhängigen Variablen zu analysieren. In diesem Zusammenhang wurden die Schritte 3 und 4 auch in umgekehrter Reihenfolge durchgeführt. Dies ermöglichte eine Untersuchung der Varianz, die vom individuumsbezogenen Citizenship Behavior (Schritt 4) über das die temporäre Organisation betreffende Citizenship Behavior (Schritt 3) hinaus erklärt wird und umgekehrt.

3.3.4 Ergebnisse und Test der Hypothesen

Die zur Messung der Citizenship Behaviors in temporären Organisationen herangezogenen Items wurden mithilfe einer Faktorenanalyse (Hauptkomponentenanalyse mit Varimax-Rotation) untersucht. Die Ergebnisse sind in Tabelle 9 zusammengefasst. In der Tabelle wurden Faktorladungen kleiner als 0,30 unterdrückt und die Reihenfolge der Items im Vergleich zum Fragebogen verändert, um das Ladungsmuster und die Zugehörigkeit der Items zu den jeweiligen Dimensionen besser erkennen zu können. Die meisten der eingesetzten Indikatoren erwiesen sich als valide, da die Items, die den unterschiedlichen Citizenship-Dimensionen theoretisch zugerechnet werden auch statistisch auf abgrenzbare Faktoren laden. Die ursprünglich eingesetzte Skala enthielt insgesamt 30 Items (6 Items pro Citizenship-Dimension). Die Hauptkomponentenanalyse zeigte, dass 10 Items stark auf gleich mehrere Faktoren laden oder aber auf Faktoren, zu denen sie logisch nicht attribuiert werden konnten. Deshalb wurden diese Items bei der weiteren Analyse ausgeschlossen. Die verbleibenden 3-5 Items pro Konstrukt sollten dann immer noch in der Lage sein, den Geist der zugrundeliegenden Dimensionen widerzuspiegeln und die wichtigsten Charakteristika einzufangen. Im finalen Modell wurden der Kaiser-Guttmann Scree Test und der Velicer Test eingesetzt um fünf emergierende Faktoren zu identifizieren. Dem Kaiser-Kriterium (*Eigenvalues* > 1) entsprechend, tragen alle fünf Faktoren zu einer Varianzaufklärung von insgesamt 58,92% bei. Faktor 1 (α = 0,85) repräsentiert die *Relationship Maintenance*-Dimension und basiert auf vier Items. Faktor 2 (α = 0,75) beinhaltet vier Items und misst das projekt-spezifische proaktive Verhalten (*Initiative*). Faktor 3 (α = 0,70) umfasst die *Compliance*-Dimension und setzt sich aus fünf Items zusammen. Faktor 4 (α = 0,68) repräsentiert die *Loyalty*-Dimension und besteht auf vier Items und Faktor 5 (α = 0,70) basiert auf drei Items, die *Helping Behavior* anzeigen.

Die interne Konsistenz des Citizenship Behavior-Konstrukts wurde durch die Berechnung zusammengesetzter Reliabilitätskoeffizienten für jede der latenten Variablen überprüft. Die Werte der fünf latenten Variablen variierten zwischen 0,90 (*Initiative*) bis 0,96 (*Relationship Maintenance*), was deutlich über dem von Fornell und Larcker (1981) geforderten Wert von 0,60 liegt. In Bezug auf die Diskriminanzvalidität war die durchschnittlich extrahierte Varianz (*average variance abstracted*; AVE) für alle fünf Konstrukte über dem Wert von 0,70 und damit oberhalb der von Fornell und Larcker (1981) geforderten Schwelle von 0,50. Laut der Autoren sollte die Quadratwurzel der AVE für jedes Konstrukt höher sein als die Korrelation zwischen dem jeweiligen Konstrukt und den anderen Konstrukten. Da die zu den Konstrukten gehörenden Items mehr Varianz aufklären als die Items der anderen Konstrukte, legen die Werte in Tabelle 9 nahe, dass die Diskriminanzvalidität gegeben ist.

In Bezug auf die abhängigen Variablen weisen die Konstrukte *Overall Project Success* und *Relationship Quality* Alpha-Koeffizienten von 0,81 bzw. 0,78 auf, welche in der Literatur als sehr akzeptabel eingestuft werden (Hair et al., 1992).

	Dimensions				
	RM	IN	CO	LO	HB
10_RM. Occasionally, I catch up with former external project workers.	.83				
8_RM. I maintain contacts to particular external project employees, even when we are not currently participating in the same project.	.81				
9_RM. Occasionally, I contact selected external project employees of previous projects.	.80				
7_RM. I keep in touch with particular external project workers, even beyond the project close-out.	.76				
6_INI. I make innovative suggestions to improve the project work.		.76			
5_INI. I outline chances and potentials that could arise in the course of the project.		.75			
3_INI. I propose my own ideas and suggestions in the operative project work, even when it is not explicitly requested.		.64			
2_INI. I keep myself informed about developments within the project, also outside my field of duty.		.62			
19_CO. I follow strictly the rules and instructions that apply to the project.			.75		
17_CO. I strictly comply with the rules which were set during the kick-off meeting.			.69		
18_CO. I conform to all contractual obligations I have in the project with great care.			.64		
20_CO. I immediately inform the respective supervisor if I cannot meet deadlines.			.59		.33
22_CO. I make the necessary improvements if the critique of my performance is justified.			.52		
15_LO. I defend the project when it is criticized from the outside.				.74	
13_LO. I feel strongly committed to the project.				.74	
12_LO. I describe the project positively if someone from outside asks me.				.70	
14_LO. I do everything necessary so that the project objectives are achieved.				.48	
27_HB. I help project staff when they have heavy workloads.					.81
28_HB. I offer the project team members a helping hand if they need it at some stage in the course of the project.					.81
26_HB. I intervene and try to balance interests when disputes in the project team occur.					.60
	Correlations between constructs				
Initiative	.40	-			
Loyalty	.17	.40	-		
Compliance	.21	.44	.34	-	
Helping Behavior	.29	.33	.36	.29	-
Eigenvalues	5.39	2.37	1.51	1.35	1.16
Explained variance (%)	26.95	11.86	7.54	6.75	5.82
Cronbach's alpha	.85	.75	.70	.68	.70
Construct composite reliability	.96	.90	.94	.95	.94
Extracted Average Variance (EVA square root)	.70 (.83)	.70 (.83)	.73 (.85)	.76 (.87)	.75 (.87)

Principal components analysis; varimax rotation

Tabelle 9: Ergebnisse der Hauptkomponentenanalyse
Quelle: Braun et al. (2012a: Im Druck)

Deskriptive Statistiken einschließlich der Mittelwerte, Standardabweichungen und Korrelationen sind in Tabelle 10 zusammengefasst. Die Korrelationsanalyse zeigt, dass jede der Citizenship-Dimensionen signifikant mit Zeit-, Budget- und Qualitätsvariablen korreliert. Eine besonders starke Korrelation findet sich zwischen allen Citizenship-Dimensionen einerseits und den Effektivitätsmaßen *Overall Success* sowie *Relationship Quality* andererseits (jeweils signifikant auf einem Niveau von $p < 0,01$).

Die Ergebnisse der hierarchischen Regressionsanalyse sind in Tabelle 11 zusammengefasst. Dies beinhaltet auch die Qualitätsindikatoren (korrigiertes R^2 und F) der jeweiligen Regressionsmodelle sowie die standardisierten β-Werte der unabhängigen Variablen. Zuvor wurde die Regressionsannahme mit Kollinearitätsstatistiken überprüft. Alle VIF-Ergebnisse lagen dabei unterhalb von 5,0, was bedeutet, dass diese Variablen keine redundante Information beinhalten (Field, 2004). Bei den getesteten Modellen konnte mithilfe der hierarchischen Regressionsanalyse zwischen 12% und 22% der vorliegenden Varianz aufgeklärt werden.

Die Ergebnisse der Regressionsmodelle zeigen, dass die Aufnahme des auf die temporäre Organisation gerichteten Citizenship Behaviors (vgl. OCB-O) in Schritt 3 einmalige Varianz in den abhängigen Variablen erklärt. Dies umfasst die Variablen *Quality* ($\Delta F = 6,62$, $\Delta R^2 = 0,08$, $p < 0,01$), *Budget* ($\Delta F = 3,99$, $\Delta R^2 = 0,10$, $p < 0,1$), *Time* ($\Delta F = 3,92$, $\Delta R^2 = 0,05$, $p < 0,01$), *Overall Project Success* ($\Delta F = 11,13$, $\Delta R^2 = 0,13$, $p < 0,01$) und *Relationship Quality* ($\Delta F = 10,14$, $\Delta R^2 = 0,11$, $p < 0,01$).

Die Aufnahme der Citizenship Behavior-Dimensionen im vierten Schritt des Regressionsmodells, die sich auf Kollegen beziehen (vgl. OCB-I) erklärt einmalige Varianz bezogen auf die Effektivitätsmaße *Quality* ($\Delta F = 7,05$, $\Delta R^2 = 0,05$, $p < 0,01$), *Budget* ($\Delta F = 3,80$, $\Delta R^2 = 0,06$, $p < 0,05$), *Overall Project Success* ($\Delta F = 2,89$, $\Delta R^2 = 0,02$, $p < 0,10$) und *Relationship Quality* ($\Delta F = 2,98$, $\Delta R^2 = 0,02$, $p < 0,05$). Die Nützlichkeitsanalyse (*usefulness analysis*) zeigt, dass eine Umkehr der Schritte 3 und 4 zusätzliche Varianz in den Variablen *Quality*, *Overall Success* und *Relationship Quality* erklärt. Dies impliziert einen Erklärungsbeitrag sowohl der Citizenship Behaviors, die auf die temporäre Organisation gerichtet sind, als auch derjenigen, die sich an Individuen richten.

	Mean	SD	1	2	3	4	5	6	7	8	9	10	11	12	13	14	15	16
1. Gender	0.66	0.47																
2. Age	3.53	1.06	-.048															
3. Country	0.52	0.48	.026	.055														
4. Tenure	3.48	0.90	-.013	.515†	-.101													
5. Project scope	0.64	0.45	-.010	-.105	-.260†	-.068												
6. Project size	2.13	0.90	-.071	.094	-.094	.113	-.219†											
7. Project duration	2.48	1.12	.128	.186†	-.006	.203†	-.193†	.432†										
8. Helping	5.77	0.89	.034	.124	-.099	.175†	.029	.094	.041									
9. Loyalty	6.10	0.67	.101	.172†	-.022	.167†	-.117	.140*	.117	.286†								
10. Compliance	5.89	0.64	.107	.099	-.173†	-.003	.127*	.086	.086	.355†	.341†							
11. Initiative	5.96	0.73	.066	.158*	.087	.175†	-.044	.115	.066	.333†	.440†	.404†						
12. Relationship M.	5.10	1.16	-.011	.010	.076	.057	.023	-.006	-.063	.294†	.205†	.167†	.403†					
13. Time	5.36	1.74	-.050	.167†	-.045	.153	.037	-.078	-.224†	.199†	.195†	.168†	.177†	.141*				
14. Budget	5.50	1.46	-.193*	.046	—	.137	.096	.049	-.166	.189*	.117	.220*	.262†	.345†	.388†			
15. Quality	5.86	1.25	-.019	.053	-.049	.130*	.046	.042	-.157*	.278†	.171†	.251†	.156*	.247†	.589†	.441†		
16. Overall succ.	5.83	1.12	-.062	.077	-.116	.081	.053	.070	-.204†	.263†	.257†	.314†	.256†	.188†	.634†	.484†	.793†	
17. Relationship Q.	5.10	1.20	.098	.019	-.272†	.085	.111	.092	.126	.288†	.194†	.286†	.317†	.210†	.172†	.050	.236†	.237†

*p<0.05; †p<0.01
Gender (0=F, 1=M), age (1=20>, 2=21-30, 3=31-40, 4=41-50, 5=51-60, 6=60<), country (1=Portugal, 2=Germany), tenure (1=1 year>, 2=1-3 years, 3=4-6 years, 4=6 years<), project scope (1=interorganizational, 2=intraorganizational), project size (1=2-6 persons, 2=7-50 persons, 3=51-150 persons, 150< persons), project duration (1=6 months>, 2=1 year>, 3=2 years>, 4= 2 years<)

Tabelle 10: Deskriptive Statistiken und Interkorrelationen
Quelle: Braun et al. (2012a: Im Druck)

	Quality				Budget				Time			
Step 1												
1. Gender	-.02	.02	-.03	-.02	-.20*	-.14	-.16‡	-.13	-.03	.02	-.02	-.03
2. Age	-.01	.02	-.02	-.02	-.16	-.15	-.16	-.10	.13	.16*	.13‡	.14‡
3. Country	-.05	-.04	.30	.04	a	a	a	a	-.06	-.06	-.03	-.02
4. Tenure	.13	.15‡	.16*	.13‡	.29‡	.31*	.27‡	.19	.07	.11	.10	.08
Step 2												
5. Project scope		.01	.04	.05	b	b	b	b		-.02	.04	.01
6. Project size		.10	.08	.07		.16	.10	.08		.03	.00	-.01
7. Project duration		-.25†	-.25†	-.22†		-.28*	-.23‡	-.19		-.30†	-.29†	-.28†
Step 3												
8. Loyalty			.13‡	.10			.12	.13			.13‡	.11
9. Compliance			.25†	.21†			.18‡	.15			.13‡	.10
10. Initiative			-.04	-.12			.12	.04			.04	.01
Step 4												
11. Helping				.14*				.00				.10
12. Relationship M.				.19†				.28†				.04
Adjusted R₂	.02	.07	.15	.20	.04	.07	.15	.20	.02	.08	.12	.12
F	1.06ns	2.19*	3.63†	4.38†	2.43‡	5.53*	6.35†	6.47†	2.05‡	3.85†	3.98†	3.57†
Δ R₂	.02	.05	.08	.05	.07	.05	.10	.06	.04	.08	.05	.01
F for Δ R₂	1.06ns	3.64†	6.62†	7.05†	2.44‡	2.74‡	3.99†	3.80*	2.05‡	6.06†	3.92†	1.43ns
Reversing steps 3 and 4												
Δ R₂	--	--	.09	.04	--	--	.11	.05	--	--	.03	.02
F for Δ R₂	--	--	11.72†	3.59*	--	--	6.79†	2.10ns	--	--	4.23*	2.03ns

$*p < 0.05$; $†p < 0.01$; $‡p < 0.10$
a German sample only (n=119)
b Sub-group of intraorganizational projects too small (n=18)

Tabelle 11: Ergebnisse der hierarchischen Regressionsanalyse
Quelle: Braun et al. (2012a: Im Druck)

	Overall success				Relationship Quality			
Step 1								
1. Gender	-.06	-.01	-.07	-.07	.10	.10	.05	.06
2. Age	.07	.10	.05	.05	.02	.01	-.04	-.03
3. Country	-.12‡	-.11	-.06	-.05	-.31†	-.33†	-.31†	-.30†
4. Tenure	.03	.06	.05	.20	.05	.03	.01	-.01
Step 2								
5. Project scope		-.00	.04	.04		-.03	.00	.01
6. Project size		.17*	.12‡	.11‡		.10	.05	.04
7. Project duration		-.32†	-.31†	-.29†		.06	.08	.09
Step 3								
8. Loyalty			.17*	.15*			.02	.00
9. Compliance			.22†	.19†			.13‡	.10
10. Initiative			.09	.04			.25†	.21†
Step 4								
11. Helping				.13‡				.11‡
12. Relationship M.				.08				.10
Adjusted R_2	.01	.08	.20	.21	.10	.10	.20	.22
F	1.50ns	3.57†	6.40†	5.91†	9.18†	6.16†	7.89†	7.15†
ΔR_2	.03	.08	.13	.02	.11	.02	.11	.02
F for ΔR_2	1.50ns	6.19†	11.78‡	2.89†	6.86†	1.61ns	10.14†	2.98*
Reversing steps 3 and 4								
ΔR_2	--	--	.08	.07	--	--	.08	.05
F for ΔR_2	--	--	10.28†	6.52†	--	--	10.37†	5.01†

Jede der Citizenship Behavior-Dimensionen sagt zumindest ein Effektivitätsmaß auf einem signifikanten Niveau von $p < 0{,}05$ voraus. Tabelle 11 zeigt, dass *Compliance* ($\beta = 0{,}21$, $p < 0{,}01$), *Helping Behavior* ($\beta = 0{,}14$, $p < 0{,}05$) und *Relationship Maintenance* ($\beta = 0{,}19$, $p < 0{,}01$) jeweils positiv mit dem Effektivitätsmaß *Quality* zusammenhängen, was für das Zutreffen von Hypothese 1a spricht. Hypothese 1b sagt voraus, dass ein höheres Niveau des Citizenship Behavior eher zu einer Einhaltung der Budgetvorgaben führt. Auch für diese Hypothese bietet Tabelle 11 Unterstützung, denn *Relationship Maintenance* weist einen signifikant positiven Einfluss auf die abhängige Variable auf ($\beta = 0{,}28$, $p < 0{,}01$). Hypothese 1c, die einen positiven Einfluss von Citizenship Behavior auf die Einhaltung der Zeitplanung vorhersagt, wird von den Ergebnissen nicht unterstützt. Keine der Citizenship Behaviors unterstützt H1c, jedoch konnte ein schwacher Einfluss der *Loyalty*-Dimension ($\beta = 0{,}13$, $p < 0{,}1$) und der *Compliance*-Dimension ($\beta = 0{,}13$, $p < 0{,}1$) in Schritt 3 des Regressionsmodells nachgewiesen werden. Hypothese 1d legt einen positiven Zusammenhang zwischen Citizenship Behavior und dem übergreifenden Projekterfolg nahe. Und in der Tat sprechen die signifikanten Koeffizienten von *Loyalty* ($\beta = 0{,}15$, $p < 0{,}05$), *Compliance* ($\beta = 0{,}19$, $p < 0{,}01$) und *Helping Behavior* ($\beta = 0{,}13$, $p < 0{,}1$) für das Zutreffen dieser Hypothese.

Ein positiver Moderationseffekt der Projektdauer in der Beziehung zwischen Citizenship Behaviors und Effektivitätsmaßen wird von Hypothesis 2 vorhergesagt. Die Ergebnisse bieten partielle Unterstützung für den entgegengesetzten Zusammenhang, also eine negative Moderation. Das bedeutet, Citizenship Behavior hat eher bei kurzen Projekten einen Einfluss auf Effektivitätsmaße als bei längeren Projekten. Konkret wurden signifikant negative Moderationseffekte ($\beta = 0{,}22$, $\beta = 0{,}28$, $\beta = 0{,}29$, jeweils mit $p < 0{,}01$ für alle Werte) für Citizenship Behaviors gefunden, die *Quality*, *Time* und *Overall Success* vorhersagen. Somit liegt im Vergleich zum erwarteten genau der entgegengesetzte Zusammenhang vor. Hypothese 2 muss somit verworfen werden.

Die vorliegende Teilstudie hatte auch zum Ziel, einen möglichen Effekt von Citizenship Behaviors über das „eiserne Dreieck" hinaus zu untersuchen, der möglicherweise mit der Einbettung von Projekten in einen breiteren zeitlichen und sozialen Kontext zusammenhängt. Gemeint waren hier insbesondere Beziehungen, die über die Terminierung von Projekten hinausreichen. Ganz konkret erfasst Hypothese 3, dass Citizenship Behavior die Beziehungsqualität zwischen Individuen in zukünftigen Projekten steigert. Wie aus Tabelle 11 hervorgeht, unterstützt der Einfluss von *Initiative* (β = 0,21, p < 0,01) und *Helping Behavior* (β = 0,11, p < 0,1) diese Hypothese.

Insgesamt bleibt festzuhalten, dass jede der Citizenship Behavior-Dimensionen mindestens auf ein, teilweise auf mehrere Effektivitätsmaße wirkt. Allerdings ist keine der Dimensionen in der Lage, alle Effektivitätsmaße vorherzusagen. Dies ist schon aufgrund der Multi-Dimensionalität des Konstrukts wenig überraschend. Gleichwohl zeigen die hohen Interkorrelationen zwischen den einzelnen Dimensionen deren Zusammenhang.

3.3.5 Diskussion der Ergebnisse

Diese zweite Teilstudie liefert einen Beitrag sowohl für die Forschung zu temporären Organisationsformen als auch zur OCB-Forschung. Trotz einiger Limitationen, die insbesondere dem gewählten Untersuchungsdesign inhärent sind, lassen sich auch eine Reihe von Handlungsempfehlungen für die Praxis daraus ableiten. Die Limitationen wiederum können als Ausgangspunkt für zukünftige Forschungsarbeiten herangezogen werden.

Implikationen

In Bezug auf die Forschung zu temporären Organisationen liefert diese Teilstudie insbesondere durch die quantitative Erfassung und dem Versuch der Messung von Effektivität als Resultat von kooperativen Verhaltensweisen einen theoretischen und empirischen Beitrag. In der Vergangenheit bis in die Gegenwart kam dem Ansatz des „eisernen Dreiecks" aus Zeit-, Budget- und Qualitätskriterien eine herausragende Bedeutung in diesem Forschungsbereich, aber auch in der Praxis, zu (Huang et al., 2004). Um dieser Forschungstradition Rechnung zu tragen, wurde dieses „Dreieck" auch in der vorliegenden Teilstudie als Indikator (neben mehreren anderen) herangezogen und es wurde überprüft, wie diese Form der Effektivität durch kooperative Verhaltensweisen induziert werden kann. Die Ergebnisse legen nahe, dass jede der getesteten Dimensionen von Citizenship Behavior Teile des „eisernen Dreiecks" (H1a, b, c) sowie des übergreifenden Projekterfolgs (H1d) vorhersagen. Dieser Befund steht im Einklang mit Forschungsergebnissen zu OCB in permanenten Organisationen, wo Effekte auf ähnliche Effektivitätsmaße wie beispielsweise Output pro Jahr, Produktqualität etc. nachgewiesen werden konnten (Podsakoff und MacKenzie, 1997). Dies trifft im Übrigen auch für interorganisationale Kollaborationen zu. So zeigen Autry et al. (2008), dass Citizenship Behaviors zu positiven finanziellen Ergebnissen und Leistungsvorsprüngen gegenüber Wettbewerbern beitragen können.

Es wurde angenommen, dass die begrenzte Zeit, in Verbindung mit der institutionalisierten Beendigung von Projekten, ein kritisches Merkmal von temporären Organisationen darstellt und möglicherweise einen starken Einfluss auf den Zusammenhang von Citizenship Behavior und Effektivität ausübt. Entgegen Hypothese 2, die einen positiven Moderationseffekt durch die Projektdauer in diesem Zusammenhang vermutete, wurde genau das Gegenteil nachgewiesen. Bezugnehmend auf das Argument der gegenläufigen Kräfte, sprechen die Ergebnisse für jene Kraft, die den einmaligen Charakter von temporären Organisationen betont und wonach die Lebendigkeit von Projekten eine fesselnde Wirkung entfaltet, die Projektbeteiligte dazu bringt, die „tasks at hand" zu bearbeiten (Bakker et al., 2012). Dies beinhaltet, das zu tun, was auch immer notwendig erscheint, um die unmittelbare Aufgabe zu erledigen. Darunter können auch Citizenship Behaviors wie die Unterstützung von Kollegen, die gerade in ihrer Arbeit steckenbleiben, oder das Auffinden kreativer Lösungen für bestimmte Probleme gefasst werden. Dabei wird die Aufmerksamkeit der Beteiligten von der Einhaltung regulärer Prozesse wie Ablaufplänen oder Stellenbeschreibungen auf die (bloße) Bewältigung von Aufgaben gelenkt. Die Befunde sind insofern überraschend, als dass dieser Effekt über die gesamte Stichprobe hinweg nachgewiesen werden konnte. Obwohl die große Mehrheit der Projekte nicht als „kreativ" gelten kann oder der Kreativwirtschaft zuzuordnen sind, erwies sich der Befund als belastbar. Dieses Ergebnis findet auch Unterstützung durch die Befunde der ersten Teilstudie. Ein Projektmanager für Beratungsdienstleistungen gab in diesem Zusammenhang an:

„Manchmal machen die [Projekt-]Partner viel mehr als wir erwarten, z.B. kommen sie proaktiv zu uns und sagen ‚Kann ich dir einen Gefallen tun? Wir wollen das in einer gemeinsamen Anstrengung bewältigen.'"

Über die klassischen Effektivitätsmaße hinaus geht diese Teilstudie einen weiteren Schritt, indem sie Engwalls (2003) Forderung folgt, dass Projekte nicht als „einsame Inseln" isoliert von jeglichem Kontext verstanden werden dürfen, sondern deren Einbettung in temporäre und soziale Strukturen berücksichtigt werden muss, etwa um den Erfolg oder Misserfolg von Projekten besser zu verstehen. Während die meisten klassischen Effektivitätsmaße die Temporalität von Projekten unterstreichen und den jeweiligen Kontext weitgehend ignorieren, wurde hier argumentiert, dass eine verhaltensorientierte Perspektive, die aus dem OCB-Konzept entwickelt wurde, dazu beitragen kann, diese Limitation bisheriger Forschungsarbeiten zu überwinden. Bei der Anwendung des Citizenship Behavior-Konzepts auf temporäre Organisationen wurde theoretisch begründet und empirisch nachgewiesen (H3), dass Citizenship Behaviors im aktuellen Projekt auch die Beziehungsqualität zu ausgewählten Individuen in zukünftigen Projekten positiv beeinflusst. Im Einklang mit diesem Ergebnis nahm in der ersten Teilstudie ein Projektmanager in der Automobilindustrie folgendermaßen Stellung:

„Die [Projektpartner] wissen, dass diese Beziehung aus einem Geben und einem Nehmen besteht. Und die Erfahrung haben sie einfach in der Vergangenheit gemacht und dafür kennen sie sich lange genug. Sie wissen, der andere würde das auch für mich machen."

Dieser Befund stützt die von Bolino et al. (2002) aufgestellten Thesen, dass Citzenship Behaviors das Sozialkapital von Organisationen über eine strukturelle, relationale und kognitive Ebene fördern. Insbesondere der Zusammenhang auf der relationalen Ebene konnte durch die hier durchgeführte Studie nachgewiesen werden.

Zusammengenommen demonstriert die vorliegende Teilstudie die Wichtigkeit von OCB nicht nur für die Effektivität von vordergründigen Projekten – sondern durch die Einnahme einer verhaltensorientierten Perspektive – darüber hinaus auch für ein Verständnis von Projekten als mehr denn nur temporären Systemen (Bakker, 2010). Jene Perspektive wurde in den vergangenen Jahren vor allem auf einer eher organisationalen Ebene entwickelt. Die vorliegende Studie geht einen Schritt weiter, indem organisationale Makroprozesse im Sinne einer Mikroperspektive heruntergebrochen werden auf das Verhalten von Individuen.

In Bezug auf die OCB-Forschung ist der wissenschaftliche Beitrag genau umgekehrt zu verstehen, indem Verhalten nicht nur isoliert betrachtet, sondern der interorganisationale Kontext als wichtige Rahmenbedingung in die Untersuchung aufgenommen wird. Mit der Ausnahme von Autry et al. (2008) ist die Modellierung des organisationalen Kontexts in der OCB-Forschung bislang leider vernachlässigt worden. Der hierzu geleistete Beitrag dürfte ein wichtiger sein, da OCB nicht darauf beschränkt ist, das Verhalten von Individuen besser zu verstehen, sondern auch einen Erklärungsbeitrag dazu leisten kann, wie bestimmte Organisationsformen (wie Projektnetzwerke) entstehen, sich weiterentwickeln und wirksam werden.

Die Teilstudie bietet neben dem Beitrag zur OCB-Forschung aber auch eine Reihe an Managementimplikationen, insbesondere für das Human Resource Management in und von temporären Organisationen (dazu auch Bredin und Söderlund, 2011):

Dies betrifft in besonderer Weise den Prozess der Personalauswahl. Im Zusammenhang mit Projekten ist damit vor allem das „project staffing", also die personelle Besetzung eines Projekts mit bestimmten Personen, gemeint. Dort sollte das Management zumindest darüber reflektieren, welche Beziehungen zwischen den in Frage kommenden Individuen möglicherweise in früheren Projekten entstanden sind, und ob auf diese Beziehungen durch eine bestimmte Zusammensetzung des Teams zurückgegriffen und auf diese aufgebaut werden kann – beispielsweise um das Projektteam ohne eine längere Eingewöhnung (Tuckman und Jensen, 1977) schneller in eine Hochleistungsphase zu versetzen. Um solche (latenten) Beziehungen aufzudecken, könnten beispielsweise alte Projektpläne oder

Protokolle gesichtet oder aber die entsprechenden Mitglieder zu bestimmten Kontakten interviewt werden. Wenn es gelingt, tatsächlich Teams mit vorhandenen latenten Beziehungen zusammenzubringen, deuten die hier vorgestellten Ergebnisse, in Einklang mit früheren Forschungsarbeiten (Sydow und Windeler, 1999; Windeler und Sydow, 2001) darauf hin, dass die Reaktivierung dieser Beziehungen zu einem sanfteren Start des Projekts beitragen kann. Da die Citizenship Behaviors in kürzeren Projekten tendenziell besonders stark ausgeprägt sind und – wie die Befunde nahelegen – gerade dort zu einer bindenden Wirkung gekoppelt mit einer ergebnisorientierten Informationsverarbeitung der Teammitglieder führen, liegt es nahe, Projektteams mit einem überschaubaren Zeithorizont zu konfrontieren und große Projekte in kleinere Subprojekte mit kürzeren Laufzeiten aufzuteilen.

Auch im Bereich der Weiterbildung und Personalentwicklung sollten latente Beziehungen und Projektnetzwerke stärker als bisher thematisiert werden. Eine solche Ausbildung könnte im ersten Schritt die reine Sensibilisierung für derlei Beziehungen, beispielsweise mithilfe von Visualisierungstechniken zum Ziel haben – dort dürften sich viele Teilnehmer bereits in einem komplexen Beziehungsgeflecht wiederfinden. Ein reflektierter Umgang mit diesen Netzwerken würde den Projektbeteiligten helfen, ihr Verhalten noch stärker an Vergangenheit und Zukunft zu orientieren (Sydow und Windeler, 1999). Erst im zweiten Schritt könnte auch im Sinne einer Exploration und Exploitation (March, 1991) verschiedene Techniken für den bewussten Aufbau und die Nutzung dieser Beziehungen vermittelt werden. Das Lenken der Aufmerksamkeit auf den Kontext von temporären Organisationen und das zielgerichtete Training zum Umgang mit eben diesem können als eine logische Konsequenz von Engwalls (2003) Forderung nach einer stärkeren Berücksichtigung dieser Zusammenhänge verstanden werden.

Im Bereich der Leistungsbeurteilung sollten nicht nur solche Kriterien Anwendung finden, die den unmittelbaren Erfolg von Projekten im Blick haben, wie er typischerweise vom „eisernen Dreieck" beschrieben wird. Stattdessen legen die Ergebnisse dieser Teilstudie nahe, dass auch längerfristige Indikatoren herangezogen werden sollten, die über das unmittelbare Projekt hinausreichen und sich auf die Einbettung des Projekts beziehen. So könnte die langfristige Evaluation von Projektmanagerinnen beispielsweise berücksichtigen, in welchem Maße die Projektergebnisse den Ausgangspunkt für weitere Aktivitäten in der Organisation bilden. Dies kann etwa durch das im Projekt entstandene Wissen oder die initiierten Beziehungen erfolgen.

Einschränkungen

Bei allen Beiträgen weist diese Teilstudie mehrere Limitationen auf. Um auszuschließen, dass diese die Validität der Ergebnisse und damit deren praktische Relevanz gefährden, ist es erforderlich, die Einschränkungen genauer zu beleuchten und zu würdigen. Zuallererst ist darauf hinzuweisen, dass es sich um selbst-referenzielle Daten handelt, die von Natur aus Restriktionen unterworfen sind. So besteht insbesondere die Gefahr, dass sozial erwünschte Antworten provoziert werden (Crowne und Marlowe, 1964). Deshalb sollten idealerweise ergänzende Daten herangezogen werden, die einer anderen Quelle wie Arbeitskollegen und/oder Vorgesetzten entspringen. Bei derart einstellungsbezogenen Daten wird in der Methodenforschung auf Verzerrungen hingewiesen, die entstehen können, wenn abhängige und unabhängige Variablen von ein und derselben Person abgefragt werden. In diesem Zusammenhang ist von einem sogenannten *Common Method Bias* die Rede (Podsakoff et al., 2003). In der vorliegenden Studie dürften vor allem die Effektivitätsmaße anfällig für solche Verzerrungen sein. Unglücklicherweise waren für die Auswertung nur die selbstreferentiellen Daten verfügbar. Dieses Problem scheint – ohne die Einschränkungen dieser Teilstudie damit rechtfertigen zu wollen – in der OCB-Forschung sehr weit verbreitet zu sein (Organ et al., 2006). Um den *Common Method Bias* zu kontrollieren, wurde Harmans „one-factor test" genutzt, der in der Forschung häufig herangezogen wird (Podsakoff et al., 2003). Die Hauptannahme dieses Tests besteht darin, dass wenn ein substantieller Umfang an *Common Method*-Varianz auftritt, ein einzelner Faktor aus der exploratorischen Faktorenanalyse hervorgeht (Aulakh und Gencturk, 2000). Andere Forscher wie Iverson und Maguire (2000) haben die konfirmatorische Faktorenanalyse (CFA) genutzt, die erwarten lässt, dass ein einfaktorielles CFA-Modell gut zur Datenstruktur passt. Basierend auf diesen Methoden, wurden in der vorliegenden Teilstudie alle 34 Variablen im ersten Schritt einer exploratorischen Faktorenanalyse (Hauptkomponentenanalyse mit Varimaxrotation) zugeführt. Dabei wurde die unrotierte Lösung untersucht um die Anzahl der Faktoren zu analysieren, welche die Varianz in den Variablen erklären. Aus der Faktorenanalyse sind zehn Faktoren hervorgegangen, die 66,67% der erklärten Varianz repräsentieren. Auf den ersten (größten) Faktor entfielen 21,49% der Varianz. Die CFA zeigt, dass ein einfaktorielles Modell keinen guten Fit mit den Daten bietet: $\chi^2(527) = 2241{,}18$; $p < 0{,}01$; TLI = 0,337; CFI = 0,413; RMSEA = 0,115 (LO = 0,110; HI = 0,120). Dies bedeutet, dass der *Common Method*-Faktor nicht den Großteil der vorhandenen Kovarianz zwischen den Maßen erfasst. Trotz dieser Ergebnisse kann das gewählte Verfahren statistisch „common variance effects" nicht hinreichend heilen (Podsakoff et al., 2003: 889). Dennoch deutet die Analyse daraufhin, dass diese Effekte zu keinen größeren Verzerrungen der Ergebnisse geführt haben und die zentralen Schlussfolgerungen von dieser Einschränkung weitgehend unberührt sein dürften.

Eine weitere Einschränkung resultiert aus der hierarchischen Regressionsanalyse, die einen relativ kleinen Anteil an der gesamten Varianz der Effektivitätsmaße erklärt, auch wenn die Ergebnisse hochsignifikant sind. Es scheint, dass die theoretischen Ansätze, die hier angewandt wurden, nicht als ein allumfassendes Framework verstanden werden sollten. So kann Effektivität nicht umfassend erklärt, sondern eher punktuell auf Verhaltensmerkmale hingedeutet werden, welche bestimmte Effektivitätsmaße positiv beeinflussen können. Bei einem Blick auf vorangegangene OCB-Studien sei auch darauf verwiesen, dass das erklärte Varianzniveau von 15-20% keineswegs besonders niedrig erscheint (Podsakoff und MacKenzie, 1997). Darüber hinaus besteht die Gefahr, dass die Daten einem „sample selection bias" unterliegen. Genauer gesagt, dürften Projekte mit IT-Fokus und die Perspektive des Projektmanagers überrepräsentiert sein. Dies hat Implikationen für die Generalisierbarkeit der Befunde. Während die Ergebnisse als valide für Projekte im IT-Bereich gelten dürften (die aber durchaus einen beträchtlichen Anteil aller Projekte im Feld ausmachen), ist es angeraten, bei der Generalisierbarkeit auf andere funktionale Bereiche oder auch Branchen (wie z.B. der Kreativwirtschaft) mehr Zurückhaltung zu üben.

Forschungsdesiderata

Für die zukünftige Forschung weist diese Untersuchung mehrere mögliche Wege. In Bezug auf eine Replikation der Ergebnisse könnten im Bereich temporärer Organisationen und interorganisationaler Arbeit weitere Studien mit variierten Stichproben (z.B. für verschiedene Branchen) durchgeführt werden, und dort den Blick auf die Citizenship Behaviors richten. Dies ist von großem Interesse, da sich temporäre Organisationen über verschiedene Branchen hinweg substanziell unterscheiden können (Sydow et al., 2004). In Bezug auf eine konzeptuelle Erweiterung könnten weitere Forschungsarbeiten neben der Projektdauer zusätzliche Moderatoren in Betracht ziehen oder die hier genutzten Variablen genauer analysieren. So wurden z.B. signifikante Unterschiede zwischen Deutschland und Portugal ermittelt. Diese Unterschiede könnten in einer interkulturellen Vergleichsstudie genauer beleuchtet werden.[28]

Abschließend sei auf die verwendeten statistischen Methoden hingewiesen. Hier kam mit der hierarchischen Regression ein eher einfaches Modell zum Einsatz. Eine umfassendere Modellierung, beispielsweise mithilfe von Strukturgleichungsmodellen und/oder longitudinalen Studien könnte dazu beitragen, die Interdependenzen zwischen den getesteten Variablen genauer zu analysieren und möglicherweise einen höheren Anteil der gesamten Varianz aufzuklären. Eine longitudinale Untersuchung – wenn auch auf qualitativen Daten basierend – findet sich in der dritten Teilstudie.

---

[28] Auf der Basis des gleichen Datensatzes wird dieser Vorschlag in einer empirischen Studie von Ferreira et al. (2013) aufgegriffen.

3.4 Längsschnitt-Einzelfallstudie zur prozessualen Betrachtung

Die beiden vorangegangenen Teilstudien lieferten Erkenntnisse zu den Charakteristika von kooperativen Verhaltensweisen in interorganisationalen Projekten und deren Einfluss auf projektbezogene Erfolgsmaße sowie auch auf projektübergreifende Beziehungen.[29] Die ersten beiden Teilstudien sind sehr breit angelegt und haben im Sinne eines Querschnittsdesigns keine Einschränkungen auf bestimmte Branchen getroffen. Entsprechend konnten branchenspezifische Charakteristika nur sehr begrenzt berücksichtigt werden. Des Weiteren wurde zwar ein zeitlicher Versatz von Verhalten und Projekterfolg berücksichtigt, trotzdem stellen die Untersuchungen letztlich Momentaufnahmen dar, die den Prozess der Entstehung und Verfestigung von Projektnetzwerken bzw. die dabei involvierten Verhaltensdynamiken nicht hinreichend erfassen können (allenfalls deren Ergebnis). Gerade der Entstehungsprozess interorganisationaler Beziehungen ist jedoch aus Forschungs- wie aus Praxisperspektive besonders wichtig, um zu verstehen, wie Citizenship Behaviors wirken und um aus dieser Erkenntnis geeignete Handlungsempfehlungen für das Projektmanagement in derartigen Kontexten zu entwickeln.

Mithilfe der Untersuchung eines Partnernetzwerks des Softwareentwicklers und -anbieters SAP AG, das vor wenigen Jahren gegründet wurde und das sich nach wie vor in einem sehr dynamischen Entwicklungsstadium befindet, wird im Folgenden gezeigt, wie kooperative Verhaltensweisen im Sinne von PCB und NCB einerseits zur Entwicklung von Projektnetzwerken beitragen, andererseits jedoch selbst auch von der Netzwerkentwicklung geleitet werden. Dabei wird die Netzwerkentwicklung unter Bezugnahme auf das Prozessmodell von Ring und Van de Ven (1994) und insbesondere die darin angelegten Teilprozesse – also Verhandlung, Selbstverpflichtung und Ausführungshandlungen – analysiert. Dieses Modell, das die Entwicklung von Interorganisationsbeziehungen erklärt, ist insofern auch für Projektnetzwerke, wie das in dieser Teilstudie

---

[29] Eine Vorabpublikation von Teilergebnissen dieses Untersuchungsabschnitts findet sich bei Braun und Schmidt (2013).

betrachtete, einschlägig, als dass dort eher relationale im Vergleich zu rein transaktionalen Kontrakten im Vordergrund der Entwicklungsprozesse stehen und die Zusammenarbeit eher über implizites Wissen und intangible Güter als über kodifiziertes Wissen und tangible Güter erfolgt (Ring und Van de Ven, 1994: 92).

3.4.1 Präzisierung der Forschungsfrage

Projektnetzwerke gelten als eine vergleichsweise flexible Organisationsform, die es erlaubt, zügig auf veränderte technologische und marktliche Bedingungen zu reagieren (Miles und Snow, 1986; Sydow, 2010). Dies konnte in Vergangenheit durch Studien, die Netzwerke als eigenständige Governanceform betrachten (z.B. König, 2009; Santoro und McGill, 2005) und neuerdings auch mithilfe einer stärker an Prozessen und Praktiken orientierten Sichtweise (Beckman et al., 2004; Mitsuhashi, 2002; Moynihan, 2008) gezeigt werden. Danach bieten Praktiken, die in interorganisationalen Netzwerken eingesetzt werden oder darin emergieren, eine Möglichkeit mit Unsicherheit umzugehen (Sydow et al., 2013). Trotz dieser neueren Forschungsansätze, die am eigentlichen Handeln ansetzen, das in Netzwerken vorzufinden ist, wurde dem Einfluss kooperativer Verhaltensweisen von Individuen auf die Entwicklung von Netzwerken im Sinne einer fortwährend wiederholten Anpassung und Bestätigung von Verhandlungen, Selbstverpflichtungen und Ausführungshandlungen (Ring und Van de Ven, 1994) bislang kaum Aufmerksamkeit zu Teil. Eine prozessuale Perspektive auf Projektnetzwerke, welche kooperative Verhaltensweisen als einen zentralen Einflussfaktor im Entwicklungsprozess interorganisationaler Beziehungen verortet, könnte Erkenntnisse über die Mikrofundierung einer dynamischen Entwicklung von Netzwerken liefern.

Die vorhandenen Erkenntnisse zu PCB und NCB werden dazu mit einem Modell in Verbindung gebracht, das sich mit der Entstehung und Entwicklung von kooperativen Interorganisationsbeziehungen und Netzwerken auseinandersetzt (Ring und Van de Ven, 1994). Vor diesem Hintergrund lassen sich zwei Forschungsfragen präzisieren:

> 1. *Inwiefern unterstützen das individuelle PCB und insbesondere NCB die Entstehung und Verfestigung von Projektnetzwerken und wie beeinflusst die Netzwerkentwicklung wiederum individuelles Verhalten?*
>
> 2. *Wo kann das Projektmanagement unter Berücksichtigung individueller Verhaltensweisen ansetzen, um Projektnetzwerke mitzugestalten und für sich zu nutzen?*

Die Forschungsfragen werden mithilfe der Fallstudie eines Projektnetzwerks, das Implementierungsdienstleistungen für SAP-Unternehmenssoftware anbietet, untersucht. Die betrachtete Branche ist aufgrund tiefgreifender Neuerungen im Bereich der Internettechnologien in Verbindung mit sogenannten *Cloud*-Lösungen durch disruptive Veränderungen gekennzeichnet, die sich als technologische Unsicherheit (Ungewissheit, welche technologischen Lösungen realisiert werden) und auch als Marktunsicherheit (Ungewissheit, ob die neuartigen Lösungen von Kunden nachgefragt werden) niederschlagen. In diesem Kontext hat sich das Projektnetzwerk IMPLEMENT, bestehend aus kleinen und mittelständischen Unternehmen, formiert, um die neuen Herausforderungen gemeinsam zu bewältigen. Die Falluntersuchung zeigt, dass dieses Projektnetzwerk in seinen Entwicklungsprozessen stark vom individuellen Kooperationsverhalten abhängt. Gleichzeitig gibt das Projektnetzwerk jedoch auch neue Impulse, etwa für die Eigeninitiative und das loyale Verhalten der beteiligen Akteure. Im Lichte einer integrativen Betrachtung beider Diskurse (PCB bzw. NCB und Netzwerkentwicklung) wird somit eine Mikrofundierung der Entwicklung von Projektnetzwerken angestrebt, die das Individualverhalten in den Fokus der Analyse rückt.

Im nächsten Abschnitt werden zunächst der Untersuchungskontext sowie die im Rahmen der Fallstudie eingesetzten Erhebungs- und Analysemethoden vorgestellt. Daraufhin wird der aus den ersten beiden Teilstudien abgeleitete, theoretische Analyserahmen auf die Fallstudie bezogen. Die Befunde dieser Analyse werden diskutiert und darauf basierend werden Managementimplikationen abgeleitet.

3.4.2 Untersuchungskontext

Im Bereich der Unternehmenssoftware findet die ERP-Lösung von SAP (vormals SAP R/3) insbesondere in Großunternehmen seit vielen Jahren eine weite Verbreitung. Um die Software zu nutzen, leisten sich Unternehmen eine umfassende IT-Infrastruktur (ausgestattet u.a. mit Servern, Netzwerktechnologie und Sicherheitssystemen), die durch externe bzw. selbständige Servicepartner von SAP vertrieben und beim Kunden vor Ort implementiert werden. Das IMPLEMENT-Netzwerk zählt heute zu den wirtschaftlich bedeutendsten SAP Partnern im deutschen Mittelstandsgeschäft und setzt sich aus rund 40 Beratungs-, Dienstleistungs- und Entwicklungsunternehmen der Softwarebranche sowie einer gemeinsamen Geschäftsstelle zusammen. Die beteiligten Organisationen stellen sehr unterschiedliche Kompetenzen bereit, die in der Regel nicht vollständig modular abgrenzbar sind, sondern im Rahmen von Kundenprojekten vor Ort durch interorganisationale Teams integriert und kundenspezifisch implementiert werden. In diesem Zusammenhang sind kooperative Verhaltensweisen unerlässlich, um (vertragliche) Regulationslücken zu überbrücken und kreatives Potenzial freizusetzen, das erforderlich ist, um die in der Projektarbeit auftretenden Probleme zu bewältigen. Um die Arbeit der am IMPLEMENT-Netzwerk beteiligten Organisationen und Individuen besser aufeinander abzustimmen, wird zudem eine Reihe von internen Projekten u.a. zur Prozessintegration umgesetzt. Auch diese Projekte sind in besonderer Weise von kooperativen Verhaltensweisen abhängig, da die Beteiligten sich hierbei unbezahlt engagieren und dabei gemeinsam, nicht zuletzt auch interorganisational, an entsprechenden Lösungen arbeiten.

Im Zuge der technologischen Weiterentwicklung von Rechenkapazitäten, aber auch bei der Geschwindigkeit von Datentransfer und der Weiterentwicklung von Internettechnologien zeichnet sich seit nunmehr einigen Jahren der Trend zu sogenannten *Cloud*-Lösungen ab. Damit gemeint sind web-basierte Softwareanwendungen und Datenspeicherung, welche Rechen- und Speicherkapazitäten vom Nutzer entkoppeln und auf große, stark zentralisierte Rechenzentren von spezialisierten Unternehmen verlagern. Auf die Gefahr hin, diesen Wandel zu verpassen und den Ernst der Lage erkennend, hat SAP kürzlich zwei Unternehmen, die *Cloud*-Lösungen für Unternehmen entwickeln, für einen Gesamtpreis von rund 8 Milliarden Euro erworben. Des Weiteren wurde der Geschäftsführer einer der erworbenen Unternehmen in den Konzernvorstand der SAP für ein neu geschaffenes *Cloud*-Ressort berufen – ein im Unternehmen bislang beispielloser Vorgang. Abgesehen von diesen jüngsten Vorgängen hat SAP in der Vergangenheit eher verhalten auf die Entwicklungen rund um *Cloud-Computing* reagiert. Im Sinne einer langsamen Annäherung an die Technologie, in Verbindung mit der Mittelstandsinitiative der SAP und auch möglicherweise zum Testen für die breitere Anwendung bei Großunternehmen, wurde seit 2007 ein Produkt mit dem Namen *SAP Business ByDesign* entwickelt, das Kernfunktionalitäten der „R/3-Welt" in eine *Cloud*-Lösung überführt. In der etablierten R/3-Welt zählen vornehmlich Großunternehmen mit mehr als 1.000 Arbeitnehmern und mindestens 100 Millionen Euro Umsatz zu den Kunden von SAP (Interview 3, Z. 139 ff.). Die Softwareimplementierung beim Kunden wird im Rahmen von Großprojekten mittels einer Vor-Ort-Installation durch (häufig externe, bei Partnerunternehmen beschäftigte) SAP-Spezialisten durchgeführt. Die Einführung der Software erfordert die Einrichtung und kontinuierliche Wartung eines eigenen Servers (SAP AG, 2012a) oder des Servers im Rechenzentrum eines sogenannten „Outsourcers" und ist mit immensen finanziellen und zeitlichen Investitionen seitens des Kunden verbunden (Interview 3, Z. 141 ff.). Für kleinere mittelständische Unternehmen ist sie daher nicht finanzierbar.

Dagegen ist SAP Business ByDesign eine web-basierte Lösung, welche über das Internet durch den Kunden gemietet wird und gegen Entrichtung einer monatlichen Gebühr nutzbar ist. Seit 2010 ist SAP Business ByDesign für den breiten Markt verfügbar (SAP AG, 2012a). Die Wartung und Aktualisierung der Software werden nicht mehr vor Ort beim Kunden durchgeführt, sondern erfolgen idealtypischerweise in den Rechenzentren von SAP (SAP AG, 2012a). Durch die web-basierte Anwendung ist die Software – einschließlich aller Aktualisierungen durch SAP – direkt für den Kunden verfügbar, ohne dass er in eine eigene IT-Infrastruktur investieren muss (Faisst, 2011). Aufgrund dieser Eigenschaften wird SAP Business ByDesign als „Software aus der Cloud" (Interview 1, Z. 19), als „Software-as-a-Service" (IMPLEMENT-Partner F, 2012) oder als „On-

Demand-Lösung", in Abgrenzung zur bisherigen „On-premise-Lösung" bezeichnet. Die etablierte Partnerstrategie wird durch das neue *Cloud*-Paradigma in Frage gestellt, da hierdurch die Beratungsintensität radikal gesenkt werden soll. Betroffen von dem technologischen Wandel ist demnach nicht nur SAP als Entwickler der Software, sondern auch und insbesondere dessen Partner. Noch ist nicht abschließend geklärt, ob und wie SAP-Partner mit dem neuen *Cloud*-Produkt ein ähnlich tragfähiges Geschäftsmodell aufbauen können.

Die Dienstleistung der Softwareimplementierung erfordert umfassendes Wissen und eine mitunter jahrelange Erfahrung im Umgang mit SAP. Viele der IMPLEMENT-Partner haben sich auf das R/3-Produkt spezialisiert und das gesamte Geschäftsmodell daran ausgerichtet. Andere Partner waren im klassischen SAP-Geschäft noch nicht tätig und betreten mit der Vermarktung von SAP-Software komplettes Neuland. Im Gegensatz zum R/3-Geschäft ist das SAP Business ByDesign-Produkt beim Vertrieb und in der Implementierung mit Anforderungen verbunden, die sich sehr stark vom klassischen Produkt unterscheiden. So ist SAP Business ByDesign deutlich schlanker, bietet weniger hochspezialisierte branchen- und arbeitsbereichsbezogene Funktionen und ist eher auf einen Einsatz in kleineren und mittelständischen Unternehmen ausgerichtet. Dies hat nicht nur technische Unterschiede, sondern Veränderungen hinsichtlich des Vertriebs- und Implementierungsmodells zur Folge: Von großen Projekten, die oft mit mehreren Beratern ausgestattet über mehrere Monate vor Ort beim Kunden abliefen hin zu Kurzprojekten von mehreren Tagen, die aufgrund der Web-Technologie zudem weniger Einsatz beim Kunden erforderlich machen. Die geringere Auslastung der Berater führt zur Notwendigkeit, eine größere Anzahl an Kunden bzw. neuen Projekten zu akquirieren und die vorhandenen Kapazitäten – wie im Fall von IMPLEMENT – kooperativ aufeinander abzustimmen. Auch bei der Einarbeitung von Personal in den Umgang mit dem neuen Produkt sowie bei den kundenspezifischen Produktanpassungen trägt die kooperative Zusammenarbeit dazu bei, den zeitlichen und finanziellen Aufwand zu begrenzen. Der hohe und nur schwer abzusehende Ressourceneinsatz gekoppelt mit der technologischen und der Marktunsicherheit bringt IT-Dienstleister häufig zur Einsicht, dass sie alleine nicht in der Lage sind, als einzelnes (und oft kleines) Unternehmen den Schritt zum SAP Business ByDesign Produkt zu wagen. Um die Chancen der neuen Technologie nicht ungenutzt zu lassen, oder gar eine fundamentale Umwälzung zu verpassen, gibt es unter interessierten IT-Dienstleistern deshalb Bestrebungen, mit anderen Partnern (auch Konkurrenten) zu kooperieren, um den Schritt in das SAP Business ByDesign-Geschäft gemeinsam zu gehen. Dies betrifft auch, aber nicht nur, Fragen der Governance, wie z.B. Finanzbeteiligungen, sondern der Mehrwert einer solchen Zusammenarbeit wird gerade auf der Ebene der individuellen Kooperation, des wechselseitigen Lernens, Inspirierens und Unterstützens von einer steigenden Anzahl an SAP-Partnern erkannt.

Im Fall von IMPLEMENT bestehen größtenteils schon Vorbeziehungen unter den spezialisierten Unternehmen und deren Personal, die aus früheren Implementierungsaufträgen resultieren und die sowohl regelmäßig in neuen Kundenprojekten als auch im Rahmen von internen Projekten des IMPLEMENT-Netzwerks (wie z.B. zur Prozessoptimierung oder zur Etablierung einer gemeinsamen Marketingstrategie) reaktiviert und verfestigt werden. Insofern handelt es sich um ein Projektnetzwerk, das im Vergleich zu anderen erforschten Projektnetzwerken (wie in der TV-Produktion oder der Werbebranche) vorrangig durch evidente und weniger durch latente Beziehungen gekennzeichnet ist (Sydow und Windeler, 1999). Dadurch sind die Netzwerkgrenzen für die Mitglieder deutlich sichtbar und die Interaktion auf Netzwerkebene wird durch interne Projekte forciert. Hierzu trägt nicht zuletzt die gemeinsame Geschäftsstelle bei, von der kontinuierlich Initiativen ausgehen und die für eine gewisse Formalisierung (z.B. durch Partnerverträge und Bonussysteme) sorgt. Für die Entwicklung des Projektnetzwerks sind also sowohl die Kundenprojekte als auch die internen Projekte essenziell, da beide Projekttypen zur Entstehung und Verfestigung von individuellen wie auch organisationalen Beziehungen beitragen.

Auch wenn sich die IMPLEMENT-Idee in 2008 und den Folgejahren konkretisierte, so reicht die Historie des Projektnetzwerks deutlich länger in die Vergangenheit zurück und ist zudem in erheblichem Maße an einen einflussreichen Manager der deutschen SAP-Beratungsbranche gekoppelt. Dieser gründete bereits in den achtziger Jahren sein erstes Beratungsunternehmen, aus dem einer der gegenwärtig größten deutschen Partner der

SAP hervorging. Die Erfahrungen und das einzigartige Branchenwissen, das er aus seiner Funktion als Gründer, Vorstands- und Aufsichtsratsmitglied des alten Beratungsunternehmens gewann, waren Ausgangspunkt der IMPLEMENT-Geschäftsidee (Interview 5, Z. 1020 ff.). Das Geschäft mit *Cloud*-Lösungen, insbesondere im Mittelstand, erforderte seiner Meinung nach ein interorganisationales Netzwerk, da die großen Implementierungspartner von SAP, einschließlich das einst von ihm gegründete Unternehmen, in der Kombination von vielfältigen Kompetenzen wie auch in der Erarbeitung kundenindividueller und mittelstandsspezifischer Leistungen zu unflexibel seien. Andererseits sei die Gefahr für einzelne kleine oder mittelständische SAP-Partner zu groß, alleine den Schritt ins Geschäft mit *Cloud*-Lösungen (zumal im Mittelstand) zu wagen. Durch eine Netzwerkorganisation sollte eine Wettbewerbsfähigkeit erreicht werden, die von einem einzelnen Mittelstandspartner aufgrund der technologischen und marktlichen Unwägbarkeiten des neuen Geschäfts sowie der Vielzahl an erforderlichen Kompetenzen kaum zu erlangen sei (Protokoll 2, Z. 5 ff.). Die nötigen Ansprechpartner in den Leitungsebenen von SAP waren dem IMPLEMENT-Gründer aus seiner vorherigen Tätigkeit bereits bestens vertraut (Protokoll 1, Z. 172). Nach der Konkretisierung seiner Geschäftsidee suchte er nach Partnern für die Gründung des Projektnetzwerks und wurde zunächst im persönlichen Umfeld („friends and family", Interview 5, Z. 310 ff.) fündig. Auf diese Weise konnte er fünf der späteren Partner von seiner Vision überzeugen. Die Gründung der PRE-IMPLEMENT als Vorgänger von IMPLEMENT erfolgte im Februar 2009 durch zunächst sechs Gesellschafter. Als einer der ersten Kunden von SAP Business ByDesign erwarb die PRE-IMPLEMENT selbst die Software von SAP und implementierte sie im eigenen Unternehmen (Interview 5, Z. 463 ff.).

Die Praxis, dass neue Partner SAP Business ByDesign zunächst in selbstreferenziellen Projekten, also im eigenen Unternehmen einführen, erwies sich als sehr tragfähig, da die Partner auf diese Weise den Umgang mit der Software auf geschütztem Terrain erlernen, zudem Implementierungskosten sparen und das Projekt als Referenz für den Vertrieb nutzen konnten. Besonders hervorgehoben wurde von einigen Beteiligten, dass in solchen Projekten kooperative Verhaltensweisen entwickelt werden, die eine optimale Integration der Dienstleistungen auch in zukünftigen Projekten ermöglichen.

Ebenfalls mit der Intention, die Kooperationsfähigkeit und Kooperationsbereitschaft der organisationalen wie auch der individuellen Mitglieder des Projektnetzwerks zu stärken, hat die Geschäftsführung von IMPLEMENT unter Beteiligung der Netzwerkpartner im Rahmen von internen Projekten versucht, eine Reihe an Praktiken und informationstechnisch gestützten Tools einzuführen: So wurde ein halbes Jahr nach der Gründung ein „Credit Point System" gestartet. Seitdem wird die Aktivität der Netzwerkmitglieder von IMPLEMENT erhoben und die „Top 3" werden regelmäßig netzwerkintern verkündet. Damit soll ein symbolischer Leistungsanreiz für die IMPLEMENT-Partner geschaffen werden (Protokoll 1, Z. 193 ff.). Die wesentlichen Kommunikations- und Arbeitswerkzeuge wurden Ende des Jahres 2010 und im Jahr 2011 auf der Basis eines unentgeltlichen Engagements der Mitglieder geschaffen. Dazu zählen insbesondere die IMPLEMENT-*Community*, der IMPLEMENT-*Marktplatz*, die IMPLEMENT-*School* sowie die gemeinschaftliche *Website* (Interview 5, Z. 739 f.).

Die IMPLEMENT-*Community* ist eine interne Austausch- und Wissensplattform für die Netzwerkmitglieder, auf der sich Kontaktdaten, Unterlagen zu allen Netzwerktreffen und Arbeitsmaterialien sowie weitere netzwerkinterne Informationen befinden (Interview 4, Z. 103 ff.; Interview 5, Z. 724 ff.). Der IMPLEMENT-*Marktplatz* ist eine in die IMPLEMENT-*Website* integrierte Internetplattform. Darüber bieten die Mitgliedsorganisationen des Netzwerks den Endkunden vielfältige Leistungen an, die teils durch die jeweiligen Organisationen alleine und teilweise im Verbund mit mehreren anderen Netzwerkpartnern erbracht werden. Die IMPLEMENT-*School* umfasst Schulungen rund um SAP Business ByDesign, welche von einem der Netzwerkpartner, sowohl dem Endkunden als auch den Netzwerkmitgliedern angeboten werden (Interview 4, Z. 25 f.). Insofern wird dieses Angebot auch genutzt, um potenzielle Mitglieder an das Netzwerk und dessen Produkte heranzuführen. Die IMPLEMENT-*Website* ist der gemeinsame Auftritt des Netzwerks im Internet und soll einerseits dazu dienen, eine gemeinsame Identität zu befördern, andererseits stellt die Website IMPLEMENT sowohl gegenüber potenziellen Kunden als auch gegenüber SAP als einen kompetenten und starken Partner für entsprechende Softwarelösungen dar. Damit fungiert die *Website* insbesondere als Marketinginstrument und Vertriebskanal für das Netzwerk. Abgesehen von der IMPLEMENT-Geschäftsstelle sind es vor allem diese durch interne Projekte geschaffenen Strukturen, in Verbindung mit den darin eingebetteten (kooperativen) Verhaltensweisen, die das Projektnetzwerk zunehmend verstetigt haben.

3.4.3 Untersuchungsdesign und Methoden

Um den Zusammenhang von Citizenship Behaviors und der Entwicklung von Projektnetzwerken zu untersuchen, eignet sich der Einsatz der Längsschnitt-Einzelfallstudie (Yin, 2009), denn die reichhaltigen Evidenzen, die in Fallstudien generiert werden können (Eisenhardt, 1989; Eisenhardt und Graebner, 2007; Yin, 2009) ermöglichen die Elaboration theoretischer Konstrukte und Hypothesen. Durch die Auswahl eines extremen Falls (Siggelkow, 2007) mit besonders hoher Unsicherheit und damit verbunden einer sehr volatilen Netzwerkentwicklung soll die Bedeutung von kooperativen Verhaltensweisen bei der Netzwerkentwicklung ins Brennglas der Analyse gerückt werden:

Der ausgewählte Fall, das IMPLEMENT-Netzwerk, ist eine Partnerorganisation der SAP AG. Der weltweit größte Anbieter von Unternehmenssoftware unterhält derzeit etwa 10.000 Partnerschaften (RAAD, 2012). Darunter sind es vor allem die wenigen großen Service Partner (Systemintegratoren) wie beispielsweise Accenture, Capgemini, PriceWaterhouseCoopers oder T-Systems, die seit mehr als 20 Jahren gemeinsam mit SAP und seiner beratungsintensiven Unternehmenssoftware wachsen konnten. Für diese Partner ist das Geschäft mit SAP-Software äußerst stabil, denn einmal akquirierte Kunden bleiben SAP und den SAP-Partnern lange treu (dazu auch Schreyögg und Schmidt, 2010). Umso unsicherer ist deshalb für alle beteiligten Akteure der Versuch, diesen eingeschlagenen Erfolgspfad verlassen und mit SAP Business ByDesign ein noch nicht erprobtes *Cloud*-Produkt im schwer erschließbaren Mittelstand vertreiben zu wollen. Zudem ist IMPLEMENT von den 87 bei SAP gelisteten ByDesign-Partnern

(SAP AG, 2012b) einer der wenigen Partner, der sich eigens für den Zweck des ByDesign-Geschäfts neu und – erstaunlicherweise – als Projektnetzwerk gegründet hat.

Eine volatile Netzwerkentwicklung ist vor dem Hintergrund des unerprobten Produkts und einem unerprobten Markt in Verbindung mit der unerprobten Organisationsform des Projektnetzwerks vorprogrammiert. Aufgrund der großen Volatilität eignet sich dieses Netzwerk in besonderer Weise für die geplante Untersuchung, da so Veränderungen in der Qualität als auch in der Geschwindigkeit der Zusammenarbeit (heruntergebrochen bis auf die Ebene von Individualverhalten) gut sichtbar werden und dadurch auch verhaltensbezogene Einflussfaktoren leichter als in stabileren Netzwerken identifiziert werden können (Siggelkow, 2007).

Um die komplexen Wirkungen kooperativer Verhaltensweisen auf die Entwicklungsprozesse interorganisationaler Beziehungen und umgekehrt zu untersuchen, wird auf einen interpretativen Forschungsansatz zurückgegriffen (Lincoln und Guba, 1985; Langley, 1999). Dieser Ansatz ist angemessen für derlei komplexe Phänomene, zu deren Untersuchung bislang kaum spezifische Methoden oder Messinstrumente entwickelt wurden und die sogleich einen höchst dynamischen Charakter aufweisen. Konkret wurde ein Längsschnitt-Fallstudiendesign gewählt, das es erlaubt, neue Erkenntnisse darüber zu erlangen, wie sich Prozesse im Zeitverlauf entfalten und wodurch diese motiviert werden (Yin, 2009).

Datenerhebung

Die Daten zur Vorgeschichte und der frühen Gründungsphase des IMPLEMENT-Netzwerks wurden retrospektiv mit Hilfe von Leitfadeninterviews erhoben. Die gegenwärtigen Entwicklungen in einem Zeitraum von rund zwei Jahren (10/2010 bis 12/2012) wurden anfangs durch gelegentliche und später durch zunehmend regelmäßige Kommunikation mit den zentralen Akteuren des Netzwerks in „Echtzeit" begleitet. Darüber hinaus haben die Mitglieder des Forscherteams in einem Zeitraum von rund sechs Monaten als (überwiegend passive) teilnehmende Beobachter an verschiedenen Meetings und Workshops teilgenommen.

Die fortlaufende Begleitung des IMPLEMENT-Netzwerks durch eine regelmäßige Kommunikation mit den Schlüsselakteuren wurde durch vier Datenquellen (Tabelle 12) flankiert, um (a) eine Triangulation von Informationen zu ermöglichen, (b) die Validität der Befunde sicherzustellen und (c) eine post-hoc Rationalisierung, die zu Verzerrungen führen kann, weitgehend auszuschließen (Lincoln und Guba, 1985; Yin, 2009).

Quelle	Analysierte Inhalte
Interviews	*Aussagen von Geschäftsführern der Mitgliedsorganisationen sowie des IMPLEMENT-Netzwerkmanagements:* Entwicklungsprozesse im IMPLEMENT-Netzwerk, kooperative Verhaltensweisen von Mitgliedern der eigenen Organisation und auch von anderen Organisationen im Netzwerk; Anekdoten zu kooperativen Ereignissen.
Teilnehmende Beobachtung	*Workshops, Meetings und Vorträge:* Abstimmungsprozesse im Netzwerk bezüglich der Vertriebsstrategie, dem Aufbau effizienter Kommunikation, der Entwicklung gemeinsamer Tools etc.; Informationen über Strategieanpassungen und Produktveränderung seitens SAP; Umgangsformen zwischen den Beteiligten der Mitgliedsorganisationen.
Interne Dokumente	*Protokolle, Pläne, Listen:* Daten über bisher bearbeitete Kundenprojekte unter dem Dach des Netzwerks; Basisinformationen zu den Mitgliedsunternehmen, insbesondere Kompetenzmatrizen, Geschäftsfelder etc.; Angaben zu Veränderungen in der Mitgliederstruktur (Ein-/Austritte).
Frei zugängliche Internetdaten	*Pressemitteilungen und Angaben auf den Websites der Mitgliedsunternehmen, der IMPLEMENT-Geschäftsstelle sowie der SAP AG:* Stellungnahmen zum SAP Business ByDesign Geschäft und zur Mitgliedschaft im IMPLEMENT-Netzwerk. *Geschäftsberichte und Bilanzen:* Einordnung des Akteurshandelns vor dem Hintergrund der jeweiligen Geschäftssituation (u.a. Erfolg, Liquidität und Rücklagen). *Online-Nachrichten und Meldungen auf Fachportalen im Internet:* Neuigkeiten zum SAP Business ByDesign Produkt und dessen Chancen im Markt, Berichterstattung zu IMPLEMENT.

Tabelle 12: Datenquellen der Einzelfallstudie
Quelle: In Anlehnung an Braun und Schmidt (2013: 19)

Erstens wurden bis heute rund 30 teilstrukturierte Interviews mit zentralen Akteuren im IMPLEMENT-Netzwerk geführt. Hierbei handelt es sich um den Geschäftsführer der IMPLEMENT-Geschäftsstelle, weiterhin um Geschäftsführer der am Netzwerk beteiligten Unternehmen und vereinzelt auch um deren Vertriebsmitarbeiter. Etwa zwei Drittel der bisher befragten Personen wurden einmal interviewt und ein Drittel bereits mehrfach, insbesondere um Einschätzungen zum jeweils aktuellen Fortschritt der Netzwerkentwicklung sowie anekdotische Beschreibungen des kooperativen Verhaltens beteiligter Akteure zu erhalten. Die Interviews fanden hauptsächlich telefonisch statt, einige davon jedoch auch persönlich bei Besuchen der jeweiligen Betriebsstätten. Nahezu alle Interviews wurden per Audiorecorder aufgenommen und die für die weitere Analyse relevanten Passagen wurden wörtlich transkribiert. Rund die Hälfte der Interviews wurde von zumindest zwei Forschern gemeinsam durchgeführt. Unmittelbar nach jedem Gespräch führte das Forscherteam eine Interviewreflektion durch, um möglichst alle Informationen zusammenzutragen und die Wahrnehmungen der Forscher zu bestätigen bzw. zu kontrastieren.

Die persönlichen Interviews dauerten jeweils zwischen 120-180 Minuten und die telefonischen Interviews zwischen 10 und 45 Minuten. Der Aufbau folgte zunächst einem Leitfaden, wurde jedoch im Gesprächsverlauf zunehmend durch Rückfragen zur Vertiefung und Klarstellung ergänzt. Der Leitfaden setzte sich aus drei größeren Blöcken zusammen. Der erste umfasste die Historie der eigenen Mitgliedschaft im Netzwerk, der zweite die wahrgenommenen Unsicherheit und die damit verbundene Volatilität der Netzwerkentwicklung und der dritte Block hatte die Bedeutung kooperativer Verhaltensweisen in der Netzwerkentwicklung zum Gegenstand.

Zweitens konnte das Forscherteam umfassende Daten aus der teilnehmenden Beobachtung von Vorträgen, internen Meetings und Workshops gewinnen. Auch die Tonspur von Vorträgen und Workshops wurde aufgenommen, aufgrund der Datenfülle (teilweise volle Arbeitstage à 9 Std.) aber nur selektiv transkribiert. Im Zusammenhang mit den Präsenzveranstaltungen hatten wir überdies auch Gelegenheit, rund 15 weitere Ad hoc-Interviews zu führen, die jeweils eine Länge zwischen 5 und 30 Minuten hatten, jedoch nicht transkribiert wurden. Diese Interviews wurden in Kaffeepausen, bei Empfängen und Abendessen getätigt, wodurch ansonsten schwer zugängliche Interviewpartner wie Vorstandsmitglieder erreicht werden konnten. Einige der hierbei entstandenen Kontakte wurde im Nachgang zudem ausführlich interviewt. Um die wichtigsten Impressionen adäquat festzuhalten wurden, wie von Eisenhardt und Bourgeois (1988: 741) vorgeschlagen, innerhalb von 24 Std. nach jeder Beobachtung umfassende Notizen angefertigt, darunter direkte und indirekte Zitate, diskutierte Themen, deskriptive Angaben zu eigenen Beobachtungen, Gesprächsverläufe, sowie Zeitmarken, um in den Audioaufnahmen im Nachhinein bestimmte Abschnitte zügig wiederfinden zu können.

Drittens wurde eine große Bandbreite von Dokumenten gesichtet und für die Analyse herangezogen. Diese Art der Sekundärinformation ist hilfreich, etwa um divergierende Selbst- und Fremdwahrnehmungen der Kooperationsbereitschaft am Projektnetzwerk beteiligter Organisationen und Individuen zu differenzieren und um Prozesse der Netzwerkentwicklung aus unterschiedlichen Perspektiven zu betrachten (z.B. Barley und Tolbert, 1997). Hierzu zählen insbesondere Pläne, Listen und Protokolle, die uns seitens der IMPLEMENT-Geschäftsstelle zur Verfügung gestellt wurden. Der enge Kontakt zu führenden Mitgliedern beteiligter Organisationen führte im Laufe der Zeit auch dazu, dass dem Forscherteam vermehrt relevante Informationen, Newsletter, Einladungen zu Veranstaltungen etc. per E-Mail weitergeleitet wurden und wir so in Echtzeit an den jüngsten Entwicklungen partizipieren konnten. Darüber hinaus wurden auch über das Internet frei verfügbare Daten herangezogen.

Zuletzt wurden mehrere Gespräche mit zentralen Akteuren geführt, denen Zwischenergebnisse verbal, teilweise auch schriftlich, vorgestellt und mit denen die Inhalte diskutiert wurden. Hierdurch konnte eine Mitgliedervalidierung gewährleistet und mögliche Fehlinterpretationen durch die Triangulation verschiedener Daten reduziert werden (Yin, 2009: 116 ff.). So konnten auch Missverständnisse bei der Interpretation von Daten ausgeräumt und zudem Mehrdeutigkeiten und Informationslücken durch fokussierte Interviews nacherhoben werden. Es sei auch darauf hingewiesen, dass Informationen, die übereinstimmend in mehreren Quellen vorliegen, ein größeres Gewicht beigemessen wurde als solchen, die beispielsweise nur in einem oder in wenigen Interviews am Rande Erwähnung fanden. Trotz all jener Bemühungen, diese Teilstudie so rigoros wie möglich zu gestalten, bin ich mir möglicher Einschränkungen bewusst, die durch die Reduktion komplexer Realität auf das in den intersubjektiven Daten und aus der Sicht des Forscherteams Konsistente, entstehen können.

Datenanalyse
Obwohl die Datenanalyse in keiner linearen Art und Weise erfolgte, sondern iterativ Theorie und empirische Befunden aufeinander bezogen wurden und so das Verständnis des betrachteten Phänomens sukzessive erweitert und verfeinert werden konnte, wurde das Vorgehen an einem Analyseprozess orientiert, der aus vier Phasen besteht:

In der ersten Phase wurden die gesamten Daten, die von Mitgliedern des Forscherteams gesichtet oder erhoben wurden, in einer Fallstudiendatenbank zusammengetragen, um dadurch später eine hohe Reliabilität zu erreichen (Yin, 2009: 118 ff.). Die Daten liegen teilweise in Schriftform (Transkripte, Protokolle, Listen, Tabellen) und teils als Audiodateien vor, so etwa die Mitschnitte ganztägiger Workshops, interner Meetings und Interviews. Wiederholtes Lesen bzw. Hören der vorliegenden Daten bildete die Basis für ein Verständnis darüber, welche Entwicklungsprozesse im Netzwerk ablaufen und wie diese mit kooperativen Verhaltensweisen der beteiligten Akteure zusammenhängen.

Die zweite Phase bestand darin, deskriptiv die historische Entwicklung des IMPLEMENT-Netzwerks entlang der Leitlinien der Netzwerkentwicklung niederzuschreiben. Trotz der vermeintlich einfachen Übung, wurde hierfür viel Zeit aufgewendet, um die Wahrnehmungen der beteiligten Forscher zu integrieren und ein möglichst umfassendes Bild der Historie zu zeichnen.

In der dritten Phase habe ich den theoretischen Analyserahmen auf die Daten angewendet. Konkret habe ich aus den vorliegenden Erkenntnissen zu PCB bzw. NCB und aus der Literatur zur Entwicklung interorganisationaler Beziehungen mehr oder weniger abstrakte Kategorien (siehe Tabelle 13) entnommen, mithilfe derer das Datenmaterial durchleuchtet wurde. Im Falle der vorliegenden Schriftstücke kam dieser Prozess einem

Kodieren gleich, während bei den umfangreicheren Daten (z.B. Audioaufnahmen ganztägiger Workshops) eine theoriebasierte Selektion von relevanten Episoden erfolgte. Im Gegensatz zu Phase zwei, in der verschiedene Blickwinkel und theoretische Perspektiven zugelassen wurden, mutet die dritte Phase eher deduktiv im Sinne eines *Pattern Matching* (Yin, 2009: 139) an. Das Vorgehen ist dabei angelehnt an das von Ariño und De la Torre (1998).

Kategorie erster Ordnung	Kategorie zweiter Ordnung
NETZWERKENTWICKLUNGSPROZESSE	
Verhandlung	Formale Aushandlung; informelle Sinnstiftung
Selbstverpflichtung	Formaler juristischer Vertrag; psychologischer Vertrag
Ausführungshandlungen	Rolleninteraktion; persönliche Interaktion
Bewertung	Effizienz, Gerechtigkeit
ZEITDIMENSION	
Quartalweise Betrachtungsintervalle	
KOOPERATIVE VERHALTENSWEISEN	
Project Citizenship Behavior (PCB)	Helping Behavior
	Initiative
	Compliance
	Loyalty
Network Citizenship Behavior (NCB)	Relationship Maintenance

Tabelle 13: Übersicht der analysierten Kategorien
Quelle: Ähnlich bei Braun und Schmidt (2013: 22)

PCB wurde dabei in zwei Arten von Projekten analysiert: Zum einen wurde das Individualverhalten in internen Projekten betrachtet, an denen ausschließlich Netzwerkpartner beteiligt sind und im Projekt an bestimmten Aufgaben für eine begrenzte Zeit zusammenarbeiten, um beispielsweise die IMPLEMENT-Website zu gestalten, neue Vertriebsstrategien zu erarbeiten oder das Mitgliedschaftssystem weiterzuentwickeln. Zum anderen wurden auch Kundenprojekte analysiert, bei denen Individuen von mehreren Netzwerkpartnern gemeinsam die SAP Business ByDesign Software bei Kunden oder im Rahmen von quasi-internen Projekten bei sich selbst oder anderen Netzwerkpartnern implementieren.

NCB wurde in den projektübergreifenden Beziehungen zwischen Individuen, die den verschiedenen Partnerorganisationen angehören, analysiert. Diese Beziehungen sind nicht an bestimmte Projekte gekoppelt, werden aber gleichwohl in der Projektarbeit reaktiviert und gefestigt. Auch hier wurden sowohl Kundenprojekte als auch interne Projekte zur Untersuchung herangezogen.

Die vierte Phase beinhaltet eine integrierte Analyse von PCB- bzw. NCB-Dimensionen einerseits und Netzwerkentwicklung andererseits. Die Phase setzt somit auf die Vorarbeit aus Phase drei auf und bringt die analysierten Prozesse theoretisch geleitet und empirisch gestützt in einen Zusammenhang. In diesem Analyseschritt wurde zudem großen Wert auf die zeitliche Dimension gelegt, indem jeder der analysierten Prozesse in einem bestimmten Zeitraum verortet wurde. Erst dadurch gelingt es, die dynamischen und rekursiven Prozesse von kooperativen Verhaltensweisen und Netzwerkentwicklung im Zeitverlauf zu verstehen.

Ring und Van de Ven (1994: 112) betonen den zyklischen, nicht-linearen Charakter interorganisationaler Entwicklungsprozesse. Da diese mitunter parallel und in unterschiedlichen Dimensionen erfolgen, ist ein Netzwerk häufig von gleichzeitig stattfindenden, aber unterschiedlich schnellen Entwicklungen geprägt. Die Vertriebsstruktur kann beispielsweise bereits von *Ausführungshandlungen* geprägt sein, während sich die Ausbildungsstruktur noch in der *Verhandlungsphase* befindet. Die analytische Aufgabe besteht deshalb darin, die jeweils dominante Logik der Entwicklungsphase zu erfassen.

Um dieser Vielschichtigkeit gerecht zu werden, wurden die für das IMPLEMENT-Netzwerk wesentlichen projektbezogenen Prozesse in ihren Entwicklungsphasen zwischen 2008 und 2012 untersucht. Bei der Auswertung bestand eine große Herausforderung darin, dass das Modell, wie oben bereits ausgeführt, bislang erst selten (zumal in Projektnetzwerken) empirisch angewendet wurde und somit noch keine Untersuchungsmethode ausreichend erprobt ist. Die Analyse einschließlich des erwähnten *Pattern Matching* wurde einerseits am Vorgehen von Ariño und De la Torre (1998) orientiert. Andererseits konnten mithilfe des Längsschnitt-Fallstudiendesigns methodische Vorschläge von Ring und Van den Ven (1994) aufgegriffen werden, so z.B. die Analyse von Prozessen durch die Rekonstruktion von kritischen Ereignissen:

> *"...[R]esearchers might use events as unit of observation. Events are defined as critical incidents when parties engage in actions related to the development of their relationship" (Ring und Van de Ven, 1994: 112; in Bezug auf Van de Ven und Poole, 1990).*

Auch der Vorschlag der Autoren, die einzelnen Beobachtungen in eine qualitative, elektronische Fallstudiendatenbank aufzunehmen und zu kodieren, wurde berücksichtigt (Ring und Van de Ven, 1994: 112). Als Stärke des Modells erwies sich bei der Anwendung auf den IMPLEMENT-Fall die konzeptionelle Erklärung der Interdependenzen zwischen Formalität und Informalität, welche den Bestand interorganisationaler Beziehungen sowohl sicherstellen als auch gefährden können (Proposition 7, Ring und Van de Ven, 1994: 108).

In der Untersuchung erfolgt deshalb eine Unterscheidung der drei o.g. Prozesslogiken gemäß dem Modell hinsichtlich ihrer (a) Formalität bzw. (b) Informalität. Tabelle 14 stellt die vorgenommenen Kategorisierungen anhand von Originalzitaten exemplarisch dar und konkretisiert die in Tabelle 13 dargebotene Übersicht. Die Abgrenzung der Prozesse trägt wesentlich zu einem Verständnis darüber bei, wie sich das IMPLEMENT-Netzwerk über die Zeit entwickelt hat und welche Teilprozesse dabei von Bedeutung waren. Hierzu wurden auch Zeitcodes vergeben, um jeden Prozess bestimmten Jahren oder sogar Quartalen zuzuordnen und auf diese Weise die dynamische Entwicklung besser nachzeichnen zu können.

Kodiert wurden auch Nennungen, Beschreibungen, Beobachtungen und Anekdoten zu Citizenship Behaviors, die von Mitarbeitern und auch Geschäftsführern der IMPLEMENT-Mitgliedsorganisationen im Betrachtungszeitraum geleistet wurden. Bei der Kodierung der Citizenship Behaviors fanden die Dimensionalität und die Konstruktdefinitionen Anwendung, welche in der ersten Teilstudie (Kapitel 1.1) exploratorisch entwickelt wurden. Ähnlich wie schon in der zweiten Teilstudie (Kapitel 3.3) wird NCB auch hier auf der Basis einer übergreifenden Dimension „Beziehungspflege" untersucht. Für eine feiner gegliederte Analyse, wie es die exploratorischen Ergebnisse nahelegen würden, sind die vorliegenden Daten nicht umfassend genug bzw. sind die Aussagen von Befragten in Interviews oft auf einem höheren Abstraktionsniveau, das eine allzu feine Skalierung bei der Analyse nicht zulässt.

Kategorie	Schlüsselwörter	Beispielzitate
(1a) Verhandlungsprozesse (formal): Vertragsgestaltung	Vertragsgestaltung, Aushandlung,...	„Deswegen gab's da auch viele Verhandlungen und Unruhe [...]" (Interview 5, Z. 136).
(1b) Verhandlungsprozesse (informell): Sinnstiftung	Mission, Aufbauarbeit,...	„[...] Aufbauarbeit für ein Netzwerk, ja ein Jahr erst mal alle überhaupt dazu kriegen, dass sie wirklich sich richtig vertrauen und so [...]" (Interview 1, Z. 291-292).
(2a) Selbstverpflichtungsprozesse (formal): Rechtlicher Vertrag	Gesellschafteranteile übernommen, offiziell beitreten,...	„Ganz am Anfang, die Gründungsgesellschafter und Gründungspartner haben nichts gezahlt, die haben dann Gesellschafteranteile übernommen" (Interview 5, Z. 151-152).
(2b) Selbstverpflichtungsprozesse (informell): Psychologischer Vertrag	Daran geglaubt, sich verpflichtet gefühlt,...	„Wenn man so ein Netzwerk aufbauen will, muss der Moderator dieses Netzwerks ganz viel dafür tun, damit es erfolgreich wird" (Interview 4, Z. 221-222).
(3a) Ausführungsprozesse (formal): Rolleninteraktion der Partner	Projekt durchgeführt, Arbeit verteilt,...	„Also den Vertrieb macht immer einer von uns ganz alleine. [...] und der eine ist dann auch der Generalunternehmer" (Interview 1, Z. 114-115).
(3b) Ausführungsprozesse (informell): Persönliche Interaktion der Mitglieder der Partnerunternehmen	Unter vier Augen, informeller Austausch,...	„Dazu gehört Enablement, erfolgreiches Enablement, dass man auch so [...] nützliche Hinweise geben kann, was die tun sollen" (Interview 5, Z. 1109-1110).

Tabelle 14: Beispiele der systematischen Auswertung
Quelle: In Anlehnung an Braun und Schmidt (2013: 23)

Die identifizierten Citizenship Behaviors wurden daraufhin auf die einzelnen Netzwerkentwicklungsprozesse bezogen. Mithilfe dieses Analyseschritts geht die vorliegende Teilstudie deutlich über die explorative Teilstudie (Kapitel 1.1) hinaus, da die kooperativen Verhaltensweisen hier nicht nur beschrieben, sondern auch bestimmten Netzwerkentwicklungsprozessen zugeordnet werden. Auch sind die hier herangezogenen Daten nicht zeitpunkt- sondern zeitraumbezogen und ermöglichen so eine dynamische Analyse, die u.a. Interdependenzen, Reziprozität und Rekursivität zum Vorschein bringt. Hierdurch gelingt es, differenzierte Aussagen darüber zu treffen, welche spezifischen Dimensionen von PCB und NCB in unterschiedlichen Netzwerkentwicklungsprozessen wirken und wie diese sich in Abhängigkeit einer fortschreitenden Netzwerkentwicklung verändern.

3.4.4 Ergebnisse: Netzwerkentwicklung und kooperatives Verhalten

Auf der Grundlage der bereits vorgestellten historischen Wurzeln und den spezifischen Strukturmerkmalen des IMPLEMENT-Projektnetzwerks wird im Folgenden der Zusammenhang zwischen der Netzwerkentwicklung sowie PCB und NCB für die Jahre 2008 bis 2012 theoriegeleitet nachgezeichnet. Dabei werden formale und informale Entwicklungsprozesse unterschieden und die Bewertung des Projektnetzwerks (Gerechtigkeit und Effizienz) durch die Mitgliedsunternehmen wird kontinuierlich als ein zentrales Moment in der Netzwerkentwicklung mitgeführt. Analysiert wird dabei konsequent das Individualverhalten, auch wenn die individuellen Akteure in der Regel stellvertretend für Organisationen handeln. Eine solche Vereinfachung erscheint angemessen, da das IMPLEMENT-Netzwerk fast ausnahmslos aus Kleinunternehmen besteht, die in der Regel genau eine Person für Aufgaben im Zusammenhang mit dem Netzwerkmanagement abstellen. Vielfach sind das die Geschäftsführer selbst oder leitende Vertriebsmitarbeiter. Einige der Beteiligten sind sogar Ein-Personen-Unternehmen, bei denen also Person und Organisation gänzlich zusammenfallen. Bei den wenigen Organisationen, die mehrere Individuen in den internen IMPLEMENT-Projekten oder auch den Kundenprojekten einsetzen, war das Individualverhalten derart abgestimmt, dass interpersonelle Unterschiede durch eine starke organisationale Überzeichnung weder in Bezug auf die Netzwerkentwicklung noch im Hinblick auf PCB und NCB beobachtbar ins Gewicht fallen.

2008 und 2009: Ideenfindung und Gründung

Von 2008 bis Frühjahr 2009 standen informelle und formale *Verhandlungs- und Selbstverpflichtungsprozesse* im Mittelpunkt der Netzwerkaktivität. Auf formeller Ebene kam es Anfang 2009 zur Gründung der ersten Gesellschaft und später folgte der Eintrag ins Handelsregister. Im Februar 2009 wurde die PRE-IMPLEMENT als Vorgänger der IMPLEMENT formaljuristisch gegründet und zunächst von sechs Gesellschaftern getragen, zwei weitere kamen zum Jahresende 2009 und im Februar 2010 hinzu. Diese insgesamt acht Gesellschafter brachten als Stammkapital insgesamt 1 Million Euro in die Firma ein, was insbesondere aus der Sicht der kleineren Partner als ein starkes Commitment verstanden wurde. Neben dem finanziellen Engagement verpflichteten sich die Gründungsunternehmen auch, für zunächst ein Jahr einen gemeinsam beschlossenen Umfang an Arbeitszeit der jeweiligen Geschäftsführer in den Aufbau des Projektnetzwerks zu investieren (Interview 2, Z. 30 f.). Hierfür erhielten die Geschäftsführer keinen unmittelbaren Ausgleich für ihr eigeninitiativ erbrachtes Engagement. Sie wurden vor allem von der Vision angetrieben, dass das Netzwerk in Zukunft prosperiert und langfristig Gewinne abwirft:

> *„Da muss man bei dem einzelnen Partner dann eben gucken: Wo schlägt sein Herz? Verdient er lieber sein Geld im alten Geschäft mit Mann-Tagen und freut sich über 10% EBIT-Marge oder hat er eine Vision und will da sich in die Cloud begeben mit seinem Service-Portfolio, um in Zukunft volumenorientiertes Geschäft mit nachhaltigen Services [...] zu machen, mit durchaus besserer EBIT-Marge am Ende, aber mit einer Hängepartie in den ersten ein, zwei, drei Jahren, wo mehr investiert werden muss, als dass man EBIT schafft. Das ist eine reine Glaubensfrage, eine Herzblutfrage [...]"* (Interview 3, Z. 206-222).

Durch die informelle Sinnstiftung des Gründers, und später zunehmend durch psychologische Verträge zwischen den am Netzwerk beteiligten Unternehmen, wurde das Netzwerk sehr bald um zusätzliche Mitglieder erweitert:

„Das [...], was mich dazu bewogen hat, war durchaus oder ist durchaus auch in der Persönlichkeit von IMPLEMENT-Gründer [Name geändert] begründet. Er kann seine Ideen und seine Vision sehr gut transportieren und kommunizieren und ich möchte das mal so formulieren: Er hat mich damals so ein bisschen angesteckt und das ist ihm gut gelungen" (Interview 12, Z. 3-8).

In diesem frühen Stadium der Netzwerkentwicklung griff das Netzwerk sehr stark auf persönliche Kontakte der Mitglieder in deren privatem und geschäftlichem Umfeld zurück. In den Interviews wurden diese Kontakte mehrfach als „friends and family" (z.B. Interview 5, Z. 310 ff.) beschrieben. Häufig reichen die Kontakte weit in die Vergangenheit zurück und gründen in gemeinsamen Geschäftsaktivitäten, früheren Unternehmen oder gemeinsamen Projekten. Insofern waren die reaktivierten Kontakte auch das Resultat der langjährigen Beziehungspflege und damit – wie die Daten nahelegen – wohl auch von NCB. Das Netzwerk bot einigen Mitgliedern nicht nur eine gute Gelegenheit, um bestimmte Kontakte am Netzwerk partizipieren zu lassen und Teil des vermeintlichen Erfolgsmodells zu werden, sondern auch um diese vorhanden Beziehungen zu bestätigen und weiter zu vertiefen. Dadurch, dass es sich bei neuen Netzwerkpartnern nahezu ausnahmslos um solche handelte, zu denen einzelne Mitglieder bereits vorher Beziehungen gepflegt hatten, konnte sich das Netzwerk in der Anfangsphase auf die bereits vorhandene Vertrauensbasis verlassen. NCB trug in der frühen Netzwerkentwicklung dazu bei, an diese Vertrauensbasis anzuknüpfen, das Netzwerk vorwiegend durch informelle Prozesse zu stabilisieren und dadurch anfänglich auf Formalisierung zu verzichten:

„Ich denke, das [die Netzwerkentwicklung] geht sehr stark über informelle Dinge. Also vertraglich läuft da noch nicht so viel. Bis jetzt besteht da ein sehr starkes Vertrauensverhältnis unter den Partnern [...]. Dadurch, dass alles noch frisch und jung ist, hat das noch start-up Charakter. Es ist nicht so, dass da viel formell geregelt wird. Mit dem Kunden ja, aber nicht unter den Partnern. Da geht noch viel über die Vertrauensbasis" (Interview 9, Z. 29-34).

Im Jahr 2009 erwiesen sich dann zwei Aktivitäten als sehr wesentlich für die weitere Netzwerkentwicklung (Interview 13). Zum einen war es für das Netzwerk essenziell, von SAP offiziell den Status eines Partners zu erhalten und zum anderen mussten die Mitgliedsunternehmen mit dem SAP Business ByDesign Produkt vertraut werden und Fähigkeiten von der Funktionsweise bis zur Implementierung der Software von Grund auf erlernen. Der Erwerb des Partnerstatus erwies sich als sehr schwierig, da SAP harte Bedingungen an diesen Schritt geknüpft hat. SAP stand der Netzwerkform zunächst skeptisch gegenüber und verlangte von IMPLEMENT mehrere Neukunden zu akquirieren. Erst dann könne der Partnerstatus erteilt werden. Da sich das Netzwerk aber noch im Aufbau befand und über keinen professionalisierten Vertrieb verfügte, erwies sich die Kundenakquise zu diesem frühen Zeitpunkt als ein fast unmögliches Unterfangen. Das seitens der SAP mit Skepsis belegte Projektnetzwerk stellte sich dann aber sogleich als die Lösung des Akquiseproblems heraus. So erklärten sich mehrere Partnerunternehmen bereit, die Software im eigenen Unternehmen einzuführen. Teilweise ergab der Erwerb der Software aus Unternehmenssicht keinen Sinn, da schon eine andere Softwarelösung vorhanden war und auch weitergenutzt werden sollte. Jene Unternehmen nahmen also aus Überzeugung vom Projektnetzwerk erhebliche Kosten für die Anschaffung und Implementierung einer nicht benötigten Software in Kauf. Auf diese Weise stellten die Unternehmer das Netzwerkinteresse über die Belange des eigenen Unternehmens. Dabei kam insbesondere PCB durch ein hohes Maß an Eigeninitiative zum Tragen, ohne das der Partnerstatus nicht zu erreichen gewesen wäre. An einem Beispiel wird das erbrachte PCB besonders evident:

> *„Mir sind immer wieder Partner aufgefallen, die sich sehr kooperativ verhalten haben. Natürlich verfolgen die dabei auch Interessen, aber das ist legitim. So hat beispielsweise Herr Müller damals maßgeblich dazu beigetragen, dass IMPLEMENT überhaupt den SAP Partnerstatus erhalten hat. Er hat gesagt ‚okay, ich kaufe jetzt für die Firma meiner Frau ein SAP Business ByDesign'. Hätte er das nicht getan, hätte uns ein Kunde gefehlt [...]. SAP hatte uns versprochen, wenn wir das noch in dem Jahr schaffen, bekommt*

IMPLEMENT einen partnerähnlichen Status [...]. Von Herrn Müller war das ein absolut loyales Verhalten, das hätte er nicht gemusst. Die Firma seiner Frau hat das SAP Business ByDesign bis heute nicht produktiv eingesetzt, die bezahlen das aber bis heute" (Interview 12, Z. 426-439).

Auch beim Erlernen des Umgangs mit SAP Business ByDesign war die Eigeninitiative von Partnern für das Vorhaben besonders wichtig, um die fehlenden Strukturen und Prozesse zu kompensieren. So gab es zu dieser Zeit noch kein professionalisiertes Ausbildungskonzept und die Unternehmen waren auf die Unterstützung der anderen Partner angewiesen, um bestimmtes Detailwissen über das neue Produkt zu erlernen. Eine besondere Schwierigkeit bestand auch darin, dieses Wissen von Grund auf zu erwerben, da auch am Arbeitsmarkt aufgrund der Neuartigkeit des Produkts noch keine speziell ausgebildeten Berater verfügbar waren. Im Zusammenhang mit diesen Lernprozessen bemerkt der Geschäftsführer eines Mitgliedsunternehmens:

„[Kooperatives Verhalten] spielt dabei eine maximale Rolle, weil die Kooperationsbereitschaft den Raum ausfüllt, der derzeit durch fehlende Regeln gelassen wird" (Interview 11, Z. 59-61).

2010: Ausweitung der operativen Geschäftstätigkeit
Die zunehmende Stabilisierung des Projektnetzwerks erlaubte eine stetige Verlagerung der Netzwerkaktivitäten weg von *Verhandlungen* und *Selbstverpflichtungen* hin zu *Ausführungshandlungen*. Noch bevor das Produkt offiziell in den Markt kam, hatte IMPLEMENT vier (teils selbstreferentielle) Kundenprojekte eingeworben. Anfang 2010 war IMPLEMENT das erste Mal auf einer Messe vertreten und in den folgenden Monaten konzentrierten sich die beteiligten Partner weiter darauf, das Produkt zu erlernen. IMPLEMENT betrieb seit September 2010 verstärkt Öffentlichkeitsarbeit, um den Bekanntheitsgrad des Netzwerks zu steigern. So führte die IMPLEMENT-Geschäftsstelle beispielsweise zwei „Road-Tours" durch: In verschiedenen deutschen Städten präsentierte sie sowohl das Projektnetzwerk als auch das Produkt SAP Business ByDesign, um neue Netzwerk-

partner und Kunden zu gewinnen (Interview 4, Z. 167 ff.). Durch Pressemitteilungen informierte IMPLEMENT auf der eigenen Webseite regelmäßig über die Netzwerkmitglieder, neu gewonnene Kunden und geplante Veranstaltungen.

Die IMPLEMENT-Mitglieder fokussierten nun stärker das operative Geschäft, also Kundenprojekte, über die letztlich auch die ersehnten Erlöse erwirtschaftet werden sollten. Vor diesem Hintergrund entschieden sich auch immer mehr Partner zu dem Schritt, zusätzliche Berater speziell für das Business ByDesign Geschäft einzustellen. Für die Beteiligten erwies sich diese Zeit als sehr zufriedenstellend, da einerseits das Netzwerk zu funktionieren schien und sich andererseits auch erste wirtschaftliche Erfolge einstellten:

> *"Hier ist die Motivation aller Beteiligten über ein eigenes unternehmerisches Interesse gewährleistet" (Interview 12, Z. 441-442).*

> *"Das vierte Quartal war bombig. Da war eine sehr, sehr positive Einschätzung Ende 2010 vorhanden" (Interview 13, Z. 107-108).*

Obwohl das Netzwerk in dieser Zeit als sehr stabil wahrgenommen wurde und das Geschäft an Fahrt aufnahm, verloren die Netzwerkpartner kooperative Verhaltensweisen nicht aus dem Blick, sondern erkannten weiterhin die damit verbundenen Potenziale:

> *"Es macht Sinn, wenn man sich im Netzwerk untereinander austauscht und auch gegenseitig unterstützt [...]. Das kommt einem Netzwerkgedanken entgegen und sollte stattfinden" (Interview 13, Z. 114-116).*

Auch wenn die Intensität der kooperativen Verhaltensweisen mit dem nun auf das operative Geschäft gerichteten Fokus konstant blieb, so veränderte sich aber die Qualität bzw. die Art und Weise des kooperativen Verhaltens, das seitens der Netzwerkpartner erbracht wurde. Während in der Gründungsphase vor allem NCB sowie Eigeninitiative (als PCB-Dimension) eine herausgehobene Bedeutung zukam, wurde die nun zunehmend operative Zusammenarbeit von PCB und konkret den Dimensionen Hilfsbereitschaft, *Compliance* und Loyalität unterstützt. Dies umfasste sowohl die Netzwerkarbeit im engeren Sinne (z.B. gegenseitige Unterstützung bei der Organisation von Veranstaltungen), als auch die Zusammenarbeit in Kundenprojekten. So trug die Hilfsbereitschaft unter den Partnern dazu dabei, dass auftretende Probleme schnell und pragmatisch gelöst wurden, neue Aufträge vermittelt und anderen Partnern wichtiges, oft implizites Wissen preisgegeben wurde:

> *„Das [kooperative Verhalten der Netzwerkpartner] ist für uns schon sehr wichtig. Wie gesagt, wir haben keine Erfahrung in diesem Markt [...] z.B. was Preisgestaltung betrifft [...]. Und da sind wir natürlich auch sehr auf die Partner und deren Erfahrung angewiesen – [z.B.] was so ein Mittelstandsunternehmen bereit ist, für so eine Lösung zu bezahlen: Da bewegen wir uns noch ein bisschen im Nebel und da helfen uns die Partner natürlich auch. Die sagen: ‚Pass mal auf, bei einem Kunden mit fünf Arbeitsplätzen kannst du keine 20.000 Euro verlangen!' [...] Solange ich mit dem Partner noch nicht im Projekt bin oder beim Kunden bin, kann ich auch noch nicht so viele Erfahrungen daraus ziehen. Ich muss erstmal ins Projekt kommen mit den einzelnen Partnern. Und dafür nutzen wir eigentlich das Netzwerk" (Interview 9, Z. 38-50).*

> *„Was ist jetzt mache – und das ist für mich auch eine Aktivität im Netzwerk – ich sage zu Partnern ‚passt auf, das hier ist mein Lead, ich fahre mit euch dorthin und führe euch ein, ihr macht das Projekt, weil ihr auch die Leute dazu habt, die das können [...]. Oder die kommen von ihrer Seite und haben ein Projekt [und fragen] ‚könnt ihr das machen?'. Dafür ist das Netzwerk sehr gut, das funktioniert" (Interview 24, Z. 105-110).*

Auch die *Compliance*-Dimension, also das Einhalten von Vereinbarungen und Regeln, auch dann, wenn die Möglichkeit bestünde, davon abzuweichen oder sich opportunistisch zu verhalten, trug in dieser Zeit dazu bei, dass sich im Netzwerk eine gewisse Routine einstellte und die Partner sich zunehmend aufeinander verlassen haben. Dies beinhaltet z.B. auch, dass Partner, die zusammen in einem Projekt arbeiteten, einander aktiv keine Kunden abwarben oder dass administrative Aufgaben in der IMPLEMENT-Geschäftsstelle übergangsweise von verschiedenen Partnern übernommen und dabei nicht (nur) im Sinne des eigenen Unternehmens, sondern vor allem im Interesse des Netzwerks bearbeitet wurden (Interview 9).

Darüber hinaus entwickelten sich unter den Mitgliedern loyale Verhaltensweisen, die zur Kohäsion des Netzwerks beitrugen. Dies wurde etwa dann deutlich, wenn sich Mitglieder intern kritisch-konstruktiv verhielten, aber sobald es darum ging, das Projektnetzwerk extern zu vertreten, die schützende Hand darüber legten und die positiven Charakteristika betonten:

„Ich glaube, dass ich jemand bin, der einigermaßen regelmäßig angemahnt hat und aufgefordert hat, wenn ich Verbesserungspotenziale gesehen habe. Ich habe intern immer hart kritisiert und extern das Netzwerk immer sehr positiv vertreten [...]. Nach außen laufe ich dann immer zu Hochform auf und erzähle, wie toll das ist" (Interview 12, Z. 446-460).

Ein besonders loyales Verhalten zeigte auch eine kleine Gruppe von IMPLEMENT-Mitgliedern, die einem andern Netzwerkpartner in einer wirtschaftlich sehr schwierigen Situation, in der dem Unternehmen die Insolvenz drohte, auf verschiedene Weise unter die Arme griffen und das Unternehmen gemeinsam zu Profitabilität zurückführten. Dies beinhaltete sowohl beratende Leistungen, als auch Unterstützung im Vertrieb durch die Vermittlung von (Unter-)Aufträgen. Diese Unterstützung seitens der IMPLEMENT-Partner erfolgte freiwillig und unentgeltlich (Interview 1).

2011: Netzwerkentwicklung rückt (erneut) in den Mittelpunkt

Im Jahr 2011 gerieten die *Ausführungshandlungen*, die das Jahr 2010 dominierten, wieder ins Stocken, und *Nachverhandlungen* machten den Schwerpunkt der Netzwerkaktivitäten aus. Zu dieser Entwicklung haben im Wesentlichen zwei Sachverhalte beigetragen: Zum einen kam die Akquise neuer Projekte fast zum Erliegen und zum anderen geriet das Netzwerk in Refinanzierungsnöte.

Die anfängliche Euphorie über die beginnende Geschäftstätigkeit dahingehend einem zunehmenden Realismus gewichen, dass die Kundenprojekte bislang entweder selbstreferenziell waren (das Business ByDesign Produkt also bei Mitgliedsunternehmen eingeführt wurde) oder sich aus vorhandenen Geschäftsbeziehungen ergeben haben, nicht aber durch einen professionellen Vertrieb akquiriert wurden. So stellte der Gründer von IMPLEMENT bei einem Workshop fest „Die Zeit der ‚friends and family'-Deals ist vorbei". Versuche, einen gemeinsamen Vertrieb aufzubauen, waren bis dahin aufgrund des vermeintlichen Erfolgs eher halbherzig vorangetrieben worden. Hinzu kam, dass Mitarbeiter in der IMPLEMENT-Geschäftsstelle aus einzelnen Mitgliedsunternehmen rekrutiert wurden, was zu Misstrauen bei den anderen Partnern führte. So erhärtete sich der Verdacht, dass neue Projekte ungleichmäßig auf die Partner verteilt wurden und regelmäßig demjenigen Unternehmen zu Gute kamen, bei dem die Mitarbeiter der Geschäftsstelle zuvor gearbeitet hatten bzw. bei dem manche immer noch teilzeitbeschäftigt waren (Interview 6, 12, 13). Eben jenes Unternehmen war es auch, das im Jahr 2011 als Aufsichtsratsmitglied – wiederum zum Ärger anderer Partner – erheblichen Druck auf die Geschäftsführung ausübte, um Veränderungen im eigenen Sinne anzustrengen. Dies führte zu einem größeren Misstrauen und zu weniger Eigeninitiative der Partner gegenüber dem Projektnetzwerk.

Diese ohnehin schon schwierige Situation wurde noch verschärft durch Refinanzierungsprobleme des Netzwerks. Der Unterhalt der Geschäftsstelle, und insbesondere die Personalkosten für mehrere Angestellte (zwischen zwei und sechs Vollzeitkräften), sollte über die prozentualen Anteile an den Verkaufserlösen sowie über Mitgliedsbeiträge finanziert werden. Die ausbleibenden Projekte und die sinkende Loyalität zum Netzwerk, einhergehend mit einer geringen Bereitschaft, Mitgliedsgebühren zu entrichten, erforderte gleich mehrere Refinanzierungsrunden, in denen die Gesellschafter das Grundkapital erhöhten und die Liquidität des Netzwerks gewährleisteten. Hierdurch konnten Finanzierungsprobleme zwar (zeitweise) gelöst werden, jedoch entstanden dadurch wiederum neue Konfliktlinien, da es im Netzwerk zwei verschiedene Mitgliedschaften (Gesellschafter/Inhaber versus sonstige Mitglieder) gab, aus deren Status Ansprüche und Rechte von den Parteien abgeleitet wurden. Diese Heterogenität der Netzwerk-Mitgliedschaften spitzte sich mit zunehmendem Commitment der Gesellschafter und sinkender Bereitschaft der „normalen Mitglieder", einen Beitrag zu entrichten, weiter zu:

> *„Also, es wurde reagiert, indem eine Kapitalerhöhung stattfand, und es haben die beiden Firmen, die auch im Aufsichtsrat vertreten sind, nochmal Geld gegeben [...]. Dabei war der Gesundschrumpfungsprozess für mich gar nicht das Kritische, das eigentlich Kritische war, dass das, was der Aufsichtsrat in die Geschäftsführung hineindiktiert hat, dass das meines Erachtens nicht dazu geeignet war, dem Unternehmen eine Zukunft zu geben und in der Phase befinden wir uns durchaus noch, also das ist noch nicht aufgehoben und aufgelöst" (Interview 12, Z. 259-273).*

Diese Situation führte schließlich dazu, dass einige Netzwerkpartner weniger oder überhaupt kein PCB leisteten, indem sie ihre Eigeninitiative deutlich reduzierten oder sich gar für einige Zeit komplett aus dem Netzwerk zurückzogen. Bei anderen führten die Ereignisse zu einem Verlust an Loyalität bis hin zu einer inneren Kündigung gegenüber dem Netzwerk:

> *„Auch Herr Mayer hat sich bei der IMPLEMENT-Einführung sehr intensiv eingebracht, hat sich dann aber eine ganze Weile sehr zurückgezogen und war wie in einer Senke verschwunden; taucht jetzt gerade wieder auf und unterstützt den Netzwerkmanager wieder intensiv. Da gibt es bei vielen solche Wellen, aber ich habe ganz viele gesehen, die sich engagiert haben" (Interview 12, Z. 460-466).*

> *„Gerechtigkeit kann es nur dann geben, wenn Abläufe transparent sind. Wenn sie das nicht tun, sind sie nicht vertrauensfördernd. Wir haben im letzten Jahr aus dem Netzwerk verabschiedet, zumindest insofern, als dass wir nicht mehr regelmäßig an den Aktivitäten teilgenommen haben. Und das hatte Gründe, u.a. Intransparenz und die Verteilung von Aufträgen" (Interview 13, Z. 124-128).*

Trotz der Rückschläge in der Netzwerkentwicklung entschlossen sich einige Netzwerkpartner, IMPLEMENT nicht sich selbst zu überlassen oder aufzugeben, sondern brachten sich – teilweise auch nach längerer Auszeit – wieder in die internen Projekte des Netzwerks ein. Als entscheidender

Faktor für das „bürgerliche" Engagement erwies sich hierbei mehr denn je, ob das Netzwerk von Partnern als gerecht empfunden wurde und welche Erfolgspotenziale die Partner für möglich hielten:

> „In dieser Gruppe wird schon wahrgenommen, ob und wie stark sich jemand engagiert. Das ist wie eine Waage, wo jeder schaut, ‚was tue ich rein, was tun die anderen rein'. Insofern ist es wichtig, sehr wichtig, wie dieses Verhalten bei den anderen ausgeprägt ist" (Interview 26, Z. 220-224).

> „Gerecht finde ich ein Netzwerk, wenn man partnerschaftlich und offen miteinander umgeht. Und das ist eigentlich die Voraussetzung. Das hängt auch zusammen mit dem vertrieblichen Erfolg. Wenn man vertrieblich keinen Erfolg hat, dann entsteht auch keine Gerechtigkeit – das ist beides voneinander abhängig" (Interview 24, Z. 120-125).

2012: Am Scheideweg

Auch in das Jahr 2012 hinein blieben viele der Netzwerkpartner skeptisch, was die Loyalität mancher der anderen Partner gegenüber dem Projektnetzwerk betrifft, und die Befürchtung, dass einzelne überproportional profitieren oder gar Netzwerkressourcen opportunistisch für sich nutzen, war weit gestreut (z.B. Interview 6, 12, 13). Als ein massiver Rückschlag für das IMPLEMENT-Netzwerk wurden im Mai 2012 zudem die Äußerungen des neuen *Cloud*-Vorstands der SAP, Lars Dalgaard, im Rahmen der Sapphire-Konferenz sowie das anschließende Echo in den Medien wahrgenommen. Dabei entstand der allgemeine Eindruck, dass Business ByDesign durch den neuen Vorstand ernsthaft in Frage gestellt wird:

> „Im vergangenen Jahr kam das Produkt mit zweijähriger Verspätung auf den Markt und ist seitdem behäbig gewachsen. Nur 1000 Kunden überzeugte SAP bis Ende 2011. Zu wenig, findet Dalgaard und liefert die Erklärung gleich mit […]. Wie viel diese elegante Beerdigung kosten wird, werden die Aktionäre morgen wissen wollen" (Handelsblatt, 2012).

Obwohl dem IMPLEMENT-Netzwerk in 2012 eine bedeutende Auszeichnung durch die SAP verliehen wurde, ist die Euphorie verflogen. Auch richtete sich Dalgaard mit einem Brandbrief an seine Belegschaft und stellte darin in Aussicht, zukünftig eher auf modulare Softwarelösungen anstatt eines Komplettpakets wie Business ByDesign zu setzen. Diese Aussage traf das IMPLEMENT-Netzwerk ins Mark und führte zu einer existenziellen Bedrohung. Infolgedessen entschloss sich das Netzwerkmanagement, eine Informationsveranstaltung für die Netzwerkpartner abzuhalten, in der sich SAP den Fragen der Mitglieder stellte. Hier bemühte sich der angereiste SAP Mittelstandsmanager, die Aussagen von Lars Daalgard zu relativieren und in ein anderes Licht zu rücken, jedoch blieb die Skepsis der Mitglieder erhalten. In den Folgewochen kam es zu einzelnen Austritten von Mitgliedern aus dem Projektnetzwerk und die Zukunft von IMPLEMENT erschien ungewisser denn je:

„Es ist ja so, wenn sich da einer hinstellt und da jetzt sagt, dass das eben keine tolle Geschichte ist und der selbst von SAP kommt, dann haben kleine Partner es natürlich schwer, das beim Kunden zu positionieren" (Interview 9, Z. 9-12).

„Das ByDesign als Produkt stand definitiv kurz vor dem Aus" (Interview 6, Z. 12).

Sowohl der interne Vertrauensverlust als auch die Infragestellung des gesamten Produkts bewogen das Netzwerkmanagement dazu, möglicherweise als letzte Chance für das Projektnetzwerk, noch einmal die gemeinsame Vision zu beschwören und die Netzwerkarbeit zu revitalisieren. So ging das IMPLEMENT-Netzwerk in 2012 wieder zunehmend zu *Nachverhandlungen* und neuen *Selbstverpflichtungen* über, und konzentrierte sich immer weniger (vor allem aufgrund des Mangels an Neukunden) auf *Ausführungshandlungen*. In dem nun einsetzenden Dialog, der sowohl bilateral zwischen dem Netzwerkmanagement und den einzelnen Mitgliedern, als auch im größeren Plenum geführt wurde, stellten einige Mitglieder das Projektnetzwerk grundsätzlich in Frage. Die Auflösung drohte, andererseits gab es weiterhin eine Reihe von Unternehmen, die noch an die Vision glaubten. So gewannen die informelle Sinnstiftung und das Verhandeln neuer psychologischer Verträge erneut an Bedeutung:

> *„Das ist jetzt zurzeit die Aufgabe, diese Unsicherheit aus den Partnern herauszunehmen. Die Partner sind natürlich durch die Aussagen von der Sapphire sehr, sehr verunsichert. Die sagen: Ja, ist das überhaupt noch etwas, was wir verkaufen können, oder wollen. Und das versucht jetzt IMPLEMENT wirklich wieder in die richtige Richtung zu schieben" (Interview 9, Z. 21-27).*

In diesem Prozess machten sich einige Mitglieder im Rahmen eines neu angestoßenen, internen Strategieprojekts durch ausgeprägtes PCB in Form von Eigeninitiative und einer unerschütterlichen Loyalität bemerkbar. So fanden im Frühjahr 2012 gleich mehrere regionale Workshops statt, in denen sich die Netzwerkpartner auf Strategiefindungsprozesse einließen, Vorschläge erarbeiteten und neue Vertriebsmodelle diskutierten. In diesem Prozess haben sich mehrere Partner bereiterklärt, bestimmte Teilaufgaben zu übernehmen oder Themen voranzubringen, ohne dass dafür eine Entlohnung vorgesehen war. Diese neuen Selbstverpflichtungen dürften auch im Lichte eines stark ausgeprägten NCB der Beteiligten zu würdigen sein.

Der Versuch, das Projektnetzwerk zu revitalisieren ist zum Zeitpunkt der hier durchgeführten Auswertung immer noch im Gange und es ist bis jetzt nicht zu erkennen, ob das Projektnetzwerk eine gerechte und zugleich erfolgsversprechende Basis für die weitere Zusammenarbeit finden kann oder ob der Zerfall bevorsteht und die Unternehmen stattdessen alleine voranschreiten, um sich z.B. wieder auf die Vermarktung des bewährten SAP R/3 Produkts zu konzentrieren.

Einige Geschäftsführer der Partnerunternehmen beschreiben diesen Abwägungsprozess als eine Form der reflexiven Evaluation. So sei die Entscheidung für oder gegen den Verbleib in erster Linie von der Aussicht auf wirtschaftlichen Erfolg abhängig. Darüber hinaus sei es allerdings auch sehr wichtig, dass die erbrachten kooperativen Verhaltensweisen im Sinne von PCB und NCB und der damit verbundene zeitliche und finanzielle Aufwand irgendwann entlohnt oder zumindest von anderen Partnern erwidert werde. Hierbei kommt die besondere Bedeutung von Gerechtigkeitswahrnehmungen zum Ausdruck:

„Es gibt häufig solche Partnerschaften, und das ist auch was letztlich ein solches Netzwerk handhaben muss, die sich zu Einbahnstraßen entwickeln – manchmal temporär, man hat das Gefühl es ist eine Einbahnstraße, und dann kommt plötzlich unerwartet etwas zurück; manchmal wird es dauerhaft zur Einbahnstraße und darauf muss ein Netzwerk natürlich reagieren – gerade ein solches Partnernetzwerk [...]. Manchmal muss man sich scheiden" (Interview 12, Z. 471-478).

„Wenn man Engagement unentgeltlich oder nicht kostendeckend in ein Netzwerk einbringt, dann erwartet man schon irgendwann mal etwas zu bekommen, dass sich dieses Engagement langfristig mal auszahlt, und dass es Fairness-Spielregeln und Transparenz gibt" (Interview 23, Z. 90-94).

„Es gibt natürlich auch bei mir in der Zusammenarbeit mit dem Netzwerk Phasen der Enttäuschung, der persönlichen Enttäuschung und der Verzweiflung, wo ich mir selbst auch eine Pause gegönnt habe und mir gesagt habe ‚bevor du dich jetzt aufreibst daran, und auch nervlich aufreibst, ziehst du dich lieber zurück und atmest mal durch'. [...] z.B. aufgrund des Erlebnisses ‚du hast jetzt das und das und das getan und der nächste Auftrag ist wieder zu dem anderen Netzwerkpartner gegangen'. Oder ich habe mehrere Vorschläge gemacht und keine Antwort bekommen [...]. Das hat für mich zur Frage geführt: ‚Will ich das; muss ich mir das antun; oder will ich das nicht mehr'. Ich habe mich dann zurückgezogen und mir das eine Weile angesehen" (Interview 12, Z. 489-502).

Für das Jahr 2012 bleibt also festzuhalten, dass PCB und NCB zunächst in den Schatten der Kommunikation durch den *Cloud*-Vorstand von SAP rückten, der das Business ByDesign Produkt grundsätzlich in Frage stellte. Als die vermeintlich aussichtslose Situation dann aber doch wieder teilweise durch die SAP relativiert wurde und das Netzwerk bemüht war, neue *Sensemaking*-Prozesse anzuregen, wurde das erbrachte und erwiderte

PCB zum Zünglein an der Waage. Dabei erschienen insbesondere die Loyalität zum Netzwerk sowie die *Compliance* mit Vereinbarungen und Regeln maßgebliche Kriterien für den Verbleib im oder den Austritt aus dem Projektnetzwerk.

3.4.5 Diskussion der Ergebnisse

Die Entwicklung des IMPLEMENT-Netzwerks zeigt, dass die Prozesse der Netzwerkentwicklung in einem Zusammenhang mit PCB und NCB stehen, wobei in den Phasen der *Verhandlung* und *Selbstverpflichtung* besonders NCB die Netzwerkentwicklung unterstützt, während die *Ausführungshandlungen* vor allem durch ein ausgeprägtes PCB im Sinne eines reibungsloseren Ablaufs und eines besseren Funktionierens der Zusammenarbeit, sowohl in den Implementierungsprojekten bei verschiedenen Kunden, als auch in den internen Projekten (wie das oben beschriebene zur Strategiefindung), begünstigt werden. Festzuhalten bleibt, dass PCB und NCB eine bedeutende Rolle für die Entwicklung von Projektnetzwerken spielen. Damit erfüllen diese kooperativen Verhaltensweisen eine notwendige Bedingung für Projektnetzwerke, keinesfalls aber eine hinreichende. So zeigt der Fall, wie das IMPLEMENT-Netzwerk trotz ausgeprägter Citizenship Behaviors aufgrund anderer externer Einflüsse, wie dem Infragestellen des Geschäftsmodells durch SAP oder dem aufkommenden Opportunismus einzelner Netzwerkmitglieder, in eine existenzielle Notlage geriet. Folglich sollte das Potenzial von Citizenship Behaviors nicht überschätzt werden, jedoch kann eine Würdigung – in Übereinstimmung mit früheren Erkenntnissen – so erfolgen, dass Citizenship Behaviors im Wesentlichen die Funktion haben "[to] lubricate the social machinery of the organization" (Smith et al., 1983: 654). Somit werden es PCB und NCB nicht leisten können, große Fehlentscheidungen in der Netzwerksteuerung, wie beispielsweise die Selektion ungeeigneter Partner oder die Auswirkungen eines Zwei-Klassen-Partnersystems (Gesellschafter versus „normale" Mitglieder), zu kompensieren. Insofern nehmen PCB und NCB keineswegs wichtige Entscheidungen und Funktionen des Netzwerkmanagements ab, sondern haben einen eher unterstützenden

Charakter. Diese Einsicht ist konform mit früheren Befunden zur *Contextual Perfomance*. So zeigen etwa Borman und Motowidlo (1993), dass Citizenship Behaviors eher im Aufgabenkontext als bei der Aufgabenerledigung im engeren Sinne wirken.

Darüber hinaus werden die Befunde der ersten beiden Teilstudien gestützt, in denen das Reziprozitätsprinzip als wichtiger Treiber für PCB und NCB erkannt wurde (dazu auch Coyle-Shapiro, 2002). Besonders evident wird das Reziprozitätsprinzip in der vorliegenden Teilstudie bei den Bewertungsprozessen, die das Gerechtigkeitsprinzip als Kriterium heranziehen (Ring und Van de Ven, 1994). Hierbei haben die Befragten immer wieder betont, die Kooperationsbereitschaft der anderen genau zu beobachten und das eigene Engagement maßgeblich daran zu orientieren. Insofern folgen die Erkenntnisse auch der jüngeren OCB-Forschung, die von einem altruistisch motivierten Verhalten vorsichtig, aber doch eindeutig Abstand nimmt (Organ, 1997a; Organ et al., 2006).

Diese dritte Teilstudie liefert nicht nur einen unmittelbaren Beitrag zur OCB-Forschung, sondern ebenso zur weiteren theoretischen Elaboration bzw. Theorieverfeinerung in Bezug auf die Entwicklung von Projektnetzwerken. So unterstützen die Befunde den theoretischen Ansatz eines moderat-sequenziellen, eher iterativen sowie rekursiven Charakters der Netzwerkentwicklung (Ring und Van de Ven, 1994). Dies steht im Einklang mit Sydows (2003) Position, dass lineare Phasenmodelle der Komplexität sozialer Prozesse kaum Rechnung tragen können. Stelle man sich etwa eine Netzwerkentwicklung vor, die sich im Stadium von *Ausführungshandlungen* befindet und bei der ein ausgeprägtes PCB zunehmend einem opportunistischen bzw. „nicht-bürgerlichen" Verhalten weicht. In dieser Situation könnten wieder *Nachverhandlungen und Selbstverpflichtungsprozesse* angestoßen werden, um neue Koalitionen zu bilden. Hierbei könnte wiederum an langjährig gepflegte Beziehungen (NCB) angeknüpft werden. All das ist nur mit einem rekursiven, nicht aber mit einem linearen Verständnis der Netzwerkentwicklung, vereinbar.

Aus der Analyse geht zudem hervor, dass die Netzwerkentwicklung auch Rückwirkungen auf die Kooperationsbereitschaft der beteiligten Partner hat. So wird am Fall des IMPLEMENT-Netzwerks deutlich, wie eine als ungerecht empfundene Entwicklung dazu beitragen kann, dass

Akteure beispielsweise ihre Eigeninitiative und die Loyalität gegenüber dem Netzwerk vorübergehend oder dauerhaft einschränken. Insofern entsteht eine rekursive Dynamik, die das kooperative Handeln der Akteure einerseits und die Netzwerkentwicklungsprozesse andererseits wechselseitig aufeinander bezieht. Dieser Befund ist zugleich aufschlussreich für die OCB-Forschung, die qua Definition auf die positiven Effekte von kooperativen Verhaltensweisen blickt (dazu z.B. Podsakoff und MacKenzie, 1997; Podsakoff et al., 2000), bislang jedoch kaum die Konsequenzen von nachlassenden Citizenship Behaviors analysiert hat.

Auch wenn die vorliegende Teilstudie nur erste Indizien liefern kann, so ist es denkbar, dass ein von den Partnern wahrgenommener Entzug von Citizenship Behaviors im Vergleich zu einem von Beginn an geringem kooperativen Verhalten negativer wahrgenommen wird. So zeichnet sich beim IMPLEMENT-Netzwerk ab, dass der Entzug von PCB den Zerfall des Netzwerks beschleunigt und als Zünglein an der Waage über die weitere Existenz des Projektnetzwerks entscheiden kann.

Infolgedessen kann das Modell von Ring und Van de Ven (1994) nicht nur im Hinblick auf eine Verfestigung und Verstetigung von Interorganisationsbeziehungen verfeinert werden, sondern die Untersuchungsergebnisse liefern auch Erkenntnisse, die Aufschluss über die Netzwerkauflösung geben. Neben den vier von Ring und Van de Ven (1994: 108) beschriebenen Ursachen für die Auflösung interorganisationaler Beziehungen reiht sich, auf der Basis der vorliegenden Befunde, der Entzug von PCB, und bei manchen Netzwerkpartnern auch von NCB, als weitere mögliche Ursache ein.

Tabelle 15 fasst alle aus den empirischen Befunden abgeleiteten Zusammenhänge und deren Wirkungsrichtung zwischen PCB bzw. NCB und den Netzwerkentwicklungsprozessen im Sinne des Modells von Ring und Van de Ven (1994) zusammen.

	Ausführungs-handlungen	Selbstver-pflichtungen	Verhandlungen	Netzwerk-auflösung
PROJECT CITIZENSHIP BEHAVIOR (PCB)				
Hilfsbereitschaft	+			
Eigeninitiative	+	+	+	
Compliance	+			-
Loyalität	+			-
NETWORK CITIZENSHIP BEHAVIOR (NCB)				
Beziehungspflege		+	+	

Tabelle 15: Zusammenhänge zwischen PCB/NCB und Netzwerkentwicklung

Darüber hinaus konnte die Rolle von *Sensemaking*-Prozessen und psychologischen Verträgen sehr deutlich herausgearbeitet werden, was die Propositionen 1 und 2 des Modells von Ring und Van de Ven unterstützt. Die Propositionen hingegen, die sich auf die Entwicklungen von Rollenbeziehungen (insbesondere Proposition 3) beziehen, lassen sich nicht direkt auf den Fall übertragen, da sich das IMPLEMENT-Netzwerk zu wesentlichen Teilen aus persönlichen "friends and family"-Kontexten heraus entwickelt hat. Die persönlichen Beziehungen existierten meist also bereits vor der Rollenbeziehung und sind sogleich Ursache als auch Folge von NCB:

> „*Proposition 3: If the individuals assigned to a cooperative IOR do not change, personal relationships increasingly supplement role relationships as a cooperative IOR develops over time*" (Ring und Van de Ven, 1994: 103).

An anderer Stelle findet sich allerdings auch bei Ring und Van den Ven (1994) eine klare Aussage zu derartigen, sehr informellen „starting conditions":

> „*... [S]ituations in which cooperative IORs emerge largely out of prior informal friendship ties unbridled with formal legal structures and safeguards. In these situations, the parties leave details ‚loose'*

*and run the risk of expecting too much of their ‚old trusted friend'
without any formal structural safeguards to provide security for
their expectations"* (Ring und Van de Ven, 1994: 111).

Diese Feststellung kann auch im Fall des IMPLEMENT-Netzwerks bestätigt werden. Starke informelle Beziehungen, die häufig vorteilhaft als „dual bases ... for the resolution of conflicts" (Ring und Van de Ven, 1994: 103) dienen und nicht selten auf NCB gründen, können zum Problem werden, wenn sie langfristig nicht durch ausreichende Formalisierung ergänzt und eingebettet werden. Derartige Ungleichgewichte können sogar den Fortbestand des Projektnetzwerks gefährden:

„*Proposition 7. When significant imbalances between formal and informal processes arise in repetitive sequences of negotiation, commitment, and execution stages over time, the likelihood of dissolving the cooperative IOR increases*" (Ring und Van de Ven, 1994: 108).

In der Tat speiste sich ein Großteil der Probleme, die im IMPLEMENT-Netzwerk vor allem im Jahr 2011 zu Tage traten, aus der so wahrgenommenen Intransparenz und dem Fehlen von „glasklare[n] und eindeutige[n] Vertragsstrukturen" (Interview 13, Z. 65 f.). Verschärfend kamen hier fundamentale Veränderungen in der Netzwerkgovernance hinzu, durch die sich das Projektnetzwerk von der bis dahin auf finanzielle Beteiligungen basierenden Partnerschaft öffnete für Unternehmen, die ohne Finanzbeteiligung, aber durch Mitgliedschaftsbeiträge einen entsprechenden Status erreichen konnten. Da mit der Projektnetzwerkform in verschiedener Hinsicht Neuland betreten wurde, konnte sich der von Ring und Van den Ven (1994) beschriebene Prozess der Institutionalisierung (Berger und Luckmann, 1966) weder auf etablierte Normen stützen noch konnten PCB und/oder NCB aufgrund der Reichweite der Veränderung die Zerfallserscheinungen des Projektnetzwerks, die in der Folge auftraten, unterbinden.

Diese dritte Teilstudie weist – wie die anderen – mehrere Limitationen auf, die nicht unerwähnt bleiben sollten. Wie bei allen Einzelfallstudien stellt sich insbesondere die Frage der externen Validität. So wird die Entwicklung eines sehr speziellen Projektnetzwerks analysiert, dessen

Mitglieder historisch betrachtet in über viele Jahre gewachsene Strukturen eingebettet sind. Damit zusammenhängend, bieten auch der eher exploratorische Ansatz und die qualitativen Daten Ansatzpunkte für Kritik, welche die Frage der internen Validität sowie der Reliabilität der Ergebnisse betreffen. Die Triangulation mehrerer Quellen sowie die Kodierung und Interpretation der Daten durch zwei Forscher mit unterschiedlichen Expertisen sollte dazu beitragen, die Güte der Analyse zu gewährleisten. Nichtsdestotrotz könnten weitere Untersuchungen dazu beitragen, die Befunde zu untermauern. Beispielsweise könnten die Auswirkungen eines Entzugs von Citizenship Behaviors in quantitativen Längsschnittstudien getestet werden. Ebenso wären auch Netzwerkstrukturdaten hilfreich, um die Befunde so (vermeintlich) objektiv zu stützen. Darin könnte zwar die Netzwerkentwicklung nachgezeichnet werden, jedoch dürfte es aufgrund des zeitlichen Versatzes schwer fallen, PCB und NCB adäquat zu modellieren.

4 Implikationen für die Managementforschung

4.1 Opening-up versus Cleaning-up in der OCB-Forschung

Neben den Implikationen, die im Diskussionsteil jeder der drei Teilstudien aus den Befunden abgeleitet wurden, soll nun auf jene Implikationen eingegangen werden, die sich aus dem Gesamtbild, also über die drei Teilstudien hinweg, ergeben. Im Vergleich zu den teilstudienbezogenen Implikationen haben diese einen globaleren Charakter und sollen mögliche Entwicklungslinien – auch im Sinne einer Fortsetzung der vorliegenden Arbeit – für die zukünftige Forschung skizzieren.

Die OCB-Forschung ist mit der Einführung des Konzepts und der Begriffsdefinition durch Smith et al. (1983) sowie Bateman und Organ (1983) untrennbar mit der Forschungsgruppe um Dennis Organ verbunden. So werden dessen Publikationen nicht nur als zentrale Referenz in nahezu allen nachfolgenden Forschungsarbeiten zu OCB herangezogen, sondern die Forschergruppe generiert auch weiterhin – bis in die Gegenwart – selbst einen beachtlichen Anteil der OCB-Forschung. Darunter sind zahlreiche empirische Arbeiten (z.B. MacKenzie et al., 2011; Organ und Konovsky, 1989; Organ und Lingl, 1995; Podsakoff et al., 1996b), jedoch auch und insbesondere Reviews und konzeptionelle Beiträge, die den jeweiligen Stand der OCB-Forschung darlegen und empirische Befunde strukturieren (z.B. Organ et al., 2006; Organ und Ryan, 1996; Podsakoff et al., 2000; Podsakoff et al., 2009; Podsakoff und MacKenzie, 1997), den OCB-Ansatz schärfen und zentrale Fragen für die weitere Forschung aufwerfen (z.B. Organ, 1997a; Organ et al., 2006). Das Lebenswerk von Dennis Organ und in dessen Nachfolge auch das von Philip Podsakoff und Scott MacKenzie setzt gewissermaßen die Meilensteine eines ganzen Forschungsbereichs. Die Arbeit der Forschergruppe ist insbesondere dafür zu würdigen, dass ihre Strukturierung des Forschungsbereichs, vor allem durch die Metaanalysen und Reviews, eine systematische Untersuchung der sehr unterschiedlichen Bedingungen, Eigenschaften und Konsequenzen von OCB über einen mehrere Jahrzehnte umfassenden Zeitraum ermöglichte.

Dadurch ist es nicht wie in manch anderen Forschungsbereichen zu einer Verwässerung von Konzepten gekommen, sondern zu einem sehr klaren und geteilten Verständnis, das über Forschergenerationen hinweg weitgehend Bestand hatte. Im Theorieteil (siehe Unterkapitel 2.1.6) ist diese Forschungstradition insbesondere im Zusammenhang mit „OCB im engeren Sinne" zu verstehen.

Eine derartige Schärfung der OCB-Forschung ist jedoch auch mit erheblichen Einschränkungen verbunden und kann der Vielfalt an anderen, nicht beachteten, aber durchaus geeigneten methodischen und konzeptionellen Weiterentwicklungen von OCB kaum Rechnung tragen. Auch die Wahl des Untersuchungsobjekts, also zumeist das Individuum in der Linienorganisation mit klarer Hierarchie und organisationalen Grenzen (z.B. Podsakoff et al., 2000; Organ et al., 2006) wird modernen Arbeitsformen wie virtuellen, verteilten Teams und Organisationsformen wie interorganisationalen Projekten kaum gerecht (Reichel und Mayrhofer, 2009). Zwar gibt es durchaus Bestrebungen, das OCB-Konzept für die Gruppen-/Teamebene, interorganisationale Ebene und – im Sinne dieser Arbeit – für temporäre Organisationen und Netzwerke zu öffnen, jedoch unterbinden die engen Grenzen des *Mainstreams* bislang eine systematische Erschließung jener Bereiche durch die OCB-Forschung. Kritisch ist in diesem Zusammenhang anzumerken, dass die o.g. Forschergruppe um Dennis Organ bei Reviews, Metaanalysen und konzeptionellen Beiträgen insbesondere jenen *Mainstream* im Blick hat, dabei kaum Raum für frische, andersartige Beiträge lässt (*Cleaning Up*) und darüber hinaus die eigene Forschergruppe – sei es gerechtfertigt oder nicht – auffallend oft selbstreferenziell begünstigt.

Ohne die Arbeit jener Forschergruppe relativieren zu wollen, werden im Folgenden Wege aufgezeigt, die sich aus theoretischen Erwägungen und insbesondere auf der Basis der vorgestellten Teiluntersuchungen als vielversprechend im Sinne eines zuletzt partiellen *Opening Up* der OCB-Forschung erweisen könnten.

Methodische Öffnung

Die etablierte OCB-Forschung greift fast uneingeschränkt auf quantitative Untersuchungsmethoden zurück. In der Regel sind das Skalen, die in schriftlichen oder Online-Umfragen mit einer Stichprobe von mehreren hundert Teilnehmern abgefragt werden. Die Erhebungsinstrumente sind mitunter vielfach getestet und gelten als bewährt. Damit wird aber zugleich das Dilemma dieser Methodik deutlich. Zwar eignet sie sich sehr gut, um vermutete Zusammenhänge im Sinne eines deduktiven Vorgehens zu testen, jedoch kaum, um ungeahnte, neue Zusammenhänge im Sinne einer Exploration aufzudecken. Die dem quantitativen Paradigma streng folgenden OCB-Forscher würden dem entgegensetzen, dass die OCB-Forschung derart fortgeschritten ist, dass eine Exploration keinen neuen Erkenntnisbeitrag liefern kann. Dies mag für bestimmte Untersuchungsobjekte (z.B. Individuum in Linienorganisation) weitgehend zutreffen, jedoch zeigt die Abstinenz der OCB-Forschung im Zusammenhang mit den o.g. neueren Arbeits- und Organisationsformen, die Defizite eines so konsequent verfolgten deduktiven Ansatzes. Eine methodische Öffnung, insbesondere in Richtung qualitativer und fallstudienorientierter Ansätze könnte dazu beitragen, die OCB-Forschung wieder stärker an der Arbeitswirklichkeit auszurichten. Beispiele hierfür bieten neben den vorliegenden Untersuchungen (vgl. Kapitel 1.1 und 3.4) auch die Arbeiten von Blatt (2008) sowie Snell und Wong (2007).

Konzeptionelle Öffnung

Obwohl das OCB-Konzept intensiv beforscht wurde und weiterhin wird, woraus inzwischen rund 900 einschlägige Publikationen in internationalen Fachzeitschriften entstanden sind (vgl. Kapitel 2.1), so hat das Konzept trotzdem jenseits der Arbeits- und Organisationspsychologie relativ wenig Widerhall gefunden. Das Gros der Forschungsarbeiten greift verschiedene arbeits- und organisationspsychologische Ansätze und die zugehörigen Skalen auf und bringt sie in Verbindung mit OCB. Auf diese Weise werden beispielsweise die Zusammenhänge von OCB mit Commitment, Zufriedenheit und psychologischen Verträgen untersucht. So hat sich das Konzept bislang primär innerhalb einer Disziplin ausgebreitet, wurde aber kaum interdisziplinär mit weiter entfernten Konstrukten verknüpft. Dabei liegt es nahe, beispielsweise den Einfluss organisationaler Bedingungen (jenseits der rein arbeits- bzw. organisationspsychologischen Sichtweise) auf OCB zu untersuchen. So kann insbesondere die Organisations- und auch die Netzwerkforschung einen Beitrag dazu leisten, OCB besser zu kontextualisieren. Die vorliegende Arbeit hat in diesem Sinne den Versuch unternommen, Merkmale von temporären Organisationen, die für die Ausprägungsformen von Citizenship Behavior von Bedeutung sind, systematisch herauszuarbeiten. Damit wurde ein Beispiel bereitgestellt, das sich in ähnlicher Weise auch in anderen (inter)organisationalen Kontexten wie Allianzen, Joint Ventures oder Franchisingnetzwerken untersuchen ließe.

Kontextualisierung

Bei der Wahl ihrer Untersuchungsobjekte ist die neuere, weiter gefasste OCB-Forschung sehr kreativ. Die Stichproben entspringen nicht nur verschiedenen Ländern und Kontinenten (Nordamerika, Europa, zunehmend Asien) und Branchen (produzierendes Gewerbe, Dienstleistungsbetriebe, Fast Food-Restaurants, Handel etc.), sondern auch unterschiedlichen Organisationsgrößen (von kleinen und mittleren Unternehmen bis hin zu multinationalen Großunternehmen) und Organisationsformen (Linienorganisationen, Projektgruppen, Teileinheiten etc.). Obwohl diese Vielfalt durchaus gegeben ist, verschließt sich die OCB-Forschung weitgehend, die damit einhergehenden Kontingenzen für die interpersonelle Zusammenarbeit ernst zu nehmen. So werden die in den o.g. Kontexten generierten Daten miteinander verglichen, ohne beispielsweise die organisationalen Bedingungen zu reflektieren. Ähnlich wie bei Laborexperimenten wird das zwischenmenschliche Verhalten isoliert betrachtet und allenfalls einige offensichtliche Bedingungen als Kontrollvariablen modelliert. Dennoch liegt die aufgeklärte Varianz solcher Modelle oft in einem niedrigen einstelligen Prozentbereich, was schon darauf hindeutet, dass wichtige Einflussgrößen unberücksichtigt blieben. Die Würdigung von Daten vor dem Hintergrund ihres spezifischen Kontextes wird gewiss dazu beitragen, Citizenship Behaviors in ihrer Komplexität zu verstehen.

4.2 Projektübergreifendes Verhalten trotz temporärer Organisation

Wie die Befunde dieser Studie zeigen, können Citizenship Behaviors auf zweierlei Weise im Zusammenhang mit temporären Organisationen auftreten: Zum einen in Form von PCB, das unmittelbar innerhalb von Projekten vorzufinden ist und den Mitgliedern des Projektteams zu Gute kommt und zum anderen in Form von NCB, das an Beziehungen, welche über die einzelne temporäre Organisation hinausgehen, anknüpft und so Personen zu Gute kommt, die Teil eines zeitlich überdauernden (Projekt-)Netzwerks sind. Die Vorteile von Citizenship Behavior sind aus Organisationssicht mannigfaltig (dazu auch Podsakoff und MacKenzie, 1997), sie tragen nicht nur zum Funktionieren der temporären Organisation als solcher bei, sondern beeinflussen auch die Qualität der Zusammenarbeit von Projektbeteiligten in zukünftigen temporären Organisationen. Ferner konnte gezeigt werden, dass die Citizenship Behaviors auch im Rahmen von informellen Aushandlungs-, Selbstverpflichtungs- und Ausführungsprozessen zum Aufbau und zur Verfestigung von Interorganisationsbeziehungen beitragen können.

Die Befunde haben weitreichende Implikationen für die Projektmanagementforschung. Im Folgenden wird anhand der sieben Schulen des Projektmanagements (im Sinne von Söderlund, 2011) gezeigt, wie die Befunde in den jeweiligen Schulen Berücksichtigung finden und auf diese Weise nachhaltig zur künftigen Projektmanagementforschung beitragen können:

Vor dem Hintergrund der *Optimization School* liegt es nahe, im Projekt solche Bedingungen zu schaffen, die PCB und NCB begünstigen, da so eine bessere Leistungsfähigkeit der temporären Organisation hervorgerufen werden kann. Für eine Maximierung von PCBs könnten etwa die Ausgangsbedingungen der Projektarbeit, die mitunter in der Anbahnung von Projekten und im Kick-Off-Meeting geschaffen werden, weiterführend untersucht und optimiert werden. Im Sinne eines ausgeprägten NCBs würde es sich zudem anbieten, nicht nur das Projekt als solches zu optimieren, sondern ein breiteres Verständnis des Optimierungsgegenstands zu entwickeln: So könnten – angeregt von NCB – beispielsweise in der Projektplanung bereits vorhandene Kontakte zwischen Projektbeteiligten berücksichtigt werden (etwa im Rahmen des *Scheduling*, vgl. Drexl, 1991) und auf diese Weise dazu beitragen, die Leistungsfähigkeit einer ganzen Reihe aufeinanderfolgender Projekte oder eines Projektportfolios zu verbessern.

In ähnlicher Form könnte auch die *Factor School* von den Untersuchungsergebnissen profitieren. So deuten die Befunde darauf hin, dass die Qualität des kooperativen Individualverhaltens gegenüber Kolleginnen und auch der Projektorganisation ein wichtiger Hebel für die Leistungsfähigkeit sein kann. Ähnliche Ergebnisse, allerdings zu funktionsübergreifenden Teams, berichten Pinto et al. (1993). Danach ist die Kooperation im Team ein wichtiger Faktor, nicht nur im Hinblick auf tangible Ergebnisse wie Aufgabenbewältigung, sondern sie hat auch positive psychosoziale Folgen. Entsprechend sollte sich die Forschung ein noch detaillierteres Bild über Citizenship Behavior als möglichen Erfolgsfaktor in temporären Organisationen verschaffen.

Im Sinne der *Contingency School* zeigen die Befunde wie kooperatives Verhalten in vergangenen Projekten (PCB) und die Pflege projektüberdauernder Beziehungen (NCB) zu Kontingenzen für die Projektarbeit werden können. In diesem Zusammenhang könnte beispielsweise das Konzept der sozialen *Embeddedness* in ihren verschiedenen Ausprägungsformen noch genauer spezifiziert und der Zusammenhang mit Individualverhalten analysiert werden (so z.B. bei Engwall, 2003; Løwendahl, 1995).

Der Bezug zur *Behavior School* dürfte unter allen Schulen des Projektmanagements am deutlichsten erkennbar sein. So wurden in der vorliegenden Studie Verhaltensweisen der sozialen Interaktion beschrieben und im Hinblick auf deren Bedingungen und Konsequenzen untersucht. Ein Beitrag zur *Behavior School* konnte u.a. geleistet werden, indem der Einfluss der Projektdauer auf das kooperative Individualverhalten untersucht wurde (Kapitel 3.3). Vor dem Hintergrund bisheriger Erkenntnisse zu diesem Zusammenhang (Bakker et al., 2012; Gersick, 1988; 1989) erwies sich eine kürzere Projektdauer unerwartet als begünstigender Moderator zwischen Citizenship Behavior und dem Projekterfolg.

Auch zur *Relationship School* liefern die Untersuchungsergebnisse einen Beitrag. So konnte im Hinblick auf NCB gezeigt werden, dass mit dieser Art von Mitarbeiterverhalten die Qualität der zukünftigen Zusammenarbeit verbessert werden kann. Ferner sind davon nicht nur interpersonelle Beziehungen betroffen, sondern PCB wie auch NCB tragen zur Entstehung und Entwicklung von Interorganisationsbeziehungen bei. Auch für diese Schule wäre es deshalb naheliegend, positive bzw. kooperative Verhaltensweisen als zentrale Voraussetzung von Beziehungen vertiefend zu analysieren (dazu auch Bechky, 2006; Manning, 2010).

Der Zusammenhang der Untersuchungsergebnisse mit der *Governance School* erscheint weniger evident. Gleichwohl lassen sich auch hier Implikationen erkennen. So deuten die Befunde darauf hin, dass Eigeninitiative als eine Dimension von PCB sowie die Pflege von Beziehungen als zentrales Merkmal von NCB häufig mit einem Interesse an Makroprozessen, etwa der Strategiefindung oder der Organisationsentwicklung, verbunden sind. Möglicherweise könnte eine stärker verhaltensorientierte Perspektive hier als ein Gegenpol zu den institutionsökonomischen Ansätzen, welche diese Schule stark dominieren (Söderlund, 2011: 162 f.), entwickelt werden.

Da sich die *Decision School* insbesondere mit den frühen Phasen von Projekten auseinandersetzt, in der wegweisende Entscheidungen über den Projektverlauf getroffen werden, könnte hier die Fragestellung aufgeworfen werden, wie sehr ein Projekt auf Verhaltensweisen wie PCB und NCB angewiesen ist und welche Investitionen zu Projektbeginn zu tätigen sind, um eine kooperative Zusammenarbeit zu initiieren. So steht das Projektmanagement häufig vor der Entscheidung, die Mitglieder geographisch verteilter Teams zwecks eines Kick-Off-Meetings unter Inkaufnahme erheblicher Reisekosten zusammenzubringen oder im Sinne niedriger Kosten auf eine solche Maßnahme zu verzichten. PCB und NCB könnten in diesem oder in ähnlichen – mehr oder weniger rationalen – Investitionskalkülen (z.B. Jansson, 1989) Berücksichtigung finden.

Auch über die verschiedenen Schulen des Projektmanagements hinaus – oder besser: querliegend zu diesen – konnte ein Beitrag zum Diskurs über die wechselseitige Erzeugung von Individuum und Organisation (Argyris, 1964; Kieser, 1980; Neuberger, 2000) geleistet werden. Wie empirisch nachgewiesen, trägt einerseits das individuelle, kooperative Verhalten zur Entstehung projektübergreifender Beziehungen und damit letztendlich auch zur Entwicklung und Verfestigung von Projektnetzwerken bei. Andererseits beeinflussen formale wie auch informelle organisationale Strukturen die kooperativen Verhaltensweisen von Individuen. Auf der Verhaltensebene wird somit eine Brücke zwischen Individuum und Organisation geschlagen, die ihr Pendant in der klassischen Organisationsforschung insbesondere in rollentheoretischen Ansätzen, die konzeptionell eng mit der OCB-Forschung verwoben sind (vgl. Unterkapitel 2.1.2), finden (Gerhardt, 1971).

5 Implikationen für die Managementpraxis

5.1 Projektübergreifende Zusammenhänge erkennen

In der praxisorientierten Projektmanagementforschung werden Projekte bis heute als weitgehend isoliertes Gestaltungsobjekt dargestellt.[30] Entsprechend sind auch die Denkstrukturen von Projektmanagern sehr stark auf das vordergründige Projekt fokussiert. Natürlich ist es funktional, dass die Aufmerksamkeit dem aktuellen Projekt zu Teil wird und dadurch die Projektziele konsequent mit den Mitteln und Tools, die von der praktischen Projektmanagementforschung bereitgestellt werden, verfolgt werden (vgl. Kapitel 2.2.1).

Nichtsdestotrotz zeigt die organisationstheoretisch fundierte Forschung, dass eine zu eingeschränkte Perspektive auf das vermeintlich isolierte Projekt den Blick versperren kann, etwa um bedeutende Kontingenzen wahrzunehmen, die aus der Vergangenheit, parallelen Ereignissen und der Zukunft resultieren (Engwall, 2003). Die vorliegende Studie unterstreicht die Bedeutung sozialer Strukturen, die hinter einzelnen Projekten liegen und diese oft in einer komplexen und vielschichtigen Weise zu Projektnetzwerken verbinden (Sydow und Windeler, 1999). Die Untersuchungsergebnisse zeigen über alle drei Teilstudien hinweg, dass kooperative Verhaltensweisen wie PCB und NCB insofern einen bedeutenden Einfluss auf diese Strukturen ausüben, als dass damit die Beziehungsqualität zu Kollegen auch über das Ende eines aktuellen Projekts hinaus für zukünftige Kooperationen verbessert werden kann. Die positiven Effekte von PCB und NCB wirken auch, aber nicht nur, in der operativen Projektarbeit, sondern tragen darüber hinaus – rekursiv – auch zum Aufbau und der Entwicklung von Interorganisationsbeziehungen bei.

Deshalb ist es für Projektmanagerinnen, wie auch Projektmitarbeiter lohnenswert, neben dem Blick auf das vordergründige Projekt, eine zusätzliche, projektübergreifende Perspektive einzunehmen. In den qualita-

---

[30] Eine Vorabpublikation von Ergebnissen aus den Kapiteln 5.1 bis 5.4 findet sich bei Braun und Sydow (2011).

tiven Interviews deuteten viele Antworten darauf hin, dass die Zusammensetzung von Projektteams durch viele Überlegungen, etwa funktionale Spezialisierungen, Qualifikationen und Verfügbarkeit geleitet wird, jedoch vorhandene, relationale Strukturen aus vergangenen Projekten nicht im anzunehmenden Maß Berücksichtigung finden. Im Verlauf der Interviews, bei denen die Personen intensiv über kooperatives Verhalten befragt wurden und gezwungen waren, darüber zu reflektieren, kamen allerdings immer deutlicher soziale Strukturen zum Vorschein, die eben nicht mit dem Projektabschluss enden. Gelegentlich entstand dabei der Eindruck, dass manch ein Projektmanager selbst überrascht wurde, in welchem Ausmaß er in diese Strukturen, teils bewusst, teils unbewusst, eingebunden ist. Und in der Tat sind Projektmanager oft wahre Experten was Beziehungspflege und „Netzwerken" betrifft – ohne sich reflektierend damit auseinanderzusetzen. Es lässt sich nur erahnen, welche Potenziale noch freigesetzt werden könnten, wenn das Management latenter Beziehungen nur annähernd die Aufmerksamkeit in der Ausbildung und Zertifizierung von Projektmanagerinnen bekäme, welche die zumeist technisch geprägten Ansätze der Projektplanung heute (immer noch) genießen.

5.2 Persönliches Beziehungsmanagement

Die Pflege und Erhaltung projektübergreifender Beziehungen, die dann wiederum in neuen Projekten kooperative Verhaltensweisen begünstigen können, obliegen in erster Linie einzelnen Personen, also Projektmanagern und auch Projektmitarbeitern. Es sind vornehmlich die *Project-network Citizens* (vgl. Kapitel 3.2.6), die nicht nur bei der operativen Projektarbeit mit PCB aufwarten, sondern auch projektübergreifende Beziehungen im Blick haben und im Sinne von NCB bestimmte Kontakte aufrechterhalten, um sie später ggf. reaktivieren zu können. Die Beziehungspflege kann auf ganz unterschiedlichem Wege erfolgen. In den qualitativen Interviews wurden hier neben gelegentlichen Telefongesprächen und gemeinsamen Mittagessen beispielsweise auch Foren, Fachkonferenzen oder andere gemeinschaftliche Aktivitäten genannt (vgl. auch Sydow und Windeler, 1999). Es scheint, dass das „wie" hier als eher zweitrangig gelten kann, viel entscheidender ist das „ob", also die Bereitschaft und das Engagement, Kontakte aufrecht erhalten zu wollen. Dabei scheint es sich vorrangig um personale Kontakte zu handeln; dieser Eindruck dürfte aber zum Teil der Neigung der Interviewpartner geschuldet sein, das Organisationale dieser Beziehungen zu übersehen. So zeigt insbesondere die zweite Teilstudie, dass NCB neben persönlichen Folgen, wie einer verbesserten und vertrauensvolleren Zusammenarbeit, auch zu organisationalen Konsequenzen wie verbesserten Geschäftsbeziehungen oder Folgeaufträgen führen kann.

Der Geist des Citizenship Behavior-Konzepts hat dabei insofern eine besondere Bedeutung, als dass Beziehungspflege nur in den wenigsten Fällen zu einer unmittelbaren Belohnung oder direkt absehbaren positiven Effekten führt (Organ, 1988: 4). Oft ist es eher die Investition in eine Beziehung, die (zunächst) keine Gegenleistung erkennen lässt, allenfalls einen diffusen Schatten aus der Zukunft (Axelrod, 1984), der z.B. durch den Glauben an das Reziprozitätsprinzip getragen wird (Coyle-Shapiro, 2002). In vielen Fällen – so zeigen die Befunde aus der vorliegenden Studie – führt das anfänglich altruistisch anmutende Verhalten dann aber doch zu ökonomisch greifbareren Folgen für Individuum und Organisation. In einigen Fällen wurde von Beziehungen berichtet, die beinahe ein Jahrzehnt in einem Latenzzustand verharrten, dann aber reaktiviert und in eine neue Geschäftsbeziehung überführt werden konnten (dazu auch Sydow und Windeler, 1999).

5.3 Institutionalisierung des Beziehungsmanagements

Das Management von interpersonalen wie interorganisationalen Beziehungen kann – und wird gelegentlich auch – durch eine institutionalisierte, organisatorische Einheit übernommen. Das bedeutet, dass Aufgaben, die mit der Beziehungspflege verbunden sind, von Einzelpersonen losgelöst und stattdessen zentralisiert werden. Dies hat den Vorteil, dass eine oder mehrere Personen sich ausschließlich dem Netzwerkmanagement zuwenden können und dass die Beziehungsarbeit auf diesem Wege professionalisiert wird. Hierzu kann auch eine informationstechnische Unterstützung beitragen, um Stammdaten von Projektbeteiligten zu pflegen und

Kontaktaufnahmen aller Art zu dokumentieren (Braun et al., 2012c). Dies bietet sich insbesondere dann an, wenn mehrere Personen oder ganze Abteilungen in eine Beziehung involviert sind. Eine Vorreiterrolle nimmt hier das Marketing ein, das mit Ansätzen des *Customer Relationship Management* längst die Potenziale längerfristiger, in diesem Fall Kundenbeziehungen, zu schätzen weiß (dazu Bruhn, 2012). Ein derart professionalisiertes Partnermanagement hat auch den Vorteil, dass (Geschäfts-)Beziehungen nicht mit dem Austritt von Personen aus der Organisation enden, sondern zu einem gewissen Grad personenunabhängiger und stattdessen stellenabhängiger werden.

Jedoch sollte die Institutionalisierung eines solchen Partnermanagements im Projektbereich eher als Ergänzung und nicht als Ersatz für die persönliche Beziehungspflege gesehen werden. Andernfalls könnte dies eine Entkopplung der Kontakte von ihrem eigentlichen Träger zur Folge haben und so gerade das „soziale Moment" gefährden. Damit gemeint sind insbesondere die in Beziehungen erwachsene Vertrauensbasis und auch psychologische Obligationen (Rousseau, 1996) zwischen den Partnern, die von den beteiligten Personen zwar als äußerst verbindlich wahrgenommen werden, rechtlich aber in keiner Weise durchsetzbar sind. Ein professionalisiertes Partnermanagement kann also unterstützend wirken, um das eigene Personal für NCB zu sensibilisieren und zu verhindern, dass aus Organisationssicht strategisch wichtige Partner aus den Augen verloren werden.

Unabhängig davon kann alleine die Bereitstellung eines solchen Partnermanagements für die Projektbeteiligten von diesen als *Perceived Organizational Support* (Moorman et al., 1998; Settoon et al., 1996), also eine Unterstützung durch die eigene Organisation, wahrgenommen werden, die nachweislich wiederum zu erhöhten Citizenship Behaviors des eigenen Personals beitragen kann (Bolino und Turnley, 2003: 63).

5.4 Das Vorsteuerpotenzial der Selektion nutzen

Als eine Funktion des (Projekt-)Netzwerkmanagements, die sowohl für PCB als auch für NCB eine herausragende Bedeutung hat, kann die Selektion von Projektbeteiligten gelten. Diese Auswahl ist von besonderer Tragweite, wenn Projekte nicht als isolierte Inseln (Engwall, 2003), sondern als Teil von längerfristigen Strukturen wie Projektnetzwerken (Sydow und Windeler, 1999) verstanden werden. Die Auswahl betrifft eben nicht nur das vordergründige Projekt, sondern führt sogleich zu einer Vorentscheidung darüber, welche individuellen wie auch organisationalen Partner in Zukunft für eine Vertiefung von geschäftlichen Beziehungen überhaupt in Betracht gezogen werden. Hinzu kommt, dass Projektnetzwerke häufig durch eine heterarchische Führung geprägt sind. Folglich sind die ausgewählten Personen bzw. Organisationen in Zukunft auch für die Entwicklung des Projektnetzwerks mitverantwortlich und greifen möglicherweise maßgeblich in die Funktionen des Netzwerkmanagements, also die Selektion, Allokation, Regulation und Evaluation ein. Die Selektionsfunktion erfüllt deshalb eine wichtige Vorsteuerfunktion für die Entwicklung von Projektnetzwerken (Sydow und Möllering, 2009).

Das Projektmanagement sollte also bei der personellen Besetzung von Projekten von Beginn an bedenken, dass das Projektteam möglicherweise nicht nur einmalig, z.B. für wenige Monate zusammenarbeitet, sondern dass bei einer positiven Zusammenarbeit ein wiederholter Einsatz des interorganisationalen Teams in mehreren aufeinander folgenden Projekten, z.B. über mehrere Jahre hinweg, möglich ist. Die am Auswahlprozess beteiligten Personen sollten deshalb für diesen Umstand sensibilisiert und über die mögliche Tragweite ihrer Entscheidung aufgeklärt werden.

Auch für PCB und NCB stellt die Selektion Weichen. So zeigen die vorliegenden Ergebnisse (vgl. Kapitel 3.2.4) und auch die OCB-Forschung (z.B. McCrae und Costa, 1987), dass personen- und persönlichkeitsbezogene Merkmale nicht nur relevant sind für OCB, sondern auch für organisationales Commitment, Identifikation mit Gruppen (dazu auch Kraus und Woschée, 2009) und natürlich auch für PCB und NCB. Über die Wahl der „richtigen" Partner können also Bedingungen geschaffen werden, unter denen PCB und NCB mehr oder weniger wahrscheinlich sind. Auch wenn die vorliegende Studie keine systematische Analyse von personen- bzw. persönlichkeitsbezogenen Antezedenzien vorgenommen hat, so bieten die Daten zumindest Anzeichen dafür, dass ausgeprägte soziale Kompetenzen im zwischenmenschlichen Umgang, Extrovertiertheit und eine relationale Orientierung für PCB und NCB zuträglich sind.

6 Schlussbetrachtung

Die kooperativen Verhaltensweisen von Individuen in interorganisationalen Projekten zu erkennen, zu beschreiben und zu erklären ist das zentrale Anliegen dieser Forschungsarbeit. Dazu wurde zunächst in einer theoretischen Annäherung an die Thematik auf Erkenntnisse der OCB-Forschung zurückgegriffen. Obwohl diese sich in den vergangenen Jahren zunehmend für neue Arbeits- und Organisationsformen öffnet, wurden die Interorganisationalität, Temporalität und Relationalität als Parameter von kooperativem Verhalten in der Vergangenheit unzureichend theoretisch konzeptualisiert. Die vorliegende Arbeit überwindet diese Einschränkungen auf der Basis von theoretischen Erwägungen und empirischen Befunden.

Im Sinne eines *Theorizings* wurde im zweiten Kapitel, ausgehend von OCB im intraorganisationalen Kontext sukzessive auf Interorganisationalität, Temporalität und Relationalität hingearbeitet. Dabei wurden nicht nur neuere Forschungsarbeiten zu OCB auf Gruppenebene und in dyadischen Interoganisationsbeziehungen herangezogen, sondern auch auf Erkenntnisse aus der Forschung zu temporären Organisationsformen sowie der Netzwerkforschung zurückgegriffen. So konnte argumentativ ein theoretischer Zusammenhang zwischen kooperativen Verhaltensweisen und der Entwicklung und Verfestigung von Projektnetzwerken hergeleitet werden, wenngleich dieser nicht ohne Ambivalenz blieb. Insbesondere die Wirkungen von Temporalität konnten bis dahin theoretisch nicht eindeutig bestimmt werden, da die zeitliche Befristung von interorganisationalen Projekten einerseits zur einer loseren Bindung und geringeren Bereitschaft der Individuen, in Beziehungen zu investieren, führen könnte, andererseits aufgrund einer fesselnden Aufgabe und dem Zeitdruck möglicherweise ein besonders ausgeprägtes Engagement entsteht.

Auf der Basis der theoretischen Erwägungen wurde eine empirische Untersuchung durchgeführt, die sich in drei in sich geschlossene, aber zueinander komplementäre Teilstudien gliedert. Dabei kam ein *Mixed Method*-Untersuchungsdesign zum Einsatz. Das Erkenntnisinteresse aller drei Teilstudien wurde geleitet durch die beiden in der Einleitung formulierten Forschungsfragen zu den Ausprägungen, Bedingungen und Folgen von

Citizenship Behaviors in Projektnetzwerken. In den Teilstudien wurden die übergreifenden Forschungsfragen – auch auf der Basis der Einsichten des Theorieteils – weiter konkretisiert und in ein für die jeweilige empirische Teilstudie handhabbares Format gebracht.

In der ersten Teilstudie, die sich auf die mithilfe von leitfadengestützten Interviews erhobenen Daten stützt, wurden zunächst die charakteristischen Merkmale von Citizenship Behaviors in Projekten und projektübergreifenden Beziehungen systematisch analysiert. Hierbei konnten Konstruktdimensionen identifiziert werden, die denen in der intraorganisationalen OCB-Forschung sehr ähnlich sind (vgl. Podsakoff et al., 2000): projektbezogene Hilfsbereitschaft, Projektloyalität, Projektcompliance und projektbasiertes proaktives Verhalten. Neben diesen PCBs, die nur innerhalb von Projekten auftreten, konnten auch NCBs identifiziert werden, die unabhängig vom täglichen Projektgeschäft, beispielsweise auch zwischen Projekten auftreten können. Die NCBs umfassen Netzwerkloyalität, proaktive Beziehungspflege und Weiterentwicklung. Die explorativen Befunde lieferten auch erste Einsichten zu den Bedingungen von PCB und NCB. So zeigte sich, dass für PCB insbesondere eine Branchenexklusivität der teilnehmenden Organisationen im Projekt, die professionelle (berufsmäßige) Orientierung der Projektbeteiligten, die Möglichkeit eines persönlichen Kennenlernens im Rahmen einer Projekt Kick-Off-Veranstaltung sowie eine langfristige Balance des kooperativen Verhaltens zwischen den Projektpartnern einen fruchtbaren Boden für PCB bilden. Als begünstigend für NCB erwiesen sich vor allem Merkmale in den persönlichen Beziehungen zwischen Projektbeteiligten. Dies umfasst eine gewisse Kompatibilität der Personen, die sich z.B. in Form von Sympathie, positiven Vorerfahrungen aus vergangenen Projekten sowie dem Interesse an einer aktiven Gestaltung und Nutzung von projektübergreifenden Beziehungen ausdrücken kann.

Auf der Basis der explorativen Befunde der ersten Teilstudie konnte nicht nur eine Typologie von „Projektbürgern" entwickelt, sondern auch Verhaltensbeispiele entlang der identifizierten Konstruktdimensionen extrahiert werden, welche die Grundlage für die zweite Teilstudie bilden. Diese besteht aus einer quantitativen Untersuchung, in der eine Skala für PCB und NCB entwickelt und Hypothesen getestet wurden, die den Zusammenhang zwischen kooperativen Verhaltensweisen und verschiedenen Effektivitätsmaßen betreffen. So konnte statistisch nicht nur nachgewiesen werden, dass PCB und NCB in einem positiven Zusammenhang zu klassischen Erfolgsmaßen des in der Projektmanagementforschung verbreiteten „eisernen Dreiecks" aus Qualität, Kosten und Zeit stehen, sondern darüber hinaus auch die Qualität der Zusammenarbeit zwischen Individuen in zukünftigen Projekten positiv beeinflussen können. Letzterer Befund steht in Einklang mit Engwalls (2003) Forderung, Projekte nicht isoliert zu betrachten und ist darüber hinaus kompatibel mit dem Konzept des Projektnetzwerks (Sydow und Windeler, 1999). Entgegen der Erwartung konnte auch gezeigt werden, dass die Projektdauer den Zusammenhang von kooperativen Verhaltensweisen und verschiedenen Effektivitätsmaßen negativ moderiert. Bei kürzeren Projekten wird die positive Wirkung von PCB und NCB also eher evident als in längeren Projekten. Auch wenn der Befund teilweise den Erkenntnissen zu dauerhaften und stabilen Beziehungen widerspricht, so steht er im Einklang mit neusten Forschungsergebnissen zum heuristischen Modus der Informationsverarbeitung von Individuen vor dem Hintergrund von Temporalität (Bakker et al., 2012).

Sowohl in der ersten als auch in der zweiten Teilstudie wurden PCB und NCB zeitpunktbezogen analysiert. Zwar erfasste die quantitative Teilstudie auch Effekte in zukünftigen, also zeitlich versetzten Projekten, jedoch konnte der dazwischenliegende Entwicklungsprozess mit dem gewählten Untersuchungsdesign nicht detailliert erfasst werden. Des Weiteren sind die beiden Abschnitte Querschnittsuntersuchungen, die ein großes Spektrum an Branchen abdecken, aber keine branchenspezifischen Differenzierungen zulassen. Ziel der dritten Teilstudie ist es deshalb, die beschriebenen Limitationen der beiden ersten Teilstudien zu kompensieren.

Die dritte Teilstudie greift entsprechend wieder auf ein qualitatives Verfahren, nun in Form eines Einzelfallstudiendesigns, zurück. Methodisch stützt sich die Teilstudie auf Leitfadeninterviews, schriftliche Dokumente, Presseberichte, frei verfügbare Informationen im Internet und – *last but not least* – teilnehmende Beobachtungen. Als Untersuchungsgegenstand wurde ein Projektnetzwerk gewählt, das als Reaktion auf den technologischen Paradigmenwechsel hin zum *Cloud-Computing* und damit verbunden zum Vertrieb einer *Cloud*-basierten Produktlösung gegründet wurde. Am Beispiel dieses sich sehr volatil entwickelnden Netzwerks können rekursive Zusammenhänge zwischen PCB bzw. NCB und den im Netzwerk ablaufenden Entwicklungsprozessen nachgewiesen werden. Dabei werden die in der ersten und zweiten Teilstudie emergierte Dimensionalität und die verhaltensbezogenen Charakteristika von PCB und NCB als Analyserahmen herangezogen. Die Ergebnisse zeigen, dass sich verschiedene Citizenship Behaviors als förderlich für unterschiedliche Entwicklungsprozesse im Netzwerk erweisen. Vor dem Hintergrund des Prozessmodells von Ring und Van de Ven (1994) zeigen die Befunde, dass PCB vor allem mit Ausführungshandlungen korrespondiert, während NCB sowie Eigeninitiative als PCB-Dimension positiv auf Aushandlungs- und Selbstverpflichtungsprozesse wirken. So stellt die Präsenz von PCB und NCB offensichtlich eine notwendige Bedingung in der Entwicklung von Interorganisationsbeziehungen dar und die Abwesenheit, insbesondere von PCB, kann unmittelbar zu einer „Verschlechterung" der Interorganisationsbeziehung beitragen. Die Bedeutung von PCB und NCB sollte andererseits nicht überschätzt werden und ist keinesfalls ein hinreichendes Kriterium für solide Interorganisationsbeziehungen. Dies steht im Einklang mit den Befunden der OCB-Forschung, welche Citizenship Behaviors eher im Aufgabenkontext als in der unmittelbaren Aufgabenbearbeitung verortet (Borman und Motowidlo, 1993). Die Ergebnisse der dritten Teilstudie bieten jedoch auch Anhaltspunkte für einen umgekehrten Wirkungsmechanismus, bei dem die Netzwerkentwicklungsprozesse gerade vor dem Hintergrund von netzwerkbezogenen Gerechtigkeitswahrnehmungen die Ausprägungen von PCB und NCB leiten können.

Die zusammengeführten empirischen Befunde der drei Teilstudien wurden daraufhin vor dem Hintergrund der OCB-Forschung einerseits und der Projektmanagementforschung andererseits diskutiert. Dabei wurde der in der vorliegenden Arbeit theoretisch und auch methodisch vertretene Ansatz als ein Gegenentwurf eines allzu einfältigen und konzeptionell verkürzten Verständnisses von intraorganisationalem OCB bzw. zu vermeintlich isolierten Projekten mit plandeterministischem Ablauf positioniert.

Auch für die (Projekt-)Managementpraxis werden Implikationen aus der teilstudienübergreifenden empirischen Evidenz abgeleitet. Diese richten sich einerseits an Projektmanager und Projektmitarbeiter und betreffen das Erkennen von projektübergreifenden Zusammenhängen (ganz im Sinne von Engwall, 2003) und die Zuverlässigkeit eines persönlichen Beziehungsmanagements. Andererseits können Handlungsempfehlungen für Organisationen abgeleitet werden, die sich auf eine Professionalisierung und Institutionalisierung des Beziehungsmanagements sowie auf eine besondere Beachtung der Selektionsfunktion und deren Vorsteuerpotenzial – insbesondere in Netzwerken (vgl. Sydow und Möllering, 2009) – beziehen.

Wie bei jeder empirischen Untersuchung, ist auch die vorliegende Arbeit mit einer Reihe von Einschränkungen verbunden, die im Folgenden transparent gemacht werden sollen. Im Diskussionsteil zu jeder der drei Teilstudien wurden bereits Limitationen angeführt, die sich auf die jeweilige Untersuchung beziehen. Dazu gehören auch methodenspezifische Limitationen, die regelmäßig in empirischen Analysen auftreten, beispielsweise die Frage der externen Validität in den qualitativen Untersuchungen oder das Problem des *Common Method Bias* aufgrund selbstreferenzieller Daten in der quantitativen Teilstudie. An dieser Stelle sollen nun Einschränkungen vorgebracht werden, die Teilstudien übergreifend bzw. für die gesamte Arbeit gelten. Durch die Einschränkungen motiviert, werden sogleich Forschungsdesiderata für zukünftige Studien abgeleitet.

Aus einer disziplinären Perspektive ist darauf hinzuweisen, dass sich der hier angewandte Forschungsansatz weder für die klassische OCB-Forschung, noch für die Projektmanagementforschung als „typisch" erweist. Es wäre daher wenig verwunderlich, wenn in diesen Forschungsbereichen bestimmte Ressentiments artikuliert werden. So sind die konzeptionelle Öffnung und auch die methodische Vielfalt in beiden Forschungsbereichen umstritten. Diese Arbeit positioniert sich jedoch bewusst in der Schnittstelle beider Forschungsbereiche (vgl. Kapitel 4). Vor diesem Hintergrund wäre es wünschenswert, wenn die theoretische und konzeptionelle Öffnung in zukünftigen Studien aufgegriffen wird, gerade um die Schnittstelle zwischen der soziologisch dominierten Organisationsforschung und der psychologisch geprägten, organisationalen Verhaltensforschung besser adressieren zu können. Die in Kapitel 2.1.2 genannten Konzepte könnten hierzu von Seiten der Verhaltensforschung ebenso Anknüpfungspunkte bieten, wie auch die Organisations- und Netzwerkforschung mit Blick auf die mannigfaltigen Kooperationsformen wie Joint Ventures, strategische Allianzen oder Franchisesysteme.

Auch das Untersuchungsdesign weist mehrere Einschränkungen auf. Zunächst ist im Rahmen des *Mixed Method*-Ansatzes generell umstritten, in welcher Sequenz die quantitativen und qualitativen Forschungsabschnitte durchzuführen sind (vgl. Creswell et al., 2003). Die hier gewählte Abfolge qualitativer, quantitativer und anschließend erneut qualitativer (bzw. fallstudienbasierter) Teilstudien ist eher selten vorzufinden. Gleichwohl wurde die Reihenfolge sowohl konzeptionell als auch methodisch an den entsprechenden Stellen begründet. Der Ansatz ist zwar ungewöhnlich, gleichzeitig aber „maßgeschneidert", um die Forschungsfragen möglichst adäquat zu beantworten. Dass dadurch die Möglichkeit der Vergleichbarkeit von Studien genommen wird, mag hinsichtlich des übergreifenden *Mixed Method*-Ansatzes zutreffen, die einzelnen Untersuchungsabschnitte sind aber durchaus mit anderen Studien vergleichbar. Ungeachtet dessen wird das *Mixed Method*-Untersuchungsdesign zunehmend – auch von der Projektmanagementforschung – wahrgenommen und als eine zukunftsträchtige Methode gewürdigt, um die Einschränkungen klassischer Untersuchungsdesigns zumindest teilweise zu überwinden (Sankaran et al., 2012). *Mixed Method*-Untersuchungsdesigns können die Länge von Zeitschriftenartikeln leicht sprengen. So bietet es sich an, solche Forschungsarbeiten auf mehrere Publikationen zu verteilen. Besonders geeignet erweisen sich *Mixed Method*-Ansätze aufgrund ihres Umfangs daher auch in Dissertationen (Jogulu und Pansiri, 2011).

Weitere Kritikpunkte sind in der Repräsentativität der Stichprobe in der zweiten Teilstudie bzw. in der Auswahl von Befragten und der Fallstudie in der ersten und dritten Teilstudie zu sehen. Die ersten beiden Untersuchungen sind branchenübergreifende Querschnittsanalysen. Zwar wurden die Branchen mit abgefragt, jedoch ist es aufgrund einer zu geringen Anzahl der Befragten in der qualitativen Teilstudie bzw. der limitierten Anzahl an Fällen in der quantitativen Teilstudie nicht möglich, systematisch zwischen Branchen zu unterscheiden. Gleichwohl deuten sich in beiden Teilstudien branchenbezogene Eigenheiten in den Daten an. Mithilfe einer branchenbezogenen Intensivfallstudie im dritten Abschnitt wurde versucht, exemplarisch zumindest eine Branche im Detail zu beleuchten. Analog zu einer differenzierten Betrachtung verschiedener Branchen konnte auch die Unterscheidung zwischen Projektmanagern und Projektmitarbeitern sowie die zwischen verschiedenen kulturellen Kontexten nur ansatzweise berücksichtigt werden. So wurden Projektmanager und Projektmitarbeiter zumindest in der zweiten Teilstudie mithilfe von mehreren Kontrollvariablen unterschieden. Was den Einfluss verschiedener kultureller Hintergründe betrifft, wurde mit Portugal (ggü. Deutschland) eine Vergleichsmöglichkeit geschaffen, die als Kontrollvariable in die Regressionsanalysen aufgenommen wurde. Eine weiterführende Auswertung der kulturspezifischen Unterschiede findet sich bei Ferreira et al. (2013). Im Rahmen weiterer empirischer Studien könnten die Befunde der vorliegenden Arbeit verfeinert werden, indem konsequent zwischen verschiedenen Kulturen (sowohl im geographischen als auch im organisationalen Sinne), Branchen, sowie Funktionen wie Projektleitern bzw. Projektmitarbeitern differenziert wird und mögliche Unterschiede und Gemeinsamkeiten herausgearbeitet werden.

Auch die Praxisimplikationen sind nicht frei von Einschränkungen. So sei darauf hingewiesen, dass die Empfehlungen auf Befunden basieren, die statistisch signifikant sind, teilweise jedoch auf einem eher geringen Niveau und bei einer moderaten Varianzaufklärung. Somit sind diese als in der Tendenz Erfolg versprechend zu verstehen. Dies trifft auch auf die Implikationen zu, die teilstudienübergreifend abgeleitet wurden und die gebotenen interpretativen Freiräume nutzen.

Die vorliegende Arbeit beschreitet ein neues Terrain, das in Zukunft weiter erschlossen bzw. noch detaillierter vermessen werden sollte. So könnte zur Robustheit der Implikationen beitragen, wenn replikative oder ähnliche empirische Studien zu vergleichbaren Ergebnissen und Schlussfolgerungen gelangen.

Es bleibt festzuhalten, dass diese Arbeit einen Beitrag zur Erforschung von Individualverhalten in interorganisationalen Projekten leistet. OCB wurde für die vorliegende Forschungsarbeit aufgrund seines weitreichenden Einflusses in der Arbeits- und Organisationspsychologie sowie der jüngeren Tendenzen in Richtung einer konzeptuellen Öffnung ausgewählt. Hierbei stand der Erkenntnisgewinn für die OCB-Forschung sowie für die Forschung zu temporären Organisationen im Vordergrund. Durch die Integration dieser beiden Forschungsbereiche konnte zudem eine Brücke zwischen Individuum und Organisation geschlagen und wechselseitige Einflüsse nachgewiesen werden. Dies steht im Einklang mit den Befunden der klassischen Organisationsforschung (z.B. Argyris, 1964) und soll einen – längst überfälligen – Anstoß geben, dem Verhältnis von Individuum und Organisation auch in der Projektmanagementforschung vermehrt Aufmerksamkeit zu schenken. Ganz in diesem Sinne hat die Studie auch einen exemplarischen Wert für andere einstellungs- und verhaltensbezogene Konzepte in Interorganisationsbeziehungen und regt dazu an, das für die Forschung wie auch für die Praxis gleichsam relevante Phänomen des kooperativen Verhaltens vor dem Hintergrund von Interorganisationalität, Temporalität und Relationalität weiterführend zu untersuchen.

Literaturverzeichnis

Adams, J. S. (1963): Toward an understanding of inequity, in: *Journal of Abnormal and Social Psychology*, 67(5), S. 422-436.

Adorno, T. W. (1978): *Der Positivismusstreit in der deutschen Soziologie*, 6. Aufl., Darmstadt: Luchterhand.

Akan, O. H./Allen, R. S./White, C. S. (2009): Equity sensitivity and organizational citizenship behavior in a team environment, in: *Small Group Research*, 40(1), S. 94-112.

Alderfer, C. P. (1972): *Existence, relatedness, and growth; human needs in organizational settings*, New York, NY: Free Press.

Allen, T. D. (2006): Rewarding good citizens: The relationship between citizenship behavior, gender, and organizational rewards, in: *Journal of Applied Social Psychology*, 36(1), S. 120-143.

Allen, T. D./Rush, M. C. (1998): The effects of organizational citizenship behavior on performance judgments: A field study and a laboratory experiment, in: *Journal of Applied Psychology*, 83(2), S. 247-260.

Ames, D. R./Flynn, F. J./Weber, E. U. (2004): It's the thought that counts: On perceiving how helpers decide to lend a hand, in: *Personality and Social Psychology Bulletin*, 30(4), S. 461-474.

Ancona, D. G./Goodman, P. S./Lawrence, B. S./Tushman, M. L. (2001): Time: A new research lens, in: *Academy of Management Review*, 26(4), S. 645-563.

Argyris, C. (1964): *Integrating the individual and the organization*, New York, NY: Wiley.

Ariño, A./De la Torre, J. (1998): Learning from failure: Towards an evolutionary model of collaborative ventures, in: *Organization Science*, 9(3), S. 306-325.

Arvidsson, N. (2009): Exploring tensions in projectified matrix organisations, in: *Scandinavian Journal of Management*, 25(1), S. 97-107.

Ashforth, B. E./Mael, F. (1989): Social identity theory and the organization, in: *Academy of Management Review*, 14(1), S. 20-39.

Aulakh, P. S./Gencturk, E. F. (2000): International principal-agent relationships: Control, governance and performance, in: *Industrial Marketing Management*, 29(6), S. 521-538.

Autry, C. W./Skinner, L. R./Lamb, C. W. (2008): Interorganizational citizenship behaviors: An empirical study, in: *Journal of Business Logistics*, 29(2), S. 53-74.

Avila, R. A./Fern, E. F./Mann, O. K. (1988): Unravelling criteria for assessing the performance of salespeople: A causal analysis, in: *Journal of Personal Selling & Sales Management*, 8(1), S. 45-54.

Axelrod, R. (1984): *The evolution of cooperation*, New York, NY: Basic Books.

Ayer, A. J. (1959): *Logical positivism*, New York, NY: Free Press.

Bagozzi, R. P./Burnkrant, R. E. (1985): Attitude organization and the attitude-behavior relation: A reply to Dillon and Kumar, in: *Journal of Personality and Social Psychology*, 49(1), S. 47-57.

Bakker, R. M. (2010): Taking stock of temporary organizational forms: A systematic review and research agenda, in: *International Journal of Management Reviews*, 12(4), S. 466-486.

Bakker, R. M./Boroş, S./Kenis, P./Oerlemans, L. A. G. (2012): It's only temporary: Time frame and the dynamics of creative project teams, in: *British Journal of Management*, im Druck.

Banki, S. (2010): Is a good deed constructive regardless of intent? Organization citizenship behavior, motive, and group outcomes, in: *Small Group Research*, 41(3), S. 354-375.

Barley, S. R./Tolbert, P. S. (1997): Institutionalization and structuration: Studying the links between action and institution, in: *Organization Studies*, 18(1), S. 93-117.

Barnard, C. I. (1938): *The functions of the executive*, Cambridge, MA: Harvard University Press.

Bartscher-Finzer, S. (2004): Personaleinstellung und Personaleinführung, in: Gaugler, E. (Hrsg.): *Handwörterbuch des Personalwesens*, 3. Aufl., Stuttgart: Schäffer-Poeschel, S. 1479-1487.

Bateman, T. S./Organ, D. W. (1983): Job satisfaction and the good soldier: The relationship between affect and employee "citizenship", in: *Academy of Management Journal*, 26(4), S. 587-595.

Baur, N. (2003): Wie kommt man von den Ergebnissen der Faktorenanalyse zu Dimensionsvariablen? Eine Einführung in die Dimensionsbildung mit SPSS für Windows, 2. Aufl., in: Schulze, G. und Baur, N. (Hrsg.): *Bamberger Beiträge zur empirischen Sozialforschung*, Nr. 13/2003, Bamberg, S. 1-25.

Bechky, B. A. (2006): Gaffers, gofers, and grips: Role-based coordination in temporary organizations, in: *Organization Science*, 17(1), S. 3-21.

Beckman, C. M./Haunschild, P. R./Phillips, D. J. (2004): Friends or strangers? Firm-specific uncertainty, market uncertainty, and network partner selection, in: *Organization Science*, 15(3), S. 259-275.

Benkhoff, B. (2004): Identifikation und Loyalität, in: Gaugler, E. (Hrsg.): *Handwörterbuch des Personalwesens*, 3. Aufl., Stuttgart: Schäffer-Poeschel, S. 897-905.

Berger, P. L./Luckmann, T. (1966): *The social construction of reality*, Garden City, NY: Doubleday.

Bergeron, D. M. (2007): The potential paradox of organizational citizenship behavior: Good citizens at what cost?, in: *Academy of Management Review*, 32(4), S. 1078-1095.

Bernecker, M./Eckrich, K. (2003): *Handbuch Projektmanagement*, München: Oldenbourg.

Blatt, R. (2008): Organizational citizenship behavior of temporary knowledge employees, in: *Organization Studies*, 29(6), S. 849-866.

Blau, P. (1964): *Exchange and power in social life*, New York, NY: Wiley.

Bluedorn, A. C. (1980): Cutting the Gordian knot: A critique of the effectiveness tradition in organizational research, in: *Sociology and Social Research*, 64(4), S. 477-496.

Bolino, M. C./Turnley, W. H. (2003): Going the extra mile: Cultivating and managing employee citizenship behavior, in: *Academy of Management Executive*, 17(3), S. 60-71.

Bolino, M. C./Turnley, W. H. (2005): The personal costs of citizenship behavior: The relationship between individual initiative and role overload, job stress, and work-family conflict, in: *Journal of Applied Psychology*, 90(4), S. 740-748.

Bolino, M. C./Turnley, W. H./Bloodgood, J. M. (2002): Citizenship behavior and the creation of social capital in organizations, in: *Academy of Management Review*, 27(4), S. 505-522.

Bolino, M. C./Turnley, W. H./Gilstrap, J. B./Suazo, M. M. (2010): Citizenship under pressure: What's a "good soldier" to do?, in: *Journal of Organizational Behavior*, 31(6), S. 835-855.

Bommer, W. H./Dierdorff, E. C./Rubin, R. S. (2007): Does prevalence mitigate relevance? The moderating effect of group-level OCB on employee performance, in: *Academy of Management Journal*, 50(6), S. 1481-1494.

Borman, W. C./Motowidlo, S. J. (1993): Expanding the criterion domain to include elements of contextual performance, in: Schmitt, N. und Borman, W. C. (Hrsg.): *Personnel selection in organizations*, San Francisco, CA: Jossey-Bass, S. 71-98.

Borman, W. C./Motowidlo, S. J. (1997): Task performance and contextual performance: The meaning for personnel selection research, in: *Human Performance*, 10(2), S. 99-109.

Bortz, J./Döring, N. (2006): *Forschungsmethoden und Evaluation für Human- und Sozialwissenschaftler*, 4. Aufl., Heidelberg: Springer.

Bourdieu, P. (1986): The forms of capital, in: Richardson, J. G. (Hrsg.): *Handbook of theory and research for the sociology of education*, New York, NY: Greenwood, S. 241-258.

Bovea, L. L./Johnson, L. W. (2001): Customer relationships with service personnel: Do we measure closeness, quality or strength?, in: *Journal of Business Research*, 54(3), S. 189-197.

Braun, T./Ferreira, A. I./Sydow, J. (2012a): Citizenship behavior and effectiveness in temporary organizations, in: *International Journal of Project Management*, im Druck.

Braun, T./Müller-Seitz, G./Sydow, J. (2012b): Project citizenship behavior? – An explorative analysis at the project-network-nexus, in: *Scandinavian Journal of Management*, 24(4), S. 271-284.

Braun, T./Müller-Seitz, G./Sydow, J. (2012c): Kooperatives Verhalten in zwischenbetrieblichen Projekten, in: *Projektmanagement Aktuell*, 23(1), S. 32-38.

Braun, T./Oechsler, W. A. (2011): Segmentierung von Belegschaften und Herstellung von organisationalem Commitment, in: Kaiser, S., Josephs, I. und Süß, S. (Hrsg.): *Freelancer als Forschungsgegenstand und Praxisphänomen: Betriebswirtschaftliche und psychologische Perspektiven*, Frankfurt am Main: Peter Lang, S. 69-91.

Braun, T./Schmidt, T. (2013): Vorwärts durch Vernetzung? Der Prozess der Netzwerk- und Unsicherheitsentwicklung im Morgenrot von Cloud Computing. *37. Workshop der Wissenschaftlichen Kommission Organisation im VHB e.V.*, Jena.

Braun, T./Sydow, J. (2011): Organizational Citizenship Behavior in zwischenbetrieblichen Projekten – Erste konzeptionelle und empirische Einsichten, in: Engstler, M. und Wagner, R. (Hrsg.): *Neu Denken: vom Projekt- zum Netzwerkmanagement*, Heidelberg: Dpunkt Verlag, S. 137-166.

Bredin, K./Söderlund, J. (2011): *Human Resource Management in Project-Based Organizations: The HR Quadriad Framework*, New York, NY: Palgrave Macmillan.

Bresnen, M./Goussevskaia, A./Swan, J. (2004): Embedding new management knowledge in project-based organizations, in: *Organization Studies*, 25(9), S. 1535-1555.

Brief, A. P./Motowidlo, S. J. (1986): Prosocial organizational behaviors, in: *Academy of Management Review*, 11(4), S. 710-725.

Brion, S./Chauvet, V./Chollet, B./Mothe, C. (2012): Project leaders as boundary spanners: Relational antecedents and performance outcomes, in: *International Journal of Project Management*, 30(6), S. 708-722.

Bruhn, M. (2012): *Relationship Marketing: Das Management von Kundenbeziehungen*, 3. Aufl., München: Vahlen.

Bryde, D. (2008): Perceptions of the impact of project sponsorship practices on project success, in: *International Journal of Project Management*, 26(8), S. 800-809.

Bryman, A. E./Bresnen, M. J./Beardsworth, A. D./Ford, J. R./Keil, E. T. (1987): The concept of the temporary system: The case of the construction project, in: Bacharach, S. (Hrsg.): *Research in the Sociology of Organizations*, 5, Greenwich, CT: JAI Press, S. 253-284.

Buchstein, H. (1996): Die Zumutungen der Demokratie. Von der normativen Theorie des Bürgers zur institutionell vermittelten Präferenzkompetenz, in: Beyme, K. v. und Offe, C. (Hrsg.): *Politische Theorien in der Ära der Transformation*, Opladen: Westdeutscher Verlag, S. 295-324.

Burrell, G. (1992): Back to the future: Time and organization, in: Reed, M. und Hughes, M. (Hrsg.): *Rethinking organization. New directions in organization theory and analysis*, London: Sage, S. 165-183.

Burt, R. S. (1992): *Structural holes: The social structure of competition*, Cambridge, MA: Harvard University Press.

Campbell, J. P. (1977): On the nature of organizational effectiveness, in: Goodman, P. S. und Pennings, J. M. (Hrsg.): *New perspectives on organizational effectiveness*, San Francisco, CA: Jossey-Bass, S. 13-55.

Cardona, P./Lawrence, B. S./Bentler, P. M. (2004): The influence of social and work exchange relationships on organizational citizenship behavior, in: *Group & Organization Management*, 29(2), S. 219-247.

Cattani, G./Ferriani, S./Frederiksen, L./Täube, F. (2011, Hrsg.): Project-based organizing and strategic management, in: *Advances in Strategic Management*, 28, Bingley: Emerald.

Chen, C.-C./Chiu, S.-F. (2009): The mediating role of job involvement in the relationship between job characteristics and organizational citizenship behavior, in: *Journal of Social Psychology*, 149(4), S. 474-494.

Chen, C.-H. V./Tang, Y.-Y./Wang, S.-J. (2009): Interdependence and organizational citizenship behavior: Exploring the mediating effect of group cohesion in multilevel analysis, in: *Journal of Psychology*, 143(6), S. 625-640.

Chen, Z. X./Tsui, A. S./Zhong, L. (2008): Reactions to psychological contract breach: A dual perspective, in: *Journal of Organizational Behavior*, 29(5), S. 527-548.

Chiaburu, D. S./Oh, I.-S./Berry, C. M./Li, N./Gardner, R. G. (2011): The five-factor model of personality traits and organizational citizenship behaviors: A meta-analysis, in: *Journal of Applied Psychology*, 96(6), S. 1140-1166.

Cho, J./Dansereau, F. (2010): Are transformational leaders fair? A multilevel study of transformational leadership, justice perceptions, and organizational citizenship behaviors, in: *Leadership Quarterly*, 21(3), S. 409-421.

Choi, J. N. (2009): Collective dynamics of citizenship behaviour: What group characteristics promote group-level helping?, in: *Journal of Management Studies*, 46(8), S. 1396-1420.

Choi, J. N./Sy, T. (2010): Group-level organizational citizenship behavior: Effects of demographic faultlines and conflict in small work groups, in: *Journal of Organizational Behavior*, 31(7), S. 1032-1054.

Chughtai, A. A. (2008): Impact of job involvement on in-role job performance and organizational citizenship behaviour, in: *Journal of Behavioral & Applied Management*, 9(2), S. 169-183.

Cohen, A. (2007): Commitment before and after: An evaluation and reconceptualization of organizational commitment, in: *Human Resource Management Review*, 17(3), S. 336-354.

Cohen, J. A. (1960): A coefficient of agreement for nominal scales, in: *Educational and Psychological Measurement*, 20(1), S. 37-46.

Coleman, J. S. (1988): Social capital in the creation of human capital, in: *American Journal of Sociology*, 94(Supplement), S. 95-120.

Conrad, P. (1988): *Involvement-Forschung: Motivation und Identifikation in der verhaltenswissenschaftlichen Organisationstheorie*, Berlin: de Gruyter.

Cowherd, D. M./Levine, D. I. (1992): Product quality and pay equity between lower-level employees and top management: An investigation of distributive justice theory, in: *Administrative Science Quarterly*, 37(2), S. 302-320.

Coyle-Shapiro, J. A. M. (2002): A psychological contract perspective on organizational citizenship behavior, in: *Journal of Organizational Behavior*, 23(8), S. 927-946.

Creswell, J. W./Plano Clark, V. L. (2007): *Designing and conducting mixed methods research*, Thousand Oaks, CA: Sage.

Creswell, J. W./Plano Clark, V. L./Gutmann, M. L./Hanson, W. E. (2003): Advanced mixed methods research designs, in: Tashakkori, A. und Teddlie, C. (Hrsg.): *Handbook of mixed methods in social and behavioral research*, Thousand Oaks, CA: Sage, S. 209-240.

Cron, D./Oswald, A./Rietiker, S./Wagner, R./Witschi, U. (2012): Es gibt nichts Praktischeres als eine gute Theorie – Das gilt auch für die Projektarbeit!, in: *Projektmanagement Aktuell*, 23(4), S. 27-33.

Crowne, D. P./Marlowe, D. (1964): *The approval motive*, New York, NY: Wiley.

Cyert, R. M./March, J. G. (1963): *A behavioral theory of the firm*, Englewood Cliffs, NJ: Prentice-Hall.

Dahrendorf, R. (1977): *Homo Sociologicus. Ein Versuch zur Geschichte, Bedeutung und Kritik der Kategorie der sozialen Rolle*, 15. Aufl., Opladen: Westdeutscher Verlag.

Dalal, R. S. (2005): A meta-analysis of the relationship between organizational citizenship behavior and counterproductive work behavior, in: *Journal of Applied Psychology*, 90(6), S. 1241-1255.

Dammer, H./Gemuenden, H. G. (2007): Improving resource allocation quality in multi-project-environments: Evaluating the effects of coordination mechanisms. *European Academy of Management-Konferenz*, Paris.

Dansereau, F./Graen, G./Haga, W. J. (1975): A vertical dyad linkage approach to leadership within formal organizations. A longitudinal investigation of the role making process, in: *Organizational Behavior & Human Performance*, 13(1), S. 46-78.

Darlington, R. B. (1968): Multiple regression in psychological research and practice, in: *Psychological Bulletin*, 69(3), S. 161-182.

DeFillippi, R. J. (2002): Organizational models for collaboration in the new economy, in: *Human Resource Planning*, 25(4), S. 7-18.

DeFillippi, R. J./Arthur, M. B. (1998): Paradox in project-based enterprise: The case of film making, in: *California Management Review*, 40(2), S. 125-139.

Diefendorff, J. M./Brown, D. J./Kamin, A. M./Lord, R. G. (2002): Examining the roles of job involvement and work centrality in predicting organizational citizenship behaviors and job performance, in: *Journal of Organizational Behavior*, 23(1), S. 93-108.

Doz, Y. (1996): The evolution of cooperation in strategic alliances: Initial conditions or learning processes?, in: *Strategic Management Journal*, 17(1/special issue), S. 55-83.

Dreitzel, H. P. (1980): *Das gesellschaftliche Leiden und das Leiden an der Gesellschaft*, 3. Aufl., Stuttgart: Enke.

Dressler, S. (2007): *Shared Services, Business Process Outsourcing und Offshoring*, Wiesbaden: Gabler.

Drexl, A. (1991): Scheduling of project networks by job assignment, in: *Management Science*, 37(12), S. 1590-1602.

Duck, S. (2007): *Human Relationships*, London: Sage.

Duffy, M. K./Ganster, D. C./Pagon, M. (2002): Social undermining in the workplace, in: *Academy of Management Journal*, 45(2), S. 331-351.

Duschek, S. (2004): Inter-firm resources and sustainable competitive advantage, in: *Management Revue*, 15(1), S. 53-73.

Duschek, S./Wirth, C. (1999): Mitbestimmte Netzwerkbildung – Der Fall einer außergewöhnlichen Dienstleistungsunternehmung, in: Sydow, J. und Wirth, C. (Hrsg.): *Arbeit, Personal und Mitbestimmung in Unternehmungsnetzwerken*, München: Hampp, S. 297-336.

Dwyer, F. R./Schurr, P. H./Oh, S. (1987): Developing buyer-seller relationships, in: *Journal of Marketing*, 51(2), S. 11-27.

Dyer, J. H./Singh, H. (1998): The relational view: Cooperative strategy and sources of interorganizational competitive advantage, in: *Academy of Management Review*, 23(4), S. 660-679.

Eccles, R. G. (1981): The quasifirm in the construction industry, in: *Journal of Economic Behavior and Organization*, 2(4), S. 335-357.

Ehrhart, M. G. (2004): Leadership and procedural justice climate as antecedents of unit-level organizational citizenship behavior, in: *Personnel Psychology*, 57(1), S. 61-94.

Ehrhart, M. G./Bliese, P. D./Thomas, J. L. (2006): Unit-level OCB and unit effectiveness: Examining the incremental effect of helping behavior, in: *Human Performance*, 19(2), S. 159-173.

Eichhorst, W./Kuhn, A./Thode, E./Zenker, R. (2010): *Traditionelle Beschäftigungsverhältnisse im Wandel. Benchmarking Deutschland: Normalarbeitsverhältnisse auf dem Rückzug*, Gütersloh: Forschungsbericht der Bertelsmann Stiftung.

Eisenberger, R./Armeli, S./Rexwinkel, B./Lynch, P. D./Rhoades, L. (2001): Reciprocation of perceived organizational support, in: *Journal of Applied Psychology*, 86(1), S. 42-51.

Eisenhardt, K. M. (1989): Building theories from case study research, in: *Academy of Management Review*, 14(4), S. 532-550.

Eisenhardt, K. M./Bourgeois III, L. J. (1988): Politics of strategic decision making in high-velocity environments: Toward a midrange theory, in: *Academy of Management Journal*, 31(4), S. 737-770.

Eisenhardt, K. M./Graebner, M. E. (2007): Theory building from cases: Opportunities and challenges, in: *Academy of Management Journal*, 50(1), S. 25-32.

Ekstedt, E./Lundin, R. A./Söderholm, A./Wirdenius, H. (1999): *Neo-industrial organising: Renewal by action and knowledge formation in a project-intensive economy*, London: Routledge.

Engwall, M. (2003): No project is an island: Linking projects to history and context, in: *Research Policy*, 32(5), S. 789-808.

Euwema, M. C./Wendt, H./van Emmerik, H. (2007): Leadership styles and group organizational citizenship behavior across cultures, in: *Journal of Organizational Behavior*, 28(8), S. 1035-1057.

Faisst, W. (2011): Die nächste Generation der Unternehmens-Software am Beispiel von SAP Business ByDesign, in: *Wirtschaftsinformatik und Management*, 3(4), S. 24-30.

Felfe, J. (2008): *Mitarbeiterbindung*, Göttingen: Hogrefe.

Felfe, J./Schmook, R./Six, B./Wieland, R. (2005): Commitment gegenüber Verleiher und Entleiher bei Zeitarbeitern. Bedingungen und Konsequenzen, in: *Zeitschrift für Personalpsychologie*, 4(3), S. 101-115.

Ferreira, A. I./Braun, T./Sydow, J. (2013): Citizenship behavior in project-based organizing: Comparing German and Portuguese project managers, in: *International Journal of Human Resource Management*, im Druck.

Ferriani, S./Cattani, G./Baden-Fuller, C. (2009): The relational antecedents of project-entrepreneurship: Network centrality, team composition and project performance, in: *Research Policy*, 38(10), S. 1545-1558.

Festinger, L. (1957): *A theory of cognitive dissonance*, Evanston, IL: Row Peterson.

Field, A. (2004): *Discovering statistics using SPSS*, London: Sage.

Fisher, C. D./Locke, E. A. (1992): The new look in job satisfaction research and theory, in: Cranny, C. J., Smith, P. C. und Stone, E. F. (Hrsg.): *Job satisfaction*, New York, NY: Lexington Books, S. 165-194.

Flick, U. (1991): Triangulation, in: Flick, U., Kardorff, E. v., Keupp, H., Rosenstiel, L. v. und Wolf, S. (Hrsg.): *Handbuch qualitative Sozialforschung*, München: Beltz Psychologie-Verlags-Union, S. 432-434.

Foote, D. A./Li-ping Tang, T. (2008): Job satisfaction and organizational citizenship behavior (OCB): Does team commitment make a difference in self-directed teams?, in: *Management Decision*, 46(6), S. 933-947.

Fornell, C./Larcker, D. F. (1981): Evaluating structural equation models with unobservable variables and measurement error, in: *Journal of Marketing Research*, 18(1), S. 39-50.

Frese, M./Fay, D. (2001): Personal initiative: An active performance concept for work in the 21st century, in: Staw, B. M. und Sutton, R. M. (Hrsg.): *Research in Organizational Behavior*, 23, Greenwich, CT: JAI Press, S. 133-187.

George, J. M. (1991): State or trait: Effects of positive mood on prosocial behaviors at work, in: *Journal of Applied Psychology*, 76(2), S. 299-307.

George, J. M./Brief, A. P. (1992): Feeling good-doing good: A conceptual analysis of the mood at work-organizational spontaneity relationship, in: *Psychological Bulletin*, 112(2), S. 310-329.

George, J. M./Jones, G. R. (1997): Organizational spontaneity in context, in: *Human Performance*, 10(2), S. 153-170.

Georgopoulos, B. S./Mahoney, G. M./Jones, N. W. (1957): A path-goal approach to productivity, in: *Journal of Applied Psychology*, 41(6), S. 345-353.

Gerhardt, U. (1971): *Rollenanalyse als kritische Soziologie*, Neuwied: Luchterhand.

Gersick, C. J. G. (1988): Time and transition in work teams: Toward a new model of group development, in: *Academy of Management Journal*, 31(1), S. 9-41.

Gersick, C. J. G. (1989): Marking time: Predictable transitions in task groups, in: *Academy of Management Journal*, 32(2), S. 274-309.

Gherardi, S./Strati, A. (1988): The temporal dimension in organizational studies, in: *Organization Studies*, 9(2), S. 149-164.

Giddens, A. (1984): *The constitution of society*, Cambridge: Cambridge University Press.

Golicic, S. L./Mentzer, J. T. (2005): Exploring the drivers of interorganizational relationship magnitude, in: *Journal of Business Logistics*, 26(2), S. 47-71.

Gong, Y./Chang, S./Cheung, S.-Y. (2010): High performance work system and collective OCB: A collective social exchange perspective, in: *Human Resource Management Journal*, 20(2), S. 119-137.

Goodman, L. P./Goodman, R. A. (1972): Theater as a temporary system, in: *California Management Review*, 15(2), S. 103-108.

Goodman, R. A./Goodman, L. P. (1976): Some management issues in temporary systems: A study of professional development and manpower – The theatre case, in: *Administrative Science Quarterly*, 21(3), S. 494-501.

Grabher, G. (2002): Cool projects, boring institutions: Temporary collaboration in social context, in: *Regional Studies*, 36(3), S. 205-214.

Grabher, G. (2004a): Temporary architectures of learning: Knowledge governance in project ecologies, in: *Organization Studies*, 25(9), S. 1491-1514.

Grabher, G. (2004b): Learning in projects, remembering in networks? Communality, sociality, and connectivity in project ecologies, in: *European Urban & Regional Studies*, 11(2), S. 103-123.

Graen, G. B./Scandura, T. A. (1987): Toward a psychology of dyadic organizing, in: Cummings, L. L. und Staw, B. M. (Hrsg.): *Research in Organizational Behavior*, 9, Greenwich, CT: JAI Press, S. 175-208.

Graen, G. B./Uhl-Bien, M. (1995): Relationship-based approach to leadership: Development of leader-member exchange (LMX) theory of leadership over 25 years: Applying a multi-level multi-domain perspective, in: *Leadership Quarterly*, 6(2), S. 219-247.

Graham, J. (1986): Principled organizational dissent: A theoretical essay, in: Staw, B. M. und Cummings, L. L. (Hrsg.): *Research in Organizational Behavior*, 8, Greenwich, CT: JAI Press, S. 1-52.

Graham, J. W. (1989): *Organizational citizenship behavior: Construct redefinition, operationalization, and validation*. Unveröffentlichtes Arbeitspapier, Loyola University of Chicago.

Graham, J. W. (1991): An essay on organizational citizenship behavior, in: *Employee Responsibilities and Rights Journal*, 4(2), S. 249-270.

Granovetter, M. S. (1973): The strength of weak ties, in: *American Journal of Sociology*, 78(6), S. 1360-1380.

Greene, C. N. (1975): The reciprocal nature of influence between leader and subordinate, in: *Journal of Applied Psychology*, 60(2), S. 187-193.

Greene, J. C./Caracelli, V. J./Graham, W. F. (1989): Toward a conceptual framework for mixed-method evaluation designs, in: *Educational Evaluation and Policy Analysis*, 11(3), S. 255-274.

Grimshaw, D./Marchington, M./Rubery, J./Willmott, H. (2005): Fragmenting work across organizational boundaries, in: Marchington, M., Grimshaw, D., Rubery, J. und Willmott, H. (Hrsg.): *Fragmenting work: Blurring organizational boundaries and disordering hierarchies*, Oxford: Oxford University Press, S. 1-31.

Handelsblatt (2012): *Software-Konzern: Dividende soll steigen*. Internetquelle: http://www.handelsblatt.com/unternehmen/it-medien/software-konzern-dividende-soll-steigen/6659796-2.html, zuletzt abgerufen am: 07.01.2013.

Hanisch, B./Wald, A. (2011): A project management research framework integrating multiple theoretical perspectives and influencing factors, in: *Project Management Journal*, 42(3), S. 4-22.

Hassard, J. (1991): Aspects of time in organization, in: *Human Relations*, 44(2), S. 105-125.

Heckhausen, J./Heckhausen, H. (2010): *Motivation und Handeln*, 4. Aufl., Berlin: Springer.

Henning-Thurau, T./Klee, A. (1997): The impact of customer satisfaction and relationship quality on customer retention: A critical reassessment and model development, in: *Psychology & Marketing*, 14(8), S. 737-769.

Herranz, J. (2009): Endogenous development dynamics of multisectoral network management, in: *International Public Management Journal*, 12(3), S. 370-397.

Herzberg, F./Mausner, B./Snyderman, B. B. (1959): *The motivation to work*, 2. Aufl., New York, NY: Wiley.

Hewett, K./Money, R. B./Sharma, S. (2002): An exploration of the moderating role of buyer corporate culture in industrial buyer-seller relationships, in: *Journal of the Academy of Marketing Science*, 30(3), S. 229-239.

Hobday, M. (2000): The project-based organisation: An ideal form for managing complex products and systems?, in: *Research Policy*, 29 (7/8), S. 871-893.

Howe, K. R. (1988): Against the quantitative-qualitative incompatibility thesis or dogmas die hard, in: *Educational Researcher*, 17(8), S. 10-16.

Huang, X./Soutar, G. N./Brown, A. (2004): Measuring new product success: An empirical investigation of Australian SMEs, in: *Industrial Marketing Management*, 33(2), S. 117-123.

Huber, G. P./Power, D. J. (1985): Retrospective reports of strategic-level managers: Guidelines for increasing their accuracy, in: *Strategic Management Journal*, 6(2), S. 171-180.

Ibert, O. (2004): Projects and firms as discordant complements: Organisational learning in the Munich software ecology, in: *Research Policy*, 33(10), S. 1529-1546.

Inkpen, A. C./Tsang, E. W. K. (2005): Social capital, networks, and knowledge transfer, in: *Academy of Management Review*, 30(1), S. 146-165.

Iverson, R. D./Maguire, C. (2000): The relationship between job and life satisfaction: Evidence from a remote mining community, in: *Human Relations*, 53(6), S. 807-839.

Janssen, O./Xu, H. (2008): Us and me: Team identification and individual differentiation as complementary drivers of team members' citizenship and creative behaviors, in: *Journal of Management*, 34(1), S. 69-88.

Jansson, D. (1989): The pragmatic uses of what is taken for granted: Project leaders' applications of investment calculations, in: *International Studies of Management & Organization*, 19(3), S. 49-63.

Jarillo, J. C. (1988): On strategic networks, in: *Strategic Management Journal*, 9(1), S. 31-41.

Jelinek, R./Ahearne, M. (2006): The ABC's of ACB: Unveiling a clear and present danger in the sales force, in: *Industrial Marketing Management*, 35(4), S. 457-467.

Jex, S. M./Thomas, J. L. (2003): Relations between stressors and group perceptions: Main and mediating effects, in: *Work & Stress*, 17(2), S. 158-169.

Jogulu, U. D./Pansiri, J. (2011): Mixed methods: A research design for management doctoral dissertations, in: *Management Research Review*, 34(6), S. 687-701.

Johnson, R. B./Onwuegbuzie, A. J. (2004): Mixed methods research: A research paradigm whose time has come, in: *Educational Researcher*, 33(7), S. 14-26.

Jones, C. (1996): Careers in project networks: The case of the film industry, in: Arthur, M. (Hrsg.): *The boundaryless career: A new employment principle for a new organizational era*, Oxford: Oxford University Press, S. 58-75.

Jones, C./Hesterly, W. S./Borgatti, S. P. (1997): A general theory of network governance: Exchange conditions and social mechanisms, in: *Academy of Management Review*, 22(4), S. 911-945.

Jones, C./Lichtenstein, B. B. (2008): Temporary inter-organizational projects: How temporal and social embeddedness enhance coordination and manage uncertainty, in: Cropper, S., Ebers, M., Huxham, C. und Ring, P. S. (Hrsg.): *The Oxford Handbook of Inter-organizational Relations*, Oxford: Oxford University Press, S. 231-255.

Kacmar, K. M./Bachrach, D. G./Harris, K. J./Zivnuska, S. (2011): Fostering good citizenship through ethical leadership: Exploring the moderating role of gender and organizational politics, in: *Journal of Applied Psychology*, 96(3), S. 633-642.

Kanungo, R. N. (1982): Measurement of job and work involvement, in: *Journal of Applied Psychology*, 67(3), S. 341-349.

Katz, D. (1964): The motivational basis of organizational behavior, in: *Behavioral Science*, 9(2), S. 131-146.

Katz, D./Kahn, R. L. (1966): *The social psychology of organizations*, New York, NY: Wiley.

Katz, D./Kahn, R. L. (1978): *The social psychology of organizations*, 2. Aufl., New York, NY: Wiley.

Keashly, L./Harvey, S. (2005): Emotional abuse in the workplace, in: Fox, S. und Spector, P. E. (Hrsg.): *Counterproductive work behavior. Investigations of actors and targets*, Washington, D.C.: APA, S. 201-235.

Kelly, J. R./Loving, T. J. (2004): Time pressure and group performance: Exploring underlying processes in the attentional focus model, in: *Journal of Experimental Social Psychology*, 40(2), S. 185-198.

Kenis, P./Janowicz-Panjaitan, M./Cambré, B. (2009, Hrsg.): *Temporary organizations. Prevalence, logic and effectiveness.* Cheltenham: Edward Elgar.

Kerr, S./Mathews, C. S. (1995): Führungstheorien – Theorie der Führungssubstitution, in: Kieser, A., Reber, G. und Wunderer, R. (Hrsg.): *Handwörterbuch der Führung*, 2. Aufl., Stuttgart: Schäffer-Poeschel, S. 1021-1034.

Kidder, D. L./McLean Parks, J. (1993): The good soldier: Who is (s)he?, in: Moore, D. P. (Hrsg.): *Academy of Management Best Paper Proceedings*, S. 363-367.

Kieser, A. (1980). Individuum und Organisation, in: Grochla, E. (Hrsg.): *Handwörterbuch der Organisation*, 2. Aufl., Stuttgart: Poeschel Verlag, S. 862-872.

Kiker, D. S./Motowidlo, S. J. (1999): Main and interaction effects of task and contextual performance on supervisory reward decisions, in: *Journal of Applied Psychology*, 84(4), S. 602-609.

Kirsch, W. (1968): *Entscheidungen und Entscheidungsprämissen in der Unternehmungsorganisation: Elemente einer deskriptiven Theorie der Individualentscheidung*, München: Habilitationsschrift an der Ludwig-Maximilians-Universität München.

Koch, S./Kaschube, J./Fisch, R. (2003): *Eigenverantwortung für Organisationen*, Göttingen: Hogrefe.

König, F. (2009): *The uncertainty-governance choice puzzle revisited*, Wiesbaden: Gabler.

Konovsky, M. A./Pugh, S. D. (1994): Citizenship behavior and social exchange, in: *Academy of Management Journal*, 37(3), S. 656-669.

Kraus, R./Woschée, R. (2009): Commitment und Identifikation mit Projekten, in: Wastian, M., Braumandl, I. und Rosenstiel, L. v. (Hrsg.): *Angewandte Psychologie für Projektmanager. Ein Praxisbuch für das erfolgreiche Projektmanagement*, Berlin: Springer, S. 188-206.

Kretschmann, B. (2005): *Organizational Citizenship Behavior. Eine kritische Bestandsaufnahme anhand eines Fallbeispiels zur Gruppenarbeit in der Automobilindustrie*. Dissertation an der Freien Universität Berlin. Internetquelle: http://www.diss.fu-berlin.de/diss/receive/FUDISS_thesis_000000001932, zuletzt abgerufen am: 07.01.2013.

Kuhn, T. (1979): *Die Struktur wissenschaftlicher Revolutionen*, 4. Aufl., Frankfurt am Main: Suhrkamp.

Kuster, J./Huber, E./Lippmann, R./Schmid, A./Schneider, E./Witschi, U./Wüst, R. (2011): *Handbuch Projektmanagement*, Heidelberg: Springer.

Landis, J. R./Koch, G. G. (1977): The measurement of observer agreement for categorical data, in: *Biometrics*, 33(1), S. 159-174.

Langley, A. (1999): Strategies for theorizing from process data, in: *Academy of Management Review*, 24(4), S. 691-710.

Lapierre, L. M./Hackett, R. D. (2007): Trait conscientiousness, leader-member exchange, job satisfaction and organizational citizenship behaviour: A test of an integrative model, in: *Journal of Occupational & Organizational Psychology*, 80(3), S. 539-554.

Lau, D. C./Lam, L. W. (2008): Effects of trusting and being trusted on team citizenship behaviours in chain stores, in: *Asian Journal of Social Psychology*, 11(2), S. 141-149.

Lavelle, J. J./Brockner, J./Konovsky, M. A./Price, K. H./Henley, A. B./Taneja, A./Vinekar, V. (2009): Commitment, procedural fairness, and organizational citizenship behavior: A multifoci analysis, in: *Journal of Organizational Behavior*, 30(3), S. 337-357.

Leana, C. R./Van Buren, H. J. (1999): Organizational social capital and employment practices, in: *Academy of Management Review*, 24(3), S. 538-555.

Lee, D.-J./Sirgy, M. J./Brown, J. R./Bird, M. M. (2004): Importers' benevolence toward their foreign export suppliers, in: *Journal of the Academy of Marketing Science*, 32(1), S. 32-48.

Leech, N. L./Onwuegbuzie, A. J. (2009): A typology of mixed methods research designs, in: *Quality & Quantity*, 43(2), S. 265-275.

LePine, J. A./Erez, A./Johnson, D. E. (2002): The nature and dimensionality of organizational citizenship behavior: A critical review and meta-analysis, in: *Journal of Applied Psychology*, 87(1), S. 52-65.

Lerch, F. (2009): *Netzwerkdynamiken im Cluster: Optische Technologien in der Region Berlin-Brandenburg*. Dissertation an der Freien Universität Berlin. Internetquelle: http://www.diss.fu-berlin.de/diss/receive/FUDISS_thesis_000000013342, zuletzt abgerufen am 07.01.2013.

Li, N./Liang, J./Crant, J. M. (2010): The role of proactive personality in job satisfaction and organizational citizenship behavior: A relational perspective, in: *Journal of Applied Psychology*, 95(2), S. 395-404.

Liden, R. C./Wayne, S. J./Kraimer, M. L./Sparrowe, R. T. (2003): The dual commitments of contingent workers: An examination of contingents' commitment to the agency and the organization, in: *Journal of Organizational Behavior*, 24(5), S. 609-625.

Lin, N. (2001): *Social capital: A theory of social structure and action*, Cambridge: Cambridge University Press.

Lincoln, Y. S./Guba, E. G. (1985): *Naturalistic inquiry*, Beverly Hills, CA: Sage.

Lincoln, Y. S./Guba, E. G. (2000): Paradigmatic controversies, contradictions, and emerging confluences, in: Denzin, N. K. und Lincoln, Y. S. (Hrsg.): *Handbook of qualitative research*, 2. Aufl., Thousand Oaks, CA: Sage, S. 163-188.

Lindkvist, L. (2004): Governing project-based firms: Promoting market-like processes within hierarchies, in: *Journal of Management and Governance*, 8(1), S. 3-25.

Lodahl, T. M./Kejner, M. (1965): The definition and measurement of job involvement, in: *Journal of Applied Psychology*, 49(1), S. 24-33.

Løwendahl, B. R. (1995): Organizing the Lillehammer olympic winter games, in: *Scandinavian Journal of Management*, 11(4), S. 347-362.

Lowery, C. M./Krilowicz, T. J. (1994): Relationships among nontask behaviors, rated performance, and objective performance measures, in: *Psychological Reports*, 74(2), S. 571-578.

Lowin, A./Craig, J. R. (1968): The influence of level of performance on managerial style: An experimental object-lesson in the ambiguity of correlational data, in: *Organizational Behavior & Human Performance*, 3(4), S. 440-458.

Luhmann, N. (1964): *Funktionen und Folgen formaler Organisationen*, Berlin: Duncker und Humblot.

Lundin, R. A. (2011): Researchers of projects and temporary organizations – One happy family?, in: *International Journal of Project Management*, 29(4), S. 357-358.

Lundin, R. A./Söderholm, A. (1995): A theory of the temporary organization, in: *Scandinavian Journal of Management*, 11(4), S. 437-455.

MacKenzie, S. B./Podsakoff, P. M./Fetter, R. (1991): Organizational citizenship behavior and objective productivity as determinants of managerial evaluations of salesperson's performance, in: *Organizational Behavior and Human Decision Processes*, 50(1), S. 123-150.

MacKenzie, S. B./Podsakoff, P. M./Fetter, R. (1993): The impact of organizational citizenship behavior on evaluations of salesperson performance, in: *Journal of Marketing*, 57(1), S. 70-80.

MacKenzie, S. B./Podsakoff, P. M./Paine, J. B. (1999): Do citizenship behaviors matter more for managers than for salespeople?, in: *Journal of the Academy of Marketing Science*, 27(4), S. 396-410.

MacKenzie, S. B./Podsakoff, P. M./Podsakoff, N. P. (2011): Challenge-oriented organizational citizenship behaviors and organizational effectiveness: Do challenge-oriented behaviors really have an impact on the organization's bottom line?, in: *Personnel Psychology*, 64(3), S. 559-592.

Mael, F./Ashforth, B. E. (1992): Alumni and their alma mater: A partial test of the reformulated model of organizational identification, in: *Journal of Organizational Behavior*, 13(2), S. 103-123.

Mahaney, R. C./Lederer, A. L. (2010): The role of monitoring and shirking in information systems project management, in: *International Journal of Project Management*, 28(1), S. 14-25.

Mainemelis, C. (2001): When the muse takes it all: A model for the experience of timelessness in organizations, in: *Academy of Management Review*, 26(4), S. 548-565.

Manning, S. (2010): The strategic formation of project networks: A relational practice perspective, in: *Human Relations*, 63(4), S. 551-573.

Manning, S./Sydow, J. (2011): Projects, paths, and practices: Sustaining and leveraging project-based relationships, in: *Industrial & Corporate Change*, 20(5), S. 1369-1402.

March, J. G. (1991): Exploration and exploitation in organizational learning, in: *Organization Science*, 2(1), S. 71-87.

Marks, M. A./Mathieu, J. E./Zaccaro, S. J. (2001): A temporally based framework and taxonomy of team processes, in: *Academy of Management Review*, 26(3), S. 356-376.

Martin, E. (2004): Privatization in Bosnia and the craft of IOR process analysis, in: *Organization Studies*, 25(7), S. 1115-1157.

Maslow, A. H. (1943): A theory of human motivation, in: *Psychological Review*, 50(4), S. 370-396.

Mathieu, J. E./Zajac, D. M. (1990): A review and meta-analysis of the antecedents, correlates, and consequences of organizational commitment, in: *Psychological Bulletin*, 108(2), S. 171-194.

Matiaske, W./Weller, I. (2003): Extra-Rollenverhalten, in: Martin, A. (Hrsg.): *Organizational Behaviour – Verhalten in Organisationen*, Stuttgart: Kohlhammer, S. 95-114.

Mayring, P. (2002): *Einführung in die qualitative Sozialforschung*, 5. Aufl., Weinheim: Beltz.

McClelland, D. C. (1984): *Motives, personality, and society*, New York, NY: Praeger.

McCrae, R. R./Costa, P. T. (1987): Validation of the five-factor model of personality across instruments and observers, in: *Journal of Personality and Social Psychology*, 52(1), S. 81-90.

McGrath, J. E. (1991): Time, interaction, and performance (TIP), in: *Small Group Research*, 22(2), S. 147-174.

Merton, R. K. (1973): Der Rollen-Set, in: Hartmann, H. (Hrsg.): *Moderne amerikanische Soziologie*, 2. Aufl., München: Deutscher Taschenbuch-Verlag, S. 316-333.

Meyer, J. P./Allen, N. J. (1991): A three-component conceptualization of organizational commitment, in: *Human Resource Management Review*, 1(1), S. 61-89.

Meyer, J. P./Herscovitch, L. (2001): Commitment in the workplace: Toward a general model, in: *Human Resource Management Review*, 11(3), S. 299-326.

Meyer, R. (2008): *Partnering with SAP: Business models for software companies*, Norderstedt: Books on Demand.

Midler, C. (1995): 'Projectification' of the firm: The Renault case, in: *Scandinavian Journal of Management*, 11(4), S. 363-375.

Miles, R. E./Snow, C. C. (1986): Organizations: New concepts for new forms, in: *California Management Review*, 28(3), S. 62-73.

Mitchell, T. R./James, L. R. (2001): Building better theory: Time and the specification of when things happen, in: *Academy of Management Review*, 26(4), S. 530-547.

Mitsuhashi, H. (2002): Uncertainty in selecting alliance partners: The three reduction mechanisms and alliance formation processes, in: *International Journal of Organizational Analysis*, 10(2), S. 109-133.

Mohamed, M. S./Anisa, H. (2012): Relationship between organizational commitment and organizational citizenship behavior, in: *IUP Journal of Organizational Behavior*, 11(3), S. 7-22.

Moorman, R. H./Blakely, G. L. (1995): Individualism-collectivism as an individual difference predictor of organizational citizenship behavior, in: *Journal of Organizational Behavior*, 16(2), S. 127-142.

Moorman, R. H./Blakely, G. L./Niehoff, B. P. (1998): Does perceived organizational support mediate the relationship between procedural justice and organizational citizenship behavior?, in: *Academy of Management Journal*, 41(3), S. 351-357.

Morin, A. J. S./Vandenberghe, C./Boudrias, J.-S./Madore, I./Morizot, J./Tremblay, M. (2011): Affective commitment and citizenship behaviors across multiple foci, in: *Journal of Managerial Psychology*, 26(8), S. 716-738.

Morris, P. W. G./Pinto, J. K./Söderlund, J. (2011, Hrsg.): *The Oxford Handbook of Project Management*, Oxford: Oxford University Press.

Morrison, E. W. (1994): Role definitions and organizational citizenship behavior: The importance of the employee's perspective, in: *Academy of Management Journal*, 37(6), S. 1543-1567.

Motowidlo, S. J./Van Scotter, J. R. (1994): Evidence that task performance should be distinguished from contextual performance, in: *Journal of Applied Psychology*, 79(4), S. 475-480.

Mowday, R. T./Porter, L. W./Steers, R. M. (1982): *Employee-organization linkages: The psychology of commitment, absenteeism, and turnover*, New York, NY: Academic Press.

Moynihan, D. P. (2008): Learning under uncertainty: Networks in crisis management, in: *Public Administration Review*, 68(2), S. 350-365.

Müller, G. F./Bierhoff, H. W. (1994): Arbeitsengagement aus freien Stücken. Psychologische Aspekte eines sensiblen Phänomens, in: *Zeitschrift für Personalforschung*, 8(4), S. 367-379.

Müller-Seitz, G. (2008): *Positive Emotionalität in Organisationen: Identifikation realtypischer Erscheinungsformen und Gestaltungsoptionen aus Sicht des Humanressourcen-Managements* Wiesbaden: Gabler.

Müller-Seitz, G./Sydow, J. (2011): Terminating institutionalized termination: Why Sematech became more than a temporary system, in: Cattani, G., Ferriani, S., Frederiksen, L. und Täube, F. (Hrsg.): Project-based organizing and strategic management, in: *Advances in Strategic Management*, 28, Bingley: Emerald, S. 147-186.

Myers, D. G./Murdoch, P./Smith, G. F. (1970): Responsibility diffusion and drive enhancement effects on risky shift, in: *Journal of Personality*, 38(3), S. 418-425.

Nahapiet, J./Ghoshal, S. (1998): Social capital, intellectual capital, and the organizational advantage, in: *Academy of Management Review*, 23(2), S. 242-266.

Naumann, S. E./Ehrhart, M. G. (2011): Moderators of the relationship between group helping norms and individual helping, in: *Small Group Research*, 42(2), S. 225-248.

Neal, M. B./Hammer, L. B./Morgan, D. L. (2006): Using mixed methods in research related to work and family, in: Pitt-Catsouphes, M., Kossek, E. E. und Sweet, S. (Hrsg.): *The work and family handbook: Multidisciplinary perspectives, methods, and approaches*, Mahwah, NJ: Lawrence Erlbaum, S. 587-606.

Near, J. P./Miceli, M. P. (1987): Whistle-blowers in organizations, in: Staw, B. M. und Cummings, L. L. (Hrsg.): *Research in Organizational Behavior*, 8, Greenwich, CT: JAI Press, S. 321-368.

Nerdinger, F. W. (2011a): Arbeitsmotivation und Arbeitszufriedenheit, in: Nerdinger, F. W., Blickle, G. und Schaper, N. (Hrsg.): Arbeits- und Organisationspsychologie, 2. Aufl., Berlin: Springer, S. 393-408.

Nerdinger, F. W. (2011b): Formen des Arbeitsverhaltens, in: Nerdinger, F. W., Blickle, G. und Schaper, N. (Hrsg.): *Arbeits- und Organisationspsychologie*, 2. Aufl., Berlin: Springer, S. 409-423.

Neuberger, O. (2000): Individualisierung und Organisierung. Die wechselseitige Erzeugung von Individuum und Organisation durch Verfahren, in: Ortmann, G., Sydow, J. und Türk, K. (Hrsg.): *Theorien der Organisation*, 2. Aufl., Wiesbaden: Westdeutscher Verlag, S. 487-522.

Neuman, J. H./Baron, R. A. (2005): Aggression in the workplace: A social-psychological perspective, in: Fox, S. und Spector, P. E. (Hrsg.): *Counterproductive work behavior. Investigation of actors and targets*, Washington, D.C.: APA, S. 13-39.

Nielsen, T. M./Hrivnak, G. A./Shaw, M. (2009): Organizational citizenship behavior and performance: A meta-analysis of group-level research, in: *Small Group Research*, 40(5), S. 555-577.

Nienhüser, W. (1993): Rolle, in: Weber, W., Mayrhofer, W. und Nienhüser, W. (Hrsg.): *Grundbegriffe der Personalwirtschaft*, 2. Aufl., Stuttgart: Schäffer-Poeschel, S. 239.

Oerlemans, L./Meeus, M. (2009): Turning a negative into a positive: How innovation management moderates the negative impact of TO complexity on the effectiveness of innovative interorganizational temporary collaborations, in: Kenis, P., Janowicz-Panjaitan, M. und Cambre, B. (Hrsg.): *Temporary organizations: Prevalence, logic and effectiveness*, Cheltenham: Edward Elgar, S. 220-258.

Organ, D. W. (1977): A reappraisal and reinterpretation of the satisfaction-causes-performance hypothesis, in: *Academy of Management Review*, 2(1), S. 46-53.

Organ, D. W. (1988): *Organizational citizenship behavior: The good soldier syndrome*, Lexington, MA: Lexington Books.

Organ, D. W. (1990a): The motivational basis of organizational citizenship behavior, in: Staw, B. M. und Cummings, L. L. (Hrsg.): *Research in Organizational Behavior*, 12, Greenwich, CT: JAI Press, S. 43-72.

Organ, D. W. (1990b): The subtle significance of job satisfaction, in: *Clinical Laboratory Management Review*, 4(1), S. 94-98.

Organ, D. W. (1997a): Organizational citizenship behavior: It's construct clean-up time, in: *Human Performance*, 10(2), S. 85-97.

Organ, D. W. (1997b): Toward an explication of "morale": In search of the m factor, in: Cooper, C. I. und Jackson, S. E. (Hrsg.): *Creating tomorrow's organizations*, London: Wiley, S. 493-503.

Organ, D. W./Konovsky, M. (1989): Cognitive versus affective determinants of organizational citizenship behavior, in: *Journal of Applied Psychology*, 74(1), S. 157-164.

Organ, D. W./Lingl, A. (1995): Personality, satisfaction, and organizational citizenship behavior, in: *Journal of Social Psychology*, 135(3), S. 339-350.

Organ, D. W./McFall, J. B. (2004): Personality and citizenship behavior in organizations, in: Schneider, B. und Smith, D. B. (Hrsg.): *Personality and organizations*, Mahwah, NJ: Lawrence Erlbaum, S. 291-316.

Organ, D. W./Podsakoff, P. M./MacKenzie, S. B. (2006): *Organizational citizenship behavior. It's nature, antecedents, and consequences*, Thousand Oaks, CA: Sage.

Organ, D. W./Ryan, K. (1995): A meta-analytic review of attitudinal and dispositional predictors of organizational citizenship behavior, in: *Personnel Psychology*, 48(4), S. 775-802.

Orlikowski, W. J./Yates, J. (2002): It's about time: Temporal structuring in organizations, in: *Organization Science*, 13(6), S. 684-700.

Ortmann, G. (2004): *Als ob: Fiktionen und Organisationen*, Wiesbaden: VS Verlag.

Ouchi, W. G. (1980): Markets, bureaucracies, and clans, in: *Administrative Science Quarterly*, 25(1), S. 129-141.

Packendorff, J. (1995): Inquiring into the temporary organization: New directions for project management research, in: *Scandinavian Journal of Management*, 11(4), S. 319-333.

Park, O. S./Sims, H. P. (1989): *Beyond cognition in leadership: Prosocial behavior and affect in managerial judgment*. Unveröffentlichtes Arbeitspapier, Seoul National University und Pennsylvania State University.

Pearce, C. L./Herbik, P. A. (2004): Citizenship behavior at the team level of analysis: The effects of team leadership, team commitment, perceived team support, and team size, in: *Journal of Social Psychology*, 144(3), S. 293-310.

Pearson, C. M./Andersson, L. M./Porath, C. L. (2005): Workplace incivility, in: Fox, S. und Spector, P. E. (Hrsg.): *Counterproductive work behavior. Investigations of actors and targets*, Washington, D.C.: APA, S. 177-199.

Peipe, S. (2011): *Crashkurs Projektmanagement*, Freiburg: Haufe.

Perrone, V./Zaheer, A./McEvily, B. (2003): Free to be trusted? Organizational constraints on trust in boundary spanners, in: *Organization Science*, 14(4), S. 422-439.

Pfeffer, J./Langton, N. (1993): The effect of wage dispersion on satisfaction, productivity, and working collaboratively: Evidence from college and university faculty, in: *Administrative Science Quarterly*, 38(3), S. 382-407.

Pheng, L. S./Chuan, Q. T. (2006): Environmental factors and work performance of project managers in the construction industry, in: *International Journal of Project Management*, 24(1), S. 24-37.

Picot, A. (1982): Transaktionskostenansatz in der Organisationstheorie. Stand der Diskussion und Aussagewert, in: *Die Betriebswirtschaft*, 42(2), S. 267-284.

Pinto, M. B./Pinto, J. K./Prescott, J. E. (1993): Antecedents and consequences of project team cross-functional cooperation, in: *Management Science*, 39(10), S. 1281-1297.

Podsakoff, N. P./Whiting, S. W./Podsakoff, P. M./Blume, B. D. (2009): Individual- and organizational-level consequences of organizational citizenship behaviors: A meta-analysis, in: *Journal of Applied Psychology*, 94(1), S. 122-141.

Podsakoff, P. M./Ahearne, M./MacKenzie, S. B. (1997): Organizational citizenship behavior and the quantity and quality of work group performance, in: *Journal of Applied Psychology*, 82(2), S. 262-270.

Podsakoff, P. M./MacKenzie, S. B. (1994): Organizational citizenship behaviors and sales unit effectiveness, in: *Journal of Marketing Research*, 31(3), S. 351-363.

Podsakoff, P. M./MacKenzie, S. B. (1997): Impact of organizational citizenship behavior on organizational performance: A review and suggestion for future research, in: *Human Performance*, 10(2), S. 133-151.

Podsakoff, P. M./MacKenzie, S. B./Bommer, W. H. (1996a): Meta-analysis of the relationships between Kerr and Jermier's substitutes for leadership and employee job attitudes, role perceptions, and performance, in: *Journal of Applied Psychology*, 81(4), S. 380-399.

Podsakoff, P. M./MacKenzie, S. B./Bommer, W. H. (1996b): Transformational leader behaviors and substitutes for leadership as determinants of employee satisfaction, commitment, trust, and organizational citizenship behaviors, in: *Journal of Management*, 22(2), S. 259-298.

Podsakoff, P. M./MacKenzie, S. B./Hui, C. (1993): Organizational citizenship behaviors and managerial evaluations of employee performance: A review and suggestions for future research, in: Ferris, G. R. und Rowland, K. M. (Hrsg.): *Research in Personnel and Human Resources Management*, 11, Greenwich, CT: JAI Press, S. 1-40.

Podsakoff, P. M./MacKenzie, S. B./Lee, J.-Y./Podsakoff, N. P. (2003): Common method biases in behavioral research: A critical review of the literature and recommended remedies, in: *Journal of Applied Psychology*, 88(5), S. 879-903.

Podsakoff, P. M./MacKenzie, S. B./Moorman, R. H./Fetter, R. (1990): Transformational leader behaviors and their effects on followers' trust in leader, satisfaction, and organizational citizenship behaviors, in: *Leadership Quarterly*, 1(2), S. 107-142.

Podsakoff, P. M./MacKenzie, S. B./Paine, J. B./Bachrach, D. G. (2000): Organizational citizenship behaviors: A critical review of the theoretical and empirical literature and suggestions for future research, in: *Journal of Management*, 26(3), S. 513-563.

Popper, K. R. (1959): *The logic of scientific discovery*, New York, NY: Routledge.

Porter, L. W./Lawler, E. E. (1968): *Managerial attitudes and performance*, Homewood, IL: Dorsey Press.

Powell, W. W. (1990): Neither market nor hierarchy: Network forms of organization, in: Staw, B. M. und Cummings, L. L. (Hrsg.): *Research in Organizational Behavior*, 12, Greenwich, CT: JAI Press, S. 295-336.

Powell, W. W./Koput, K. W./Smith-Doerr, L. (1996): Interorganizational collaboration and the locus of innovation: Networks of learning in biotechnology, in: *Administrative Science Quarterly*, 41(1), S. 116-145.

Qiu, T./Qualls, W./Bohlmann, J./Rupp, D. E. (2009): The effect of interactional fairness on the performance of cross-functional product development teams: A multilevel mediated model, in: *Journal of Product Innovation Management*, 26(2), S. 173-187.

Quinn, R. E./Rohrbaugh, J. (1983): A spatial model of effectiveness criteria: Towards a competing values approach to organizational analysis, in: *Management Science*, 29(3), S. 363-377.

RAAD (2012): *Wegweiser ins SAP Ökosystem, RAAD Research*. Internetquelle: http://www.analyst-review.de/2011/wegweiser-ins-sap-oekosystem, zuletzt abgerufen am: 07.01.2013.

Randel, A. E. (2003): The salience of culture in multinational teams and its relation to team citizenship behavior, in: *International Journal of Cross Cultural Management*, 3(1), S. 27-44.

Reichel, A./Mayrhofer, W. (2009): The end of personnel? Managing human resources in turbulent environments, in: *Management Revue*, 20(1), S. 5-14.

Restubog, S. L. D./Hornsey, M. J./Bordia, P./Esposo, S. R. (2008): Effects of psychological contract breach on organizational citizenship behaviour: Insights from the group value model, in: *Journal of Management Studies*, 45(8), S. 1377-1400.

Richardson, G. B. (1972): The organization of industry, in: *The Economic Journal*, 82(327), S. 883-896.

Rinehart, L. M./Eckert, J. A./Handfield, R. B./Page, T. J./Atkin, T. (2004): An assessment of supplier-customer relationships, in: *Journal of Business Logistics*, 25(1), S. 25-62.

Ring, P. S./Van de Ven, A. H. (1994): Developmental processes of cooperative interorganizational relationships, in: *Academy of Management Review*, 19(1), S. 90-118.

Ringlstetter, M. J./Kaiser, S. (2008): *Humanressourcen-Management*, München: Oldenbourg.

Robinson, S. L./Bennett, R. J. (1995): Employees behaving badly: Dimensions, determinants and dilemmas in the study of workplace deviance, in: Cooper, C. L. und Rousseau, D. M. (Hrsg.): *Trends in Organizational Behavior*, 5, New York, NY: Wiley, S. 1-30.

Roethlisberger, F. J./Dickson, W. J. (1939): *Management and the worker*, Cambridge, MA: Harvard University Press.

Rosenberg, M. L./Hovland, C. I. (1960): Cognitive, affective, and behavioral components of attitudes, in: Hovland, C. I. und Rosenberg, M. J. (Hrsg.): *Attitude organization and change*, New Haven, CT: Yale University Press, S. 1-14.

Rosenstiel, L. v. (2007): Kommunikation in Arbeitsgruppen, in: Schuler, H. (Hrsg.): *Lehrbuch Organisationspsychologie*, 4. Aufl., Bern: Huber, S. 387-414.

Rousseau, D./Schalk, R. (2000): *Psychological contracts in employment: Cross-national perspectives*, Thousand Oaks, CA: Sage.

Rousseau, D. M. (1996): *Psychological contracts in organizations*, 2. Aufl., Thousand Oaks, CA: Sage.

Rousseau, D. M./Parks, J. M. (1993): The contracts of individuals and organizations, in: Cummings, L. L. und Staw, B. M. (Hrsg.): *Research in Organizational Behavior*, 15, Greenwich, CT: JAI Press, S. 1-43.

Sahlin-Anderson, K./Söderholm, A. (2002): *Beyond project management – New perspectives on the temporary-permanent dilemma*, Stockholm: Liber AB.

Sankaran, S./Cameron, R./Scales, J. (2012): The utility and quality of mixed methods in project management research. *European Academy of Management-Konferenz*, Rotterdam.

Santoro, M. D./McGill, J. P. (2005): The effect of uncertainty and asset co-specialization on governance in biotechnology alliances, in: *Strategic Management Journal*, 26(13), S. 1261-1269.

SAP AG (2012a): *SAP Business ByDesign: „Unternehmen können sich besser auf ihr Geschäft konzentrieren"*. Internetquelle: https://www.sap-im-dialog.com/index.php?seite=artikel_details&artikel_id=165140&system_id=165140, zuletzt abgerufen am: 07.01.2013.

SAP AG (2012b): *SAP-SME-Partner-Finder*. Internetquelle: http://smepartnerfinder.sap.com/de/#/partnerfinder, zuletzt abgerufen am: 07.01.2013.

Saunders, C. S./Ahuja, M. K. (2006): Are all distributed teams the same? Differentiating between temporary and ongoing distributed teams, in: *Small Group Research*, 37(6), S. 662-700.

Schelle, H. (2010): *Projekte zum Erfolg führen – Projektmanagement systematisch und kompakt*, 6. Aufl., München: dtv.

Scherm, E./Süß, S. (2000): Personalführung in virtuellen Unternehmen: Eine Analyse diskutierter Instrumente und Substitute der Führung, in: *Zeitschrift für Personalforschung*, 14(1), S. 79-103.

Schnake, M. E./Dumler, M. P. (2003): Levels of measurement and analysis issues in organizational citizenship behaviour research, in: *Journal of Occupational & Organizational Psychology*, 76(3), S. 283-301.

Schrag, F. (1992): In defense of positivist research paradigms, in: *Educational Researcher*, 21(5), S. 5-8.

Schreyögg, G. (1991): Der Managementprozeß – neu gesehen, in: Staehle, W. H. und Sydow, J. (Hrsg.): *Managementforschung*, 1, Berlin: de Gruyter, S. 255-289.

Schreyögg, G./Schmidt, L. (2010): Open Windows: Shaping information technology as continuous process, in: Schreyögg, G. und Conrad, P. (Hrsg.): *Managementforschung*, 20, Wiesbaden: Gabler, S. 151-182.

Schwandt, T. A. (2000): Three epistemological stances for qualitative inquiry: Interpretivism, hermeneutics, and social constructionism, in: Denzin, N. K. und Lincoln, Y. S. (Hrsg.): *Handbook of qualitative research*, 2. Aufl., Thousand Oaks, CA: Sage, S. 189-213.

Seale, C. (1999): *The quality of qualitative research*, London: Sage.

Seibert, S. E./Kraimer, M. L./Liden, R. C. (2001): A social capital theory of career success, in: *Academy of Management Journal*, 44(2), S. 219-237.

Settoon, R. P./Bennett, N./Liden, R. C. (1996): Social exchange in organizations: Perceived organizational support, leader-member exchange, and employee reciprocity, in: *Journal of Applied Psychology*, 81(3), S. 219-227.

Shamir, B. (1999): Leadership in boundaryless organizations: Disposable or indispensible?, in: *European Journal of Work & Organizational Psychology*, 8(1), S. 49-71.

Shenhar, A. J./Dvir, D. (1996): Toward a typological theory of project management, in: *Research Policy*, 25(4), S. 607-632.

Shenhar, A. J./Dvir, D./Levy, O./Maltz, A. C. (2001): Project success: A multidimensional strategic concept, in: *Long Range Planning*, 34(6), S. 699-725.

Sieben, B. (2007): *Management und Emotionen. Analyse einer ambivalenten Verknüpfung*, Frankfurt am Main: Campus Verlag.

Siggelkow, N. (2007): Persuasion with case studies, in: *Academy of Management Journal*, 50(1), S. 20-24.

Six, B./Felfe, J. (2004): Einstellungen und Werthaltungen im organisationalen Kontext, in: Schuler, H. (Hrsg.): *Organisationspsychologie – Grundlagen und Personalpsychologie*, Göttingen: Hogrefe, S. 597-635.

Skarlicki, D. P./Folger, R. (1997): Retaliation in the workplace: The roles of distributive, procedural, and interactional justice, in: *Journal of Applied Psychology*, 82(3), S. 434-443.

Skarlicki, D. P./Latham, G. P. (1995): Organizational citizenship behaviour and performance in a university setting, in: *Canadian Journal of Administrative Sciences*, 12(3), S. 175-181.

Skinner, L. R./Autry, C. W./Lamb, C. W. (2009): Some measures of interorganizational citizenship behaviors: Scale development and validation, in: *International Journal of Logistics Management*, 20(2), S. 228-242.

Smith, C. A./Organ, D. W./Near, J. P. (1983): Organizational citizenship behavior: Its nature and antecedents, in: *Journal of Applied Psychology*, 68(4), S. 653-663.

Snell, R. S./Wong, Y. L. (2007): Differentiating good soldiers from good actors, in: *Journal of Management Studies*, 44(6), S. 883-909.

Söderlund, J. (2004): Building theories of project management: Past research, questions for the future, in: *International Journal of Project Management*, 22(3), S. 183-191.

Söderlund, J. (2011): Pluralism in project management: Navigating the crossroads of specialization and fragmentation, in: *International Journal of Management Reviews*, 13(2), S. 153-176.

Starkey, K./Barnatt, C./Tempest, S. (2000): Beyond networks and hierarchies: Latent organizations in the U.K. television industry, in: *Organization Science*, 11(3), S. 299-305.

Staufenbiel, T. (2000): Antezedenzien und Konsequenzen von OCB, in: *Gruppendynamik und Organisationsberatung*, 31(2), S. 169-184.

Staufenbiel, T./Hartz, C. (2000): Organizational Citizenship Behavior: Entwicklung und erste Validierung eines Messinstruments, in: *Diagnostica*, 46(2), S. 73-83.

Staw, B. M. (1991): Dressing up like an organization: When psychological theories can explain organizational action, in: *Journal of Management*, 17(4), S. 805-819.

Steers, R. M. (1975): Problems in the measurement of organizational effectiveness, in: *Administrative Science Quarterly*, 20(4), S. 546-568.

Suazo, M. M./Stone-Romero, E. F. (2011): Implications of psychological contract breach – A perceived organizational support perspective, in: *Journal of Managerial Psychology*, 26(5), S. 366-382.

Süß, S. (2006): Commitment freier Mitarbeiter: Erscheinungsformen und Einflussmöglichkeiten am Beispiel von IT-Freelancern, in: *Zeitschrift für Personalforschung*, 20(3), S. 255-275.

Sydow, J. (1992): *Strategische Netzwerke*, Wiesbaden: Gabler.

Sydow, J. (1999): Führung in Netzwerkorganisationen – Fragen an die Führungsforschung, in: Schreyögg, G. und Sydow, J. (Hrsg.): *Managementforschung*, 9, Berlin: DeGruyter, S. 279-292. Wieder abgedruckt in: Sydow, J. (2010, Hrsg.): Management von Netzwerkorganisationen, 5. Aufl., Wiesbaden: Gabler, S. 359-372.

Sydow, J. (2003): Dynamik von Netzwerkorganisationen – Entwicklung, Evolution, Strukturation, in: Hoffmann, W. H. (Hrsg.): *Die Gestaltung der Organisationsdynamik – Konfiguration und Evolution*, Stuttgart: Schäffer-Poeschel, S. 327-355.

Sydow, J. (2010): Management von Netzwerkorganisationen – Zum Stand der Forschung, in: Sydow, J. (Hrsg.): *Management von Netzwerkorganisationen*, 5. Aufl., Wiesbaden: Gabler, S. 373-470.

Sydow, J./Duschek, S. (2011): *Management interorganisationaler Beziehungen; Netzwerke – Cluster – Allianzen*, Stuttgart: Kohlhammer.

Sydow, J./Duschek, S./Möllering, G./Rometsch, M. (2003): *Kompetenzentwicklung in Netzwerken: Eine typologische Studie*, Wiesbaden: Westdeutscher Verlag.

Sydow, J./Linkvist, L./DeFillippi, R. (2004): Project-based organizations, embeddedness and repositories of knowledge, in: *Organization Studies*, 25(9), S. 1475-1489.

Sydow, J./Möllering, G. (2009): *Produktion in Netzwerken*, 2. Aufl., München: Vahlen.

Sydow, J./Müller-Seitz, G./Provan, K. G. (2013): Managing uncertainty in alliances and networks – From governance to practice, in: Das, T. K. (Hrsg.): *Managing knowledge in strategic alliances*, Greenwood, CT: IAP Press.

Sydow, J./Staber, U. (2002): The institutional embeddedness of project networks: The case of content production in German television, in: *Regional Studies*, 36(3), S. 215-227.

Sydow, J./Windeler, A. (1998): Organizing and evaluating interfirm networks – A structurationist perspective, in: *Organization Science*, 9(3), S. 265-284.

Sydow, J./Windeler, A. (1999): Projektnetzwerke: Management von (mehr als) temporären Systemen, in: Engelhard, J. und Sinz, E. (Hrsg.): *Kooperation im Wettbewerb*, Wiesbaden: Gabler, S. 211-235.

Sydow, J./Windeler, A. (2000): Steuerung von und in Netzwerken – Perspektiven, Konzepte, vor allem aber offene Fragen, in: Sydow, J. und Windeler, A. (Hrsg.): *Steuerung von Netzwerken*, Opladen, S. 1-24.

Sydow, J./Wirth, C. (1999): Arbeit, Personal, Mitbestimmung – Probleme und Problemlosungen durch Unternehmungsvernetzung, in: Sydow, J. und Wirth, C. (Hrsg.): *Arbeit, Personal und Mitbestimmung in Unternehmensnetzwerken*, München: Hampp, S. 9-31.

Taylor, F. W. (1914): *The Principles of Scientific Management*, New York, NY: Harper.

Thomas, S. (2003): Motivationale Orientierungen, in: Martin, A. (Hrsg.): *Organizational Behaviour – Verhalten in Organisationen*, Stuttgart: Kohlhammer, S. 35-52.

Thurstone, L. L. (1931): The measurement of social attitudes, in: *Journal of Abnormal and Social Psychology*, 26(3), S. 249-269.

Tuckman, B. W. (1965): Developmental sequences in small groups, in: *Psychological Bulletin*, 63(6), S. 384-399.

Tuckman, B. W./Jensen, M. C. (1977): Stages of small group development revisited, in: *Group and Organizational Studies*, 2(4), S. 419-427.

Tumuscheit, K. D. (2007): *Überleben im Projekt. 10 Projektfallen und wie man sie umgeht*, München: Redline Wirtschaftsverlag.

Turner, J. R. (2006a): Towards a theory of project management: The nature of the project, in: *International Journal of Project Management*, 24(1), S. 1-3.

Turner, J. R. (2006b): Towards a theory of project management: The nature of the project governance and project management, in: *International Journal of Project Management*, 24(2), S. 93-95.

Turner, J. R. (2006c): Towards a theory of project management: The functions of project management, in: *International Journal of Project Management*, 24(3), S. 187-189.

Turner, J. R. (2006d): Towards a theory of project management: The nature of the functions of project management, in: *International Journal of Project Management*, 24(4), S. 277-279.

Turner, J. R./Müller, R. (2003): On the nature of the project as a temporary organization, in: *International Journal of Project Management*, 21(1), S. 1-8.

Uhl-Bien, M./Maslyn, J. M. (2003): Reciprocity in manager-subordinate relationships: Components, configurations, and outcomes, in: *Journal of Management*, 29(4), S. 511-532.

Ulich, E. (2011): *Arbeitspsychologie*, 7. Aufl., Stuttgart: Schäffer-Poeschel.

Uzzi, B. (1996): The sources and consequences of embeddedness for the economic performance of organizations: The network effect, in: *American Sociological Review*, 61(4), S. 674-698.

Van Breugel, G./Van Olffen, W./Olie, R. (2005): Temporary liaisons: The commitment of 'Temps' towards their agencies, in: *Journal of Management Studies*, 42(3), S. 539-566.

Van de Ven, A. H./Poole, M. S. (1990): Methods for studying innovation development in the Minnesota innovation research program, in: *Organization Science*, 1(3), S. 313-335.

Van Der Vegt, G. S./Van De Vliert, E./Oosterhof, A. A. D. (2003): Informational dissimilarity and organizational citizenship behavior: The role of intrateam interdependence and team identification, in: *Academy of Management Journal*, 46(6), S. 715-727.

Van Dick, R./Grojean, M. W./Christ, O./Wieseke, J. (2006): Identity and the extra mile: Relationships between organizational identification and organizational citizenship behaviour, in: *British Journal of Management*, 17(4), S. 283-301.

Van Dyne, L./Cummings, L. L./McLean, P. J. (1995): Extra-role behaviors: In pursuit of construct and definitional clarity (a bridge over muddied waters), in: Cummings, L. L. und Staw, B. M. (Hrsg.): *Research in Organizational Behavior*, 17, Greenwich, CT: JAI Press, S. 215-285.

Van Dyne, L./Graham, J. W./Dienesch, R. M. (1994): Organizational citizenship behavior: Construct redefinition, measurement, and validation, in: *Academy of Management Journal*, 37(4), S. 765-802.

Van Dyne, L./Kossek, E. E./Lobel, S. (2007): Less need to be there: Cross-level effects of work practices that support work-life flexibility and enhance group processes and group-level OCB, in: *Human Relations*, 60(8), S. 1123-1154.

Van Scotter, J. R./Motowidlo, S. J. (1996): Interpersonal facilitation and job dedication as separate facets of contextual performance, in: *Journal of Applied Psychology*, 81(5), S. 525-531.

Vardi, Y./Weitz, E. (2004): *Misbehavior in organizations. Theory, research, and management*, Mahwah, NJ: Erlbaum.

Vroom, V. H. (1964): *Work and Motivation*, New York, NY: Wiley.

Wagner, R. (2013): *Kooperative Technologieentwicklung – Eine Mehrebenenanalyse von Absorptive Capacity Praktiken*, Köln: Kölner Wissenschaftsverlag.

Wallach, M. A./Kogan, N./Bem, D. J. (1964): Diffusion of responsibility and level of risk taking in groups, in: *The Journal of Abnormal and Social Psychology*, 68(3), S. 263-274.

Walumbwa, F. O./Cropanzano, R./Goldman, B. M. (2011): How leader-member exchange influences effective work behaviors: Social exchange and internal-external efficacy perspectives, in: *Personnel Psychology*, 64(3), S. 739-770.

Walz, S. M./Niehoff, B. P. (1996): Organizational citizenship behaviors and their effect on organizational effectiveness in limited-menu restaurants, in: Keys, J. B. und Dosier, L. N. (Hrsg.): *Academy of Management Best Papers Proceedings*, Briarcliff Manor, NY, S. 307-311.

Wayne, S. J./Shore, L. M./Bommer, W. H./Tetrick, L. E. (2002): The role of fair treatment and rewards in perceptions of organizational support and leader-member exchange, in: *Journal of Applied Psychology*, 87(3), S. 590-598.

Wayne, S. J./Shore, L. M./Liden, R. C. (1997): Perceived organizational support and leader-member exchange: A social exchange perspective, in: *Academy of Management Journal*, 40(1), S. 82-111.

Wegge, J./Van Dick, R./Fisher, G. K./Wecking, C./Moltzen, K. (2006): Work motivation, organisational identification, and well-being in call centre work, in: *Work & Stress*, 20(1), S. 60-83.

Weick, K. E. (1993): The collapse of sensemaking in organizations: The mann gulch disaster, in: *Administrative Science Quarterly*, 38(4), S. 628-652.

Weick, K. E. (1995): *Sensemaking in organizations*, Thousand Oaks, CA: Sage.

Weinert, A. B. (2004): *Organisations- und Personalpsychologie*, 5. Aufl., Weinheim: Beltz.

Werner, J. M. (1994): Dimensions that make a difference: Examining the impact of in-role and extrarole behaviors on supervisory ratings, in: *Journal of Applied Psychology*, 79(1), S. 98-107.

Whitman, D. S./Van Rooy, D. L./Viswesvaran, C. (2010): Satisfaction, citizenship behaviors, and performance in work units: A meta-analysis of collective construct relations, in: *Personnel Psychology*, 63(1), S. 41-81.

Williams, L. J./Anderson, S. E. (1991): Job satisfaction and organizational commitment as predictors of organizational citizenship and in-role behaviors, in: *Journal of Management*, 17(3), S. 601-617.

Williamson, O. E. (1975): *Markets and Hierarchies*, New York, NY: Free Press.

Windeler, A. (2001): *Unternehmungsnetzwerke. Konstitution und Strukturation*, Wiesbaden: Westdeutscher Verlag.

Windeler, A./Sydow, J. (2001): Project networks and changing industry practices – Collaborative content production in the German television industry, in: *Organization Studies*, 22(6), S. 1035-1061.

Winkler, I. (2004): *Personale Führung in Netzwerken kleiner und mittlerer Unternehmen*, München: Hampp.

Wong, A./Tjosvold, D./Liu, C. (2009): Cross-functional team organizational citizenship behavior in China: Shared vision and goal interdependence among departments, in: *Journal of Applied Social Psychology*, 39(12), S. 2879-2909.

Yen, H. R./Li, E. Y./Niehoff, B. P. (2008): Do organizational citizenship behaviors lead to information system success? Testing the mediation effects of integration climate and project management, in: *Information & Management*, 45(6), S. 394-402.

Yin, R. K. (2009): *Case study research*, 4. Aufl., Los Angeles, CA: Sage.

Yu-Chen, W./Tzu-Shian, H./Chieh, H. (2010): High-performance HR practices and OCB: A cross-level investigation of a causal path, in: *International Journal of Human Resource Management*, 21(10), S. 1631-1648.

Zapf, D./Einarsen, S. (2005): Mobbing at work: Escalated conflicts in organizations, in: Fox, S. und Spector, P. E. (Hrsg.): *Counterproductive work behavior. Investigation of actors and targets*, Washington, D.C.: APA, S. 237-270.

Ziegler, R./Schlett, C./Casel, K./Diehl, M. (2012): The role of job satisfaction, job ambivalence, and emotions at work in predicting organizational citizenship behavior, in: *Journal of Personnel Psychology*, 11(4), S. 176-190.